新型电力系统
构建研究与省级实践

XINXING DIANLI XITONG
GOUJIAN YANJIU YU SHENGJI SHIJIAN

阮前途　主编

中国电力出版社
CHINA ELECTRIC POWER PRESS

内 容 提 要

随着"双碳"进程加快推进与能源转型纵深发展，构建新型电力系统成为推动能源低碳转型、助力实现"双碳"目标的重要支撑。本书聚焦新型电力系统构建的核心议题，总结梳理国网福建省电力有限公司示范建设与实践经验，为新型电力系统构建提供创新性、科学性、实践性兼具的福建范式。

本书共四篇十六章，分别为顶层设计、构建研究、政策机制及综合实践，创新提出新型电力系统评价体系与典型目标形态，深入剖析新型电力系统构建的关键技术与政策机制，并提供丰富的实践案例，旨在推动新型电力系统建设路径的深化研究与深入探讨。

本书可供电力系统规划、科研及工程建设等领域从业者阅读参考。

图书在版编目（CIP）数据

新型电力系统构建研究与省级实践 / 阮前途主编. —北京：中国电力出版社，2024.6
ISBN 978-7-5198-8747-6

Ⅰ. ①新… Ⅱ. ①阮… Ⅲ. ①电力系统–供电管理–研究–中国 Ⅳ. ①F426.61

中国国家版本馆 CIP 数据核字（2024）第 062703 号

出版发行：中国电力出版社
地　　址：北京市东城区北京站西街 19 号（邮政编码 100005）
网　　址：http://www.cepp.sgcc.com.cn
责任编辑：赵　杨　张　瑶
责任校对：黄　蓓　常燕昆
装帧设计：张俊霞
责任印制：石　雷

印　　刷：北京盛通印刷股份有限公司
版　　次：2024 年 6 月第一版
印　　次：2024 年 6 月北京第一次印刷
开　　本：710 毫米×1000 毫米　16 开本
印　　张：26.5
字　　数：391 千字
定　　价：128.00 元

《新型电力系统构建研究与省级实践》
编 委 会

主　编　阮前途

副主编　蔡鸿贤　黄惠英　徐福聪

编　委　刘　强　韩钟宽　王连辉　熊益红　方日升

　　　　郭敬东　陈　灵　陈　彬　方朝雄　黄　睿

　　　　张林垚

编 写 组

成　员　林　毅　郑洁云　薛静玮　魏　鑫　唐雨晨

　　　　李源非　张章煌　林诗媛　邹艺超　黎　萌

　　　　叶　荣　孙峰洲　陈卓琳　施　莹　陈　浩

　　　　周钊正　黄夏楠　夏炳森　曾　聪　陈劲宇

　　　　严通煜　朱雅芳　封佳瑶　陈若晨　孙锘稜

　　　　程翔鹏　程　虔　陈霖锋

2023 年 7 月，习近平总书记在主持中央全面深化改革委员会第二次会议时指出，要深化电力体制改革，加快构建清洁低碳、安全充裕、经济高效、供需协同、灵活智能的新型电力系统，为新型电力系统的构建，提供了根本遵循。电力是能源系统的核心，实施再电气化，以电为中心，以新型电力系统为平台，推进绿色低碳转型，将在推进"双碳"目标过程中起到至关重要的作用。构建新型电力系统，推动电力保供和降碳，是加快中国式现代化建设进程的重要基石，是构建新型能源体系的重要支柱。

新型电力系统是一个涉及经济、社会、环境各环节的复杂物理系统，其构建是一项极具挑战性、开创性的系统工程，没有先例可以借鉴。福建省是全国首个国家级生态文明试验区，是"四个革命、一个合作"能源安全新战略的重要孕育地和实践地，2021 年国家电网有限公司（简称国家电网公司）将福建作为新型电力系统省级示范区之一。国网福建省电力有限公司（简称国网福建电力）围绕新型电力系统顶层设计、系统技术、政策机制等方面开展了一系列研究和应用实践，取得了丰硕的研究成果，并凝练成为《新型电力系统构建研究与省级实践》一书。该书对新型电力系统的论述科学完整、探讨深入，研究成果具有较高的理论价值和实践价值。从技术、经济、政策的视角，对新型电力系统构建的关键问题进行了全面阐述，提出了新型电力系统的评价方法和典型目标形态，分析了新型电力系统成本疏导机制、政策评估等问题，全面介绍了国内外相关工程示范的最新进展，对专业研究和工程人员具有较强的指导意义。

本书凝聚了国网福建电力对新型电力系统省级示范区建设的前瞻思考、创新研究与实践经验，为加快构建新型电力系统提供了福建智慧。我相信，该书的出版能够进一步促进新型电力系统理论、形态、技术、产业及组织上的创新，为我国新型电力系统建设提供有益的理论指导和实践借鉴。

　　是为序。

2023 年 12 月

电力系统连接能源生产和消费，是推动能源清洁生产消费、构建新型能源体系的中心环节。加快构建清洁低碳、安全充裕、经济高效、供需协同、灵活智能的新型电力系统，对保障国家电力安全、实现碳达峰碳中和目标具有重要意义，是当前我国能源电力行业的重要任务。

构建新型电力系统需要依托数字化技术，统筹源网荷储资源，以源网荷储互动及多能互补为支撑，满足电力安全供应、绿色消费、经济高效的综合性目标。在碳中和目标的宏观战略与数字化赋能的转型机遇下，新型电力系统结构形态将由"源网荷储"四要素拓展为"源网荷储碳数"六要素。其中，源网荷储是新型电力系统的物理架构，碳中和目标是建设新型电力系统的核心动因，数字化转型是建设新型电力系统的关键途径。

新型电力系统建设是对现有电力系统的全面升级，需要从顶层设计、关键技术、政策机制等角度共同发力，目前国内外尚缺乏涵盖新型电力系统构建相关理论、技术及政策机制等研究和多场景实践总结的系统性著作成果。作为国家电网公司的新型电力系统省级示范区之一，国网福建电力立足理论、联系实际，深耕示范区建设，开展了大量前瞻性、创造性、实用性的探索和实践。该书正是这些实践成果的集大成者，具有鲜明的学术创新性和应用指导性，其中不乏亲身体会才能得到的真知灼见。

该书是福建新型电力系统省级示范区研究与建设成果的高度凝练和总结。在顶层设计上，针对新型电力系统建设的多目标统筹要求，提出了新型电力系统发展评价方法和典型目标形态；在构建研究上，立足源网荷储各环节协同发力，针对新能源发电强不确定性、弱可控性，电网形态多元化、平衡特性复杂化，用电负荷多样化、柔性、生产与消费兼具性等电力系统形态变化带来的主要问题，开展了一系列的理论、技术及政策机制研究；在政策机制上，围绕市场带动、政策联动，介绍了政策沿革及评估方法、转型成本要素及分担传导机制等；在综合实践上，全面论述了福建新型电力系统构建的"三大三先"建设理念，并介绍了国内外能源电力转型和新型电力系统建设的发展实践。

该书立足省级新型电力系统的发展需求，研究视野广阔，分析鞭辟入里，是福建新型电力系统省级示范区创新研究与探索实践的成果凝结，在此我向大家郑重推荐。相信该书的出版将为省级新型电力系统的构建提供有价值的技术参考和实践借鉴。

2023 年 12 月

党的十八大以来，以习近平同志为核心的党中央洞悉全球能源发展趋势，把握我国能源发展规律，提出了"四个革命、一个合作"的能源安全新战略，作出推进碳达峰碳中和的重大战略决策，部署推动建设新型能源体系、构建新型电力系统，为新时代、新征程上我国能源电力高质量发展提供了根本遵循。

2021年，中央财经委员会第九次会议指出，要将碳达峰碳中和纳入生态文明建设整体布局，提出要构建新型电力系统。国家电网公司扛起"大国重器"责任担当，发布构建新型电力系统行动方案，确定福建省为首批新型电力系统省级示范区之一，以期发挥示范区引领带动与辐射影响作用，由点带面推动新型电力系统全面构建。

2023年7月，习近平总书记在中央全面深化改革委员会第二次会议上强调，要深化电力体制改革，加快构建清洁低碳、安全充裕、经济高效、供需协同、灵活智能的新型电力系统，更好推动能源生产和消费革命。国网福建电力深入贯彻落实党中央、国务院关于推动能源高质量发展、加快构建新型电力系统的重要决策部署，把握国家电网公司首批新型电力系统省级示范区建设机遇，立足福建作为全国首个国家生态文明试验区的独特优势，积极发挥电网"桥梁"和"纽带"作用，以打造"三大三先"（打造东南清洁能源大枢纽、高能级配电网大平台、闽电数智大生态，实现清洁发展水平领先、安全稳定水平领先、效率效益水平领先）省级高质量发展示范电网为目标，创新开展一系列理论研究和特色实践，着力构建新型电力系统省级示范样板。

本书聚焦新型电力系统构建的省级实践，总结梳理国网福建电力示范建设与应用经验，创新提出新型电力系统评价体系与典型目标形态，深入剖析新型电力系统构建的关键技术与政策机制，并提供丰富的实践案例，为新型电力系统构建提供创新性、科学性、实践性兼具的福建范式。

本书共四篇十六章，从顶层设计、构建研究、政策机制及综合实践等四个维度详述新型电力系统构建思路。

第一篇阐述了能源清洁低碳转型背景，提出了新型电力系统评价体系与典型目标形态，论述了新型电力系统构建方法及重要支撑体系。

第二篇从电源规划技术、主网架发展关键技术、配电系统规划关键技术、电能利用关键技术、电力系统信息通信技术、多时间尺度灵活调节能力构建技术等方面，论述了新型电力系统的关键技术体系。

第三篇从节能减碳政策、市场价格政策、财税支持政策、产业发展政策、政企协同政策等方面，论述了新型电力系统的政策机制体系，阐述了政策评估方法，分析了新型电力系统投资要素及以经济社会综合效益最大为目标的政策机制、商业模式。

第四篇阐述了国外电力系统转型发展现状及国内新型电力系统构建方案，详细论述了福建新型电力系统构建实践。

本书在编制过程中参考和借鉴了许多专家学者的观点和研究成果，引用了有关资料、案例等，在此向相关作者表示衷心感谢。

衷心感谢中国工程院院士、中国电机工程学会理事长、国际电工委员会（IEC）第 36 届主席舒印彪，清华大学电机系系主任、清华大学能源互联网创新研究院院长、清华四川能源互联网研究院院长康重庆在书稿撰写中给予的诸多指导，并欣然为本书作序。

当前，新型电力系统建设仍在探索中前行，本书仅代表国网福建电力对于新型电力系统建设的探索与实践经验。鉴于编者水平和编写时间有限，书中疏漏和不足之处在所难免，尚祈专家和读者批评指正。

编者

2024 年 1 月

目 录

CONTENTS

● 第二篇　构建研究篇

第三篇　政策机制篇

第四篇　综合实践篇

第一篇

顶层设计篇

第一章 概 述

气候变化是当今人类共同面临的严峻挑战之一,积极应对气候变化已成为全球共识。本章面向气候变化治理背景,对我国应对气候变化的政策与行动进行全面梳理,阐明碳达峰碳中和目标(简称"双碳"目标)的重要意义。同时,针对"双碳"目标实现,总结提炼新型能源体系的发展形势、电力系统的发展需求与挑战。

第一节 碳达峰碳中和目标的重要意义

"双碳"目标是我国基于推动构建人类命运共同体的责任担当和实现可持续发展的内在要求,而作出的重大战略决策,展示了我国应对全球气候变化作出的新努力和新贡献,重振全球气候行动的信心与希望,彰显了我国积极应对气候变化、走绿色低碳发展道路、推动全人类共同发展的坚定决心,使我国从应对气候变化的积极参与者、努力贡献者,逐步成为关键引领者。

一、我国应对气候变化的政策与行动

自 20 世纪 90 年代末开始,国际社会便就实现温室气体净零排放达成共识,以"发布宣言—制定战略—共促发展"的模式,先后通过《联合国气候变化框架公约》(1992 年)、《京都议定书》(1997 年)和《巴黎协定》(2015 年)三大国际公约,明确循环经济、可持续发展、智能电网、智慧城市、气候治理等行动方向,由传统农业、石油产业、金属材料、建筑节能、辐射防护、工业设施、环境与能源管理等领域,逐步向新能源、新材料、碳金融、碳足迹、智慧城市、智慧能源、船舶和海洋技术等领域延伸,构建了全球气候治理进程的跨越式里程碑。

作为最大的发展中国家与世界第二经济体,我国始终致力于维护世界和平、促进全球发展。为应对气候变化的政策与行动,我国经历了三个发展演进

的重要阶段。

（1）第一阶段。新中国成立后，尤其是改革开放以来，我国积极参与全球气候治理进程。国际方面，1992 年 6 月，我国签署了《联合国气候变化框架公约》《生物多样性公约》，成为最早缔约方之一。2002 年 8 月，我国核准了《京都议定书》，主动融入全球气候治理格局，为减缓和适应气候变化作出了积极贡献。国内方面，我国于 1998 年成立了国家气候变化对策协调机构，在经济、能源、工业等诸多领域探索可持续发展体系。2007 年 6 月，我国制定了《中国应对气候变化国家方案》与《中国应对气候变化科技专项行动》，明确 2010 年、2020 年不同时间阶段的发展路径、基本原则、重点任务及政策措施等，构建了我国应对气候变化的第一块版图。

（2）第二阶段。自 2012 年以来，我国开始了绿色能源技术和产业转型升级的探索，加快产业结构与能源结构调整，逐步完善碳减排关键核心技术自主可控的发展体系。国际方面，2015 年 6 月，我国向联合国气候变化框架公约秘书处提交了《强化应对气候变化行动——中国国家自主贡献》文件。2016 年，我国率先签署《巴黎协定》，设立中国气候变化南南合作基金，以帮助广大发展中国家应对气候变化等举措，积极参与全球气候治理，大力推进生态文明建设。国内方面，2013 年 11 月，我国发布了第一部专门针对适应气候变化的战略规划——《国家适应气候变化战略》，使应对气候变化的各项制度、政策更加系统化，积极发展绿色低碳能源，推动风电、光伏发电等迅速发展壮大，加快从传统能源向可再生能源转型。

（3）第三阶段。2020 年 9 月，我国提出"双碳"目标，即二氧化碳排放力争于 2030 年前达到峰值，努力争取 2060 年前实现碳中和。随后，我国进一步围绕其制修订了一系列涉及经济、能源、工业、生产和消费、基础设施建设、金融的支持政策，全面提升碳排放前沿技术水平。国际方面，自"双碳"目标提出后，2020 年 12 月，习近平主席在气候雄心峰会上进一步宣布，到 2030 年，中国单位国内生产总值二氧化碳排放将比 2005 年下降 65% 以上，非化石能源占一次能源消费比重将达到 25% 左右，森林蓄积量将比 2005 年增加 60 亿 m^3，风电、太阳能发电总装机容量将达到 12 亿 kW 以上，为全球应对气候变化作出更大贡献。国内方面，2021 年 9 月，《中共中央 国务院关于完整准确全面贯彻新发展理念做好碳达峰碳中和工作的意见》正式发布，对努力推动实现"双碳"目标进行全面部署，逐步形成"1+N"的政策顶层设计架构。随后，《2030 年前碳达峰行动方案的通知》《工业领域碳达峰实施方案》《财政支持做好碳达峰碳中和工作的意见》《科技支撑碳达峰碳中和实施方案（2022—2030 年）》《能源碳达峰碳中和标准化提升行动计划》等诸多国家政策相继发布，明确要深化绿色技术创新，推进产业结构和能源结构调整，全面实现经济发展与绿色转型同步推进。

我国应对气候变化的政策与行动发展历程见图 1-1。

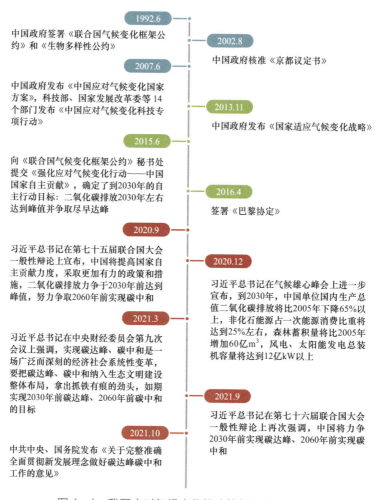

图 1-1　我国应对气候变化的政策与行动发展历程

二、"双碳"目标的战略意义

"双碳"目标的提出和落实，事关中华民族永续发展和人类命运共同体构建，是一场广泛而深刻的经济社会系统性变革，也是解决能源危机和应对气候变化的内在需要，更是我国在全球绿色低碳发展进程中的大国担当。"双碳"目标的战略意义如图 1-2 所示。

图 1-2　"双碳"目标的战略意义

1. "双碳"目标是顺应全球气候治理、推进生态文明建设的关键举措

全球气候变化问题历史悠久，碳循环逐步成为全球环境治理的焦点。我国坚持全国统筹、上下一条心一盘棋的理念，将"双碳"目标纳入生态文明建设整体布局，利用碳中和作为推动生态文明建设的抓手和纲领，推动生态环境治理、人类栖息地保护和人类命运共同体建设，为满足人民群众日益增长的优美生态环境需要、促进人与自然和谐共生奠定了坚实基础。

2. "双碳"目标是推进绿色低碳经济转型、实现高质量发展的迫切需要

目前，我国依旧存在人口基数大、资源较为短缺、环境容量相对有限的困境，传统的高投入、高消耗、高排放、低效率的粗放型增长方式难以为继。"双碳"目标的提出，全面布局了从 2020 年到 2060 年前后跨越 40 年的绿色低碳循环发展经济体系，将有力破解资源环境约束，刺激能源、产

业、科技、投资等领域形成超大规模绿色低碳市场需求，鼓励绿色低碳新模式新业态创新发展，满足更高质量、更有效率、更可持续、更为安全的发展需要。

3."双碳"目标是重塑能源结构与产业结构、确保能源安全的必由之路

随着对新能源的巨大需求及对能源安全的日益重视，我国以"双碳"目标统筹推进能源转型与能源安全，引导新能源产业高速发展，鼓励因地制宜发展风能、太阳能、生物质能、海洋能、氢能等可再生能源发电，加快智能电网、储能、绿色氢能、电动与氢燃料汽车、碳捕集与封存等关键技术攻关，健全政策机制，发展新一代信息技术、新材料、新能源、节能环保等战略性新兴产业，将有力打破能源发展不平衡困境，不断提升能源韧性，实现能源绿色清洁化转型。

第二节　新型能源体系的发展形势

党的二十大报告在"积极稳妥推进碳达峰碳中和"的工作部署中提出，"深入推进能源革命，加强煤炭清洁高效利用，加大油气资源勘探开发和增储上产力度，加快规划建设新型能源体系，统筹水电开发和生态保护，积极安全有序发展核电，加强能源产供销体系建设，确保能源安全。"

新型能源体系是党中央立足新发展阶段，对"双碳"目标提出后能源政策的概括和总结，也是今后一段时期能源发展工作做出的新部署。新型能源体系强调能源安全和低碳转型相协同，其提出背景主要有以下两方面。

（1）强调能源安全，是基于我国化石能源消费比重高，油、气资源自给率低的现实需求。我国一次能源消费中，化石能源消费占比达到 83%❶，其中煤、油、气的消费占比分别达到 56%、19% 和 9%。从自给率看，得益于我国富煤的资源禀赋，煤炭自给率达 96%，但石油、天然气自给率仅为 28% 和 57%，一旦发生国际政治冲突事件，将可能导致我国的石油和天然气供给受限，能源安

---

❶ 本书数据通过公开渠道查询及咨询所得，若有偏差请以央企正式公布数据为准。

全受到威胁。新型能源体系提出"加强煤炭清洁高效利用，加大油气资源勘探开发和增储上产力度"，是立足我国煤炭大国的资源禀赋、补强油气资源短板，夯实能源安全基础的重要举措。

（2）坚持低碳转型，是基于满足我国经济社会可持续发展用能，推进能源转型的需要。我国非化石能源消费占比仅为 17%，与党中央提出的 2030 年碳达峰达到 25%、2060 年碳中和达到 80% 以上的目标仍有差距。要达到上述目标，在碳达峰前新增能源消费需求基本由清洁能源满足，在碳达峰后新增能源消费需求完全由清洁能源满足，并实现对化石能源的替代。新型能源体系提出"统筹水电开发和生态保护，积极安全有序发展核电"，是稳步提升非化石能源消费比重，推动能源供应体系绿色低碳转型的重要途径。

新型能源体系是对"清洁低碳、安全高效"现代能源体系的新升华，是以能源安全保障经济高质量发展，以能源产业升级驱动中国式现代化经济发展，以能源科技创新支撑全球科技革命，构建形成煤、油、气、核、可再生能源多轮驱动的能源供应新体系，是能源强国、能源安全新战略的内涵实质。

新型能源体系建设是一项长期任务，能源电力将迎来一场战略性、系统性、全局性的变革。随着主体能源由化石能源向非化石能源转换，现有能源消费特性、能源供给结构、能源技术形态、能源体制机制、能源合作模式都将发生深刻变化，需要循序渐进推进新型能源体系建设。

1）着力推动能源生产减碳节能。构建新型能源体系应首先进一步优化能源生产结构，全力推动能源生产加速向绿色化转型，有序实现低碳化。在坚持传统化石能源短期内支柱性地位的同时，应进一步拓展水力、风力、海洋、太阳能、氢能等多种能源获取渠道，搭建多能互补、产消协同、链条完整、有序替代的新型能源生产体系。

2）合理引导能源消费转型升级。新型能源体系应以"双碳"目标为指引，合理引导能源消费向低碳化、非化石、低能耗方向转变。一方面，要进一步稳定能源消费结构调整预期，提前布局绿色化产业替代、技术储备、理念宣传，充分发挥绿色低碳政策的引领、规制、赋能作用；另一方面，要着力推进能源产业领域去产能、补短板，逐步淘汰落后低效产能供应，加速引导能源领域技术更新换代，促进可再生能源生产消纳。

3）加快建设现代能源市场体系。一方面，加速构建涵盖中长期交易、电力现货、电力辅助服务和绿电交易的统一电力市场，形成多元发用电主体全面参与的电力交易格局，促进电力市场、各类煤炭石油天然气交易中心、全国碳排放权交易市场、用能权交易市场、绿证交易市场之间有效衔接，形成激发生产、绿色低碳、惠及民生的可靠能源电力供应；另一方面，捋顺能源价格机制，实现能源资源配置全局最优。

4）推动绿色低碳技术适应性创新。能源绿色低碳转型除了需通过发动能源供给革命、能源消费革命来推动，还需要以能源技术革命为支撑。新型能源体系的构建要坚持技术为本，综合考量现有技术储备、基本国情、发展目标及国际形势等多重因素，制定符合未来需求的能源低碳技术升级路线，全力攻坚基础性、通用性、颠覆性关键技术研究，补齐化石能源清洁低碳高效开发利用、新能源配储、电力系统数字化、智能化升级等一批能源领域突出短板。

走人与自然和谐共生的现代化道路，是从我国国情和实际出发的战略抉择。在以人的现代化为根本、坚持人与自然和谐相处的中国式现代化愿景中，能源革命占据重要的支柱性地位。要打破以能源资源掠夺式开发和粗放式消耗为特征的增长魔咒，就要坚持创新引领、放眼未来的长远视野，以取之不尽用之不竭的非化石能源采储消为突破点，构建成本低廉、清洁低碳、安全高效的新型能源体系。新型能源体系的建设，将有助于我国快速占据能源革命的先机，在新能源发展领域取得更加突出的成就。

第三节　电力系统的发展需求与挑战

实现碳达峰碳中和，能源是主战场，电力是主力军，电网是排头兵。为贯彻落实"双碳"目标与能源安全新战略，围绕火电、水电等常规电源建立起来的传统电力系统，将难以适应高比例可再生能源和高比例电力电子设备（简称"双高"）特性日益凸显的趋势，因此，电力系统建设必然迎来一个长时间的渐进式发展，源网荷储在系统中的功能定位均将发生深刻变化。电力系统中源网荷储的功能定位转变情况如表 1−1 所示。

表 1-1　　　　　　　电力系统中源网荷储的功能定位转变情况

电力系统位置	功能定位转变
电源侧	电源结构由煤电占主导向新能源提供可靠电力支撑转变
电网侧	电网形态由单向逐级输电向包括交直流混联大电网、微电网、局部直流电网的能源互联网转变
负荷侧	负荷由传统刚性、纯消费型负荷，向柔性、生产与消费兼具的"产消者"转变
储能侧	储能将成为系统建设的重要技术装备

总体来看，电力系统发展将分别面临安全性、技术性、结构性、机制性、经济性、政策性六个方面的挑战。

（1）系统安全稳定运行风险增加。多时间尺度供需平衡难度增加，新能源发电顶峰能力不足，具备随机性、波动性和间歇性，气象特征显著、季节特性明显，存在"极热无风""晚峰无光"的逆调峰供应特性，系统调节能力建设需求增加，电网"双高"形态逐步显现，新能源机网协调能力不足，存在系统暂态稳定机理变化、转动惯量下降、宽频振荡风险增加等新问题。

（2）安全高效的清洁电力技术亟待突破。一方面，长周期储能亟须攻关突破，新能源发电季节分布与能耗需求季节分布之间不匹配，用电量季度间波动大、差异愈发显著，储能技术暂无法实现长周期跨季度转移；另一方面，清洁煤电技术尚在起步，煤电在未来相当长一段时间内仍是电力供应安全的重要支撑，碳捕存、利用和封存技术（carbon capture, utilization and storage，CCUS）等关键层面存在许多问题，且由于成本较高，暂无法在实际层面推广。

（3）电网结构面对清洁电力大规模开发适应性不足。一方面，能源发展不平衡矛盾突出，新能源大规模开发后盈余清洁电力大范围输送需求提升，沿海地区大规模海上风电、核电基地输电走廊稀缺，现状电网无法满足大范围优化配置需求，跨区外送能力有待提高；另一方面，配电网承载能力亟须加强，分布式新能源及储能、电动汽车等新型负荷大规模接入后，配电网逐步演化为主动型有源供电网络，运行控制难度增加。

（4）多元主体协同发展机制缺乏。随着电力体制改革进入"深水区"，电力市场不充分、不协调、不平衡问题不断突显，具有灵活互动能力的多元主体参与市场的定位和交易机制尚未明确，需求侧响应补贴激励机制、尖峰电价机制、光伏配储能参与辅助服务等配套市场化运作机制不完善，并且缺乏电力市场和碳市场建设的政策协调和机制协同，制约了碳排放核算、能效服务和绿色金融的协同发展，能效服务的促进机制和支持政策需进一步明确。

（5）绿色用能成本疏导渠道缺乏。随着新能源发展，电力系统建设改造力度加大，电网企业接网成本、大电网建设成本，以及配套送出工程、储能、电源灵活性改造等系统运行隐性投资增加。受制于新型源荷、储能等设施初始投资大、回收周期长、投资回报不高等因素，再加上相关的市场机制和电价政策还不完善，存在缺乏绿色用能成本疏导机制、社会投资意愿不高等问题，导致绿色用能工程经济性较差。

（6）配套支持性政策有待完善。电力系统技术、机制、市场、价格等相关政策无法覆盖项目全生命周期，缺少关于能源项目的多元化投融资机制、适应清洁低碳能源特点的绿色金融产品与绿色经济体系，以及电网科技创新激励政策等，阻碍各类市场主体参与"卡脖子"技术攻关与核心装备的研发，降低了电力系统科技创新驱动效能。

第二章　新型电力系统形态

　　新型电力系统是清洁低碳、安全高效的现代能源体系的重要组成部分。本章基于新型电力系统的特征剖析，结合"双碳"目标和新型能源体系建设要求，从能源"不可能三角"角度提出新型电力系统评价体系，并进一步提炼区域级新型电力系统发展的典型目标形态。

第一节　新型电力系统与新型能源体系的关系

一、新型能源体系是新时期能源发展的总体目标

　　自"双碳"目标提出以来，党中央国务院密集部署能源高质量发展工作，锚定了我国能源转型的总体目标和实施路径。2022 年 10 月，党的二十大报告提出"加快规划建设新型能源体系"，成为新时期能源发展的总体目标。2023 年 7 月，国家能源局进一步阐述了新型能源体系具有"四新一强"的特征，即能源结构新、系统形态新、供应链韧性强、产业体系新、治理体系新，体现了新型能源体系既涵盖了全品类能源品种，也延伸到产业体系、供应链支撑和政策体系，擘画了统筹安全保障和绿色低碳的能源领域发展总方向。

　　2021 年 3 月 15 日，习近平总书记在中央财经委员会第九次会议上首次提出要"构建清洁低碳安全高效的能源体系，深化电力体制改革，构建新型电力系统"。2023 年 7 月 11 日，在中央全面深化改革委员会第二次会议上，强调要深化电力体制改革，加快构建清洁低碳、安全充裕、经济高效、供需协同、灵活智能的新型电力系统，更好推动能源生产和消费革命。

二、新型电力系统是构建新型能源体系的核心

新型电力系统作为新型能源体系的重要组成和中心环节，是构建新型能源体系的重中之重。在推动能源结构转型方面，新型电力系统是最主要的手段，电力作为清洁能源开发利用的主要方式，是推动主体能源由化石能源向非化石能源转变的必由之路。在实现能源形态变革方面，新型电力系统是最主要的载体，电力系统作为清洁能源大规模、广域、灵活配置的基础平台，将推动多能源品种、集中式与分布式资源协调发展，从而实现能源系统形态的拓展重塑。在保障能源供应链安全方面，新型电力系统是最主要的环节，电力作为一、二次能源系统的纽带和能源生产、消费的枢纽，是能源供应链条的中心环节。同时，依托可再生能源发电提升我国能源自给水平，是保障国家能源安全的重要选择。在拉动能源产业体系升级方面，新型电力系统是最主要的引擎，新型电力系统产业创新能够协同更多能源产业主体和要素，支撑我国能源体系建成自主可控、全球布局的产业链，为新型能源体系价值创造提供强引擎和新动能。在完善能源治理体系方面，新型电力系统是最主要的抓手，新型电力系统覆盖范围广、涉及主体多，构建过程中形成机制优化和政策设计方面的实践经验，将在调整能源市场机制、价格机制、科研机制、行业政策等方面发挥重要作用，推动能源治理体系和治理能力现代化。

第二节 　新型电力系统的特征

根据中共中央办公厅、国务院办公厅《关于深化电力体制改革加快构建新型电力系统的指导意见》，电力系统连接能源生产和消费，是规划建设新型能源体系、加快绿色低碳转型的中心环节，而新型电力系统具有清洁低碳、安全充裕、经济高效、供需协同、灵活智能五大特征。

根据国家能源局发布的《新型电力系统发展蓝皮书》，新型电力系统是以确保能源电力安全为基本前提，以满足经济社会高质量发展的电力需求为首要目标，以高比例新能源供给消纳体系建设为主线任务，以源网荷储多向协同、灵活互动为坚强支撑，以坚强、智能、柔性电网为枢纽平台，以技术创新和体

制机制创新为基础保障的新时代电力系统，是新型能源体系的重要组成和实现"双碳"目标的关键载体。

国家电网公司在《新型电力系统与新型能源体系》一书中对新型电力系统的特征开展深入分析。清洁低碳，即能源供给侧实现多元化、清洁化、低碳化，能源消费侧实现高效化、减量化、电气化。安全充裕，即扩展安全防御内涵，构建强化系统稳定控制、供应安全保障、非常规安全防御的综合安全防御体系，既通过稳定支撑性电源和调节性资源建设，结构坚强大电网和分布式智能电网可观、可测、可控能力建设，保障电力供应和系统调节能力充裕，也要考虑将政策应对手段、应急保障资源等作为充裕性提升的相关举措。经济高效，即通过建立源网荷储互动、多能协同的资源配置平台，提升电力系统整体效率，创造电力生产、传输、利用新价值。供需协同，即依托源网荷储多要素、多主体更高水平的供需协同，推动国家产业升级、转移与能源供需格局优化的高效统筹。灵活智能，即融合应用"大云物移智链"等新型数字技术，推动电力系统数字化、网络化、智慧化，发挥电力灵活转化与基础平台作用，提升能源系统弹性和利用效率。

可以看出，中央发布的权威文件、国家能源局和国家电网有限公司发布的专著对新型电力系统的特征定义一致，均针对新型电力系统在推动实现"低碳—安全—经济"三者相互制约下能源电力高质量发展的关键问题，从电源结构、供电保障、市场运作、政策机制、技术手段等方面进行探讨和定义。

（1）低碳方面。明确电源结构向新能源提供安全可靠电力支撑转变，结合多时间尺度储能技术规模化应用，有计划分步骤逐步降低传统能源比重。

（2）安全方面。强调电网安全为新型电力系统的基本前提，通过"大电源、大电网"与"分布式"等多形态并存，以及电力系统的灵活性与智能化水平提升，共同支撑系统安全稳定运行。国家层面关于"充裕"的提法体现了底线思维，引导能源行业关注极端情况下系统的电力电量平衡问题。

（3）经济方面。中央全面深化改革委员会第二次会议审议中进行了重点讨论，强调新型电力系统建设离不开电力体制改革的深化推进，需建立适应新型电力系统的供需、价格、竞争等市场机制，推动有效市场与有为政府的有机结合，构建能源生态多主体共担的社会责任机制，通过技术、市场、商业模式创新，推动电力系统从传统的供需"平衡"向"协同"转变，探索更加集约高效的电力公共服务方式。

新型电力系统的特征如图 2-1 所示。

图 2-1　新型电力系统的特征

第三节　新型电力系统的评价体系

新型电力系统是一个涉及经济、社会、环境各环节的复杂物理系统，其构建需要统筹多维度耦合因素，是一项极具挑战性、开创性的系统工程。因此，有必要建立一套完整、科学的评价体系，便捷、准确地评价新型电力系统发展水平，及时辨识短板、优化发展路径、明晰建设重点，更好地指导各级区域推进新型电力系统建设。

一、新型电力系统评价体系

作为实现能源高质量发展的有机载体，新型电力系统承担着清洁转型推动经济社会可持续发展、安全供应护航经济社会发展、公平开放实现全体人民共享发展成果的多重任务。在多目标统筹的要求下，新型电力系统建设需实现"低碳—安全—经济"三者的统筹发展。

因此，新型电力系统评价体系的基本评价维度选取为"清洁发展""安全稳定""效率效益"。同时，结合新型电力系统清洁低碳、安全充裕、经济高效、供需协同、灵活智能 5 大特征，设置涵盖源网荷储各要素、适用于不同评价对

象的下级指标，推演形成新型电力系统的分层评价体系，包括 3 个一级指标、5 个二级指标、24 个三级指标。

新型电力系统评价体系总体框架如表 2-1 所示。

表 2-1　　　　　　　新型电力系统评价体系总体框架

一级指标	二级指标		三级指标	
清洁发展	1	清洁低碳	1	清洁电源占比
			2	发电碳排指数
			3	新能源消纳率
			4	就近平衡指数
			5	清洁互济指数
			6	用能能耗指数
			7	终端电气化率
安全稳定	2	安全充裕	8	电源结构多元指数
			9	系统稳定运行能力
			10	跨区支援水平
			11	电能优质供应指数
			12	极端事件防御水平
			13	电源灵活调节指数
			14	负荷调节响应指数
	3	灵活智能	15	系统感知指数
			16	系统可控指数
			17	智能决策水平
效率效益	4	经济高效	18	市场机制完善度
			19	配套政策健全度
			20	单位成本效益贡献度
			21	减碳成效
			22	行业引领贡献度
	5	供需协同	23	设备总体利用水平
			24	源网荷储互动水平

（一）清洁发展维度

新型电力系统建设的首要目标是推动能源供应、消纳全环节的形态转变，实现从生产到消费全过程"含碳量"逐步下降。清洁发展指标体系包括 1 个二级指标、7 个三级指标，如表 2-2 所示。

表2-2   清 洁 发 展 指 标 体 系

二级指标	三级指标		指标释义
清洁低碳	1	清洁电源占比	反映电源结构的整体清洁化水平，即清洁电源装机占比、清洁能源发电量占比
	2	发电碳排指数	反映火电机组降碳水平，即火电机组平均碳排水平与先进机组碳排水平的差距
	3	新能源消纳率	反映新能源整体利用情况
	4	就近平衡指数	反映分布式新能源就地消纳能力
	5	清洁互济指数	反映区域性清洁能源消纳能力
	6	用能能耗	反映全社会能耗水平，即单位 GDP 的一次能源消耗水平
	7	终端电气化率	反映电能在终端能源消费的比重

为实现该二级指标的提升，从供给侧看，一方面，需逐步实现能源电力供给降碳，包括电源结构的清洁化、低碳化水平，通过有计划、分步骤逐步提升清洁能源占比，推动化石能源低碳化发展；另一方面，需提升清洁电力的高效消纳水平，包括高比例新能源的整体消纳能力及通过就近平衡、跨区互济实现高水平利用的能力，确保清洁电力"发得出、用得上"。从消费侧看，关键是提升终端用能能效，增加新型电力系统对终端用能降碳的促进作用，包括全社会综合用能能耗、电能在终端能源的消费比重。通过推动更加集约高效的用能方式，促进清洁能源转化为电能加以利用，提升终端用能的电气化、高效化、减量化。

（1）清洁电源占比。

指标释义：反映电源结构的整体清洁化水平，即清洁电源装机占比、清洁能源发电量占比。

计算方法：指标值＝［（1－燃煤电厂装机容量/全社会电源总装机容量）＋（1－燃煤电厂发电量/全社会电源总发电量）］/2×100%。

（2）发电碳排指数。

指标释义：反映火电机组整体降碳水平，即火电机组平均碳排水平与先进机组碳排水平的差距。

计算方法：指标值＝火电平均碳排放水平/超超临界机组标准碳排水平×100%。

（3）新能源消纳率。

指标释义：反映新能源整体利用水平。

计算方法：指标值＝新能源发电量/（新能源发电量＋新能源弃电量）×100%。

（4）就近平衡指数。

指标释义：反映分布式新能源就地消纳能力。

计算方法：指标值＝1－分布式新能源倒送电量/分布式新能源总发电量×100%。

（5）清洁互济指数。

指标释义：反映区域性清洁能源消纳能力。

计算方法：指标值＝跨区交易的清洁能源电量/跨区交易的全部电量×100%。

（6）用能能耗。

指标释义：反映全社会能耗水平，即产生单位 GDP 所消费的能源水平。

计算方法：指标值＝能源消费总量/地区 GDP 总量。

（7）终端电气化率。

指标释义：反映电能在终端能源消费的比重。

计算方法：指标值＝终端电能消费量/终端能源消费量×100%。

（二）安全稳定维度

构建新型电力系统应以电力安全保障为基本前提，通过建强充裕的灵活调节能力与智慧的运行能力，解决新能源"靠天吃饭"带来的多重挑战，保障能源安全供应。安全稳定维度通过安全充裕、灵活智能 2 个二级指标来衡量，设置 10 个三级指标，如表 2－3 所示。

表2-3　　　　　　　　　　安全稳定指标体系

二级指标	三级指标		指标释义
安全充裕	1	电源结构多元指数	反映电力供应结构的互补水平，即超过一定装机占比的电源类型丰富度
	2	系统稳定运行能力	反映"双高"特性系统的频率及电压稳定水平，即系统具备充足的惯量时间常数及新能源涉网短路比
	3	跨区支援水平	反映通过跨省电力输电通道实现利用相连区域资源作为本地储备电源的能力
	4	电能优质供应指数	反映电能可靠优质供应的能力，即供电可靠水平及电压合格水平
	5	极端事件防御水平	反映系统面对极端气候等复杂严峻工况的抵御能力
	6	电源灵活调节指数	反映电源的短时、长时平衡调节综合能力
	7	负荷调节响应指数	反映用户侧参与系统调节的能力
灵活智能	1	系统感知指数	反映系统全景观测能力，即对源、网、荷的感知能力
	2	系统可控指数	反映系统精准控制能力，即控制对象、控制设备的覆盖率及自动化控制能力
	3	智能决策水平	反映系统自主优化决策和故障快速自愈能力

1. 安全充裕

该二级指标表征电力系统应对"双高"挑战的能力：一方面，需具备充分的安全保障能力，主要反映电力系统应对"双高"挑战的能力，包括各类电源互补、互济、稳住电力供应基本盘的能力，系统频率、电压稳定水平，极端气象条件下电力保供能力，外部突发事件应对能力，用户优质可靠供电能力；另一方面，需拥有充分的灵活调节能力，具备充裕的调峰及应急备用资源应对源荷"双随机"特性，满足不同时间、空间尺度上新能源出力的调节和存储需求，包括电源侧日、周、周以上灵活调节电源占比，以及需求侧可响应负荷的比例，通过合理配置调节电源、整合需求侧可调控资源，缓解新能源发电与负荷特性不匹配带来的系统调节压力。

（1）电源结构多元指数。

指标释义：反映电力供应结构的互补水平，即超过一定装机占比的电源类型丰富度。

计算方法：指标值＝占比超过一定占比的电源种类/地区可开发电源种类总

数 × 100%。

（2）系统稳定运行能力。

指标释义：反映"双高"特性系统的频率及电压稳定水平，即系统具备充足的惯量时间常数及新能源涉网短路比。

计算方法：指标值 = 系统惯量时间常数水平 × 新能源多场站短路比水平。

（3）跨区支援水平。

指标释义：反映通过跨省电力输电通道实现利用相连区域资源作为本地储备电源的能力。

计算方法：指标值 =（跨省电力交换能力/地区最大负荷 + 跨省电力交换能力/地区装机容量）/2 × 100%。

（4）电能优质供应指数。

指标释义：反映电能可靠优质供应的能力，即供电可靠水平及电压合格水平。

计算方法：指标值 = ［（1 − 客户平均停电时间/8760）+（1 − 电压超限时间/电压监测总时间）］/2 × 100%。

（5）极端事件防御水平。

指标释义：反映系统面对极端气候等复杂严峻工况的抵御能力。

计算方法：指标值 =（保障性电源占比 + 抵御百年一遇自然灾害输变电设备覆盖率）/2。

（6）电源灵活调节指数。

指标释义：反映电源的短时、长时平衡调节综合能力。

计算方法：指标值 =（周以下调节电源装机容量/地区装机容量 + 周及周以上调节电源装机容量/地区装机容量）/2 × 100%。

其中，调节电源包括储能（含抽蓄和电化学储能）、水电机组、燃气机组及完成灵活性改造的火电机组。

（7）负荷调节响应指数。

指标释义：反映用户侧参与系统调节的能力。

计算方法：指标值 = 需求侧响应用户签约容量/区域全社会最大用电负荷 × 100%。

2. 灵活智能

该二级指标反映新型电力系统"大脑中枢"对这一复杂巨系统的智慧驾驭能力，包括系统的全局感知、可控指数及系统智能决策水平。通过应用人工智能新技术，构建可观可控的智慧中枢，以实现系统智能优化决策和故障快速自愈。

（1）系统感知指数。

指标释义：反映系统全景观测能力，即对源、网、荷的感知能力。

计算方法：指标值=（分布式电源感知率+配电网透明化率+用户感知率）/3。

其中，分布式电源感知率=（分布式电源接入系统数量/分布式电源总量×0.5+分布式电源接入数据中 96 个点数据均准确×0.5）×100%；

配电网透明化率=配电网设备有效感知数/配电网设备总数×100%；

用户感知率=高速宽带载波（high-performance liquid chromatography，HPLC）智能电能表终端覆盖用户数/地区用户总数×100%。

（2）系统可控指数。

指标释义：反映系统精准控制能力，即控制对象、控制设备的覆盖率及自动化控制能力。

计算方法：指标值=［分布式光伏可调可控率+控配电网全自动馈线自动化（feeder automation，FA）覆盖率］/2。

其中，分布式光伏可调可控率=配电网调管分布式光伏可调可控容量/配电网调管分布式光伏总容量×100%；

配电网全自动 FA 覆盖率=具备馈线自动化功能且投入全自动 FA 的公用馈线数/公用馈线总数×100%。

（3）智能决策水平。

指标释义：反映系统自主优化决策和故障快速自愈能力。

计算方法：指标值=（自主优化决策能力+故障快速自愈能力）/2。

其中，自主优化决策能力=采用人工智能算法的调控决策业务数量/调控决策业务总数×100%；

故障快速自愈能力=（准确研判的故障数量/总研判故障数量+自动 FA 正确隔离故障点的故障数/全自动 FA 启动故障数）/2×100%。

（三）效率效益维度

新型电力系统建设效率、效益的提升是保证其可持续发展的关键因素，通过市场手段与政府政策的有机结合，充分发挥政策机制效能，以"制"的建设推动电力供需从传统的"平衡"向"协同"转变，促进系统建设效益与系统运行效率的整体提升。效率效益维度通过经济高效、供需协同2个二级指标来评价，设置7个三级指标，效率效益指标体系如表2-4所示。

表2-4 效率效益指标体系

二级指标	三级指标		指标释义
经济高效	1	市场机制完善度	反映市场在资源配置中的作用，即电力市场交易品类齐全度、绿色电力市场化交易程度及电—碳—绿证市场协同程度
	2	配套政策健全度	反映助力新型电力系统建设的配套政策和体制机制的健全完备程度
	3	单位成本效益贡献度	反映单位成本创造的经济价值
	4	减碳成效	反映新型电力系统建设助力电力行业减碳的成效
	5	行业引领贡献度	反映新能源相关投资对上下游产业投资的带动作用
供需协同	1	设备总体利用水平	反映电力系统设备的整体运行效率
	2	源网荷储互动水平	反映电力系统各环节的互动水平

1. 经济高效

该二级指标具备效能与效益双重内涵。一方面，反映了新型电力系统配套政策机制的效能，通过健全完备的政策和体制机制，鼓励不同社会主体积极参与和投入，包括中长期电力市场、现货市场、辅助服务市场机制的完善程度，市场、价格、投融资财税、电力工业改革等配套政策的健全程度；另一方面，反映了新型电力系统建设的社会效益，包括促进经济高质量、低碳发展，推动产业协同发展的作用，包括新型电力系统建设创造的经济价值，助力电力行业减碳的成效，以及推动能源电力相关产业"补链""延链""强链"的作用。

（1）市场机制完善度。

指标释义：反映市场在资源配置中的作用，即电力市场交易品类齐全度、绿色电力市场化交易程度及电—碳—绿证市场协同程度。

计算方法：指标值=电力市场交易品类齐全度×0.8+绿色电力市场化交易占比×0.1+电—碳—绿证市场协同指数×0.1。

其中，电力市场交易品类齐全度=电力市场交易品类实际数量/电力市场交易品类理论数量×100%，理论数量在层级上分为省/区域市场、国家市场2级，模式包括批发、零售2种，时间尺度上包括中长期、现货2个维度，产品类型包括电能量、辅助服务、容量、电力金融衍生品等，经初步统计，建议为9类❶；绿色电力市场化交易占比=风电、光伏发电市场化交易电量/风电、光伏发电量×100%；电—碳—绿证市场协同指数=［1−|（绿电溢价/碳、证衍生品市场等效溢价）−1|］×100%，绿电溢价=绿电出清价格−同期传统电力市场出清价格，碳、证衍生品市场等效溢价=（碳市场价格×区域度电碳排放系数+度电绿证价格）/2。

（2）配套政策健全度。

指标释义：反映助力新型电力系统建设的配套政策和体制机制的健全完备程度。

计算方法：指标值=新型电力系统配套政策实际出台范围/新型电力系统配套政策出台范围理论上限×100%。

其中，配套政策按层级分为国家级（含部委）、省级、地市级3级；按内容参照《新型电力系统发展蓝皮书》，分为市场政策、价格政策、投融资财税政策、技术研发政策、电力工业改革政策、行业治理政策6类，形成3×6配套政策矩阵，则配套政策出台范围理论上限=18。在此基础上，若某级某类政策已经出台❷，则该维度配套政策记为1，反之则记为0。

（3）单位成本效益贡献度。

指标释义：反映单位成本创造的经济价值。

计算方法：指标值=（地区生产总值（GDP）/地区全社会用电量）/（地区用电总成本/地区全社会用电量）。

---

❶ 9类电力市场包括省间电力中长期市场、省内电力中长期市场、省间电力现货市场、省内电力现货市场、省间电力辅助服务市场、省内电力辅助服务市场、发电容量市场（或补偿机制）、输电权市场、零售市场。

❷ 需为专项政策或在政策中对新型电力系统有专门论述，可视作出台；仅是在大政策中模糊提及相关字眼，不视作出台。

（4）减碳成效。

指标释义：反映新型电力系统建设助力电力行业减碳的成效。

计算方法：指标值＝（基准年度电碳排放－评价年度电碳排放）/基准年度电碳排放。

其中，度电碳排放＝电力系统碳排放量/全社会用电量；基准年取新型电力系统建设"元年"❶的前一年即 2020 年。

（5）行业引领贡献度。

指标释义：反映新能源相关投资对上下游产业投资的带动作用。

计算方法：指标值＝上下游产业相关投资/新型电力系统相关投资。

2．供需协同

该二级指标主要反映电力系统的资源配置能力和全链条各环节的整体效率，包括系统设备总体运行效率、源网荷储协同互动水平。

（1）设备总体利用水平。

指标释义：反映电力系统设备的整体运行效率。

计算方法：指标值＝（全社会发电量/电源装机/8760＋35kV 及以上变压器年输送电量/8760/主变压器额定容量）/2×100%。

（2）源网荷储互动水平。

指标释义：反映电力系统各环节的互动水平。

计算方法：指标值＝（源荷交互度＋源储交互度＋网荷交互度＋荷储交互度）/4。

其中，源荷交互度＝（当年新能源并网前电力缺额－当年新能源并网后的电力缺额）/当年新能源装机容量×100%；

源储交互度＝当年低谷负荷时储能系统的调峰容量/新能源理论最大出力×100%；

网荷交互度＝1－（典型日内电网最大供电负荷－最小供电负荷）/最大供电负荷×100%；

荷储交互度＝（当年储能系统并入前的电力缺额－储能系统并入后的电力

---

❶ 2021 年 3 月，总书记首次提出新型电力系统概念，因此选定 2021 年为新型电力系统建设"元年"。

缺额）/储能系统并入前的电力缺额×100%。

二、新型电力系统评价指标分类

为指导各指标的基准值设定，结合新型电力系统的客观发展趋势，将 24 个三级指标分为提升型、递减型、区间型和限值型 4 种类型，见表 2-5。

提升型指标为正向引导因子，以高目标驱动引领新型电力系统相关环节的发展提升，包括清洁电源占比、终端电气化率等 16 个三级指标。

表 2-5　　　　　　　　　　新型电力系统评价指标分类

类型	三级指标
提升型	清洁电源占比
	电源结构多元指数
	新能源消纳率
	就近平衡指数
	终端电气化率
	电能优质供应指数
	极端事件防御水平
	系统感知指数
	系统可控指数
	智能决策水平
	市场机制完善度
	配套政策健全度
	单位成本效益贡献度
	减碳成效
	行业引领贡献度
	源网荷储互动水平
递减型	发电碳排指数
	用能能耗指数
区间型	清洁互济指数
	跨区支援水平

类型	三级指标
区间型	电源灵活调节指数
	负荷调节响应指数
	设备总体利用水平
限值型	系统稳定运行能力

递减型指标为逆向抑制因子，以能源节能降碳为限制条件，推动能源结构清洁低碳转型，实现能源损耗、碳排的最小化，包括发电碳排指数、用能能耗指数 2 个三级指标。

区间型指标为合理控制因子，确保新型电力系统的清洁低碳水平、系统运行特性，维持在合理区间水平，包括清洁互济指数、跨区支援水平等 5 个三级指标。

限值型指标为强制约束因子，保障新型电力系统满足安全稳定运行的根本要求，其三级指标为系统稳定运行能力。

三、新型电力系统评价指标计算

为科学评价新型电力系统建设情况，量化发展成效、明晰演进趋势，量化评估新型电力系统发展现状及目标远景的差距，结合各类指标演进趋势，设置了新型电力系统评价体系的评价步骤、评价指标的计算方法。

（一）总体评价步骤

第一步：计算三级指标评分。除限值型三级指标外，提升型、递减型及区间型三级指标采用目标渐进法对取值进行归一化处理，从而消除不同量纲对评价结果的影响并采用百分制。

第二步：计算二级指标评分。为强化评价体系对于新型电力系统建设路径抓重点、补短板、强弱项的指导作用，采用因子分析法对各二级指标下的三级指标进行权重设置，进而综合加权得到各二级指标评分。

第三步：计算一级指标评分。进一步突出短板指示的作用，再次采用因子分析法设置各二级指标权重，综合加权得到一级指标评分。

第四步：计算总评分。考虑"低碳—安全—经济"三元均衡发展关系，采用等权重法对各一级指标赋权，并加权得到新型电力系统评价总分。

新型电力系统评价体系评价流程见图2-2。

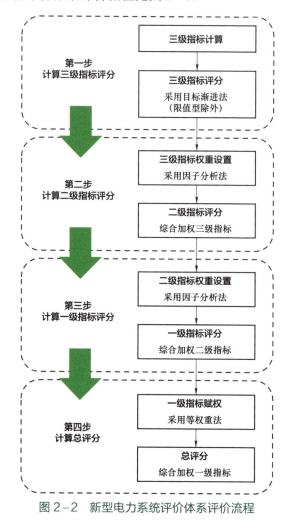

图2-2　新型电力系统评价体系评价流程

（二）指标评分方法

1. 一级指标评分方法

$$一级指标得分 = \sum_{i=1}^{j} \omega_i s_i \tag{2-1}$$

式中：j 为某一级指标下的二级指标数量；ω_i 为某一级指标下各二级指标对应的权重；s_i 为某一级指标下各二级指标对应的得分。

2. 二级指标评分方法

$$二级指标得分 = \sum_{i=1}^{j} \alpha_i t_i \qquad (2-2)$$

式中：j 为某二级指标下的三级指标数量；α_i 为某二级指标下各三级指标对应的权重；t_i 为某二级指标下各三级指标对应的得分。

3. 三级指标评分方法

除限值型三级指标外，提升型、递减型及区间型三级指标采用目标渐进法对取值进行归一化处理，从而消除不同量纲对评价结果的影响并采用百分制。

目标渐进法定义了指标值与得分值的对应关系，即指标原始数值增加（或减少），对应标准化后所得分数也增加（或减少），也就是规定了指标原始值与标准化值的变化关系，故此方法在满足指标无量纲化数据处理的同时兼顾了实际得分情况，且评分方法属于一种绝对化的算法。

在具体计算步骤上，设定 2 个不同目标值作为参考，通过每个指标趋近目标值的程度，对相应指标进行赋值。两个目标值分别设定为 A 值和 C 值，A 值即指标通过标准化后可获得 100 分时所对应的数值，C 值即指标通过标准化后可获得某确认分数时所对应的数值。

$$A_{ij} = (X_{ij} - S_{C(X_{ij})}) \times \frac{S_A - S_C}{S_{A(X_{ij})} - S_{C(X_{ij})}} + S_C \qquad (2-3)$$

式中：A_{ij} 为第 i 年的第 j 个评价指标数据标准化后的值，当 $A_{ij} < 0$ 时，A_{ij} 取值为 0；当 $A_{ij} > 100$ 时，A_{ij} 取值为 100；X_{ij} 为第 i 年的第 j 个评价指标的原始值；$S_A(X_{ij})$ 为第 i 年的第 j 个评价指标标准值 A 值；$S_C(X_{ij})$ 为第 i 年的第 j 个评价指标标准值 C 值。

第四节　新型电力系统典型目标形态

为客观反映新型电力系统演进阶段的发展水平和发展形态，基于新型电力系统评价体系，从发展阶段、典型目标形态两方面提出了新型电力系统的建设路径。

一、发展阶段

新型电力系统建设总体可分为 3 个发展阶段：① 加速转型期，以支撑实现碳达峰为主要目标，加速推进电力系统清洁低碳转型；② 总体形成期，碳中和战略目标推动电力系统清洁低碳转型提速，能源电力碳排放由峰值水平稳中有序降低；③ 巩固完善期，新型电力系统建设总体进入成熟阶段，并通过支撑新型电力系统构建的重大关键技术取得创新突破，实现全社会绿色转型和智慧升级，新型电力系统持续演化、释放更大战略价值潜力。

通过新型电力系统评价体系，可采用等级描述法对新型电力系统各发展阶段进行衡量和表征，初步形成 3 个发展阶段的得分区间，如表 2-6 和图 2-3 所示。

表 2-6　　　　　　　　　　　新型电力系统发展阶段

得分区间	发展阶段
[0, 80)	加速转型期
[80, 90)	总体形成期
[90, 100]	巩固完善期

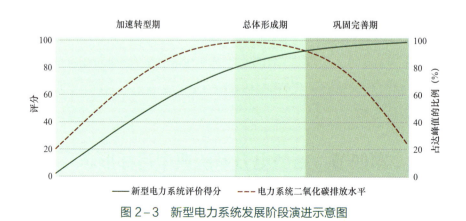

图 2-3　新型电力系统发展阶段演进示意图

二、典型目标形态

综合考虑新型电力系统评价体系及五大特征，安全充裕、经济高效、供需协同、灵活智能将成为新型电力系统的共性运行基础，能够通过筑牢物理网架基础、完善电力市场体制机制、提高数字化智能化水平等手段逐步实现。而在实现能源电力清洁低碳供给的路径选择上，应从各区域的清洁能源资源禀赋出发，选择适应能源供给重心向清洁能源转移的科学方式。基于此，提出了 3 种区域级新型电力系统的典型目标形态，分别为清洁能源受入型、清洁能源自平衡型、清洁能源送出型。

1. 清洁能源受入型

主要为负荷总量及密度高、供应可靠性要求高，但自身清洁电力生产无法满足经济社会发展需求的区域，需通过建强跨区域输电通道、研究电网韧性提升技术、配置调节资源，实现大规模外来清洁电力接纳、系统灵活调节和电力可靠供应。例如我国东部沿海的特大型受端电网。

2. 清洁能源自平衡型

清洁电力资源禀赋较为优越，能够为经济社会发展提供充足可靠的电力电量支撑，自身电力供需总体平衡；通过构建多元供应体系、挖掘调峰潜力，巩固供应保障能力、系统调节能力和资源配置能力，特别是通过跨省电力通道建设加强极端事件下的跨区支援能力，打造高水平的自平衡系统。

3. 清洁能源送出型

清洁能源资源丰富，在满足本区域电力需求的基础上，通过坚强可靠的跨区电力走廊实现大规模清洁能源电力并网和外送消纳；通过配置与外送规模相匹配的灵活调节资源，实现稳定的规模化电力外送，满足外部负荷中心清洁用电需求，助力更大区域的能源转型。例如我国西北部风、光资源丰富的区域级电力系统。

第三章　新型电力系统构建

新型电力系统构建是一项重大的系统性工程，需全面统筹能源"低碳—安全—经济"三元平衡，充分发挥技术与制度支撑作用。本章阐述了新型电力系统的构建方法的主要环节与构建主体，详细论述了关键技术、政策机制等两大重要支撑体系。

第一节　新型电力系统构建方法

电力行业是我国碳排放总量最大的单一行业，构建新型电力系统是我国实现"双碳"目标最重要的举措之一，是建设新型能源体系的重要载体。未来，电力系统逐步向可再生能源发电高占比、清洁电力消费为主体的态势发展转变，新能源发电"靠天吃饭"的先天不足、通过高比例电力电子装置并网导致系统转动惯量减少的基本特征，以及大规模新能源并网消纳高成本问题，都对能源电力系统的安全性、可靠性和经济性构成了极大的挑战。电网作为实现能源优化配置的枢纽平台，如何适应新能源高比例消纳和新型负荷广泛接入的挑战，向能源转换枢纽转型，进一步保障能源电力系统的安全稳定运行，也成为新型电力系统构建的主要问题。

新型电力系统构建需要统筹能源安全、能源公平和环境可持续三方关系，充分调动和发挥关键技术体系与政策机制体系"两大基础"的支撑作用，二者协同配合、形成合力，是推动新型电力系统的建设和发展必不可少的坚强保障，推动源网荷储各环节的形态升级（见图 3-1）。为构建新型电力系统，需要准确领会党中央能源安全战略，优化促进政策、市场的牵引驱动作用，统筹能源发展坚持系统思维、底线思维，强化全局统筹的顶层设计与战略规划引领，并持续做好深入的基础理论与前沿技术研究的底层支撑。技术体系、政策机制体系二者的有机结合与协同应用，将从"一硬一软"两大维度丰富新型电力系统整体骨架，为电力系统的长远发展提供坚实支撑。

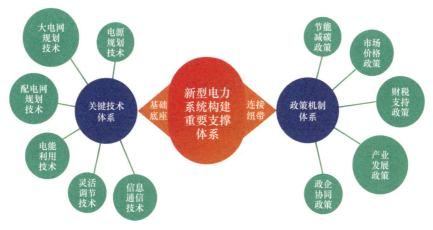

图3-1 新型电力系统"两大基础"支撑

关键技术体系是构建新型电力系统的重要基础底座。新型电力系统涵盖源、网、荷、储等多层级要素及数字化、智能化技术等多类型支撑，传统电力系统向新型电力系统转型升级的其中一项重要标志即全环节技术升级突破。全面开展新形势下电源规划、大电网规划、配电网规划、电能利用、系统灵活调节、系统信息通信等关键技术的研究与应用，是支撑新型电力系统构建的不竭动力。

政策机制体系是构建新型电力系统的重要连接纽带。新型电力系统的建设需要政府、企业和社会各界的共同努力，而政策机制体系则是协调各方利益、推动项目落地的关键因素，对于提升全社会整体经济效益有着不可或缺的作用。深化研究并推动制定节能减碳、市场价格、财税支持、产业发展、政企协同等领域的相关政策，是保障新型电力系统建设有序推进的重要抓手。

一、新型电力系统构建方法主要环节

坚定中国式现代化道路，聚焦"双碳"目标实现，新型电力系统构建方法主要涵盖宏观形势研判、能源发展实际分析、建设路径规划三个环节（见图3-2）。宏观层面，始终胸怀"国之大者"，综合国内外局势发展情况，找准能源体系在服务国家大局中的定位，做好能源体系国内外政策、市场发展形势研判；系统层面，坚持问题导向，立足能源发展实际，剖析电力系统高质量发展突出矛盾，做好未来发展格局谋划；实施层面，研究形成包括能源电力发展、电网发展规划、能源消费转型、灵活调节资源配置、体制机制建设等方面的新型电力系统建设路径，推动新型电力系统有序构建。

- 把握经济政治发展格局，融入党中央工作大局统一谋划
- 深化政府治理体系、电力市场体系、创新技术体系的发展趋势研究分析
- 研判电力系统发展优、劣势及所处阶段水平，明确配套政策完善、市场机制深化、技术演进迭代方向

宏观形势研判

- 深入分析能源资源禀赋和发展需求，评估电力系统现状发展水平及核心问题
- 开展新型电力系统未来形态及分阶段演进目标研究，制定阶段发展重点，量化具体目标

能源发展实际分析

- 对照新型电力系统五维创新体系，研究系统形态演进机理
- 统筹制定服务源网荷储各环节发展跃升的创新支撑体系规划，形成推动电力系统形态拓展的具体举措

建设路径规划

图 3-2　新型电力系统构建方法主要环节

1. 宏观形势研判

实时跟进党中央能源部署工作大局，把握国际、国内经济政治发展格局，将新型电力系统建设相关工作融入党中央工作大局统一谋划。紧抓政策、市场、技术方面的变化因素，持续深化国内外政府治理体系、电力市场体系、创新技术体系的最新发展趋势研究分析，开展电力系统发展优、劣势及所处阶段水平研判，明确配套政策完善、市场机制深化、技术演进迭代方向，为新型能源体系及新型电力系统分阶段推进重点提供总体策略指引。

2. 能源发展实际分析

新型电力系统发展的长远布局谋划，需要考虑多场景下新能源、新型负荷等多方面发展的边界条件，开展多时间尺度下的电力电量供需平衡分析，各地区供需格局的差异将决定其新型电力系统发展定位及核心能力规划侧重点上存在的不同。

本环节着重在认识能源系统发展规律和形态演化特点的基础上，深入分析不同区域的能源资源禀赋和发展需求，评估电力系统现状发展水平及核心问题。以能源安全为出发点和落脚点，强化系统观念、问题意识，围绕能源清洁低碳发展、电网安全稳定运行、系统效率效益提升等方面，开展新型电力系统未来形态及分阶段演进目标研究，结合电源构成、电网结构、负荷特性等方面的发展趋势研判，制定新型电力系统阶段发展重点，量化具体目标指引，在确保电力安全可靠供应、保障经济社会发展和民生用电需求的前提下，推动能源清洁低碳转型与"双碳"目标的如期实现。

3. 建设路径设计

顺应能源配置日趋平台化、能源生产加速清洁化、能源消费高度电气化、能源科技创新融合化、能源业态持续数字化等重要发展趋势，遵循新型电力系统总体发展形态演进布局，研究新型电力系统发展路线图，规划具体建设路径。

对照新型电力系统理论创新、形态创新、技术创新、产业创新、组织创新五维创新体系，针对新型电力系统演化关键节点及各阶段形态特征、存在问题、目标定位，展望电力系统发展典型场景，研究系统形态演进机理，统筹制定服务源网荷储各环节发展跃升的创新支撑体系规划，形成推动电力系统形态拓展的具体举措，探索构建新型电力系统典型形态建设范式。

二、新型电力系统行业主体类型及协调分工

构建新型电力系统需要全社会的力量共同参与，统筹协调各级政府部门、能源电力企业、科研院所及高校等多方力量，强化新型电力系统顶层设计、制定新型电力系统发展战略和总体规划、研究制定新型电力系统相关标准，共同探寻构建新型电力系统构建的最佳路径，推动全社会建设成效的全局最优。

1. 政府有关部门

作为新型电力系统构建的管控主体，政府有关部门主要负责强化督导落实、工作统筹和协同联动，通过充分听取社会各界声音，调动一切积极因素，广泛加强各方协作，包括工商界、智库、高校、非盈利组织、基层工作人员等，出台和发布新型电力系统建设顶层设计，健全完善适应新型电力系统建设配套政策体系，切实开展建设问题剖析，统筹各方力量及时解决，确保新型电力系统建设高效推进。

2. 能源电力企业

作为新型电力系统构建的实施主体，能源电力企业积极参与新型电力系统建设，行业龙头企业联合高等院校、科研院所和行业上、下游企业，紧密围绕"双碳"目标构建，根据新型电力系统建设路径，制定分阶段实施目标、重点任务、重大工程及重点项目，并负责具体落实。

3. 科研院所及高校

作为新型电力系统创新研究的支撑主体,科研院所及高校针对能源电力企业实际生产工作中存在的难点、痛点，协同开展基础性、紧迫性、前瞻性和颠覆性四类

重大科技技术创新突破，深化基础理论创新、发展形态创新及配套的产业创新、组织创新方面研究工作，推动能源电力系统向更加安全、高效、经济的方向迈进。

第二节　新型电力系统关键技术体系

随着能源电力转型不断深入，源网荷储各环节的功能定位和特性将发生深刻变化，新型电力系统发展在大电网的安全稳定分析能力提升、能源跨区互联互济、配电网的多形态协同、分布式电源及新型负荷承载，以及电力系统信息通信基础建强支撑等方面将面临诸多挑战。加快新型电力系统关键技术体系构建，推动源网荷储各环节技术创新突破，是推动新型电力系统逐步建成的重要基础底座。

（1）能源清洁转型技术。以提升新能源并网友好性与可靠替代能力为核心，开展新能源建模与仿真技术研究，在新能源特性分析、新能源出力特性仿真技术方面取得突破。以保障电力安全可靠供应为核心，开展新型电力系统供需推演技术研究，加快典型场景生成技术、极端场景生成技术、供需风险评估技术研究。以推动能源电力结构有计划、分步骤的有序转型为核心，推进"双碳"目标下电源规划技术创新应用，实现电力碳排放评估、高比例新能源接入下的电力系统平衡分析、电力系统生产模拟和电源结构优化规划等关键技术升级。

（2）大电网发展规划技术。聚焦新型电力系统形态下电网规划面临挑战，研究新能源高占比电力系统规划技术，创新电网规划校核计算与智能决策等技术。以提升电力系统安全稳定防御和应急处理能力为核心，重点开展新型电力系统暂态仿真建模方法、"双高"电力系统安全稳定分析与防控技术研究。充分适应未来高比例新能源并网需求，研究大型新能源基地送出典型方式与技术，深入分析大型新能源基地送出对电网发展带来的影响，研究新能源典型送出模式、新型输电技术与应用。以提升电力系统应对极端事件的防御、抵御、响应能力和快速恢复供电能力为核心，研究主网架防灾差异化规划设计技术，重点开展提升电网防灾和保供能力的源网荷储协同差异化规划方法、应对极端灾害的电网多阶段优化运行技术研究。

（3）新型配电系统规划技术。以新型配电网架形态升级、全面增强网架友好承载能力为核心，兼顾系统性、适应性和实用性，从场景化、精益化和模块化角度出发，研究"立体式覆盖、多专业协调"的配电网目标供电模式。以新型配电系统"分层分群协同化、潮流分布双向化、源网荷储一体化"为核心，研究新形势下配电网多形态网架构建技术，重点开展配电网单元制组网构建技术、配—微协同组网技术研究。以新型配电系统发展系统化推进为核心，研究配电网网格化源网荷储协同规划技术，实现目标网架方案的科学合理制定。

（4）终端电能利用技术。以适应未来终端能源消费电气化发展趋势为核心，开展终端电能利用技术研究。深化电能替代潜力分析，建立电能替代规划模型及电能替代效果评价体系。针对灵活性负荷规模增大的趋势，以电动汽车为对象，研究其充电网络布局演进路径，重点推进有序充电、双向充放电等车网互动技术（vehicle grid integration，VGI）。围绕电气化水平提升的背景和特点，提出适用于新型电力系统建设的电力市场特性分析预测技术。

（5）电力系统信息通信技术。以支撑源网荷储海量分散对象协同运行和多种市场机制下系统复杂运行状态的精准感知和调节为核心，面向电力系统信息感知能力、通信承载能力及数据处理能力提升，研究信息采集与终端部署技术、多模电力通信技术融合与网络优化技术，以及海量信息智能处理技术，实现电能输、变、配、用全环节远程监测与智能控制，构建高度数字化、智慧化和网络化的电力系统，支撑海量异构资源的广泛接入、密集交互。

（6）系统灵活调节能力提升技术。以保障系统调节能力科学合理配置为核心，开展系统调节能力需求评估，研究新型电力系统负荷特性分析及系统多时间尺度调节能力需求量化评估技术。以挖掘用户侧调节潜力为核心，研究考虑多元负荷耦合的需求预测技术，分析需求侧可调节资源潜力，推进变电容量优化规划技术研究。以提升安全稳定运行水平、增强供电保障能力为核心，重点推进多类型储能技术经济对比、新型电力系统多元储能总体发展路径、规划原则和优化配置技术。以支撑源荷储海量分散调节资源协同调度为核心，研究源网荷储协同优化技术，重点推进多场景柔性资源梯级调控技术研究。

新型电力系统关键技术体系见图 3-3。

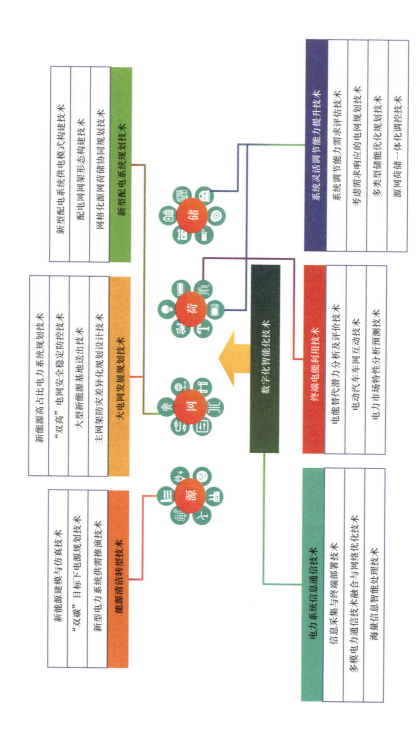

图 3-3 新型电力系统关键技术体系

第三节　新型电力系统政策机制体系

配套政策与体制机制是构建新型电力系统的重要连接纽带，健全适应新型电力系统的政策体制与市场机制，是充分发挥市场在资源配置中的决定性作用、推动有效市场和有为政府更好结合的关键。

（1）布局节能减碳政策。加强能源布局规划，统筹经济社会发展、能源开发布局与自然生态保护，切实发挥能源规划的战略导向作用。促进资源高效配置，发挥电网资源优化配置平台作用，推进跨省跨区通道建设，提升电力资源配置能力。引导终端低碳消费，促进能源利用效率提升和二氧化碳排放强度下降，健全碳排放双控各项配套制度，统筹好发展和碳减排关系，服务构建更高水平、更高质量的用能方式。

（2）健全市场价格政策。完善电力市场机制，建立统一开放、竞争有序、安全高效、治理完善的全国统一电力市场体系，鼓励各类可再生能源参与绿色电力交易，逐步完善中长期稳定电力供需、现货发现价格、辅助服务保障系统稳定运行的交易机制。完善电力价格机制，加快构建有效反映电力供需状况、功能价值、成本变化、时空信号和绿色价值的市场化电价形成机制，形成以市场为导向的价格体系，引导电价在合理区间调整。完善衍生品市场机制，加强绿证市场、碳市场、电力市场的有序衔接，实现不同层次市场的耦合发展。

（3）完善财税支持政策。实施专项财政补贴，对关键技术研发、重大工程示范试点、产业发展与新技术推广应用给予资金支持。推进投资融资制度创新，拓展融资渠道、提供多方位融资途径，鼓励发展绿色金融产品，为新型电力系统建设提供金融工具支持。

（4）升级产业发展政策。夯实产业基础，建立新型电力系统产业链保障机制，推动电力装备、运营、服务产业链升级与绿色转型。推动技术装备创新，大力推广应用一批关键技术与重大装备，支撑新能源快速发展，服务新型电力系统逐步建成。推动新兴业态培育，强化科技研发的多向整合，推进跨领域、跨行业协同创新，推进新型电力系统与其他领域"跨界融合"发展。

（5）强化政企协同政策。推动项目合作落地，强化规划引领作用，充分发挥市场机制引导作用，推进各项重点任务落地，确保电力系统转型过程中的电力安全可靠供应。推动技术研发推广，统筹科技、教育、人才资源，完善科技创新考核和激励机制，提前布局中长期初级产品供给，提升自主化水平，支撑新型电力系统建设运行。推动过程安全监管，加强电力规划、建设、运行、交易、价格等多环节统筹协调和监管，加强煤电、新能源、储能、电网等多要素统一管理，推进各市场主体在安全保供、成本疏导等方面形成责任共担机制，明确各方责任，促进新型电力系统有序建设。

新型电力系统政策机制体系见图 3-4。

图 3-4　新型电力系统政策机制体系

第二篇

构建研究篇

第四章 "双碳"目标下电源规划技术

大力推动能源领域碳减排是做好碳达峰碳中和工作的重要举措，中央、各部委、各省均密集出台能源相关政策，科学指导能源绿色低碳转型。政策要点主要有两方面：① 强化安全底线思维，坚持先立后破。"双碳"目标是涉及经济社会发展全面转型的复杂工程和长期任务，不可能一蹴而就。要立足以煤为主的基本国情和实际，坚持先立后破、通盘谋划，传统能源逐步退出必须建立在新能源安全可靠的替代基础上，必须统筹好发展和安全，合理把握节奏，有序推进科学降碳安全降碳。② 大力发展清洁能源，坚持绿色发展。壮大清洁能源产业，实施可再生能源替代行动，促进新能源占比逐渐提高。全面推进新能源大规模开发和高质量发展，加快推进大型风电、光伏基地建设。在确保安全的前提下，积极有序推动沿海核电项目建设，保持平稳建设节奏，合理布局新增沿海核电项目。

能源电力的减排过程，是非化石电源逐步替代化石电源的过程，需立足"双碳"长远目标，科学规划电源发展路径。首先要研究新能源建模与仿真技术，新型电力系统供需平衡分析的本质挑战来源于新能源发电的间歇性、波动性、随机性等特性，通过开发合适的建模仿真技术，能够从物理层面的"不确定性"中挖掘概率层面的"确定性"，从而为后续的电源规划与供需平衡分析奠定良好基础；其次要创新新型电力系统供需平衡分析技术，新能源发电的大力发展与新型负荷的持续渗透将使得系统的平衡机制由"确定性发电跟踪不确定负荷"转变为"不确定发电与不确定负荷双向匹配"，传统的供需平衡分析技术已经无法满足新态势的需求，计及源荷两侧不确定性的新型供需平衡分析手段将成为研判电力系统供需风险并迭代优化电源规划的核心技术。最后要探索"双碳"目标下电源规划技术，电源规划是实现"立"和"破"过渡衔接的关键，通过综合资源禀赋、碳排放要求、电力需求、发电特性、技术进展等多种因素进行电源优化配置，确保低碳的长远目标和保供的基本前提的有机统一，推进能源电力平稳有序降碳。

第一节 新能源建模与仿真技术

一、新能源特性分析

以风电、光伏为主的新能源将成为新型电力系统的电能供应主体。受气象、地形等因素影响，新能源发电呈现出间歇性、波动性、随机性等特性。从短时来看，气象变化随机性强，但从长期来看，气象变化存在周期性特征，因此，新能源发电也呈现一定的周期性规律，可通过统计学方法总结规律，以指导电力系统规划与运行。本节总结新能源特性分析常用的几种角度和方法，并以东南沿海地区为例开展算例分析。

（一）年份特性

通过年利用小时数统计，可以分析新能源的年际差异，从而合理确定新能源参与电量平衡的参数。GB/T 38969—2020《电力系统技术导则》中明确"新能源发电量宜按照设计利用小时数参与电量平衡计算"。该原则是指，针对特定的新能源场站，其纳入年度电量平衡计算时选取的年利用小时数，可以参照场站设计建设时确定的利用小时数，在运行中由于有实际数据可参考，可以根据地区情况进行调整。

以东南沿海某风电场和光伏站为例，研究新能源场站发电的年际差异。东南沿海某风电场近五年利用小时数如图4-1所示，近五年风电场的利用小时数波动区间为2950～3480h，存在一定的年际差异，盛风年份和枯风年份年利用小时数相差超过500h，最大年发电量波动❶达到18%。

---

❶ 年发电量波动=（当年发电量–上年发电量）/上年发电量。

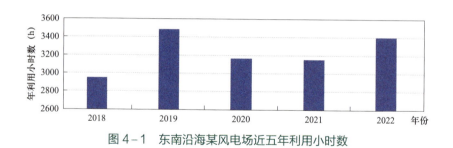

图 4-1 东南沿海某风电场近五年利用小时数

东南沿海某光伏站近五年利用小时数如图 4-2 所示,近五年光伏电站年利用小时数的波动区间为 1030~1180h,最大年发电量波动达到 11%。当大规模新能源接入电网后,新能源发电的年发电量差异更加显著,需结合运行情况,合理确定新能源参与年度电量平衡的方法。

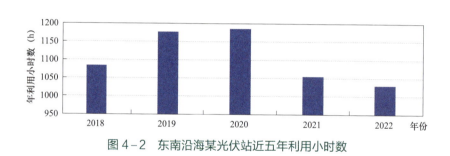

图 4-2 东南沿海某光伏站近五年利用小时数

(二)季节时段特性

新能源出力季节特性显著,不同季节应分别考虑。通过分别计算不同月份的平均出力,可以反映新能源不同月份的发电量情况,同时,结合不同季节的典型气象特征分析,可明确不同季节的新能源资源特征。

以东南沿海地区风电为例,图 4-3 和图 4-4 分别为近三年风电分月平均出力特性及波动特性。由图可以看出,风电呈现秋冬季高、夏季低的特征,盛风期通常为 10 月至次年 2 月,枯风期为 7~9 月。从近三年分月的平均波动率来看,冬季和春季风电波动性较强。分析背后的气候机理,1~2 月为深冬,此时期冷空气周期性南侵,常常出现大风天气,但大风在强度和频数方面都稍逊于秋季;3~4 月为早春,南北气压梯度加大,冷空气和暖湿气流交汇形成降水,常出现大风天气；5～6月为雨季，常出现大范围持续降水，为全年风电出力次小的时期；7～9月为盛夏，常出现晴热、高温和少雨天气，大风日数少，风电出力水平为全年最低。10～12月为秋季和初冬，此时期南北温差大，易出现持续性大风天气，且天气晴朗少雨，风电出力水平全年最高。

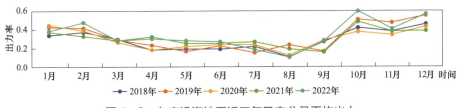

图4-3 东南沿海地区近三年风电分月平均出力

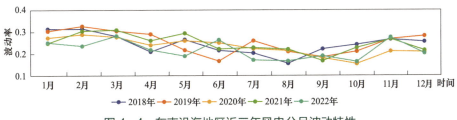

图4-4 东南沿海地区近三年风电分月波动特性

除整体的季节特征以外，通常还需关注新能源的时段特征，以确定新能源参与电力平衡的原则。目前常用的方法是，参考历史年份负荷高峰时段，对相应时段的新能源出力进行概率统计，取一定概率的保证出力，纳入电力平衡计算。例如，近三年南部地区夏季负荷高峰出现在 7～8 月 11～14时，对近三年 7～8 月 11～14 时风电出力进行概率统计，有 95% 的时刻风电出力高于 2%，则风电在夏季高峰时段 95% 概率下的保证出力为 2%。各地区可结合实际新能源、调节电源装机情况，确定新能源参与电力平衡的原则。

（三）相关特性

虽然新能源出力具有较强的随机性，但由于大气物理过程存在惯性，时间间隔较短的新能源场站往往处在相似的气象条件下，两者具有较强的正相关性。此外，地理位置相近的新能场站出力具有相关性，在未来可再生

43

能源高占比的电力系统中，时空相关性必然对源网规划和运行方式调整产生影响。

对于变量间的相关性，可以用相关系数 ρ 来衡量。但当变量间的关系是非线性时，用相关系数来度量其关系是不可靠的。而连接函数（Copula 函数）是一类将联合分布函数与它们各自的边缘分布函数连接在一起的函数，在一定范围内可以解决这一问题，其在描述非线性、尾部相关性等方面具有良好的范围，因此成为研究风电出力相关性的有力工具。常见的 Copula 函数有椭球型 Copula、阿基米德型 Copula、二次型 Copula 三类，本节选取阿基米德型的 Frank Copula 函数来描述风功率的相关性，使用肯德尔秩（Kendall 秩）相关系数 τ 来度量相关程度。Kendall 秩相关系数 τ 的定义如下：设随机变量 (X_1, Y_1)，(X_2, Y_2) 独立同分布，令

$$\tau = P[(X_1 - X_2)(Y_1 - Y_2) > 0] - P[(X_1 - X_2)(Y_1 - Y_2) < 0] \quad (4-1)$$

式中：P 为概率；τ 为 Kendall 秩相关系数，该系数能度量 X 和 Y 变化的一致性程度，其取值范围及相对应的意义如表 4−1 所示。

表 4−1 相关系数与相关程度

相关系数 τ 取值范围	意义	相关系数 τ 取值范围	意义
−0.90～−1.00	极高负相关	+0.00～+0.19	极低正相关
−0.70～−0.89	高度负相关	+0.20～+0.39	低度正相关
−0.40～−0.69	中度负相关	+0.40～+0.69	中度正相关
−0.20～−0.39	低度负相关	+0.70～+0.89	高度正相关
−0.00～−0.19	极低负相关	+0.90～+1.00	极高正相关

二、新能源中长期出力序列生成方法

新能源出力序列的模拟方法主要可分为物理方法和统计学习法两大类。物理方法通常基于一系列物理方程，将风速、气压等气象数据转化为功率，该方法比较适用于缺乏足够历史数据的新建风电场。统计学习法则采用概率统计、机器学习等理论方法，根据历史新能源场站运行数据，从中挖掘出力序列隐含

规律，并以此来生成具有代表性的中长期新能源出力序列。

（一）单新能源场站中长期出力序列生成方法

短期新能源出力模拟、建模可使用基于数值天气预报数据的物理方法达到较高精度。而由于 7 日以上的数值天气预报存在较大误差，中长期新能源序列建模主要采用统计学习方法，不追求逐点的准确性，而是注重对历史统计特性的提取和重构，再通过仿真得到具有相似统计特性的出力时间序列。目前，在该领域常见的统计学模型包括：自回归差分移动平均模型（autoregressive integrated moving average model，ARIMA）、马尔科夫链蒙特卡洛法（Markov chain Monte Carlo，MCMC）、马尔科夫模型（hidden Markov model，HMM）等。

1. 自回归差分移动平均模型

自回归模型（autoregressive model，AR）描述的是序列 $\{x_t\}$ 的某一时刻 t 和前 n 个时刻序列值之间的线性关系，可以表示为

$$x_t = \varphi_1 x_{t-1} + \varphi_2 x_{t-2} + \cdots + \varphi_n x_{t-n} + \varepsilon_t \tag{4-2}$$

式中：ε_t 是个随机干扰量；$\varphi_1, \varphi_2, \cdots, \varphi_n$ 为模型自回归参数；n 为模型的阶数；x_t 为模型的当前值。

滑动平均模型（moving average model，MA）的现在值由其现在和过去的干扰项的有限项加权和来表示

$$x_t = \varepsilon_t - \theta_1 \varepsilon_{t-1} - \theta_2 \varepsilon_{t-2} - \cdots - \theta_m \varepsilon_{t-m} \tag{4-3}$$

式中：m 为模型的滑动平均阶数，$\theta_1, \theta_2, \cdots, \theta_m$ 为模型滑动平均参数。

ARIMA 是一种综合了自回归模型 AR 及 MA 的数学模型，该模型的当前值可以看作是过去值的有限项的加权和及其现在与过去的干扰项的有限项加权和的叠加，即

$$x_t = \sum_{i=1}^{n} \varphi_i x_{t-i} + \varepsilon_t - \sum_{j=1}^{m} \theta_j \varepsilon_{t-j} \tag{4-4}$$

该模型中，用线性差分方程描述 $\{x_t\}$ 和 $\{\varepsilon_t\}$ 这两个序列不同时刻之间的线性关系，因此是一种线性时序模型。

2. 马尔科夫链蒙特卡洛法

蒙特卡洛法一般也称为状态抽样法，其基本原理是：每个元件的状态可以

由该状态出现的概率确定,所有状态的组合构成整个系统的状态。

假设把风电场的有功出力等分为 N 个状态,则每个状态的出力可表示为

$$P_{WSn} = (n-1)P_{Wint} / N \quad (n = 1, 2, \cdots, N-1, N, N+1) \quad (4-5)$$

把每次抽样所得到的风电场出力归算到所分的出力状态:

$$\begin{cases} P_{Wk} < \dfrac{P_{Wint}}{2N}, & 0 \\[2mm] \dfrac{(2n-3)P_{Wint}}{2N} \leqslant P_{Wk} < \dfrac{(2n-1)P_{Wint}}{2N}, & \dfrac{(n-1)P_{Wint}}{N} \\[2mm] P_{Wk} \geqslant \dfrac{(2N-1)P_{Wint}}{2N}, & P_{Wint} \end{cases} \quad (4-6)$$

式中:P_{Wk} 为第 k 次抽样得到的风电场出力;P_{Wint} 为风电场的装机容量。

3. 马尔科夫模型

马尔科夫链可根据已知状态通过其转移率得到各个状态出现的概率及持续时间。其原理如下:

设 X_t 表示 t 时刻的离散型随机变量。该变量随时间变化的条件分布函数仅与它当前值有关系:

$$P(X_{t+1} = s_j \big| X_t = s_t) \quad (4-7)$$

式中:s_j 为随机变量可能的状态值,$j = 0$,1,2,$\cdots$,n。

某一时刻状态转移的概率只依赖于前一个状态的随机过程称为马尔科夫过程。马尔科夫模型是通过转移概率定义的,随机变量从当前时刻到下一时刻,状态 s_i 转移到状态 s_j 的概率为

$$P_{i,j} = P(X_{i+1} = s_j \big| X_i = s_i) \quad (4-8)$$

(二)多新能源场站中长期出力序列生成方法

多新能源场站中长期序列生成是单场站的继承和发展。和单场站方法相同的是,多场站方法亦要求对历史出力的统计特性有良好的还原,不同之处是多风电场还需要还原历史多风电场的互相关性即空间相关性。为研究新能源出力的相关性,Copula 方法被广泛使用。该方法可以通过 Copula 函数将两个或两个以上的场站出力的边缘分布函数连接为联合分布,从而便于分开研究出力的相关性与随机性。而在实际使用时,Copula 方法通常要对所有场站进行建模而

每次仅能分析两个场站间的相关性，故其过程较烦琐，具有一定的局限性。近年来，已有研究人员采用人工智能算法，结合参考站的数据，对场站的风速或功率进行建模。常用模型包括：多层前馈（back propagation，BP）神经网络、模糊推理系统、递归神经网络等，通过将若干个临近参考站的风速或风电功率作为输入，将目标站的风速或功率预测值作为输出，对模型进行训练。

第二节　新型电力系统供需平衡分析技术

随着新能源占比持续提高，供需双侧均呈现高度不确定性，系统的平衡机制由"确定性发电跟踪不确定负荷"转变为"不确定发电与不确定负荷双向匹配"。同时，电力系统的气象特征日益突出，亟须创新高比例新能源电力系统供需平衡基础理论，适应气候弹性新型电力系统构建要求。目前众多学者针对新型电力系统供需基础理论进行了研究，本节介绍一种分析方法，主要包括考虑气候特征的典型场景生成和平衡风险评估两部分。

一、考虑气候特征的典型供需场景生成

气候变化呈现出明显的时序规律，历史电力数据中包含了气候影响的规律性特征。因此，通过对同一时间段负荷和可再生能源出力的特征提取，获得气候影响下源荷双侧的耦合特征及典型的供需场景。本节利用场景削减技术可对大规模生成的场景进行缩减，通过一定的相似度度量将具有相似时空特性的风、光出力及负荷需求聚为一类，进而形成典型场景。由于传统聚类无法准确提取风、光、荷时序数据之间的潜在耦合特征，且在面对大规模高维数据时，聚类模型的计算精度下降。因此，可先利用卷积自编码器对风、光、荷时序数据进行数据降维与特征提取，并基于低维空间中的耦合特征信息，利用聚类算法，不断迭代计算得出典型场景。该模型将特征提取过程与聚类过程结合，联合优化聚类结果，相较于传统聚类，有利于提升聚类精度。具体计算过程如下。

1. 卷积自编码器模型提取特征

卷积自编码由编码器 $f_W(\cdot)$ 与解码器 $g_U(\cdot)$ 组成，其目的是利用编码器将风、光、荷时序数据从高维空间映射至低维嵌入式空间，并提取潜在特征信息；

基于特征信息，利用解码器重构风光荷时序数据，两者之间通过寻找最小化均方根误差（mean squared error，MSE）迭代优化网络结构，最小化计算方式为

$$\min_{W,U} \frac{1}{n} \sum_{i=1}^{n} \| g_U[f_W(x_i)] - x_i \|_2^2 \qquad (4-9)$$

式中：n 为样本总数；x_i 为风、光、荷时序数据。

编码器的特征提取过程为

$$h_{conv} = \sigma(X_{conv} \times \omega_{conv} + b_{conv}) \qquad (4-10)$$

式中：h_{conv} 为卷积层输出特征信息；σ 为修正线性单元（rectified linear unit，ReLU）激活函数；X_{conv} 为数据处理后的风光荷时序数据；ω_{conv} 和 b_{conv} 分别为卷积层的卷积核数和偏置。

解码器的解码过程为

$$h_{deconv} = \sigma(h_{conv} \times \omega_{deconv} + b_{deconv}) \qquad (4-11)$$

式中：h_{deconv} 为反卷积层输出特征信息；ω_{deconv} 和 b_{deconv} 分别为反卷积层的卷积核数和偏置。

2. 聚类联合优化

基于卷积自编码器中获得的低维特征信息，初始化设置 K 均值（K-means）初始聚类中心，并基于联合损失函数，联合迭代并修改网络参数，以此得到最优聚类结果。该联合损失函数为

$$L = L_r + \gamma L_c \qquad (4-12)$$

$$L_c = KL(B \| Q) = \sum \sum b_{ij} \log \frac{b_{ij}}{q_{ij}} \qquad (4-13)$$

$$b_{ij} = \frac{q_{ij}^2 / \sum_i q_{ij}}{\sum_j (q_{ij}^2 / \sum_i q_{ij})} \qquad (4-14)$$

式中：L 为联合损失函数；γ 为抑制低维空间变形程度系数，一般取 0.1；L_c 为聚类损失函数；q_{ij} 为低维空间特征 Z_i 属于聚类中心 μ_j 的概率；b_{ij} 为目标分布辅助函数。

二、供需视角下气候风险评估

针对考虑气候特征的典型供需场景，从新能源消纳风险、供电可靠性与灵

活性缺额风险三个方面构建供需视角下电力系统气候风险评估体系，以更全面地考量系统风险来源，该风险评估体系如表4－2所示。

表4－2 供需失衡风险评估体系

	一级指标	二级指标
电力系统供需视角下气候风险评估体系	供电可靠性	电力不足期望
		电量不足期望
	新能源消纳风险	弃风弃光率
		失负荷率
	灵活性缺额风险	上、下调灵活性平均不足率
		上、下调灵活性平均供应不足率

风险评估体系中6项二级指标的含义与计算公式如下。

1. 供电可靠性

电力不足期望（lose of load expectation，LOLE）是指每个由系统供电的用户在单位时间内的平均停电时间，其计算方式为

$$LOLE = \frac{1}{T}\sum_{t=1}^{T} S_t \qquad (4-15)$$

式中：LOLE为电力不足期望；S_t为停电时间之和；T为调度日，即单位时间。

电量不足期望（lose of energy expectation，LOLE）是指每个由系统供电的用户在单位时间内的平均电量缺额，其计算方式为

$$LOEE = \frac{1}{T}\sum_{t=1}^{T} D_t \Delta t \qquad (4-16)$$

式中：LOEE为电量不足期望；D_t为t时刻功率缺额量；Δt为调度时间间隔。

2. 新能源消纳风险

弃风、弃光率用于衡量单位时间内的弃风、弃光行为的严重度，其计算方式为

$$F_{RES} = \sum_{t=1}^{T} \frac{P_{w,t}^{dis} + P_{pv,t}^{dis}}{P_{w,t}^{T} + P_{pv,t}^{T}} \Delta t \times 100\% \qquad (4-17)$$

式中：$P_{w,t}^{dis}$、$P_{pv,t}^{dis}$ 分别为系统弃风、弃光功率；$P_{w,t}^T$ 和 $P_{pv,t}^T$ 分别表示风电、光伏输出功率。

失负荷率用于衡量单位时间内切负荷的严重度，其计算方式为

$$F_{load} = \sum_{t=1}^{24} \frac{P_{load,t}^{dis}}{P_{Load,t}^T} \Delta t \times 100\% \qquad (4-18)$$

式中：$P_{load,t}^{dis}$ 为失负荷功率；$P_{Load,t}^T$ 为有功负荷。

3. 灵活性缺额风险

灵活性供需平衡指标的确定最重要的是明确电力系统中灵活性的需求来源和供给来源，电力系统灵活性供给要等于或大于电力系统灵活性需求，构成电力系统灵活性供需平衡关系，电力系统才能够安全稳定运行；若电力系统中灵活性供给小于灵活性需求，则说明此时电力系统不稳定，面临切负荷、弃风弃光及解列的风险；若电力系统灵活性供给远大于灵活性需求，则说明系统内资源冗余，系统运行不经济，电力系统灵活性供需平衡示意图如图 4-5 所示。由图可知，电力系统灵活性供给主要来源于各类灵活性资源，主要包括火电机组、水电机组及储能装置；在不考虑负荷侧需求响应的情况下，电力系统灵活性需求来源于负荷波动及其预测误差、风电及光伏输出功率预测误差和机组故障。

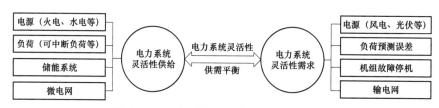

图 4-5　电力系统灵活性供需平衡示意图

基于电力系统灵活性供需平衡机理，建立灵活性供需平衡指标，定义为每个调度时间段内，电力系统灵活性供给与需求之差，其计算方式为

$$\begin{cases} F_{S,t}^U = F_{G,t}^U - F_{N,t}^U \\ F_{G,t}^U = \min\{P_{G,\max} - P_{g,t}, P_{G,t}^U \Delta t\} + \\ \min\left(P_{d,t}, \dfrac{E_t - E_{\min}}{\Delta t}\right) + \min\{P_{H,\max} - P_{H,t}, P_{H,t}^U \Delta t\} \\ F_{N,t}^U = P_{Load,t+1} - P_{Load,t} \end{cases} \qquad (4-19)$$

$$\begin{cases} F_{S,t}^{D} = F_{G,t}^{D} - F_{N,t}^{D} \\ F_{G,t}^{D} = \min\{P_{g,t} - P_{G\min}, P_{G,t}^{D}\Delta t\} + \\ \min\left(P_{r,t}, \dfrac{E_{\max} - E_t}{\Delta t}\right) + \min\{P_{H,t} - P_{H,\min}, P_{H,t}^{D}\Delta t\} \\ F_{N,t}^{D} = P_{\text{Load},t} - P_{\text{Load},t+1} \end{cases} \quad (4-20)$$

式中：下标 t 表示 t 时刻；$F_{S,t}^{U}$ 为上调灵活性供需平衡指标；$F_{G,t}^{U}$ 为上调灵活性供给；$F_{N,t}^{U}$ 为上调灵活性需求；$F_{S,t}^{D}$ 为下调灵活性供需平衡指标；$F_{G,t}^{D}$ 为下调灵活性供给；$F_{N,t}^{D}$ 为下调灵活性需求；$P_{G,\max}$ 为火电机组最大输出功率；$P_{G,\min}$ 为火电机组的最小输出功率；$P_{G,t}^{U}$ 和 $P_{G,t}^{D}$ 分别表示 t 时刻火电机组的上、下爬坡速率；$P_{g,t}$ 为 t 时刻火电机组的输出功率；Δt 为调度时间间隔；$P_{r,t}$ 和 $P_{d,t}$ 分别表示 t 时刻储能装置的充电功率和放电功率；E_t 为 t 时刻储能装置存储的电量；$E_{\max}$ 和 $E_{\min}$ 分别表示储能装置允许存储电量的上、下限；$P_{\text{Load},t}$ 为有功负荷；$P_{H,\max}$ 为水电最大输出功率；$P_{H,\min}$ 为水电的最小输出功率；$P_{H,t}^{U}$ 和 $P_{H,t}^{D}$ 分别表示 t 时刻水电的上、下爬坡速率；$P_{H,t}$ 为 t 时刻水电的输出功率。

为了量化灵活性，定义灵活性不足率作为量化指标：

$$F_t^{U} = \frac{\Delta P_t^{U} - F_{S,t}^{U}}{\sum\limits_{t=1}^{24} \Delta P_t^{U}} \times 100\% \quad (4-21)$$

$$F_t^{D} = \frac{\Delta P_t^{D} - F_{S,t}^{D}}{\sum\limits_{t=1}^{24} \Delta P_t^{D}} \times 100\% \quad (4-22)$$

式中：F_t^{U}、F_t^{D} 分别为上、下调供需平衡指标；ΔP_t^{U} 为向上负荷功率波动量；ΔP_t^{D} 为向下负荷功率波动量。

上、下调灵活性平均不足率从灵活性裕度角度出发衡量在单位时间内电力系统灵活性缺额量，其计算方式为

$$F_{\text{AD,U}} = \frac{\sum\limits_{F_t^{U} \geq 0} F_t^{U}}{T_{U}} \quad (4-23)$$

$$F_{\mathrm{AD,D}} = \frac{\sum_{F_t^{\mathrm{D}} \geq 0} F_t^{\mathrm{D}}}{T_{\mathrm{D}}} \qquad (4-24)$$

式中：$F_{\mathrm{AD,U}}$、$F_{\mathrm{AD,D}}$ 分别为上、下调灵活性平均不足率；T_{U}、T_{D} 分别为上、下调灵活性不足时间。

上、下调灵活性供应不足率从时间角度出发衡量电力系统运行中灵活性缺额出现的时长情况，其计算方式为

$$F_{\mathrm{SA,U}} = \frac{T_{\mathrm{U}}}{T_{\mathrm{suf}} + T_{\mathrm{U}} + T_{\mathrm{D}}} \qquad (4-25)$$

$$F_{\mathrm{SA,D}} = \frac{T_{\mathrm{D}}}{T_{\mathrm{suf}} + T_{\mathrm{U}} + T_{\mathrm{D}}} \qquad (4-26)$$

式中：$F_{\mathrm{SA,U}}$、$F_{\mathrm{SA,D}}$ 分别为上、下调灵活性供应不足率；T_{suf} 为灵活性充裕时间之和。

以东南沿海地区可再生能源远景的预测数据为基础开展算例分析，同时考虑水电发电特性，对风电、光伏、水电、负荷开展场景聚类，得到四种典型场景，如图 4-6 所示。其中，场景 1 负荷水平中等，风电、光伏出力水平中等，水电出力水平较高，是春季的典型场景；场景 2 负荷呈现晚高特性，风电出力水平高，光伏和水平出力水平较低，为秋冬季的典型场景；场景 3 全天负荷均处于较高水平，风电出力水平低，光伏出力水平较高，水电出力水平中等，是夏季的典型场景；场景 4 负荷水平中等，风电出力水平较低，光伏出力水平中等，水电出力水平较低，是秋季小风日的典型场景。

除上述 4 种典型场景外，为充分考虑气象灾害对供需的影响，同时对高温、寒潮、台风、暴雨 4 种典型气象灾害场景开展风险分析，4 种典型场景及 4 种气象灾害场景下上下调灵活性平均缺额率、上下调灵活性供应缺额率分别如图 4-7 和图 4-8 所示。由图可知，4 种典型场景均出现上调灵活性不足的情况，各场景平均缺额率的平均值为 15%，其中场景 3 由于负荷需求增加，导致各常规机组近乎于满发状态，故上调灵活性尤为紧缺，若此时出现大规模负荷需求增加，则系统可能出现失负荷现象。同时，典型场景 2、典型场景 4 均出现上、下调灵活性缺乏的情况。4 种气象灾害场景均出现上调灵活性不足的情况，其中暴雨场景上调、下调灵活性均缺乏。

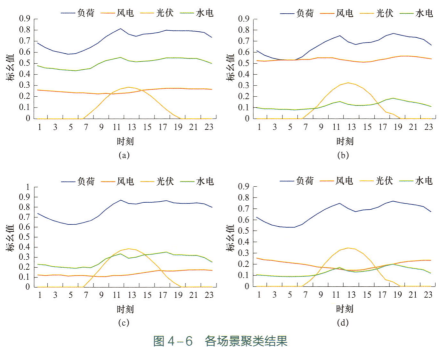

图4-6 各场景聚类结果

（a）场景1；（b）场景2；（c）场景3；（d）场景4

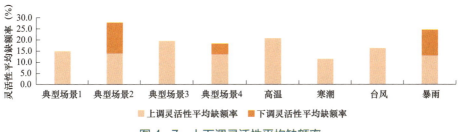

图4-7 上下调灵活性平均缺额率

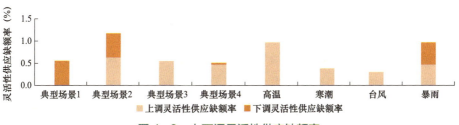

图4-8 上下调灵活性供应缺额率

新型电力系统构建研究与省级实践

各场景失负荷情况如图 4-9 所示。由图可以看出，4 种典型场景均不会出现显著的电力供应不足情况，4 种气象灾害场景中高温、寒潮场景由于负荷增加，同时新能源发电能力下降，会出现电力供应不足的风险。

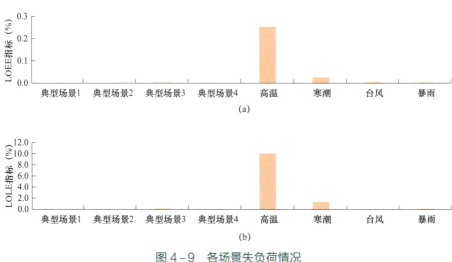

图 4-9　各场景失负荷情况

（a）各场景 LOEE 指标；（b）各场景 LOLE 指标

各场景的弃风、弃光率如图 4-10 所示，可以看出，大部分场景不会出现弃风、弃光现象，仅典型场景 2 存在弃风弃光现象。若设定存在弃风、弃光为弃风、弃光高风险，则典型场景 2 为高风险，其余均为低风险。

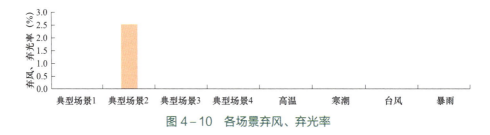

图 4-10　各场景弃风、弃光率

综合各指标，定义大于等于 2 个指标为高风险的则判定该场景为高风险场景，结合场景概率，可以将各场景划分为高概率高风险、高概率低风险、低概率高风险、低概率低风险，如表 4-3 所示。由表可知，4 种典型场景下，仅典型场景 2 隶属于高风险，其余均为低风险，4 种灾害场景下，仅高温场景隶属于高风险。

表 4-3   概 率 风 险 情 况

场景	概率（%）	灵活性风险	失负荷风险	弃风弃光风险	最终结果
典型场景 1	26.9	高风险	低风险	低风险	高概率低风险
典型场景 2	29.4	高风险	低风险	高风险	高概率高风险
典型场景 3	12.8	高风险	低风险	低风险	高概率低风险
典型场景 4	30.9	高风险	低风险	低风险	高概率低风险
高温场景	8.53	高风险	高风险	低风险	低概率高风险
寒潮场景	2.11	低风险	低风险	低风险	低概率低风险
台风场景	1.19	低风险	低风险	低风险	低概率低风险
暴雨场景	1.28	高风险	低风险	低风险	低概率低风险

第三节 中长期电源规划技术

能源转型，规划先行。电源结构规划应锚定"双碳"长期目标，坚持长期规划与动态规划相结合，以低碳转型为目标，以安全保供为底线，分阶段有步骤推动能源电力清洁低碳转型。"双碳"目标下电源结构规划思路如图 4-11 所示。首先根据资源禀赋特征、双碳目标要求、电力需求、发电特性、技术进展等因素，确定规划的装机、减排、保供等边界条件，再以用能成本最低的经济指标为导向，进行电源结构的优化配置，进一步落实为具体的规划方案。其中，核心挑战主要有电力碳排放评估技术、电力系统生产模拟技术、多目标优化的电源规划技术。

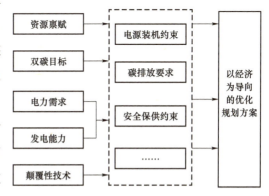

图 4-11 "双碳"目标下电源结构规划思路

一、电力碳排放评估

电力碳排放主要来源于煤电机组，因此准确核算煤电机组产生的碳排放量是把握电力碳排放的重要依据。煤电的碳排放来源于燃煤的燃烧排放，与煤电机组的运行工况密切相关。随着煤电机组功能定位向系统调节型电源转型，其运行工况变化范围和频率逐步增加，传统的固定度电碳排放的评估方法误差将逐步增大，需建立煤电机组出力与碳排放的表征模型，从而对新型电力系统的碳排放进行准确刻画。

煤电机组的出力—碳排放曲线可以通过机组供电煤耗率来获得。供电煤耗率是表征机组运行经济性的重要指标，供电煤耗率随负荷变化曲线称为"煤耗曲线"，该曲线给出不同负荷下机组的供电煤耗率，是开放的电力市场环境中机组负荷分配、核算煤电机组碳排放的基本依据。

（一）凝气机组出力—碳排放曲线

1. 凝气机组煤耗计算

燃煤电厂煤耗率的计算可以采用正平衡方法或反平衡方法，正平衡是宏观的，反平衡是微观的。

根据正平衡法，机组供电煤耗 b_g 为

$$b_g = \frac{B}{P \times 10^6} \tag{4-27}$$

式中：b_g 为供电煤耗，g/kWh；B 为皮带重量，t/h；P 为发电功率，kW。

根据反平衡法，机组供电煤耗 b_g 为

$$b_g = \frac{H_R}{q_L \times \eta_p \times \eta_b \times (1-\xi_e)} \tag{4-28}$$

式中：q_L 为燃煤低位发热量；H_R 为汽轮机热耗率，kJ/kWh；η_p 为管道效率，%；η_b 为锅炉效率，%；ξ_e 为机组厂用电率，%。

根据机组运行数据，计算过程中采用反平衡法计算煤耗率。管道效率 η_p、锅炉效率 η_b、汽轮机热耗率 H_R 等相关参数一般采用热力试验测定，但热力实验的工作量大，参数调整和工况维持受现场运行条件限制。在计算过程中采

用汽轮机运行规程中的相关数据及其他文献中的典型数据进行估算来确定其数值。

对于机组的厂用电率 ξ_e，由于电厂中的辅机用电设备较多，电厂设计时通常难以给出厂用电率，因此，在计算时根据经验以及相关学者的研究对额定工况下的厂用电率进行了假设，变工况下的厂用电率根据机组额定工况下的厂用电率采用经验公式进行计算，即

$$\xi_e = (4.24 \times e^{-3.37 P/P_0} + 0.89) \times \xi_{e0} \qquad (4-29)$$

式中：ξ_{e0} 为机组在额定工况下的厂用电率，%；P 为机组负荷，kW；P_0 为机组额定负荷，kW。

2. 凝气机组煤耗曲线

对于凝气机组其出力—煤耗曲线在数学上有着如下特点：当机组出力接近 0 时，煤耗率趋近于较大值；随着机组出力增加，机组煤耗率单调递减。根据经验及现有研究成果，在保证拟合结果的准确度的前提下，可采用指数函数进行比煤耗与比负荷曲线的拟合。此外，为使煤耗曲线具有通用性，可以对煤耗曲线进行无量纲化处理，某一负荷 P 下的比负荷 p 和比供电煤耗 μ，定义为

$$p = P / P_0 \qquad (4-30)$$

$$\mu = b_g / b_{g0} \qquad (4-31)$$

式中：b_{g0} 为机组额定负荷 P_0 下的设计供电煤耗，g/kWh。

则机组的出力—煤耗率曲线为

$$\mu = a \times e^{-\beta/c} + b \qquad (4-32)$$

考虑环境温度对机组的性能影响明显，可引入了环境温度修正因子，则煤电机组的煤耗率为

$$f(P) = \alpha \times b_{g0} \times (a \times e^{-\frac{P}{c \cdot P_0}} + b) \qquad (4-33)$$

式中：f 为机组不同负荷下的煤耗率，g/kWh；α 为机组环境温度修正系数；a，b，c 为不同型号机组确定系数，在拟合过程中根据机组运行煤耗数据确定。

3. 凝气机组出力—排放曲线的确定

在获得机组的出力—煤耗曲线之后根据煤质信息即得到机组的出力—排

放曲线为

$$C_i = f(P) \cdot q_L \cdot CC \cdot COF \times \frac{44}{12} \qquad (4-34)$$

式中：C_i 为供热机组 i 在电负荷 P 和热负荷 Q 时的碳排放量；q_L 为煤低位发热量；CC 为机组所有煤质的含碳量；COF 为煤燃烧氧化系数；f 为机组的煤耗曲面。

综上可知，在获得煤电机组不同运行状况下机组的发电热耗率后，机组锅炉效率、煤质信息即可通过拟合的方式得到凝气机组的负荷—碳排放曲线。

（二）供热机组出力—碳排放曲线

对于一次调整抽汽供热机组，可以认为是装在一个轴上的一台背压式供热机组和一台凝汽机组，机组的凝汽流发电热耗量为

$$Q_0^k = Q_n^k + r^k P^k \qquad (4-35)$$

式中：Q_0^k 为供热机组凝汽流的发电的空载热耗量，GJ/h；r^k 为凝汽流发电微增热耗率，GJ/MWh；P^k 为凝汽流电功率，MW。

供热汽流发电部分的热耗量为

$$Q_0^h = Q_n^h + r^h P^h \qquad (4-36)$$

式中：Q_0^h 为供热汽流的发电的空载热耗量，GJ/h；r^h 为供热汽流发电微增热耗率，GJ/（MWh）；P^h 为供热汽流电功率，MW。

由于将供热汽流视为一台背压式供热机组，所以机组供热量 Q 和供热汽流电功率有如下关系式

$$P^h = mQ - n \qquad (4-37)$$

$$P = P^k + P^h \qquad (4-38)$$

联合上述公式可以得到机组产生电能的热耗量如下

$$Q_e = Q_n^k + Q_n^h + n(r^k - r^h) + r^k P - (r^k - r^h)mQ \qquad (4-39)$$

如果为双抽机组，则其生产电能的热耗量为

$$Q_e = Q_n^k + Q_{n1}^h + Q_{n2}^h + n_1(r^k - r^{h1}) + n_2(r^k - r^{h2}) + r^k P - (r^k - r^{h1})m_1Q_1 - (r^k - r^{h2})m_2Q_2 \qquad (4-40)$$

则机组的供电煤耗曲线为

$$f(P,Q) = \alpha \frac{Q_e}{q_L \cdot \eta_{cp}} \qquad (4-41)$$

式中：α 为机组环境温度修正系数。

由上式可知供热机组 i 的煤耗拟合式可表示为如下形式：

$$f_i = \alpha(a_i \cdot P + b_i \cdot Q + c_i) \qquad (4-42)$$

式中：拟合系数 a_i、b_i、c_i 均是与机组性能和运行状况有关的数据。

对于已知煤质信息的供热机组 i，其出力—排放曲线为

$$C_i = f(P,Q) \cdot q_L \cdot CC \cdot COF \times \frac{44}{12} \qquad (4-43)$$

式中：C_i 为供热机组 i 在电负荷 P 和热负荷 Q 时的碳排放量；q_L 为煤低位发热量；CC 为机组所有煤质的含碳量；COF 为煤燃烧氧化系数；f 为机组的煤耗曲面。

通过前述研究可以得到单个煤电机组的出力—碳排放曲线，则区域的煤电总碳排放只需要对各机组的碳排放进行线性求和即可得到

$$C_{all} = \sum_{t=1}^{T} \sum_{n=1}^{M_g} \alpha_{t,n} \cdot bg_{t,n} \cdot P_{n,t} \cdot q_L CC_n \cdot COF_n \times \frac{44}{12} \Delta t \qquad (4-44)$$

式中：T 为运行期内总时间；M_g 为煤电机组数量；$\alpha_{t,n}$、$bg_{t,n}$、$P_{n,t}$ 分别为机组 n 在 t 时刻时的环境温度修正系数、煤耗率、机组电功率；CC_n 和 COF_n 分别为机组 n 的燃煤含碳量和燃烧效率；Δt 为时间步长。

二、电力系统生产模拟

电力系统生产模拟是一种通过优化发电机组的生产情况，考虑机组的随机故障及电力负荷的随机性，从而同时计算出最优运行方式下各电厂的发电量、系统的生产成本及系统的可靠性指标的算法。它广泛应用于电力系统的成本分析、发展和运行规划及可靠性评估等方面。主要包括随机生产模拟和时序生产模拟。

（一）随机生产模拟

随机生产模拟通常以概率形式考虑负荷/新能源的随机性，偏重于统计指标测算而非时序运行特性的刻画，其重要概念是等效持续负荷曲线（见图4-12）。

图中横坐标 x 为负荷水平，纵坐标 T 为持续时间，曲线上任意点（x_1，T_1）的含义为系统负荷大于 x_1 的持续时间为 T_1。$f_0(x)$ 为系统原始的负荷曲线，即该系统所需要承担的电力负荷。在随机生产模拟过程中，发电机的随机故障停运被等效为持续负荷曲线的修正过程。如图 4-12 所示，设第一台发电机的容量为 C_1，当其故障率为 0 时，其能够承担的负荷为图中阴影部分。当其故障率为 1 时，其所承担的负荷此时应该全部由其余机组承担，则相当于第一台发电机和其他发电机共同承担了 $f_0(x-C_1)$ 的等效负荷。假设发电机的故障概率是 q，则其实际发电量为 $C_1T(1-q_1)$。因此考虑了该发电机出现随机停运的概率，系统的等效持续负荷曲线介于 $f_0(x)$ 与 $f_0(x-C_1)$ 之间，变为

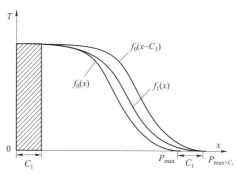

图 4-12　等效持续负荷曲线

$$f_1(x)=(1-q_1)f_0(x)+q_1f_0(x-C_1) \qquad (4-45)$$

第一台发电机投入后，可视为故障率为 0 的机组，其故障影响反映为等效负荷曲线由 $f_0(x)$ 变为 $f_1(x)$，相比于 $f_0(x)$，$f_1(x)$ 与坐标轴包围的面积有所增加，增加的大小即为第一台发电机因随机停运所减少的发电量。对所有发电机组按顺序重复以上过程。随着发电机相继投入，系统的等效持续负荷曲线随之进行调整。当所有负荷全部投入后，即可计算系统的失负荷概率。

（二）时序生产模拟

时序生产模拟是考虑各类约束限制下，结合机组调度模型，实现对系统时序运行情况的模拟。通常以经济性最优为目标，进行各类电源的调度优化，其中，各类经济成本计算方式如下：

火电综合运行成本可表示为

$$F_1 = C_g(P_{g,t}) + C_g^R \qquad (4-46)$$

$$C_g(P_{g,t}) = \left(\sum_{t=1}^{24} a(P_{g,t})^2 + bP_{g,t} + c \right) \Delta t \qquad (4-47)$$

$$C_{g}^{R} = \sum_{t=1}^{24} C_{s,t} S_{R,t} \qquad (4-48)$$

$$S_{R,t} = P_{G\max} - P_{g,t} \qquad (4-49)$$

式中：F_1 为火电运行成本；$C_g(P_{g,t})$ 为机组燃料发电成本；C_g^R 为机组热备用成本；a、b 和 c 分别为机组燃料发电成本系数；$S_{R,t}$ 为机组热备用容量；$C_{s,t}$ 为机组热备用成本系数；$P_{g,t}$ 为 t 时刻火电机组的输出功率。

经济损失成本和储能成本可表示为

$$F_2 = F_{RES} + F_{load} + F_{ess} \qquad (4-50)$$

$$F_{RES} = \sum_{t=1}^{24} (C_w P_{w,t}^{dis} + C_{pv} P_{pv,t}^{dis} + C_{water} P_{water,t}^{dis}) \Delta t \qquad (4-51)$$

$$F_{load} = \sum_{t=1}^{24} (C_{load} P_{load,t}^{dis}) \Delta t \qquad (4-52)$$

$$F_{ess} = \sum_{t=1}^{24} (\rho_t P_{d,t} + \rho_t P_{r,t}) \Delta t \qquad (4-53)$$

式中：F_2 为经济损失成本和储能成本，F_{RES} 为系统弃风、弃光成本；F_{load} 为失负荷成本；F_{ess} 为储能装置的运行成本；C_w、C_{pv}、C_{water} 与 C_{load} 分别表示系统弃风成本系数、弃水成本系数与失负荷成本系数；$P_{w,t}^{dis}$、$P_{pv,t}^{dis}$、$P_{water,t}^{dis}$ 与 $P_{load,t}^{dis}$ 分别表示系统弃风、弃光、弃水和失负荷功率；ρ_t 为电价；$P_{r,t}$ 和 $P_{d,t}$ 分别表示 t 时刻储能装置的充电功率和放电功率。

约束条件主要包括：

（1）功率平衡约束。

$$P_{w,t} + P_{pv,t} + P_{g,t} + P_{h,t} + P_{nuclear,t} = P_{load,t} + P_{d,t} + P_{r,t} \qquad (4-54)$$

式中：$P_{w,t}$ 和 $P_{pv,t}$ 分别表示 t 时刻风电、光伏实际输出功率；$P_{load,t}$ 为 t 时刻实际有功负荷；$P_{h,t}$ 为 t 时刻水电输出功率；$P_{nuclear,t}$ 为 t 时刻核电输出功率。

（2）机组出力约束。

$$P_{G\min} \leqslant P_{g,t} \leqslant P_{G\max} \qquad (4-55)$$

$$0 \leqslant P_{G\max} \leqslant P_{\max}^{G} \qquad (4-56)$$

$$\begin{cases} P_{g,t+1} - P_{g,t} \leqslant P_{G,t}^{U} \Delta t \\ P_{g,t} - P_{g,t+1} \leqslant P_{G,t}^{D} \Delta t \end{cases} \qquad (4-57)$$

式中：P_{Gmax} 为调度日机组最大输出功率；P_{Gmin} 为机组的最小输出功率；$P_{\text{G},t}^{\text{U}}$ 和 $P_{\text{G},t}^{\text{D}}$ 分别表示 t 时刻机组的上、下爬坡速率；$P_{\text{max}}^{\text{G}}$ 为机组装机有功功率总和。

（3）水电出力约束。

$$P_{\text{Hmin}} \leqslant P_{\text{h},t} \leqslant P_{\text{Hmax}} \quad （4-58）$$

$$\begin{cases} P_{\text{h},t+1} - P_{\text{h},t} \leqslant P_{\text{H},t}^{\text{U}} \Delta t \\ P_{\text{h},t} - P_{\text{h},t+1} \leqslant P_{\text{H},t}^{\text{D}} \Delta t \end{cases} \quad （4-59）$$

式中：P_{Hmax} 为调度日 t 时刻水电机组最大输出功率；P_{Hmin} 为水电机组的最小技术输出功率；$P_{\text{H},t}^{\text{U}}$ 和 $P_{\text{H},t}^{\text{D}}$ 分别表示 t 时刻水电机组的上、下爬坡速率。

（4）储能装置充放电约束。

$$0 \leqslant P_{\text{r},t} \leqslant P_{\text{max}}^{\text{ess}} \quad （4-60）$$

$$0 \leqslant P_{\text{d},t} \leqslant P_{\text{max}}^{\text{ess}} \quad （4-61）$$

$$E_t = E_0 + \sum_{k=1}^{t} (P_{\text{r},k} \Delta t + P_{\text{d},k} \Delta t) \quad （4-62）$$

$$E_{\text{min}} \leqslant E_t \leqslant E_{\text{max}} \quad （4-63）$$

式中：$P_{\text{max}}^{\text{ess}}$ 为储能装置允许的充放电最大功率；E_0 为储能装置初始电量。

（5）风光运行约束。

$$0 \leqslant P_{\text{w},t} \leqslant P_{\text{w},t}^{T} \quad （4-64）$$

$$0 \leqslant P_{\text{pv},t} \leqslant P_{\text{pv},t}^{T} \quad （4-65）$$

式中：$P_{\text{w},t}^{T}$ 与 $P_{\text{pv},t}^{T}$ 为 t 时刻风电、光伏输出功率。

三、电源结构优化规划

中长期电源结构规划需统筹安全、低碳、经济三方面要求，其中安全是基础、低碳是目标、经济是追求。在规划模型上，三方面的要求反映为平衡约束、碳减排约束和经济性目标。

1. 平衡约束

平衡约束通常包含电力平衡、电量平衡和调峰平衡三个方面。

（1）电力平衡方面。常规电力平衡通常根据负荷特征进行确定，取最极端的场景，即全年最大负荷时刻进行机组容量充裕性的校核。煤电、气电、生物质等化石能源机组需考虑受阻情况，水电通常以枯水年出力情况参与平衡；新能源按一定置信概率参与平衡。值得注意的是，随着新能源占比逐步提升，电力平衡更需关注净负荷的特征，平衡风险也由单场景、单时刻向多场景、多时刻转变。

（2）电量平衡方面。火电发电量将由于碳减排要求而受到约束。可再生能源发电量需结合规划利用小时数和历史运行情况，考虑年际差异适当选取，同时，可适当考虑可再生能源的互补特性。

（3）调峰平衡方面。新型电力系统中新能源的波动性将日益成为系统调峰需求的重要来源，调峰将呈现为多来源、多时间尺度需求与多种调节手段的灵活匹配，反映为调峰约束条件日益突出和复杂。

2. 碳减排约束

根据"双碳"目标对能源电力碳减排的要求，在碳达峰阶段，要求新增电力需求主要由清洁电源满足，实现电力碳排放稳步达峰。在碳中和阶段，要求电力行业减少存量碳排放，为全社会实现碳中和奠定基础。碳达峰后，稳控煤电规模，火电机组逐步实现清洁高效转型，碳排放进入到"稳中有降"阶段，并随着 CCUS 技术的不断成熟，以及电力需求增速放缓并饱和，电力工业碳排放进入"加快下降"阶段。

3. 经济性目标

除上述主要约束外，还需考虑区域的资源特征和能源发展政策对电力规划的影响。在满足各类约束的前提下，结合各类型电源的度电发电成本，以年发电总成本最低作为电源规划的经济性指标，进行电源结构优化配置。即

$$f = \min(\sum c_i E_i) \tag{4-66}$$

式中：c_i 为度电成本；E_i 为年发电量；i 分别对应各类型发电电源。

采用优化算法进行求解，即可得到最优电源结构方案。以本节所述方法对"双碳"目标下东南沿海某省份的目标电源结构规划开展算例分析。结合该省份各行业历史二氧化碳排放量、GDP 值、行业减碳路径，可推估未来各行业的二氧化碳排放量趋势。以全社会减碳成本最低为目标，优化分配各行业碳减排责任，从而得到各行业所应负责的二氧化碳减排量。为实现全社会碳中和目标，初步测算该省份电力行业碳排放上限约 2800 万～3500 万 t，这也是未来火电发展的主要约束条件。

该省份的清洁能源资源优越,具备转资源优势为发展优势的良好条件。按照清洁为主、适度充裕的原则开展该省份的目标电源规划,得到远景目标电源结构,如图4-13所示。

远景该省份煤电清洁利用技术深度应用,新型电源逐步替代煤电机组,核电基本开发完毕,海上风电进一步开发,光伏稳步推进,风、光装机为全省装机、电量主体,其中装机占比达50%,发电量占比45%,可再生能源发电量占比达到85%以上。

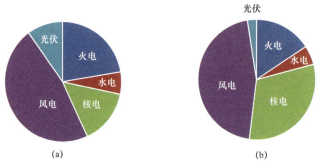

图4-13 远景东南沿海某省份电源结构

(a) 装机结构;(b) 发电量结构

功能定位方面,火电夏季以电力电量支撑为主,冬季以调峰为主;水电结构基本优化完毕,调节能力提升至最大;核电主要作为基荷电源,适度参与调峰;风电成为省内电源主体;光伏稳步发展;储能成为新型电力系统中的成熟调节措施,实现电能大规模灵活存储。

第五章　新型电力系统主网架
发展关键技术

电网规划是电力系统发展的基础，是实现电力安全可靠、经济高效供应的第一重保障。高质量电网规划有利于构建结构清晰，分层分区合理，源网荷储协同，适应性强的各级电网，提高电网投资效益、集约利用输变电站址走廊资源、提前防范和化解电网潜在的运行问题和安全风险，推动实现电能的安全、绿色、经济供给。

新型电力系统向"双高"形态演变，对主干电网发展规划提出了更大的挑战，体现在电力系统运行方式更多变、安全稳定特性更复杂、新能源送出压力更大、对外部环境影响更敏感等方面。为此，电网发展规划技术亟须做出针对性的改变和提升。

本章聚焦新型电力系统主网架发展和规划面临的若干核心问题开展论述。首先，探索新型电力系统规划技术的发展方向和相关技术创新。提出支撑高质量、高效率电网规划的新理念、新工具，为构建结构清晰、分层分区合理、源网荷储协同、适应性强的各级主干电网，提高电网投资效益、集约利用输变电站址走廊资源，提前防范和化解电网潜在的运行问题和安全风险提供指引，推动实现电能的安全、绿色、经济供给。其次，探讨"双高"电力系统在安全稳定分析和防控方面的重点问题。分析"双高"电力系统安全稳定特性和机理的新变化，提出保障新型电力系统安全稳定的主要研究方向和具体举措。再次，研究大型新能源基地接网送出的新模式和新技术。梳理国内外大型新能源基地送出的典型案例，分析满足新能源基地大规模、远距离接网的新型输电技术，并开展技术经济对比。最后，分析新型电力系统防灾抗灾能力建设的若干举措。提出防灾差异化规划的主要原则和抗灾优化运行策略，为提升新型电力系统的供电保障能力提供技术参考。

第一节　新能源高占比形态输电网规划技术

一、电网规划主要流程及面临的挑战

在电力系统一百余年的发展历程中，电网规划已经形成了较为成熟的方法体系和支撑工具。传统的电网规划模式主要可以归纳为以下步骤：首先，提出电网规划的边界条件，包括电力需求预测、电源发展规划、现状电网结构参数等，建立规划态电网的仿真计算模型；其次，通过多种仿真计算工具开展分析计算，定位规划态电网存在的问题，对比不同规划解决措施的效果优劣；最后，对照仿真计算结果，依靠规划人员经验提出推荐的规划方案。上述规划作业的具体实施方式主要采用"人工整理—工具校核—经验决策"（简称"经验决策型"）模式。

随着电力系统的发展，电网规模愈发庞大，网架结构愈发复杂，电网发展面临提升输电能力、限制短路电流等多方面、矛盾性的影响因素，"经验决策型"传统规划模式的弊端已逐步浮现。在向新型电力系统演进的过程中，新能源大量并网带来的随机性，使电网规划的分析对象从少数典型场景转变为大量不确定性场景。电网规模庞大和运行方式多变两个维度叠加，导致电网规划的复杂程度日益攀升，为人工决策带来更大的困难和挑战，易造成所选规划方案非最优，或忽略对特定运行方式的适应性等问题，从而导致电网建设低效、社会资源浪费，甚至电网安全风险。

图 5-1 展示了电网规划的主要作业流程及每个环节面临的新形势和新挑战。新能源高渗透对主网架规划的各个主要环节，包括电力市场需求预测、电源方案研究、变电容量配置规划、电网网架规划等，均会造成一系列影响，其中最核心的问题是造成电源发展和电网运行均面临巨大不确定性。如何确保电网规划方案适应运行工况最全，最大程度排除潜在安全风险，是规划人员面临的重要问题。

为适应新型电力系统发展规划的复杂性，电网规划需要更多地依托量化分析和智能决策技术的支持。新一代的电网规划支撑工具，不仅应具备常规的仿真计算能力，还应具备更高效的自主决策支撑能力。

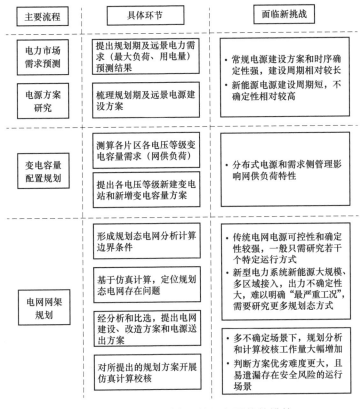

图 5-1 电网规划主要流程和面临的挑战

二、新型电力系统规划数字化支撑技术

电网数据的准确性将直接影响仿真分析及规划决策的正确性。电网规划主要涉及的数据包括：

（1）电网设备参数。电网现状及规划的线路、变压器、电源等硬件设备的技术参数。

（2）运行数据。电网各节点负荷、电源发电出力、设备投退状态等。

在传统电网规划模式中，规划数据采用人工线下维护的方式。一般而言，每个地区、每个年份、每个运行方式的规划数据对应一个独立的线下计算数据文件。这种数据管理模式存在作业效率低、数据校核难等缺点，例如：更正某个电网设备的参数，需要手动修改所有包含该设备的计算文件，一旦遗漏将造成版本混乱和参数错误；建立一个新的规划态运行方式，需要人工维护全部节点负荷和电源数据并调试收敛性，存在大量烦琐和机械性的操作。

为解决上述问题，电网规划数字化转型主要有两个方向，如图 5－2 所示，首先是实现电网基础数据的平台化管理，其次是实现多种规划态运行方式的高效管理。

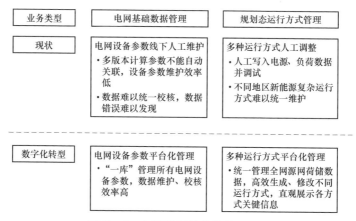

图 5－2　电网规划数字化转型方向

规划数据的平台化管理主要是将大量线下、相互独立的计算数据文件整合成一个统一的结构化数据库。电网规划数据库以电网设备为管理对象，在仿真计算时直接调用数据库的设备参数生成计算数据文件，通过这种方式，规划人员只需维护和校核一套电网设备参数库，而不再需要单独校核每个计算数据文件是否正确。电网规划数据线下管理与平台化管理如图 5－3 所示。

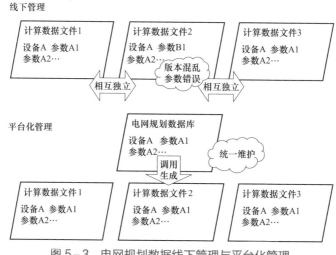

图 5－3　电网规划数据线下管理与平台化管理

规划态运行方式管理主要是通过电网规划数据平台统一维护和智能生成多种运行方式下的"网源荷储"主要运行数据，包括但不限于多种新能源出力、常规电源出力、电网设备投退状态、储能出力、节点负荷、分布式可调节资源聚合出力等。可根据负荷特性和新能源出力特性批量或单独修改相关数据，实现多季节、多方式源荷数据的快捷维护。在此基础上实现多规划年份、多运行方式的电网运行数据编制、存储和调用，自动生成相应的仿真计算数据文件，极大地降低了多场景规划分析的工作量。多运行方式数据管理和仿真计算示意图如图5-4所示。

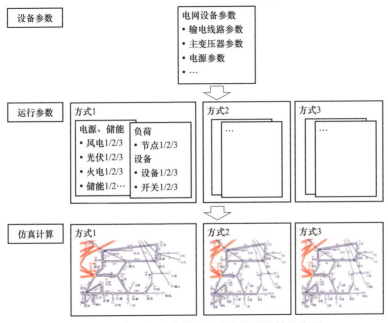

图5-4　多运行方式数据管理和仿真计算示意图

三、新型电力系统规划智能决策技术

新型电力系统输电网规划的智能决策存在两个主要方面的挑战。一是决策变量多、方案复杂。所需考虑的因素包括电网整体分区和短路电流限制、大规模新能源多电压等级接入等，特别是沿海密集电网网架结构加强与短路电流限制的矛盾凸显，需要全局考虑的比选方案繁多。二是校核场景多。新型电力系统输电网不仅需要满足常规大负荷方式的输电需求，还需要适应负荷高峰/低谷新能源大发、不同类型新能源分别/同时大发、低谷抽蓄抽水等多种运行方式。

上述背景下，"经验决策型"规划模式势必在方案寻优、多场景适应、安全隐患排除等方面存在着困难和风险。

电网规划智能决策是指依托优化算法提出最优的电网规划方案，实现对人工决策的辅助支持。电网发展或改造方案的优选本质上是一种混合整数优化，其求解计算量与系统规模呈指数递增关系，且电网规划优化考虑因素和约束条件复杂，目前尚缺乏一种公认有效的大电网规划优化决策算法和软件工具。

理论上，为实现较为有效的规划决策支撑，规划智能决策模型应具备以下内容。

（1）优化目标。建立电网建设成本、安全裕度、运行效率等多种优化目标，统筹多种考虑因素，通过算法量化给出最优电网规划方案。

（2）约束条件。包括静态 $N-1$、$N-2$ 安全校核、节点短路电流约束等，必要时考虑暂态稳定校核。将约束条件纳入优化模型，通过算法进行批量扫描校验，解决安全隐患遗漏的风险，并实现满足安全约束的规划方案优化。

（3）优化决策变量。包括新建输电线路、已建线路改接和改造、已建线路解环开断运行等，结合技术发展，也可加入新型柔性输电技术、新型短路电流控制措施等。

（4）优化场景。不同负荷水平和新能源出力水平的多场景组合。

面向现代大电网的规模，建立完整涵盖上述要素的混合整数优化模型及其数值求解方法是极为困难的。为解决这一难题，一些研究方向包括：

（1）对于采用传统解析优化算法的模型，需要探索更有效的模型简化方法。将混合整数优化模型分层分组，采用循环迭代的求解方法，将一个大规模的混合整数优化问题拆分成多个中小规模的问题。其研究关键是提出更合理的简化方法，在尽可能保持结果最优性的前提下降低求解计算量。

（2）研究基于智能算法的优化模型。利用智能算法在求解复杂优化问题方面的优势，提出适用的智能算法模型，并基于实际电网算例优化智能算法设计，使其具备较好的优化效果和通用性。

基于上述思路，一些最新研发的电网规划优化决策算法已初步实现了计及新能源多种运行场景、考虑安全约束的电网规划方案优化和电网分区方案优化，可以自主提出输电网中新建哪些线路更优、解环哪些线路效果更好，并使提出的规划方案满足电网安全要求和短路电流控制要求。这些模型在地市级 220kV 复杂受端电网算例中实现了较好的应用效果。以下给出两个典型案例。

（一）东南沿海 A 城市电网分区方案优化

东南沿海 A 城市电网负荷密度大，在约 30×30km 的负荷中心建成了多座 500kV 变电站及 220kV 主力电源，由于电源集中且 220kV 节点之间电气距离小，短路电流控制难度极大。针对该类型问题，应用考虑安全约束的短路电流限制分区优化算法，建立以解环线路数量少、上级主变压器负载率均衡、电网安全裕度大等为优化目标，以短路电流约束、电网 $N-1$ 安全约束等为约束条件的优化模型，并利用该市电网为算例开展测试，提出了最优分区方案，如图 5-5 所示。推荐方案将该市电网分为南、北两个分区，并采用了 500kV 变电站分列运行的措施，与规划人员研判方案基本一致，且满足电网安全约束和节点短路电流约束。

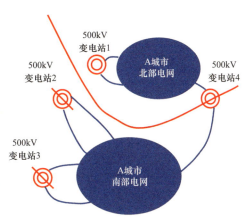

图 5-5　东南沿海 A 城市 220kV 电网分区示意图

（二）东南沿海 B 城市主网架规划优化

东南沿海 B 城市南部电网规划超过 200 万 kW 海上风力发电、170 万 kW 集中式光伏发电。以该电网为例展示多场景电网优化规划模型的应用。多场景电网优化规划模型以电网建设投资最小、安全裕度最大等为优化目标，以多种运行场景电网安全约束、短路电流约束等为约束条件，可以同时优化电网规划建设方案和分区解环方案。图 5-6 为该市算例的局部结果展示，图中蓝色实线表示建议采纳的规划线路，蓝色虚线表示不建议采纳的规划线路，黄色虚线表示建议解环运行的线路。优化结果同时满足了片区电网负荷供电需求、新能源高发电出力场景的电力送出需求和短路电流限制需求。

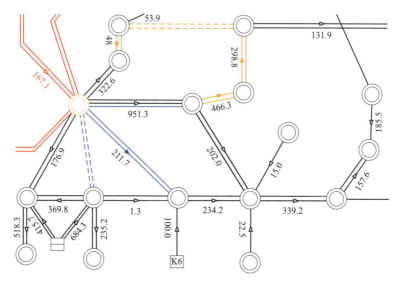

图 5-6　电网规划优化决策算例局部结果

上述示例表明，电网规划智能决策技术可以为规划人员提供以量化优化计算为基础的规划方案决策信息。尤其是考虑多场景联合优化的规划优化模型，可以有效支撑规划人员克服新型电力系统规划面临的电网规模较大、叠加运行方式多变的复杂问题，为提升规划工作质量和电网发展效率效益提供保障。

第二节　"双高"电网安全稳定控制技术

一、"双高"电力系统模型构建技术

仿真建模分析是电力系统稳定性研究的基础。随着大规模新能源发电、高压直流输电、电动汽车等新型负荷的快速发展，电力电子设备在电力系统中的占比不断提高，传统的电力系统源、网、荷模型及其参数难以准确反映新型电力系统的暂态特性，需构建适应于"双高"电力系统的仿真模型，为电力系统的规划、调度和运行服务。

由于上述模型参数呈现高维非线性特征，不同的等值建模方法均涉及模型准确性和模型仿真效率这两个互为矛盾的要求。针对上述问题，本节从"双高"

电力系统源、网、荷三个维度，提出满足模型准确性和高效性要求的建模方法。

（一）大规模新能源场站等值建模技术

对大规模新能源场站中每台机组进行详细建模必然导致维数灾问题，因此大规模新能源场站等值建模的关键在于保证计算精度的前提下提高仿真分析效率。以大规模风电场为例，目前的等值建模方法主要包括单机等值法和多机等值法，两类方法特点如下：

（1）单机等值法将风电场等值为一台风力机，等值机组容量为所有风电机组容量代数和。该类方法理论分析和推导过程易于理解，且计算量较小、复杂程度较低，当风电场规模较小、风机转速差异不大时，风速时滞和尾流效应的影响较小，采用单机等值得到的模型准确性较好。

（2）多机等值法将风电场内的风电机组按照选定的分群指标划分为若干机群，每个机群的风电机组等值为一台风机，通常基于风速、风能利用系数等机械特性物理量，以及机端电压、定子转子电流等电气量构造分群指标。该类方法适用于风电场规模较大、风机运行工况复杂多样的情况，但分群方式对等值模型的准确性影响较大，且模型参数难以准确计算。

针对复杂大规模风电场模型参数难以确定、多种运行工况和模型参数信息缺失等难点，提出数据—物理融合的风电场等值建模优化校正方法——大规模新能源场站等值建模技术，如图5-7所示。首先将风电场采用容量加权法等值为单

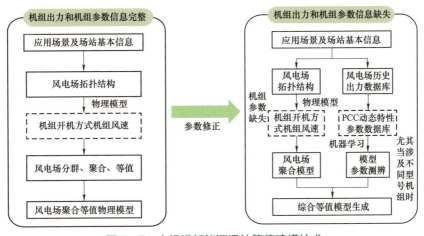

图5-7　大规模新能源场站等值建模技术

台风机，再运用数据物理修正的思想，通过改进的遗传算法对风速参数进行优化校正，再以此对比优化前后的模型与实际风电场模型的输出曲线，使得等值模型的输出与实际详尽模型的输出特性更为接近。

（二）交直流系统建模技术

根据研究目的和应用场景的不同，交直流系统模型分类如表 5-1 所示。

表 5-1　　　　　　　　　　交直流系统模型分类

类型	名称	描述
类型 1	物理模型	开关和二极管由微分方程表示
类型 2	完整详细模型	直流系统 IGBT 用非线性电阻模拟
类型 3	基于简化开关电阻模型	直流系统 IGBT 和二极管由双值电阻表示
类型 4	详细等效电路模型	基于类型 3，使用戴维南等效降阶
类型 5	平均值模型	交、直流侧特性用含有谐波的受控源模拟
类型 6	简化平均值模型	交、直流侧特性用基频受控源模拟
类型 7	潮流模型	只模拟换流器稳态输出特性

工程中常用的仿真模型为类型 3～类型 7，各类型模型特性如下。

（1）类型 3 是最为通用的仿真建模方法，该模型精度较高，但由于其模型阶数高，计算非常缓慢。

（2）保证仿真精度的前提下，为了解决仿真速度的问题，国内外学者提出了许多交直流系统高效建模方法，根据研究对象的不同，将直流子模块、桥臂或者整个三相换流单元等效为封装模块，降低了仿真系统的求解维度，根据建模过程简化程度的不同，分属于表 5-1 中类型 4 至类型 6。以上类型建模方法都基于同一个假设，即用同一桥臂的所有子模块电容电压的平均值表示每一个子模块电压。

（3）类型 7 模型仅保留了换流器电压和功率的稳态输出特性，该模型能反映交直流系统内部耦合特性、计算简单的稳态模型，对交直流系统的规划和设计具有重要的意义，但该简化模型不能明确、直观地反映出柔直内部耦合特征对交流侧输出特性的影响。

对于不同时间尺度特性的研究场景，可根据实际需求选用不同复杂度的数学模型。

（三）含分布式电源的综合负荷模型构建技术

综合负荷模型是指将不同类型的负荷以不同的构成比例整合为一个综合的等效模型，含分布式新能源的综合负荷模型典型结构如图 5-8 所示。负荷构成占比和模型参数是影响综合负荷模型响应特性的关键因素。在构成占比确定的情况下，确定模型参数的辨识主要有以下一些研究方法：

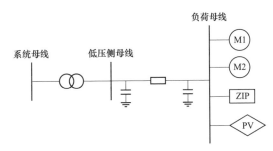

图 5-8 含分布式新能源的综合负荷模型典型结构

（1）直接计算法。通过最小二乘、梯度下降等方法对模型解析式进行变换或构建起模型输出观测量与参数间的直接关系，从而直接由模型输出观测量直接求解参数，该方法针对可观可测的简单模型辨识效果较好。

（2）间接优化法。针对模型复杂、参数难以直接求解的情况，基于启发类优化算法，以模型输出与实际响应的误差作为目标函数，以待确定参数作为决策变量，将模型参数辨识问题转化为非线性优化问题，但在高维非线性参数空间中易陷入局部最优。

基于上述研究方法的思路和优缺点，针对综合负荷模型高维非线性参数辨识困难的问题，相关最新的研究方法推荐采用深度强化学习等人工智能算法，将参数灵敏度分析技术与深度强化学习算法结合，扩大和提升了参数寻优的全局搜索范围和能力，从而提高了复杂综合负荷模型参数辨识的准确性和计算效率。

二、"双高"电网稳定机理分析

（一）新能源高渗透率系统的失稳机理分析

新能源高渗透率系统以其固有的随机波动性、电力电子拓扑结构的复杂非线性及多时间尺度的时变性使得电网稳定性存在一定问题，以下重点针对"双高"电网功角、频率和电压稳定的机理进行分析。

（1）功角稳定方面。新能源接入与功角稳定性的关系受到风机类型及运行模式、新能源选址和规模、电压等级、故障类型等多方面因素影响。通过对多机系统进行等值简化，并结合电力系统功率特性分析可以得知，当构造函数取得极小值时的系数小于一定范围时，随着新能源规模的增大，由于新能源接入减少了系统的电气距离，系统的功角特性不断改善；当新能源的规模超出这一范围，新能源接入使得系统电气距离增大，系统的功角特性恶化。

（2）频率稳定方面。由于新能源本身的随机性和波动性，大规模新能源并网使电力系统对有功频率的控制要求更高。一方面，为了保证电力系统有功功率实时供需平衡，系统需额外配置一定的备用容量，以避免系统电力平衡面临较大风险；另一方面，主流风电机组转速与系统频率完全解耦，无惯性响应能力且不参与系统调频，因此大比例风电接入将会明显减弱系统的频率调节能力。

（3）电压稳定方面。大量新能源功率经远距离输送，将造成线路压降过大，新能源场站无功需求及电网线路损耗增大，电网无功不足，局部电网的电压稳定性受到影响。同时，新能源有功出力波动性强而电压控制能力弱，将造成有功潮流变化时电压频繁波动，而新能源场站往往处于电压支撑能力较弱的电网末端，使得新能源电压波动对局部电网的影响增大。

（二）交直流混联系统的失稳机理分析

众多研究表明，在交直流混联系统中，电压稳定问题是最需要关注的系统稳定问题之一。直流系统的控制策略对电压稳定性有着显著的影响。交直流交互的有功功率和无功功率大小，取决于直流控制系统的运行情况。如果直流系统从交流系统吸收无功过多，将存在引发交流系统电压失稳的风险。

从本质上看，系统电压不稳定是由于电力系统提供的无功功率无法满足无功负荷需求，或通过远距离无功传输导致系统电压降低到不可接受的水平。在正常运行条件下，直流系统消耗的无功功率主要由换流站内滤波器等无源补偿元件提供。当系统故障时，无功功率补偿出力将随之变化，这些元件是否能够提供直流系统所需的无功功率，将直接影响交直流系统间无功功率交换的大小，从而产生了交直流系统电压稳定性问题。

随着直流系统输电容量的不断增大，特别是特高压直流输电系统，受端交流系统接受单回直流馈入功率占负荷比例较大，直流换流站无功补偿设备集中且容量较大，给系统无功平衡和电压稳定性提出了更高的要求。此外，直流单极或双极闭锁引起功率大幅转移至交流通道，无功消耗大幅增加，交流系统的电压稳定性将对系统产生较大影响。

三、提升"双高"电网安全稳定的发展策略及新技术

（一）新型电力系统安全稳定发展策略

新型电力系统与传统电力系统在电网结构、安全稳定特性等方面存在较大不同，在新型电力系统发展的各个不同阶段，新型电力系统安全稳定发展策略有着显著差异。

（1）传统电力系统发展早期。该阶段网络结构薄弱，网络结构发展策略是不断加强网络联系，由"稀疏型"逐步发展到"密集型"。

（2）传统电力系统成熟期（新型电力系统加速转型期）。该阶段电网结构密集、控制短路电流成为主要矛盾，网络结构发展策略是逐步形成分层、分区的合理网络结构，从"密集型"逐步发展到"稀疏型"。

（3）新型电力系统成熟期。该阶段大规模新能源接入电力系统。在高比例新能源出力的运行方式下，系统惯量水平和短路水平明显降低，将导致电力系统稳定性降低、频率稳定性和电压稳定性差等问题。经校核，当新能源出力超过一定临界比例，电力系统将无法满足安全稳定标准，这也是新型电力系统面临的主要问题。新型电力系统发展策略应是加强网架结构与分区短路电流控制并重。

上述各个阶段电网发展，符合事物螺旋式、曲折式发展规律，通常采取以

下策略提升新型电力系统稳定性。

1. 协调和优化新能源与传统电源发展，适度保留常规支撑电源

新能源是实现"双碳"目标的必然选择，然而，由于新能源具有弱可控性和弱涉网支撑能力，电力系统如果忽视传统支撑性电源的发展，将对电力系统安全稳定运行造成不利影响。为此，需要从源网协同的角度出发，优化电源结构和布局，提升电力系统维持安全稳定运行的能力。具体而言，在新能源逐步替代常规电源的背景下，仍应注意在系统关键节点保留合理规模的常规保障电源，如清洁高效煤电、燃气电厂、常规水电和抽水蓄能电厂。常规保障电源的作用主要有以下几方面。

（1）提供顶峰电力支撑。针对新能源出力不确定性，常规电源可以在电力需求高峰期提供稳定的供电能力，防范极端天气等因素造成电力供应缺口。

（2）提供电压支撑。与电力电子型新能源相比，常规电源电压支撑能力更强，在各个分区电网的关键节点保留常规电源作为电压支撑，可以更有效地防范电网故障等扰动造成电压失稳。

（3）作为重要受端电网的保障电源。重要负荷中心或其周边应保留一定的常规保障电源，保障电源应接入重要负荷中心的 220kV 或以下电网，且装机容量应与对应受端电网所需的保供能力匹配。负荷密度较低的山区、次发达地区在满足安全稳定要求的情况下可以不配置或少配置常规保障电源，但若相关区域网架结构较为薄弱，存在电压支撑等需求，也应考虑配置一定的保障电源。受端电网保障电源可以在上级主网架遭遇严重故障或灾害破坏的情况下，保障局部重要负荷中心正常供电或快速恢复供电。本地保障电源作用示意图如图 5-9 所示。

图 5-9 本地保障电源作用示意图

（a）没有本地保障电源；（b）有本地保障电源

2. 加强电力系统惯量支撑

电力系统转动惯量直接关系到系统频率稳定。惯量降低将造成同等扰动下系统频率偏差更大，造成潜在的低频减载、高频切机甚至频率崩溃风险。为提升电力电子高占比电力系统的惯量水平，主要可以采取三个方面措施：一是保障常规电源开机容量，即使在新能源高出力工况下，也应尽量投入一定的常规电源提供惯量支撑；二是采用虚拟同步控制，挖掘新能源机组、储能、需求侧响应资源等的虚拟同步响应能力；三是加强大电网互联，通过扩大系统规模，减小单一扰动的影响。

3. 优化电网结构、新能源注入和分层分区

在新能源出力较低的运行方式下，传统电源开机较多，需要采用电网分区等措施控制节点短路电流。但在高比例新能源运行方式下，由于传统电源开机大大减少，系统短路电流降低，可能造成部分节点短路容量水平低，稳定特性削弱等问题。为此，需要合理规划大容量新能源并网位置，优化分层分区，保障各个分区电网具有充分的常规支撑电源，兼顾新能源高发电出力和常规电源高发电出力工况的短路电流水平。

电力系统不同发展阶段的发展策略比较见表5-2。

表5-2　　　　　　　电力系统不同发展阶段的发展策略比较

发展策略	传统电力系统发展早期	传统电力系统成熟期	新型电力系统发展成熟期
电网结构	加强网络联系，降低系统阻抗，常采用多回路环网等强联系网络结构	优化网络结构，强调分层分区，常采用 220kV 和 500kV 电网解环等措施，环网通常需要解开运行	加强网络结构，可采用多回路环网等强联系网络结构
电源接入	主力电源分散接入最高一级电压电网	主力电源分层分区接入相应电压等级（220、500kV 和 1000kV）电网，以控制短路电流	主力电源分散接入 500kV 和 220kV 受端电网，以加强 500kV 和 220kV 电网支撑
惯量支撑	系统惯量低，需要采取特殊的频率控制措施	系统惯量大，频率质量和稳定性好，无需采取提高惯量措施	需要从规划和运行分别采取提高系统惯量的措施和频率控制措施
短路支撑	短路容量低，采取有利于提高短路支撑能力的措施	短路容量大，采取各种短路电流控制措施	控制短路电流与加强短路支撑两种情况并重，需要灵活切换
无功补偿	电压支撑能力弱，需加强无功补偿，包括动态无功补偿投入	电压支撑能力强，常规配置无功补偿	电压支撑能力弱、稳定性差，需加强无功补偿和电压支撑

（二）提升"双高"电网安全稳定的新技术

1. 提升"双高"电网功角稳定的新技术

提升电网功角稳定的主要措施是找出电网中的薄弱节点并进行针对性的电网补强。图 5-10 展示了一种基于节点潮流分布熵的薄弱节点辨识方法，该方法通过在各关键节点处加入单位负荷波动，分析节点过负荷所造成的潮流冲击，在支路中分布的聚集程度和支路断开后转移潮流的分布特性，计算不同节点过负荷扰动下系统所受潮流冲击的分布熵，得出不同节点的脆弱指标，确定薄弱节点。通常来说，当某节点受到的各支路潮流冲击率相等时，各支路均分摊承担该节点的潮流冲击，各支路越限的可能性最低，系统所承受的节点扰动冲击最小。当潮流冲击全部聚集在某一条线路时，此时该节点扰动对系统的冲击最大，最容易导致支路越限故障。在确定薄弱节点后，针对性地对薄弱节点进行电网增强与预防措施处理，降低电气距离，从而改善新型电力系统的功角稳定性。

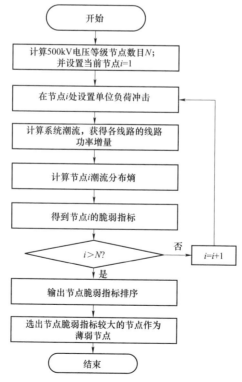

图 5-10　基于节点潮流分布熵的薄弱节点辨识方法

2. 提升"双高"电网频率稳定的新技术

在传统的新能源控制方式下，新能源不参与系统调频，且无法对系统扰动提供惯性支持，明显减弱系统的频率调节能力。针对该问题，采用基于虚拟惯量的新能源控制方法可在一定程度上增加新能源的惯性支撑，提升系统频率稳定。以风电机组虚拟惯量控制为例，通过在风电机组转子侧变流器控制系统的功率控制器中加入虚拟惯量控制，使风机根据扰动灵活调节输出功率，在频率突变时，通过快速的功率控制向系统瞬时注入或吸收突变的有功，然后通过控制转速变化释放或吸收风力机及发电机转子动能。在此基础上，为优化风电机组的调频性能，可进一步在控制系统中增加储能装置，其控制框图如图 5-11 所示。相比于仅使用风电机组传统调频的控制策略，基于虚拟惯量的新能源控制方法可以有效保证风电机组在各风况及工作状态下为系统提供惯性支撑，更好地提高系统的频率稳定性。

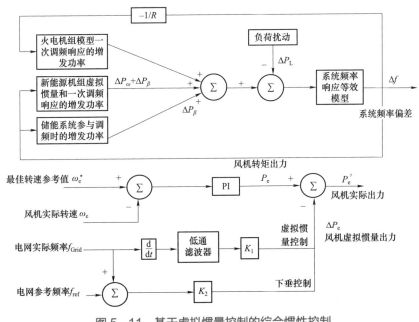

图 5-11 基于虚拟惯量控制的综合惯性控制

3. 提升"双高"电网电压稳定的新技术

新型电力系统运行状态复杂，电压稳定性受诸多因素影响，系统的优化控制问题是多维非线性优化问题。由于"双高"电网中电力电子设备的快速响应特性，当系统需要优化控制时，控制决策越快速，系统的稳定性能越能得到保障，控制策略对电压稳定性有着显著的影响。紧急控制是电力系统优化控制问题中的一种，目的是通过采取合理的控制策略，保障系统的稳定性。图 5－12 展示了一种基于数据驱动的新型电力系统紧急控制策略，相比于传统基于机理建模方法，基于数据驱动方法能够有效考虑不同节点和类型的信息来获取最优的负荷紧急控制策略，有效避免了由于机理建模过程模型简化和不确定性等因素影响电网控制效果，从而能够在削减更少的负荷量的同时达到电压稳定目的。

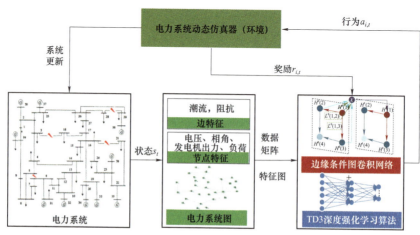

图 5－12　基于数据驱动的新型电力系统紧急控制策略

第三节　大型新能源基地送出典型模式与新技术

一、大型新能源基地送出面临的主要挑战

国家《"十四五"可再生能源发展规划》提出了大力推进风力发电和光伏发电基地化开发的要求，其中新能源发电基地包括"三北"陆上风光发电基地和五个千万千瓦级海上风电基地。大型新能源基地接入对电网的主要影响和挑战包括以下几个方面。

1. 电网承载力

除大型水电外，目前电网中单一电源最大装机容量一般为百万千瓦级。千万千瓦级新能源基地集中接入单一片区电网，将对并网点及周边主网架带来巨大的电力外送压力，可能造成主要输电断面能力不足，在电网较薄弱的地区还容易造成电压不稳定、宽频振荡等安全风险。新能源电源出力可控性差，频率、电压主动支撑能力较弱，导致上述安全风险加剧。

2. 电力基础设施占用

大规模新能源基地的送出需要占用大量站址和输电通道。尤其是东部沿海海上风电基地，由于沿海地区土地资源稀缺，选址选线困难问题突出，可能造成海上风电无法送出，或未能采用最优的送出方案而导致电网安全隐患。

3. 输电方案经济性

随着海上风电向深远海发展，输电系统成本占海上风电项目总成本的比例可达 30% 以上，对海上风电平价上网带来更大压力。

针对上述问题，本节从新能源基地送出典型模式和新型输电技术两个方面论述新能源基地安全高效外送的技术方案。

二、大型新能源基地送出典型模式及案例

（一）德国北海风电送出模式

截至 2022 年，德国海上风电总装机容量达 810 万 kW，并规划在 2030 年达到 3000 万 kW、2035 年达到 4000 万 kW。德国海上风电主要位于北海，离岸距离大多在 100km 以上，因此柔性直流技术成为风电送出的首选。目前已投运的海上风电项目采用了 ±150～±320kV 的柔性直流输电系统。德国北海已投产海上风电及其输电系统如表 5-3 所示。

表 5-3　　　　　　　德国北海已投产海上风电及其输电系统

海上风电场	直流电压（kV）	容量（万 kW）	投运时间（年）	直流电缆长度（km）
BorWin1	±150	40	2010	200
BorWin2	±320	80	2015	200
BorWin3	±320	90	2019	160
DolWin1	±320	80	2015	165
DolWin2	±320	92	2017	135
DolWin3	±320	90	2017	160

海上风电场	直流电压（kV）	容量（万 kW）	投运时间（年）	直流电缆长度（km）
SylWin1	±320	86	2015	205
HelWin1	±250	58	2013	130
HelWin2	±320	69	2015	130

2010 年投产的 BorWin1 海上风电送出系统是德国首条柔性直流输电线路，也是世界首个海上风电柔性直流送出工程，电压等级为 ±150kV，额定输送容量为 40 万 kW。风电在海上换流后通过 125km 直流海底电缆和 75km 直流陆上电缆输送至 380kV 变电站，接入德国交流主网架。2015 年投产的 BorWin2 海上风电通过 ±320kV、80 万 kW 柔性直流系统送出，是当时电压等级最高、容量最大的海上风电柔性直流送出系统，输电路径与 BorWin1 相同。

此外，德国电网还规划建设 5 个 ±500kV 电压等级的柔性直流北电南送输电通道，实现千万千瓦级海上风电电力从北部沿海向南部负荷中心的远距离输送。这些通道包括西线的 2 个项目、中线的 1 个项目和东线的 1 个项目。每个柔性直流输电系统可传输约 200 万 kW 的电力，南北输电距离达 600～700km。海上风电并网点主要选择陆上主网架接纳能力较强的节点，部分项目的陆上直流输电距离接近或超过了海上。

德国北海千万千瓦级风电的开发和送出为我国五大海上风电基地的高效送出提供了重要的启示。

（1）柔性直流输电技术是海上风电大规模、远距离外送的首选技术路线。当风电消纳方向远离登陆点时，陆上输电方式可以继续采用柔性直流，送出至合适的并网点或负荷中心周边再换流并接入交流电网。

（2）更高的电压等级是千万千瓦级海上风电外送的必要选项。德国北海风电开发初期，受限于当时的柔性直流技术水平，采用了 ±150kV 或 ±320kV 电压等级，单个系统输送能力仅数十万千瓦，造成输电通道占用大幅增加，预计至 2030 年投产的 3000 万 kW 海上风电需要多达 24 个海上输电通道，导致了输电成本攀高和土地资源浪费。

（3）海陆协同是保障海上风电集约送出的重要因素。德国电力行业采用分散式结构，由 4 家电网运营商共同运行，缺乏集中统一的电网规划。根据目前方案，德国北海风电从海上平台最终送出至德国南部，将经历两轮交直流变换，带来巨大的换流成本和额外的损耗。而北海风电经柔性直流一次性送出至德国南部，技术上完全可行，且经济性明显更优。

（二）我国海上风电基地送出典型模式

根据我国大规模海上风电基地的初步送出方案，下面介绍适用于我国沿海特点大规模海上风电送出的几种典型模式。

1. 分区分散接入地区主网架

我国东部沿海 A 省千万千瓦级海上风电基地分布于该省东部沿海多个地市所辖海域，登陆点较为分散，周边 500kV 电网形成多纵多横的坚强结构，电力送出条件良好。因此，该海上风电基地主要采用分区接入 500kV 主网架的方式，在该省北部、中部、南部沿海设置多个 500kV 汇集站，分别送出至多个 500kV 主网架输电通道，并在全省送出消纳。

2. 依托多电压等级、多输电方式集中送出

我国东部沿海某海上风电基地位于台湾海峡南部，风电登陆点集中在沿海 B 省南部末端，且附近已建成或规划多座大型核电、煤电等电源，远景电力外送需求将达到 2000 万～3000 万 kW。若通过 500kV 交流主网架送出，至少需要 6 个输电通道 12 回大导线截面线路，这对于位于电网末端、土地资源稀缺的地市级电网而言实施较为困难。为解决这一难题，考虑采取多电压等级分层接入及柔性直流远距离外送结合的海上风电基地送出模式，实现千万千瓦级新能源的安全、高效送出。

3. 依托特高压交流电网集中送出

我国东部沿海 C 省千万千瓦级海上风电主要分布于半岛末端南北两侧，范围较为集中，且周边还规划有核电等大型电源，电力送出压力较大，仅通过 500kV 及以下电网难以满足电力大规模外送需求。为解决这一问题，拟建设若干个特高压汇集站及多回特高压送出线路，借助区域特高压电网实现大规模清洁电力的优化配置。

三、新型输电技术及其在新能源送出中的应用

（一）海上风电送出场景

随着海上风电向深远海、规模化发展，为适应海缆大容量、远距离送出的需求，柔性直流输电、柔性分频输电等新型输电技术不断涌现，并陆续应用于海上风电送出。目前，全球各类海上风电送出技术主要参数如表 5-4 所示。

表 5-4　　　　　　　全球各类海上风电送出技术主要参数

指标/技术	工频交流	柔性直流	分频交流
典型容量（万 kW）	10～100	50～200	未推广
主要电压等级（kV）	220～330	±200～±500	未推广
推荐输电距离（kV）	0～70	>70	70～200
最大容量（万 kW）	132[①]	200[②]	1.1[④]
最高电压等级（kV）	330[②]	±500[②]	35[④]（20Hz）
最大输电距离（km）	120[①]	220[③]	26[④]

注　① 英国 Hornsea。
　　② 广东青州五、六、七期，在建。
　　③ 英国 Sofia，在建。
　　④ 浙江台州示范工程。

海上风电主要输电技术及其特性对比如下：

1. 工频交流输电

工频交流输电结构简单、技术成熟，但是受交流海底电缆充电电流影响，有功输送能力相对较差，特别是电压等级提升至 500kV 后，对于超过 50km 的海缆，其无功功率占海缆输电能力的 40%。因此工频交流输电通常用于离岸距离 70km 以内的海上风电场。

2. 柔性直流输电

柔性直流输电是基于电压源换流器（voltage source converter，VSC）的直流输电系统。基于模块化多电平电压源换流器（modular multilevel converter，MMC）的柔性直流输电技术是目前应用较为广泛的技术路线。柔性直流输电相比于常规直流输电，主要优点在于：可独立调节有功、无功功率，无需系统提

供无功支撑；没有换相失败问题；可为无源系统、弱受端或新能源送端供电或送出电力；谐波水平相对较低。

海上风电柔性直流送出系统结构示意图如图 5-13 所示，包括海上汇集系统、海上换流站、直流海缆、陆上换流站和陆上电网并网点。柔性直流输电用于海上风电送出，主要是利用直流输电不受海缆充电功率影响，输电距离远、输电能力强的特性。以 500kV、1800mm^2 截面单芯海缆为例，直流海缆的视在功率输电能力较工频交流海缆高约 20%，计及无功因素，随着输电距离增大，直流海缆与交流海缆有功输电能力的差距将进一步拉大。

海上风电柔性直流输电在国内外已有较多工程应用。一般认为输电距离大于 70km、风电场容量大于 100 万 kW 的场景，柔性直流输电技术较工频交流有经济优势。

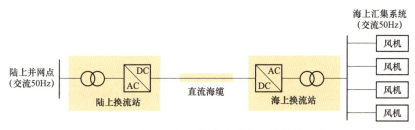

图 5-13　海上风电柔性直流送出系统结构示意图

3. 柔性低频输电

柔性低频输电技术，又称为低频输电或分频输电，主要指在海上输电部分采用低于常规工频的交流电力，使电缆等电气设备的电抗降低、输电能力提高。采用 16.7Hz 或 20Hz 的频率，500kV 单芯低频海缆载流量较工频海缆提高约 10%，电缆充电功率降低约 60%，可用输电距离提高到 100～150km，为工频交流的 2～3 倍。

低频输电应用于海上风电送出时，海上风电汇集、升压、送出系统均基于低频交流，登陆后通过变频站转换为工频，送出系统结构如图 5-14 所示。与柔性直流送出相比，海上输变电设备均基于交流机理，没有电力电子变流装置，简化了海上升压站结构，降低了海上平台建设运维成本。变频器是低频输电系统的核心装备，主要技术路线有模块化多电平矩阵换流器（modular multilevel matric converter，M3C)、背靠背 MMC、六角形模块化多电平交交变换器（Hexverter）等。柔性低频输电技术尚在发展和研究的初期，其中基于 M3C 的低频输电技术已应用于目前全球最大的杭州 220kV/330MVA 柔性低频输电示范工程。

图 5-14　海上风电柔性低频送出系统结构示意图

（二）其他输电场景

混合直流输电是一种用于电力远距离送出的新技术。混合直流的拓扑较为灵活，主要包括：

（1）并联型拓扑。主要指一端采用柔性直流，一端采用常规直流。其中，连接弱交流系统或无源系统、新能源送端等采用柔性直流，连接强交流系统可采用常规直流。

（2）串联型拓扑。主要指一端换流站中既包含常规直流，也包含柔性直流。柔性直流换流阀可提供无功支撑，并一定程度上减轻换相失败的影响。

目前我国已建成昆柳龙工程和白鹤滩—江苏工程两项全球独有的混合直流输电工程。混合直流输电的优势在于结合了柔性直流的电压源支撑能力和常规直流成本低、占地小的优点，可用于陆上大容量远距离输电，在海上风电送出领域也有一定的应用潜力。

四、海上风电输电技术的技术经济比选

1. 技术比选

输电距离方面。工频或低频交流海缆输电能力受到无功充电功率、过电压等因素影响，一般随输电距离增加而下降。工频交流海缆输电能力下降速度明显高于低频交流海缆。经仿真计算，交流海缆不同频率、距离下的输电能力如

图 5-15 所示。220kV 三芯工频交流海缆输电能力在 240km 输电距离下基本下降到 0,而同类型 20Hz 低频海缆输电能力仅有轻微下降。500kV 三芯工频交流海缆输电能力在 120m 输电距离下基本下降到 0,而同类型 20Hz 低频海缆仍可保留 90% 以上输电能力。柔性直流输电不受无功功率影响,输电距离可达数百至上千千米,可以满足目前可预见的中远海风电送出。

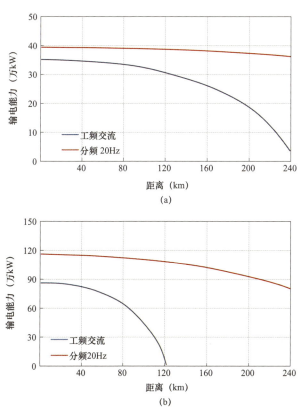

图 5-15　交流海缆不同频率、距离下的输电能力
(a) 220kV 交流海缆不同频率、距离下的输电能力;
(b) 500kV 交流海缆不同频率、距离下的输电能力

输电容量方面。目前一回 ±500kV 双极(或对称单极)直流海缆最大输电能力可达约 2600MW,远大于一回 500kV 交流海缆的 800~1000MW,针对远海岸大规模风电送出,可大幅减少海缆回路数和成本。

无功配置方面。以一个约 2000MW、海上输电距离约 80km 的海上风电场送出为例,采用 500kV 工频交流送出,预计需配置无功补偿装置约 1100Mvar;

采用 500kV 低频交流送出，仅需要配置无功补偿 100～200Mvar；采用柔性直流送出，则无需额外配置无功补偿，节省了相关成本和占地。

安全稳定性方面。海上风电采用工频交流送出，易受到系统侧故障影响，且其能提供的无功支撑全部依赖所配置的无功补偿装置。采用柔性低频输电或柔性直流输电，柔性变频器或换流站可提供潮流控制及电压支撑，能够隔离陆上交流系统故障，稳定水平相对较好。

运行维护方面。柔性直流输电技术需建设海上电力电子换流站，防盐雾要求更高，运维难度更大。而工频交流或柔性低频输电技术均不需要海上电力电子换流站，运维压力显著减小。

2. 经济比选

工频交流、柔性低频、柔性直流三种输电技术的经济比选，与海上风电容量、离岸距离、拟采用电压等级等多种因素相关。目前一般认为工频交流与柔性直流技术的成本在输电距离 70～100km 左右达到平衡点，输电距离越远则柔性直流成本相对越低。柔性低频输电目前尚无海上大规模工程应用，一般认为其与工频交流的成本平衡点在 70km 左右。以海上风电规模 2000MW、送出电压等级（±）500kV 为例，其输电系统成本对比如图 5-16 所示。应注意：图 5-16 仅为当前造价水平下的一种典型估算，具体工程应用中受到多种实际因素影响，成本对比情况可能有所不同。

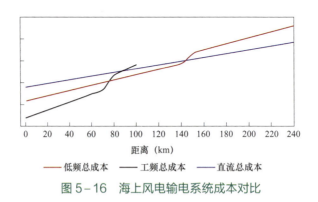

图 5-16　海上风电输电系统成本对比

具体而言，以某装机容量 2000MW、海上输电距离约 80km 的实际海上风电项目送出为例，测算不同输电技术的细分成本比例。工频交流输电单回海缆输电能力最低，因此其送出海缆成本显著高于其他输电方式。柔性直流输电海陆两座换流站成本相对较高。柔性低频输电仅需在陆上进行一次电力电子变频，总成本相对最低。基于具体项目的不同输电技术成本比例细分如图 5-17 所示。

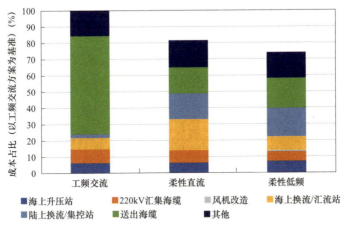

图 5-17　基于具体项目的不同输电技术成本比例细分

综上可见，柔性直流或柔性低频输电是中远海海上风电送出必不可少的技术手段。柔性直流输电技术较成熟，支持输电距离最远，但海上换流站成本较高、运维难度较大。柔性低频输电尚处于研究和示范应用阶段，应用于 70～150km 的中远海风电送出，预期成本相对较低。

第四节　新型电力系统抗灾保障能力建设

一、新型电力系统抗灾保障体系

我国幅员辽阔，低温雨雪冰冻、地震灾害和台风等自然灾害多发频发，极端外力破坏等风险或威胁也将对电力系统安全稳定运行和电力可靠供应造成严重影响。另外，随着以新能源为主体的新型电力系统的逐渐形成，新能源装机容量不断增加，其随机性与波动性将显著影响电网的运行，给电网抗灾能力提升建设带来新的挑战。为落实总体国家安全观和能源安全新战略，强化安全底线思维，应对严重自然灾害和极端外力破坏等可能引发电网大面积停电事故的风险，有必要系统性构建新型电力系统多层次、多阶段抗灾防御体系，因地制宜地制定抗灾防御策略，提升电网应对极端灾害预警和防御能力，推动新型电力系统防灾抗灾向"主动防御"转变。

构建新型电力系统抗灾保障体系要求充分利用和有机整合电力行业及用户现有资源，经过预防、抵御及快速恢复等过程，应对"小概率—高损失"灾害事件对系统运行及供电需求造成的影响，系统性提高电网应急保障水平。聚焦灾前电网差异化规划设计、灾害下的高应变力优化运行，提出"防灾差异化规划、灾前主动防御、灾中抵御适应、灾后恢复控制"的四级抗灾保障体系如图 5-18 所示。

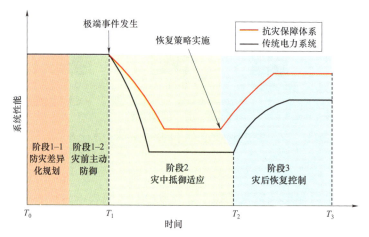

图 5-18　新型电力系统分阶段抗灾保障体系

（1）阶段 1-1——防灾差异化规划。以定向差异化强化电网骨干网架设防标准为重点，结合重要电力用户保障目标和电网薄弱环节，提升电网关键站点和关键线路的设防标准以增强大电网抵御严重自然灾害和极端破坏的能力。

（2）阶段 1-2——灾前主动防御。主动防御是在极端事件发生前，结合极端事件的类型与演化预测情况，分析评估系统中的最大风险点，通过增加系统的冗余度和鲁棒性，针对薄弱环节展开预先准备与防御工作，对可能造成的破坏进行预防；同时需要在极端事件发生时，结合极端事件的实时变化分析，采取应急防御与响应措施。主动防御策略的实施成本较高，但效果更好。

（3）阶段 2——灾中抵御适应。在极端事件发生时，结合事先配置的各类应急资源，对极端事件的攻击进行抵抗，并依靠属性与充裕度，尽可能支撑系统中的各类负荷。

（4）阶段 3——灾后恢复控制。在灾后恢复阶段，高应变力抗灾电力系统将利用应急的分布式电源、移动储能以及智能化设备，结合网络重构、供电路径管理等恢复控制手段，对需要优先保障的关键重要负荷进行支撑，提升系统灾后的恢复效率。

新型电力系统抗灾保障技术如图 5-19 所示。

图 5-19　新型电力系统抗灾保障技术

二、防灾差异化规划技术

防灾差异化规划是以降低严重自然灾害和极端外力破坏对社会生活及应急救援能力的影响为出发点，针对电网抗灾保电薄弱环节，在执行已有规程规范等规定的基础上，对抗灾保电起到关键作用的骨干电源送出线路、骨干网架及变电站、重要用户配电线路等重要电力设施，适当提高设防标准，进一步提高电网抵御自然灾害及外力破坏的能力。

总体思路从"网源荷储"四个层面出发：

（1）"荷"：结合电力用户重要性等级确定极端状态下电网需要保障供电的重要电力用户及其负荷。

（2）"源"：根据抗灾保电的重要负荷大小及分区供电需要确定本地保障电源方案。

（3）"网"：根据保障重要电力用户纵向梳理优化"生命线"供电通道，同时横向统筹整合本地保障电源送出通道，以点带面确定防灾差异化骨干网架结构。

（4）"储"：综合统筹配置储能资源作为防灾电源的补充，提升电力系统的防灾能力和弹性水平。

防灾差异化规划方法如图 5－20 所示。

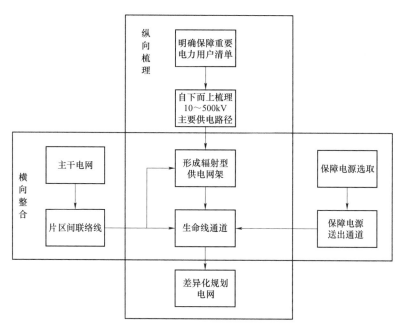

图 5－20 防灾差异化规划方法

（一）荷——重要电力用户保障目标

为了确定纳入防灾差异化规划保障重要电力用户范围，需要从保障供电角度对重要电力用户优先等级进行评定。优先等级评定将从用户在国计民生中的作用、重要电力用户等级，并结合重要电力用户分布、投资代价等维度进行。

（1）特级重要电力用户保障供电优先级别高于一级重要电力用户，一级重要电力用户优先级别高于二级重要电力用户。

（2）同类电力用户中，位于城市核心城区的重要电力用户优先级别高于位于县区的重要电力用户；优先保障重点城市城区重要电力用户供电；优先保障大型居民密集区等民生用户供电。

（3）工业类用户中电网中断供电将造成人身伤亡、环境污染、安全危险的用户优先级高于中断供电仅造成经济损失的用户；选取重要优先级较高、投入产出效益较好的重要电力用户优先考虑纳入保障范围。

（4）同类工业类用户中，负荷量级别大的用户一般造成的经济损失也更大，优先级高于负荷量级别小的用户。

（5）零散分布的重要电力用户优先通过自备应急电源或应急移动电源提供保障。

确定防灾保障的电力用户，应从恢复社会秩序和城市运转的角度出发，依据用户在应变中的作用和影响、重要电力用户等级和投资代价等维度来综合评估。

（二）源——防灾保障电源的配置原则

为提高重要电力用户的供可靠性和自救能力，需要积极引导抗灾本地保障电源、用户自备电源、应急移动电源规划建设，形成"本地保障电源支撑、用户自备电源兜底、公用应急电源补充"的电源保障体系。

1. 本地保障电源配置原则

（1）分区平衡原则。合理规划新建及改造本地保障电源，本地电源规模应不低于该地区目标重要用户负荷需求。尽量做到抗灾保障电源与重要负荷的分区平衡，使电网在严重自然灾害的危险状态下能够减少区域之间的潮流交换。

（2）灵活可调原则。保障电源类型应根据当地资源条件，避免依赖单一性质电源，满足多样化要求。对煤炭、石油、天然气资源丰富易获取地区，优先考虑合理规模的火力发电机组作为本地保障电源；水资源丰富地区，在径流量稳定的前提下，可考虑具备季调节能力及以上的水电作为本地保障电源。

（3）安全可靠原则。接入电压等级最高的本地保障电源应具备孤岛运行的能力，在极端状态下与电网解列时能不停机带厂用电稳定运行，以快速重新并网恢复电网供电。考虑极端状态下系统全黑的可能性,重点城市应至少配置 1 座具备黑启动能力的电源。

2. 用户应急自备电源配置要求

(1)按照保障重要用户保安负荷不停电的原则,用户应急自备电源容量应大于其保安负荷。

(2)用户应急自备电源对保安负荷的持续供电时间应不小于 2h,同时自备电源的启动时间、切换方式和持续运行时间的技术性必须满足《重要电力用户供电电源及自备应急电源配置技术规范》(GB/T 29328—2018)要求。

3. 公用应急移动电源配置要求

(1)按照重要用户保障目标,平衡公用应急移动电源配置投资和效益,统筹开展 UPS 电源车、发电车、车载式发电机等应急移动电源差异化配置。

(2)公用应急移动电源容量配置应满足保障重要用户非保安负荷持续供电时间不小于 2h。同时应急移动电源的技术特性必须满足《重要电力用户供电电源及自备应急电源配置技术规范》(GB/T 29328—2018)要求。

(3)保障重要用户应具备公用应急移动电源接入条件。

(三)网——差异化骨干网架构建原则

(1)差异化骨干网架应面向重要用户供电保障,以重要用户为核心,纵向梳理优化重要用户"生命线"通道,同时横向统筹整合受电通道及联络通道,按照差异化原则以点带面地构建最小规模骨干网架。

(2)"生命线"通道的构建应覆盖所有目标重要用户,通过"10kV 用户—10kV 线路—110(35)kV 变电站—110(35)线路—220kV 变电站—220kV 线路—500kV 变电站/抗灾保障电源"自下而上梳理目标重要用户供电路径,优选其中一条供电路径作为"生命线"通道。

(3)结合电网滚动规划成果,优先选择新建变电站和线路,或容易改造的已建变电站和线路构建差异化骨干电网。优先选择本站或上级变电站接有保障电源的变电站,或者网架枢纽点的变电站作为重要用户供电电源。优先选择由电缆线路供电的变电站作为重要用户供电变电站,优先选择电缆线路作为"生命线"通道。

（4）220kV 差异化骨干电网可根据区间联络通道设置情况形成链式或辐射式网架结构，110kV 及以下差异化骨干电网宜采用辐射式网架结构。

（四）储——保障储能的配置原则

储能在新型电力系统中发挥着调峰调频、提高新能源消纳水平等作用，在防灾抗灾中，储能系统具有快速响应的特点，对于应对自然灾害等突发事件十分有利，可以快速恢复重要电力用户供电，保障重要电力设施的运行。同时，储能系统可以根据不同的应用场景和需求进行灵活部署，既可以集中部署在电站或电网中，也可以分散部署在用户端或配电站中。这使得储能系统在防灾抗灾应用上具有很高的灵活性和适应性。

（1）集中式储能方面。对于人口超过 500 万的大中型城市，可结合当地资源，统筹配置电化学储能电站或抽水蓄能电站。集中式储能电站应具备黑启动能力，在极端灾害电网大面积停电条件下，可以迅速启动并供电。集中式储能电站可直接接入城市核心区域 500、220kV 变电站，充分发挥支撑性和恢复性电源的作用。

（2）分布式储能方面。因地制宜建设具有支撑能力的光储一体化微网，在极端灾害下缓解电力供应紧张的问题，发挥对重要电力用户的支撑作用。

三、抗灾高应变力优化运行技术

在新型电力系统抗灾优化运行上，应从灾前、灾中、灾后开展多阶段、多层次的电网抗灾应变力提升建设。在灾害发生前，通过应急防御措施主动准备与预防灾害电网事故；灾害事件中，通过优化分层解列策略，充分响应以及适应电网故障事件；灾害事件后，通过优化运行快速恢复到期望正常状态。但在实际系统中，电网的应变力提升方法较多，涵盖多个阶段，实施成本、执行效果与时间尺度等方面均存在一定的差异。因此，如何统筹考虑各种类型的主动防御策略与恢复控制策略，充分考虑不同属性应变力策略之间的相互协同与影响，是一个需要重点研究的问题。

将整个极端事件动态过程中的分解为事前、事中、事后和其他四个部分。运行技术旨在通过强化输电系统中的关键线路，并调整电力系统中各类发电机

的机组组合方式，将极端事件的整个动态过程期间的总损失最小化，即

$$\min \sum_{t=1}^{T} [\underbrace{\sum_{i \in \Omega_A(t)} F_i^{\text{pre}}}_{\text{事前}} + \underbrace{\sum_{i \in \Omega_B(t)} F_i^{\text{under}}}_{\text{事中}} + \underbrace{\sum_{i \in \Omega_C(t), l \in \Omega_C^l(t)} F_{i,l}^{\text{post}}}_{\text{事后}} + \underbrace{\sum_{i \in \Omega_O} F_i^{\text{other}}}_{\text{其他}}] \qquad (5-1)$$

受极端事件威胁的节点

式中：T 为整个模型求解时间段；F_i^{pre}、F_i^{under}、$F_{i,l}^{\text{post}}$ 和 F_i^{other} 分别表示处于事前、事中、事后及其他状态的节点、线路及发电机起停状态的成本函数。

电力系统应变力提升策略优化方法如图 5-21 所示。针对不同目标函数的电力系统应变力评估和增强，现有优化方法包括：确定性方法，如线性规划、混合整数线性规划、混合整数非线性规划、混合整数二阶锥规划等；随机方法，如随机混合整数线性规划和随机混合整数非线性规划等；以及基于种群的智能搜索方法如遗传算法等。目标函数可分为基于弹性和操作条件两类。弹性目标包括失负荷最小化、总恢复时间最小化、重要负荷恢复最大化、能量供应最大化；操作条件目标包括运行成本最小化（包括失负荷最小化）、操作成本最小化（包括能源不供应导致的损失最小化）。

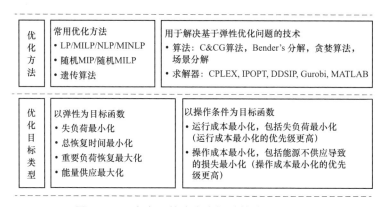

图 5-21 电力系统应变力提升策略优化方法

此外，考虑到灾害具有较强的不确定性，在致灾因子时变的情况下，元件的故障类型过于复杂，且是否发生故障并不能完全确定。需要在电网应变力提升中考虑灾害的不确定性，并采用随机优化或鲁棒优化等方法对不确定性进行处理。为优化电网抗灾运行，将电网抗灾应变力提升看作一个涵盖灾前防御（defender）—灾中攻击（attacker）—灾后恢复（defender）三个阶段的 DAD 模型，其本质上是一种多时刻混合整数优化模型，覆盖时间长、约束条件复杂、

决策变量多。DAD 模型应涵盖以下因素：

（1）优化目标：灾前强化成本、灾中减少经济损失、灾后恢复成本、负荷恢复效率等多优化目标综合最优。

（2）约束条件：电网运行约束（包括潮流约束、电压约束、线路传输容量、机组出力等容量约束）；配电网辐射状网络约束；应变力资源调度约束。

（3）优化决策变量：灾前加固措施（线路加固、分布式电源配置等）；灾后运行措施（网络拓扑变化、机组出力调整、应变力资源调度措施等）。

（4）优化场景：灾害不确定性下的各类故障场景。

在实际求解计算方面，电力系统通常由大量的组件、设备和子系统组成，这使得系统的状态空间非常庞大。要全面考虑系统的各个方面，需要涉及大量的参数和变量。这就导致在进行薄弱环节辨识时，要考虑的维度非常高，形成了一个高维的问题。高维度使得分析和辨识变得更加复杂，增加了计算和理解的难度。与此同时，对于电力系统，薄弱环节的辨识通常需要大量的数据，包括设备状态、运行参数、故障记录等。然而，获取完整、准确且具有代表性的数据可能会受到限制。数据的不完整性、不准确性或不一致性可能导致薄弱环节辨识中的维数灾问题。如果缺乏足够的数据支持，就很难对系统的薄弱环节进行全面的、可靠的分析。因此，建立完整涵盖上述要素的混合整数优化模型及其数值求解方法是较为困难的。为解决这一难题，现有研究方向如下：

（1）探索更高效的模型简化和求解方法。将混合整数优化模型分层分组，采用循环迭代的求解方法，将一个大规模的混合整数优化问题拆分成多个中小规模的问题。其研究关键是提出更合理的简化方法，在尽可能保持结果最优性的前提下降低求解计算量。

（2）研究基于智能算法的求解手段。利用智能算法在求解复杂优化问题方面的优势，提出适用的智能算法模型，并通过更多的实际电网算例分析优化智能算法设计，使其具备较好的优化效果和通用性。

基于上述思路，综合考虑灾前基于薄弱环节识别的线路强化策略和考虑新能源处理波动的分布式电源配置问题、灾后计及维修人员调度的线路修复策略，以东南沿海某实际电力系统为算例，开展电力系统应对台风的负荷损失与恢复模拟分析。将传统恢复手段求解得到的电力系统恢复过程记为"案例 1"，将采取抗灾高应变力提升策略得到的电力系统恢复过程记为"案例 2"。图 5-22 展示了分别采用恢复案例 1 和恢复案例 2 时,系统负荷恢复的对比情况。案例 2 相对案例 1,系统恢复的速度和恢复的时长更短。相较于传统强化及恢复方法,电力系统抗灾高应变力提升策略的负荷恢复速度快、负荷恢复总量高,可以为电网规划和调度人员提供以量化优化计算为基础的综合决策信息,能够提升电力系统在台风等极端灾害下的快速响应和恢复能力,为电力系统安全稳定运行提供保障。

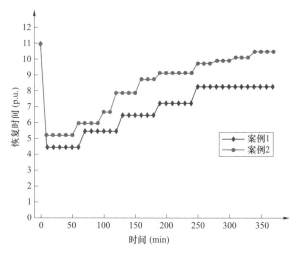

图 5-22 应变提升策略下台风袭击后系统负荷恢复情况

第六章　新形势下配电系统规划关键技术

配电系统是新型电力系统建设的主战场，是实现清洁能源就近消纳、多元负荷聚合互动、综合能源互联互通的关键环节，是保障电力"落得下、用得上"的最后一公里，承担着广泛的政治责任、经济责任、社会责任。新型配电系统建设是主动适应新型电力系统建设背景下的新需要，在建设新型能源体系的新时代，保障电力安全可靠供应是新型配电系统发展的首要责任，支撑能源清洁转型成为新型配电系统发展的重要任务，新型配电系统发展面临更高要求、更高标准。

从新型配电系统整体看，配电系统运行机理和平衡模式将发生深刻变化，随着新能源发电规模化发展，储能等可调节负荷广泛应用，电力系统将由源随荷动的实时平衡，逐步向源网荷储协调互动的非完全实时平衡转变，这就要求新型配电系统发展建设要以系统化模式推进，通过新型配电网架形态升级全面增强网架友好承载能力，并以源网荷储协同规划为抓手全面引领新型配电系统高质量发展。首先，构建新型配电系统要求系统化推进。新形势下要求配电系统规划在深化拓展网格化、精益化规划理念的基础上，更加注重系统性、适应性和实用性，准确把握不同地区电网差异特征，搭建场景化、精益化和模块化的供电模式体系，建立一套"立体式覆盖、多专业协调"的配电网目标供电模式，主动适应新型电力系统建设和源荷即插即用的接入需求。其次，构建新型配电系统要求网架形态升级。随着新型电力系统加快建设，配电网将进入跨越式发展时期。配电网将从单向逐级辐射网络向双向有源、分层分群、多态并存网络转变，体现出"分层分群协同化、潮流分布双向化、源网荷储一体化"三大特征。传统单向逐级供电网络向双向有源系统的根本转变，要求配电网全面提升可调可控能力，实现源—网—荷—储互动、主—配—微协同高效运行，全面提升资源配置水平，实现多元要素、多种能源的广泛、深度互动。最后，构建新型配电系统要以源网荷储协同规划为实现手段。分布式电源、储能、多元负荷、微电网、多能互补等新要素新业态的广泛接入，配电网规划模式将向源网荷储多要素全面融合及协同规划转变，以适应源网荷储多元协同发展需求，选择模块化的典型供电模式，制定科学合理的源网荷储协同规划方案。

第一节　新型配电系统供电模式

一、供电模式构建思路

考虑系统性、适应性和实用性，搭建场景化、精益化和模块化的供电模式体系，主动适应新型电力系统建设和源荷即插即用的接入需求，即重点做好与导则技术标准衔接、与网格化规划理念衔接、与一、二次融合配置衔接、与山海配网差异特征衔接，实现引领网架建设提质升级，引领源网荷储协调互动。

1. 与导则技术标准衔接

目标网架及设备选型总体遵循《配电网规划设计技术导则》（Q/GDW 10738—2020）等配电网规划适用技术标准。针对高供电可靠性需求、直流负荷集中、分布式电源高渗透区域，经技术经济方案评估后，适当提升优化目标网架和设备选型标准。

2. 与网格化规划理念衔接

遵循"大而化小、小而治之"的网格化理念，以网格供电需求和源荷特征为依据划分典型供电场景，提出一套涵盖网架结构、安全标准、设备选型、二次配置、供电模型等关键参数的网格化目标供电模式，充分满足区域内供电及源荷友好柔性接入需求。

3. 与一、二次融合配置衔接

坚持高中压协调、多专业融合，在创新优化一次网架和设备选型的同时，提出相配套的二次保护、通信、配电自动化方案。

4. 与山海配网差异特征衔接

充分考虑沿海和山区配电网在负荷密度、分布特征、站址廊道、源荷需求等要素之间的差异，通过优化配置匹配差异化需求，提出在投资经济性、设备利用率、组网灵活性、源荷接入能力等方面各有优势的目标供电模式。

二、供电模式体系架构

（一）总体架构

以网格为载体，综合网格供电质量需求、源荷特征、地理环境等差异组合划分典型场景，构建"供电模式—模块组—子模块"3 级体系，并逐项论证各子模块技术标准，形成配电网网格化供电模式方案，突出场景化、精益化和模块化。配电网网格化供电模式总体框架如图 6-1 所示。

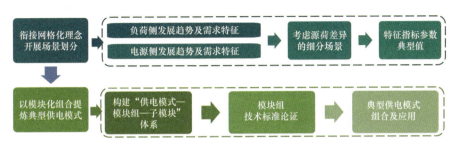

图 6-1　配电网网格化供电模式总体框架

突出场景化。根据网格内供电质量目标、传统负荷特征、新兴源荷要素划分为商业、工业、公共、居住 4 类场景，并进一步细分为 19 小类。

突出精益化。在考虑传统配网要素的基础上进一步拓展，新增线路节点标准、分支层级管控、供电恢复时间、网格供电模型等细化技术标准。

突出模块化。基于配电网关键要素，定义接线模式、一次设备选型、二次设备配置等基本模块组，各模块组内进一步明确若干子模块，供电体系架构如图 6-2 所示。

（二）供电场景

综合行政级别、功能地块分布、用电水平等因素，以东南沿海某省为例，配电网典型网格可划分为商业、工业、公共、居住 4 大类 19 小类，分场景明确供电可靠性目标，拓展分析场景供电质量目标、新兴源荷要素等关键指标的典型特征，配电网网格化典型供电场景如表 6-1 所示。

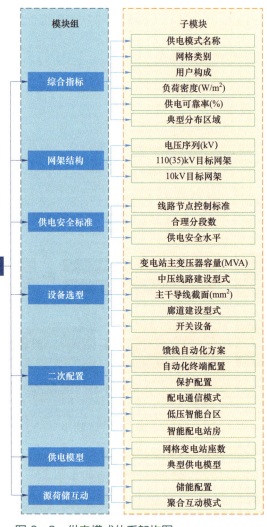

图 6-2　供电模式体系架构图

表 6-1　　　　　　　　　　　配电网网格化典型供电场景

网格性质	编号	网格类别	供电可靠性目标（%）	主要负荷构成	饱和负荷密度区间（MW/km²）	新兴负荷要素/电能替代	分布式电源（光伏）渗透率（%）
商业	SY-1	中心商务区类	≥99.9995	商业、商务类用户	≥60	充电设施［公共停车场、车网双相充放电（vehicle-to-grid, V2G）充电桩］、新型储能	10～40
	SY-2	高档商业区类	≥99.999		30≤x<60		
	SY-3	中档商业区类	≥99.994		15≤x<30		
	SY-4	普通商业区类	≥99.975		10≤x<15		
	SY-5	零散商业区类	≥99.932		1≤x<10		

续表

网格性质	编号	网格类别	供电可靠性目标（%）	主要负荷构成	饱和负荷密度区间（MW/km²）	新兴负荷要素/电能替代	分布式电源（光伏）渗透率（%）
工业	GY-1	重型工业区类	≥99.994	工业类用户	≥80	充电设施（用户停车场、V2G）、新型储能	10～60
	GY-2	高附加产业区类	≥99.994		10≤x<40		
	GY-3	轻型工业区类	≥99.994		30≤x<80		
	GY-4	乡镇工业区类	≥99.863		x<10		
公共	GG-1	公共服务区类	≥99.994	公共服务类用户	20≤x<30	充电设施（公共停车场）、新型储能	20～200
	GG-2	行政办公区类	≥99.994		15≤x<30		
	GG-3	休闲娱乐区类	≥99.975		6≤x<20		
	GG-4	风景旅游区类	≥99.932		1≤x<10		
居住	JZ-1	城市高档住宅区类	≥99.999	居民类用户	30≤x<40	充电设施（小区、公共停车场、V2G）	0～20
	JZ-2	城市中档住宅区类	≥99.994		15≤x<30		
	JZ-3	城市普通住宅区类	≥99.975		6≤x<15		
	JZ-4	城郊低密居住区类	≥99.932		1≤x<6	季节性点负荷（电烤烟、烤茶）、充电设施（公共停车场）	40～200
	JZ-5	农村集群居住区类	≥99.863		x<1		
	JZ-6	零散自建居住区类	≥99.863		x<0.5		

统筹供电能力、供电可靠性、源荷友好程度、经济性等要素，提炼场景配网特征需求，如表6-2所示。

表6-2　　　　　　　配电网网格化供电场景配网特征需求

网格类别	供电可靠性目标（%）	饱和负荷密度区间	单位面积供电能力需求	单位时间停电损失	重要及敏感用户占比	多元负荷接入需求	分布式电源接入需求	场景特征需求
中心商务区类	≥99.9995	≥60	★★★	★★★	★★★	★★★	★★	供电能力强、供电可靠性高、多元负荷友好的网架
高档商业区类	≥99.999	30≤x<60	★★★	★★★	★★★	★★★	★★	
高附加产业区类	≥99.994	10≤x<40	★★★	★★★	★★★	★★★	★★	
重型工业区类	≥99.994	≥80	★★★	★★★	★★	★★★	★★	
公共服务区类	≥99.994	20≤x<30	★★★	★★★	★★★	★★★	★★	

网格类别	供电可靠性目标（%）	饱和负荷密度区间	单位面积供电能力需求	单位时间停电损失	重要及敏感用户占比	多元负荷接入需求	分布式电源接入需求	场景特征需求
行政办公区类	≥99.994	15≤x<30	★★★	★★★	★★★	★★	★★	供电能力强、供电可靠性高、多元负荷友好的网架
城市高档住宅区类	≥99.999	30≤x<40	★★★	★★★	★★★	★★	★	
中档商业区类	≥99.994	15≤x<30	★★★	★★	★★	★★	★★	供电能力较强、多元负荷友好的网架
普通商业区类	≥99.975	10≤x<15	★★	★★	★★	★★★	★★	
轻型工业区类	≥99.994	30≤x<80	★★★	★★	★★	★★★	★★★	
城市中档住宅区类	≥99.994	15≤x<30	★★★	★★	★★	★★	★	
休闲娱乐区类	≥99.975	6≤x<20	★★	★★	★★	★★	★★	
风景旅游区类	≥99.932	1≤x<10	★★	★★	★★	★★	★	
城市普通住宅区类	≥99.975	6≤x<15	★★	★★	★★	★★	★	
零散商业区类	≥99.932	1≤x<10	★	★	★	★	★★	组网灵活性高、分布式电源接入友好的网架
乡镇工业区类	≥99.863	x<10	★	★	★	★	★★	
城郊低密居住区类	≥99.932	1≤x<6	★	★	★	★	★★	
农村集群居住区类	≥99.863	x<1	★	★	★	★	★★★	
零散自建居住区类	≥99.863	x<0.5	★	★	★	★	★★★	

注　"★"为指标程度评级情况。"★★★"表示程度最高，"★★"表示程度中等，"★"表示程度最低。

三、模块组技术标准

模块组主要包括接线模式模块组、供电安全标准模块组、一次设备选型模块组、二次设备配置模块组、供电模型模块组、源荷储互动模块组6部分。

1. 接线模式模块组

接线模式模块组涵盖高中压配电网协调、电压等级序列、高压目标网架、中压目标网架 4 个子模块。

（1）高中压配网协调。按照强、简有序的高中压协调发展理念，指导不同场景高中压配电网网架结构选择。高中压配电网协调模块适用场景如表 6-3 所示。

表6-3　　　　　　　　　高中压配电网协调模块适用场景

模块内容	适用场景
强—强	SY-1/2/3，GY-1/2/3，GG-1/2，JZ-1/2
简—强	SY-4/5，GY-4，GG-3/4，JZ-3/4
简—简	JZ-5/6

（2）电压等级序列。配电网应优化配置电压序列，简化变压层次，避免重复降压，衔接配网规划技术导则，35kV 电压等级主要供电 D 类供电区域，在其他供电区域限制公用 35kV 电网发展。电压等级序列模块适用场景如表 6-4 所示。

表6-4　　　　　　　　　电压等级序列模块适用场景

模块内容	适用场景
110（35）/10/0.38kV	JZ-5/6
110/10/0.38kV	除 JZ-5/6 外的其他场景

（3）高压目标网架。按照强简有序的高中压协调发展理念，衔接高压电网规划原则，高压电网网架结构包含双链、单链、环网、双辐射等类。高压电网网架结构适用场景如表 6-5 所示。

表6-5　　　　　　　　　高压电网网架结构模块适用场景

模块内容	适用场景
双链	SY-1/2/3/4/5，GY-1/2/3/4，GG-1/2/3/4，JZ-1/2/3/4
单链	SY-4/5，GY-4，GG-3/4，JZ-3/4/5/6
环网	JZ-5/6
双辐射	JZ-5/6

（4）中压目标网架。中压目标网架结构主要包含双环网、单环网、多分段两联络和多分段单联络等类。中压网架结构模块适用场景如表6-6所示。

表6-6 中压网架结构模块适用场景

模块内容	线路类型	适用场景
双环网	电缆	SY-1/2/3/4，GY-1，GG-1/2，JZ-1/2/3
单环网	电缆	SY-3/4/5，GY-2/3，GG-1/2/3/4，JZ-2/3/4
多分段两联络	架空	SY-4/5，GY-3/4，GG-3/4，JZ-4/5
多分段单联络	架空	SY-4/5，GY-3/4，GG-3/4，JZ-4/5/6

2. 供电安全标准模块组

供电安全标准模块组涵盖线路节点标准、合理分段数和供电安全水平3个子模块。

（1）线路节点标准。线路节点控制标准可遵循《配电网规划设计技术导则》（Q/GDW 10738—2020）A+至C类供区需满足"供电安全准则"的相关要求，即第一级组负荷不大于 2MW（对应范围：低压线路、配电变压器、分段开关间的中压线段、无联络的中压分支线路），其本质是规定了最大的故障隔离负荷，即维修状态允许的最大停电负荷。考虑负荷密度和场景定位进一步延伸匹配至4大类19小类场景，各类模式适用场景如表6-7所示。

表6-7 线路节点控制标准模块适用场景

模块内容				适用范围
配变容量（kVA）	中压用户数	低压用户数	分支层级	
4000	10	900	3	SY-1/2
4000	10	1000	3	SY-3/4
4000	10	1200	3	SY-5
3500	10	900	3	GY-1/2/3
3500	10	1000	3	GY-4
5000	10	1000	3	GG-1/2/3
5000	10	1200	3	GG-4
5000	10	900	3	JZ-1
5000	10	1000	3	JZ-2/3
5000	10	1200	3	JZ-4/5/6

（2）合理分段数。随着各种典型接线方式线路分段数的增加，供电可靠性会有所增加，线路故障所造成的停电数会相应减少，但是分段数的增多必然造成投资的进一步加大，因此需要找出合理的分段数。线路节点配变装接容量不应超过 5000kVA。考虑到负荷在线路上的分配并非绝对均匀，考虑一定不平衡度后允许装接配变容量装机下限延伸至 3000kVA（即向下浮动 40%），以 3000～5000kVA 作为合理节点标准推算，按照每回线路装接容量不超过 15000kVA 计算，分段数在 3～5 段之间。

（3）供电安全水平。供电安全水平由停电范围和停电时间共同构成，其中停电范围在线路节点控制标准中已详细论述，此处主要论述停电时间，即故障隔离及非故障段恢复供电时间。根据国家电网公司配电网规划导则要求，针对中压主干线故障停电，需要在故障隔离后恢复非故障段供电，并给出了具体的时间要求：A+类供电区域的故障线路的非故障段应在 5min 内恢复供电，A 类供电区域的故障线路的非故障段应在 15min 内恢复供电，B、C 类供电区域的故障线路的非故障段应在 3h 内恢复供电，故障段所供负荷可在故障修复后恢复供电。

3．一次设备选型模块组

一次设备选型模块组涵盖变电站主变压器容量、中压线路建设型式、主干导线截面、开关设备 4 个子模块。

（1）变电站主变压器容量选型。根据高中压协调的规划思路，区域线路的负载水平不仅要考虑线路本身的 $N-1$ 校验，也要考虑变电站 $N-1$ 的负荷需求。不同变电站容量下线路利用效率如表 6-8 所示。根据表 6-8 的测算结果，变电站由不同的主变压器数量、主变压器容量构成，其 $N-1$ 情况下的线路供电能力是不一样的。

表6-8　　　　　　　　　不同变电站容量下线路利用效率

变电站容量配置 （MVA）	线路供电能力 （MW）	400mm² 截面导线		300mm² 截面导线	
		最大传输容量 （MVA）	负载率（%）	最大传输容量 （MVA）	负载率（%）
2×63	3.47	9.6	36.1	8.2	42.3
2×50	3.15	9.6	32.8	8.2	38.4
3×63	4.84	9.6	50.5	8.2	59.0
3×50	4.45	9.6	46.4	8.2	54.3

对于专线占比较高且专线利用率较高的工业园区，为提高变电站负荷适应能力，可根据园区实际需求，综合考虑选用 50、63MVA 容量。变电站主变压器容量模块适用场景如表 6-9 所示。

表6-9　　　　　　　　　变电站主变压器容量模块适用场景

模块内容	适用场景
50MVA（110kV）	全部供电模式
63MVA（110kV）	SY-1/2/3，GY-1/2/3，GG-1/2，JZ-1/2
10MVA（35kV）	JZ-5/6

（2）中压线路建设型式。中压线路建设型式包含电缆和架空两种，与 10kV 目标网架结构相匹配。

（3）主干导线截面。主干导线截面与场景负荷密度及线路建设型式相匹配。线路建设型式及主干导线截面模块适用场景如表 6-10 所示。

表6-10　　　　　　线路建设型式及主干导线截面模块适用场景

模块内容	线路类型	适用场景
400mm²	电缆	SY-1/2，GY-1，GG-1，JZ-1
300mm²	电缆	SY-3，GY-2/3/4，GG-2/3/4，JZ-2/3/4
240mm²	架空	SY-4/5，GY-2/3/4，GG-3/4，JZ-3/4/5/6

（4）开关设备选型。电缆供电区域宜建设环网室（开关站），不具备条件的区域也可建设环网箱。新建开关站、环网室（箱）进出线间隔应采用全断路器，开关设备满足一、二次融合要求，配置相应的继电保护和自动化一体化融合装置。

室内开关设备在运行维护及设备可靠性方面较户外设备具有明显优势，因此宜推动城市新建区域在政府地块出让环节增加开关站（环网室）预留条件，减少建设室外环网箱。

架空供电区域采用柱上开关作为主要开关设备。开关设备模块适用场景如表 6-11 所示。

表6-11	开关设备模块适用场景
模块内容	适用范围
环网室（开关站）	SY-1/2/3/4，GY-1/2/3，GG-1/2/3，JZ-1/2/3
环网箱	SY-3/4/5，GY-3/4，GG-2/3/4，JZ-2/3/4
柱上开关	SY-5，GY-4，GG-4，JZ-4/5/6

4. 二次设备配置模块组

二次设备配置模块组涵盖馈线自动化方案、终端配置、保护配置、通信模式4个子模块。

（1）馈线自动化方案。馈线自动化以集中式FA为主，仅在SY-1场景试点应用分布式FA。馈线自动化方案模块适用场景如表6-12所示。

表6-12	馈线自动化方案模块适用场景
模块内容	适用范围
智能分布式FA	SY-1
集中式FA	除SY-1外的其他场景

（2）终端配置。配电网线路自动化建设改造，应满足馈线自动化覆盖布点原则，即线路关键节点实现"三遥"功能。终端配置模块适用场景如表6-13所示。

表6-13	终端配置模块适用场景
模块内容	适用场景
主干、大分支及联络开关全"三遥"	SY-1/2/3，GY-1，GG-1/2，JZ-1/2
重要分段、大分支及联络开关"三遥"	SY-4/5，GY-2/3/4，GG-3/4，JZ-3/4/5/6

（3）保护配置。SY-1/2/3场景高可靠性接线的主干层采用光纤差动保护，其余接线模式均采用级差保护，配置自动化完成故障隔离。保护配置模块适用场景如表6-14所示。

表6-14	保护配置模块适用场景
模块内容	适用场景
光纤差动保护	SY-1/2/3场景高可靠性接线的主干层采用
级差保护	所有场景均配置级差保护

（4）通信模式。通信模式可分为光纤和无线接入两大类，高可靠性区域宜采用光纤通信，其他区域采用无线通信。通信模式模块适用场景如表 6－15 所示。

表6－15　　　　　　　　通信模式模块适用场景

模块内容	适用场景
光纤	SY－1/2/3，GY－1/2，GG－1/2，JZ－1/2
无线	SY－4/5，GY－3/4，GG－3/4，JZ－3/4/5/6

5. 供电模型模块组

供电模型模块组涵盖网格变电站座数、典型供电模型 2 个子模块。结合网格用电负荷特性、负荷密度等参数，根据变电站和网格地理边界的分布特征，分别提出点状、链式、三角形、矩形 4 类典型供电模型模块组，用于辅助支撑供电网格整体网架的构建。

（1）网格变电站座数。根据供电网格划分标准和典型划分结果，总体来看网格内变电站座数一般在 2～4 座之间。根据网格负荷密度与变电站供电范围之间的对应关系可进一步细化，网格负荷密度低于 1MW/km^2 时，网格内变电站座数一般为 1（部分偏远地区）～2 座；网格负荷密度在 1～6MW/km^2 时，网格内变电站座数一般为 2～3 座；网格负荷密度在 6～30MW/km^2 时，网格内变电站座数一般为 2～3 座；网格负荷密度大于 30MW/km^2 时，网格内变电站座数一般为 2～4 座。

（2）典型供电模型。根据网格负荷密度及预期供电变电站座数范围，拟定 4 类供电模型的适用场景，如表 6－16 所示。

表6－16　　　　　　　　典型供电模型模块适用场景

模块内容	变电站座数	适用场景
点状	1	JZ－5/JZ－6
链式	2	SY－1/2/3/4/5，GY－2/3/4，GG－1/2/3/4，JZ－1/2/3/4/5/6
三角	3	SY－1/2/3/4/5，GY－1/2/3/4，GG－1/2/3/4，JZ－1/2/3/4
矩形	4	SY－1/2/3，GY－1/2/3，GG－1/2/3/4，JZ－1/2/3/4

典型供电模型构建示意图如图 6-3～图 6-10 所示。

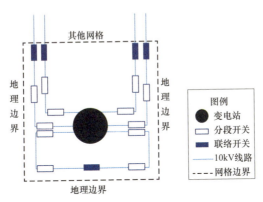

图 6-3　点状供电模型——单联络接线

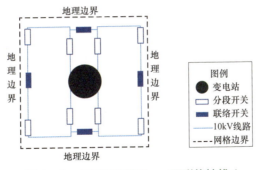

图 6-4　点状供电模型——两联络接线 1

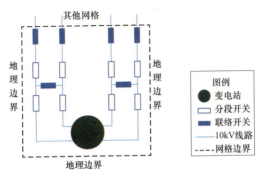

图 6-5　点状供电模型——两联络接线 2

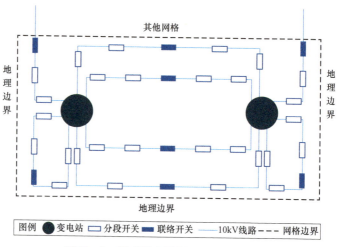

图 6-6　链式供电模型——单联络接线

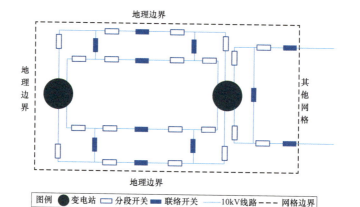

图 6-7　链式供电模型——两联络接线

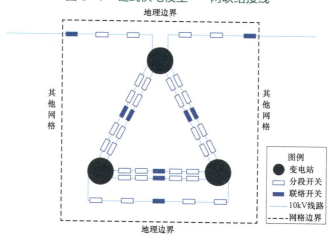

图 6-8　三角形供电模型——单联络接线

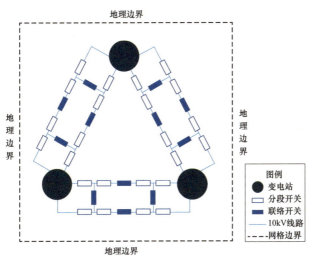

图6-9 三角形供电模型——两联络接线

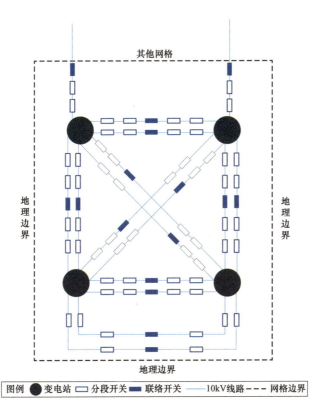

图6-10 矩形供电模型——单联络接线

6. 源荷储互动模块组

源荷储互动模块组涵盖储能配置、聚合互动模式 2 个子模块。

（1）储能配置。储能的分类模式繁多，包括储能介质、储能应用、接入形式等方面，主要从储能应用维度展开，包含电源侧、电网侧和用户侧 3 类。

1）电源侧储能是指在电源并网点之前配置的储能系统，用来保证新电源发电的稳定性和连续性，一般由发电企业投资建设。

2）电网侧储能是指在电网公共连接点建设的储能系统，可用来保证电网向用户的持续供电能力、减少电网固定资产投资，或用于削峰填谷，一般由电网企业投资建设。主要应用在高可靠性供电区域。

3）用户侧储能是指在用户电表之前配置的储能系统，可作为备用电源用来保证用户的供电可靠性和供电质量，也可作为虚拟电厂通过峰谷套利的方式获取一定的收益，一般由用户投资建设。

（2）聚合互动模式。针对总体电力流呈现受入型的场景，聚合互动模式主要是通过多元负荷及储能需求响应平抑尖峰负荷、平滑负荷曲线，实现分布式电源、多元负荷即插即用。

针对总体电力流呈现平衡或输出型的场景，聚合互动模式主要是通过多元负荷及储能平抑季节性高峰负荷、消纳分布式电源出力。

第二节　配电网多形态网架构建

作为新型电力系统的重要组成部分，可靠、灵活的配电网网架形态对于提高电力系统运行安全性与稳定性具有重要意义。通过构建兼顾可靠性与经济性的配电网目标网架结构，以及具备灵活性与适应性的配—微协同多形态组网结构，有助于提升配电网的供电能力和可靠性，为电力系统的稳定运行和能源结构的转型升级提供有力支撑。

一、配电网单元制组网构建技术

配电网单元制组网衔接参照《配电网规划设计技术导则》（Q/GDW 10738—2020），统筹可靠性需求与经济性要求，在电缆网和架空网基础上进一步细分。以东南沿海某省为例，根据其配电网特征需求延伸拓展，针对现状网架结构形态各异、线路联络和分支缺乏约束、设备配置标准衔接不紧密等问题，构建以标准接线组为载体的单元制目标网架，涵盖目标网架结构、主要设备选型等关键要素。

（一）电缆网供电场景

电缆网主要应用在商业、工业、公共、居住类场景中的高、中档类别，负荷密度普遍较高，停电影响及负荷损失大，针对廊道受限和局部点负荷增长需求在标准型单/双环网接线的基础上细化提出了 Y 形、H 形和梯形 3 类拓展接线。电缆网供电场景与单元制组网方案匹配关系如图 6–11 所示。

图 6–11　电缆网供电场景与单元制组网方案匹配关系

1. 电缆网——单环网（标准型）

电缆网——单环网（标准型）示意图如图 6–12 所示。

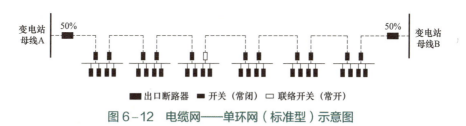

图 6–12　电缆网——单环网（标准型）示意图

（1）主干网架。适用于标准供电场景，由 2 回线路以环网室（箱）为主干节点构成的标准接线组，单回馈线最大负载率控制在 50% 以内。

（2）开关设备。宜建设环网室（箱），新建环网室（箱）进出线间隔应采用全断路器，开关设备满足一、二次融合要求，配置相应的继电保护和自动化一体化融合装置。

（3）线路选型。线路主干截面积根据负荷密度及变电站主变压器容量选择 400mm² 或 300mm² 的电缆，分支采用 150mm² 电缆。

2. 电缆网——单环网（Y 形接线）

电缆网——单环网（Y 形接线）示意图如图 6-13 所示。

（1）主干网架。适用于高负荷密度供电场景，由 3 回线路以环网室（箱）为主干节点构成的标准接线组，按照"两供一备"的模式运行，负载率分别控制在 80%、80%、20%。

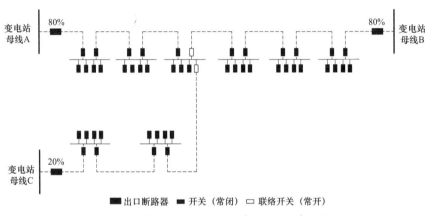

图 6-13　电缆网——单环网（Y 形接线）示意图

（2）开关设备。宜建设环网室，不具备条件的区域也可建设环网箱，新建环网室（箱）进出线间隔采用全断路器，开关设备满足一、二次融合要求，配置相应的继电保护和自动化一体化融合装置。

（3）线路选型。线路主干及联络线路截面积选择 400mm² 或 300mm² 的电缆，分支 150mm² 采用电缆。

3. 电缆网——单环网（梯形接线）

电缆网——单环网（梯形接线）示意图如图 6-14 所示。

（1）主干网架。适用于高负荷密度供电场景，由 4 回线路以环网室（箱）为主干节点构成的标准接线组，单回馈线最大负载率控制在 75% 以内。

（2）开关设备。宜建设环网室，不具备条件的区域也可建设环网箱，新建环网室（箱）进出线间隔采用全断路器，开关设备满足一、二次融合要求，配置相应的继电保护和自动化一体化融合装置。

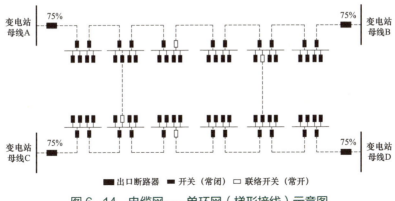

图6-14 电缆网——单环网（梯形接线）示意图

（3）线路选型。线路主干及联络线路截面积选择400mm² 或 300mm² 的电缆，分支150mm²采用电缆。

4. 电缆网——单环网（H形接线）

电缆网——单环网（H形接线）示意图如图6-15所示。

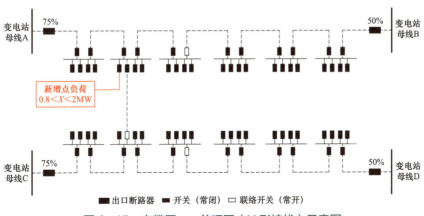

图6-15 电缆网——单环网（H形接线）示意图

（1）主干网架。适用于局部新增点负荷供电场景，由4回线路以环网室（箱）为主干节点构成的标准接线组，形成2联络的2回线路馈线最大负载率控制在75%以内，单联络的2回线路控制在50%以内。

（2）开关设备。宜建设环网室，不具备条件的区域也可建设环网箱，新建环网室（箱）进出线间隔采用全断路器，开关设备满足一、二次融合要求，配置相应的继电保护和自动化一体化融合装置。

（3）线路选型。线路主干及联络线路截面积选择400mm² 或 300mm² 的电缆，分支 150mm² 采用电缆。

5. 电缆网——双环网（标准型）

电缆网——双环网（标准型）示意图如图 6-16 所示。

（1）主干网架。适用于高负荷密度供电场景，由 4 回线路以环网室（箱）/开关站为主干节点构成的标准接线组，单回馈线最大负载率控制在 50%以内。

（2）开关选型。宜建设环网室（开关站），不具备条件的区域也可建设环网箱，新建开关站、环网室（箱）进出线间隔应采用全断路器，开关设备满足一、二次融合要求，配置相应的继电保护和自动化一体化融合装置。

（3）线路选型。线路主干截面积根据负荷密度及变电站主变压器容量选择 400mm² 或 300mm² 的电缆，分支采用 150mm² 电缆。

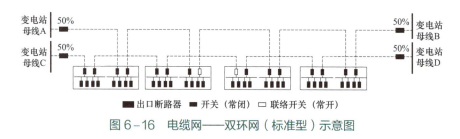

图 6-16　电缆网——双环网（标准型）示意图

（二）架空网供电场景

架空网主要应用在商业、工业、公共、居住类场景中的普通档、较低档类别，负荷密度一般，停电影响损失一般，针对廊道受限和局部点负荷增长需求在多分段单联络基础上细化提出了 Y 形、H 形、π 形和梯形 4 类拓展接线，针对分布式电源资源丰富区电源接入、偏远地区长距离供电提出了多分段单联络拓展举措。架空网供电场景与单元制组网方案匹配关系如图 6-17 所示。

1. 架空网——单联络（标准型）

架空网——单联络（标准型）示意图如图 6-18 所示。

（1）主干网架。适用于标准供电场景，由 2 回线路以架空型式构成的标准接线组；单回馈线最大负载率控制在 50%以内。

（2）开关设备。柱上开关真空断路器，开关设备满足一、二次融合要求。

（3）线路选型。线路主干截面积采用 240mm²，分支截面采用 150、95mm²。

图 6-17　架空网供电场景与单元制组网方案匹配关系

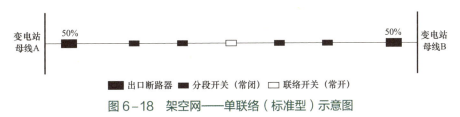

图 6-18　架空网——单联络（标准型）示意图

2. 架空网——两联络（梯形接线）

架空网——两联络（梯形接线）示意图如图 6-19 所示。

（1）主干网架。适用于高负荷密度供电场景，由 4 回线路以架空型式构成的标准接线组，单回馈线最大负载率控制在 75% 以内。

（2）开关设备。柱上开关真空断路器，开关设备满足一、二次融合要求。

（3）线路选型。线路主干截面积采用 240mm^2，分支截面积采用 150、95mm^2。

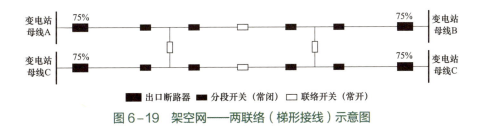

图 6-19　架空网——两联络（梯形接线）示意图

3. 架空网——两联络（Y 形接线）

架空网——两联络（Y 形接线）示意图如图 6-20 所示。

（1）主干网架。适用于高负荷密度供电场景，由 3 回线路以架空型式构成的标准接线组；形成两联络的 3 回线路馈线最大负载率控制在 66.7% 以内。

（2）开关设备。柱上开关真空断路器，开关设备满足一、二次融合要求。

（3）线路选型。线路主干截面积采用 240mm²，分支截面积采用 150、95mm²。

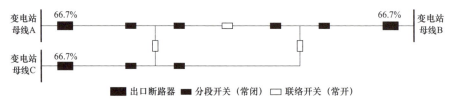

图 6-20　架空网——两联络（Y 形接线）示意图

4. 架空网——两联络（H 形接线）

架空网——两联络（H 形接线）示意图如图 6-21 所示。

（1）主干网架。适用于局部新增点负荷供电场景，由 4 回线路以架空型式构成的标准接线组；形成两联络的 2 回线路馈线最大负载率控制在 75% 以内，单联络的 2 回线路控制在 50% 以内。

（2）开关设备。柱上开关真空断路器，开关设备满足一、二次融合要求。

（3）线路选型。线路主干截面积采用 240mm²，分支截面积采用 150、95mm²。

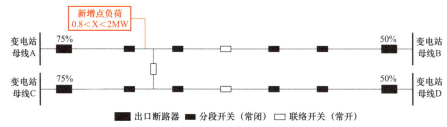

图 6-21　架空网——两联络（H 形接线）示意图

5. 架空网——两联络（π 形接线）

架空网——两联络（π 形接线）示意图如图 6-22 所示。

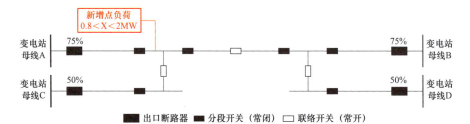

图 6-22　架空网——两联络（π 形接线）示意图

（1）主干网架。适用于局部新增点负荷供电场景，由4回线路以架空型式构成的标准接线组；形成两联络的2回线路馈线最大负载率控制在75%以内，单联络的2回线路控制在50%以内。

（2）开关设备。柱上开关真空断路器，开关设备满足一、二次融合要求。

（3）线路选型。线路主干截面积采用240mm²，分支截面积采用150、95mm²。

二、配—微协同多元组网构建技术

随着分布式电源、新型储能、电动汽车等新型源荷高速发展，大规模源荷资源分散性接入配电网，导致配电网潮流复杂化，配电网整体形态将由规模统一、层级分明的集中式结构逐步向集中式与分布式耦合—协同的多元组网形式转变，而灵活柔性的多场景微电网构建技术、配—微协同多形态组网技术则是支撑多元新型要素友好接入配电网的重要保障。

（一）多场景微电网构建技术

微电网是由分布式电源、配电设施、负荷、储能、监控和保护装置等组成的小型发配电系统，通过内部源储荷各单元的协调配合，可实现自治运行和友好并网交互，具备独立稳定运行的能力，是实现大规模分布式可再生能源接入电网的有效载体。可依据并网电压等级及规模、母线潮流类型等不同原则划分微电网类型。

1. 基于并网电压等级及规模分类

微电网旨在实现能源供应与需求之间的就近就地匹配，输电距离相对较短，因此，微电网系统的容量规模通常相对较小，依据其与外部电网间最大交换功率，通过中高压或低压并入配电网。

中高压微电网的电压等级为35kV或10kV，通常由高压变电站引出馈线上单个或多个供电单元组成，常见于大型企业或园区、边远海岛等。此类微电网源荷资源相对丰富，分布式电源装机容量一般较大，达兆瓦级。中高压配电网结构主要有双环网、单环网、多分段适度联络和辐射状结构。

低压微电网的电压等级为380V或220V，多建设于电力用户或小型场站，常见于农村、边远地区等。此类区域源荷密度相对较低，利用分散式太阳能、风能、沼气等可再生能源组成微电网，提升区域供电可靠性，但容量及规模均较小，一般为千瓦级。低压配电网主要采用辐射状结构。

参考《配电网规划设计技术导则》（Q/GDW 10738—2020）中关于根据电源容量确定并网电压等级的相关要求，在微电网的电压等级分类的基础上，依据微电网内部电源容量将其进一步划分为四个层级，如表 6-17 所示。

表 6-17　　　　　　　　微电网的容量规模和电压等级分类

微电网层级	容量规模	电压等级
用户级微电网	不超过 8kW	低压 220V
台区级微电网	8～400kW	低压 380V
馈线级微电网	0.4～6MW	中压 10kV
变电站级微电网	6～100MW	高压 35kV

（1）用户级微电网。低压等级且容量规模不超过 8kW，主要应用于存在少量非集中式分布式源荷自平衡需求的场景，如小型工业或商业建筑、大的居民楼或单幢建筑物等。

（2）台区级微电网。低压等级且容量规模在 8～400kW，主要应用于供电可靠性要求较高、容量中等、用户较集中的场景，适用于包含多种建筑物、多样负荷类型的网络，如小型工商区和居民区等。

（3）馈线级微电网。中压等级且容量规模在 0.4～6MW 范围，主要应用于供电可靠性要求高、容量较大、用户集中的场景，一般由多个小型微电网组合而成，适用于公共设施、政府机构等。

（4）变电站级微电网。中压等级且容量规模在 6～100MW 范围，通常为接入某一变电站及其出线上的分布式源荷聚合形成的规模较大的微电网，适用于分布式电源大规模接入的专用变电站供电区域，如大型园区、边远海岛等。

2. 基于母线潮流类型分类

根据微电网母线潮流类型，可以将微电网划分为交流型微电网、直流型微电网和交直流混合型微电网，各类型微电网的特征对比如表 6-18 所示。因电力设备多为交流设备，难以直接接入直流微电网，纯直流微电网建设成本较高，因此考虑远景微电网以交流型及交直流混合型两类为主。

表6-18　　　　　　　　　　各类型微电网的特征对比

微电网类型	优点	缺点
交流型微电网	（1）分布式电源及储能均可通过变流器直接并入统一交流母线，因此变流器容量相对较小； （2）因采用交流母线，分布式源荷扩容均更为便利	（1）需采用电力变换器适应直流源荷接入，电能变换环节多，降低了系统可靠性，提高了控制复杂性，增加了运行成本； （2）并网时需与公共电网同步，同步过程中要求微电网与公共电网的电压频率、幅值和相位均匹配，并网控制要求较高； （3）各微源逆变器等效输出阻抗之间的差异将加剧系统环流，微电网控制策略要求较高
直流型微电网	（1）可采用统一的大容量 DC/AC 变流器，且 DC/DC 装置较简单，成本相对较低； （2）系统变换环节少，转换效率高，运行控制灵活，线路损耗小，且无需顾及无功平衡	（1）系统采用直流母线，通过统一的 DC/AC 变流器接入交流微电网，直流母线扩容受限； （2）现存电力设备多为交流设备，难以直接用于直流微电网，建设直流微电网的成本较高； （3）直流微电网的保护比交流微电网复杂，直流断路器的成本远高于交流断路器
交直流混合型微电网	（1）减少 AC/DC 和 DC/AC 等多重变换环节，降低多级变换的能量损失； （2）可同时用于交流负荷和直流负荷，节省直流负荷设备内的变换装置，降低设备生产成本； （3）交流区域和直流区域均可独立运行、互为备用，供电可靠性较高	系统优化设计、能量管理和协调控制及接口设备研发等关键问题尚待研究

（1）交流型微电网。交流型微电网典型结构图如图 6-23 所示，多采用辐射状网架架构，包括放射式、树干式等，可靠性要求较高时可采用环式结构。此类微电网内部各分布式单元通过各类电力变换器接入交流母线（以光伏发电系统为代表的直流分布式电源通过逆变器接入交流母线，直流储能通过双向功率变换器进行电能的充放），交流母线则通过公共连接点（point of common coupling，PCC）与公共电网连接，可根据需求控制公共连接点并网开关完成微电网的并离网切换，实现微网并网运行与孤岛运行模式的转换。

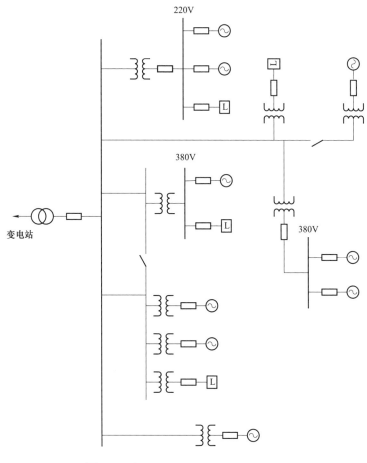

L 负荷　○ 发电机　—／ 联络开关　□ 断路器

图 6-23　交流型微电网典型结构

（2）交直流混合型微电网。交直流混合型微电网典型拓扑结构如图 6-24
所示，多采用辐射式、双端式、多端式、单端环式、多端环式等网架结构。
此类微电网兼有交流区域和直流区域，源、荷、储各类资源可适应性接入
微电网，大大减少了电力变换器的数量和多次电能变换带来的损耗。此外，
交流区域和直流区域均可独立运行、互为备用，能够有效提升微电网供电可
靠性。

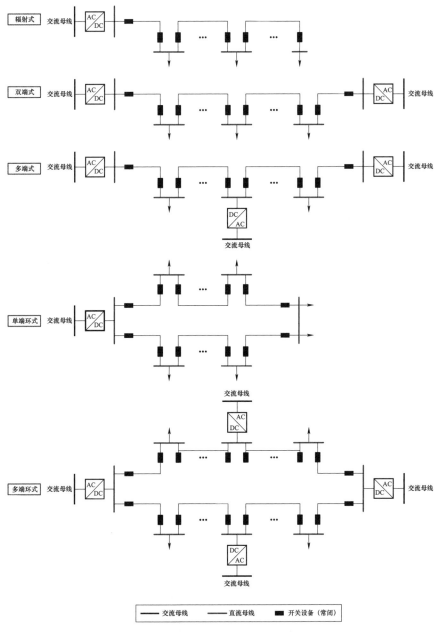

图 6-24　交直流混合型微电网的典型拓扑结构

在上述微电网组网形式划分的基础上，结合配电区域特性，可梳理得到各类微电网典型应用场景，如表 6-19 所示。

表6-19 微电网的典型应用场景划分

微电网层次	应用场景	用户类型	区域类型	建筑类型	电源构成	负荷构成
用户级微电网	存在屋顶分布式光伏、电动汽车充换电设施等接入且渗透率较高的居住区	城市居民用户	沿海城市核心区	多层建筑区或联排建筑	渗透率较低的屋顶分布式光伏、柴油发电（备用）	电动汽车充换电设施、直流公共照明、直流家电、储能装置等
			沿海城市非核心区、山区城市（镇）	多层建筑区		
			沿海城市非核心区	密集低层建筑区（城中村）		
			山区乡镇（村）	联排建筑区或分散低层建筑区		
	存在屋顶分布式光伏接入、电动汽车充换电设施等接入且渗透率较低的商业区	商业用户	沿海城市核心区	多层商住混合建筑区与大型联排商业建筑、中小型商业联排建筑区		电动汽车充换电设施、直流公共照明、储能装置等
			沿海城市非核心区、山区城市（镇）	商住混合多层建筑区、联排建筑区		
	存在屋顶分布式光伏、电动汽车充换电设施等接入且渗透率较低的工业区	工农业用户	沿海城市非核心区、山区城市（镇）	联排建筑区、分散低层建筑区		电动汽车充换电设施、直流公共照明、直流电机、数据中心、储能装置等
			山区乡镇（村）	分散低层建筑区		
台区级微电网	存在屋顶分布式光伏、电动汽车充换电设施等接入且渗透率较高的居住区	城市居民用户	沿海城市核心区	多层建筑区或联排建筑	渗透率较高的屋顶分布式光伏、生物质发电、柴油发电	电动汽车充换电设施、直流公共照明、直流家电、储能装置等
			沿海城市非核心区	密集低层建筑区（城中村）		
			沿海城市非核心区、山区城市（镇）	城镇联排建筑区、农村多层建筑区、联排建筑区或分散低层建筑区		
			山区乡镇（村）	联排建筑区或分散低层建筑区		
	存在屋顶分布式光伏接入、电动汽车充换电设施等接入且渗透率较高的商业区	商业用户	沿海城市非核心区、山区城市（镇）	联排建筑区		电动汽车充换电设施、直流公共照明、储能装置等
	存在屋顶分布式光伏、电动汽车充换电设施等接入且渗透率较高的工业区	工农业用户	沿海城市非核心区、山区城市（镇）	联排建筑区		电动汽车充换电设施、直流公共照明、直流电机、数据中心、储能装置等

续表

微电网层次	应用场景	用户类型	区域类型	建筑类型	电源构成	负荷构成
台区级微电网	存在电动汽车充换电设施大规模接入的公共服务区	公共用户	沿海城市核心区	电动汽车充电站	渗透率较高的屋顶分布式光伏、生物质发电、柴油发电	电动汽车充换电设施、直流公共照明等
馈线级微电网	存在大规模分布式光伏、风电、电动汽车充换电设施等接入的工业区	工农业用户	沿海城市非核心区、山区城市（镇）	联排建筑区、分散低层建筑区	大规模分布式光伏、小型风电、生物质发电	电动汽车充换电设施、直流公共照明、直流电机、数据中心、储能装置等
馈线级微电网		工农业用户	山区乡镇（村）	分散低层建筑区	大规模分布式光伏、小型风电、生物质发电	电动汽车充换电设施、直流公共照明、直流电机、数据中心、储能装置等
馈线级微电网	存在新能源集中开发且接入10kV 馈线的偏远地区	农业、渔业用户	乡镇（村）	农场、林场、边远海岛	大规模集中式光伏、小型风电、小型水电	直流公共照明、储能装置等
变电站级微电网	存在新能源集中开发且一般采用专变接入的偏远地区	农业、渔业用户	乡镇（村）	农场、林场、边远海岛	大规模集中式光伏、小型风电、小型水电	直流公共照明、储能装置等

（1）用户级微电网。

结构特点：主要由分布式电源、负荷和小型储能装置构成，经单公共连接点并入 220V 低压配电网，如图 6－25 所示。

系统特性：网架规模小，通常由分布式光伏和对电能质量及供电可靠性要求较低负荷组成，并入低压配电网。

交流型用户级微电网中分布式发电单元通过逆变或升压装置后经交流母线并网，而对于大量接入直流电源和直流负荷的微电网，宜采用交直流混合型用户级微电网。分布式发电单元、储能蓄电池并接在直流母线上，经单一双向逆变器完成交、直流侧能量的转换与交互。一方面，直流侧能量充裕时将其逆变至交流侧供应负载或并入电网；另一方面，可以将交流侧配电网中的能量整流储存在蓄电池中，作为负载的备用电源。其中，分布式发电单元的能源形式可以根据当地能源特点，因地制宜，灵活选择或组合，主要为屋顶分布式光伏、柴油发电等。

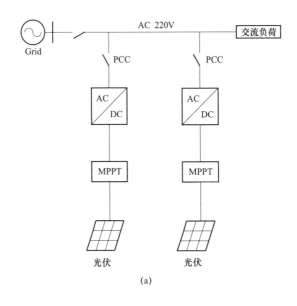

(a)

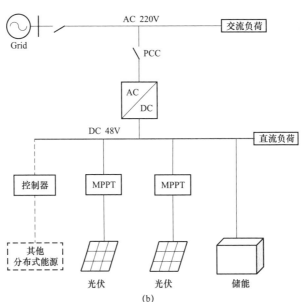

(b)

图 6-25　交流型用户级微电网和交直流混合型用户级微电网

（a）交流型；（b）交直流混合型

（2）台区级微电网。

结构特点：主要由分布式电源、负荷和小型储能装置构成，经单公共连接点并入 380V 低压配电网，如图 6-26 所示。

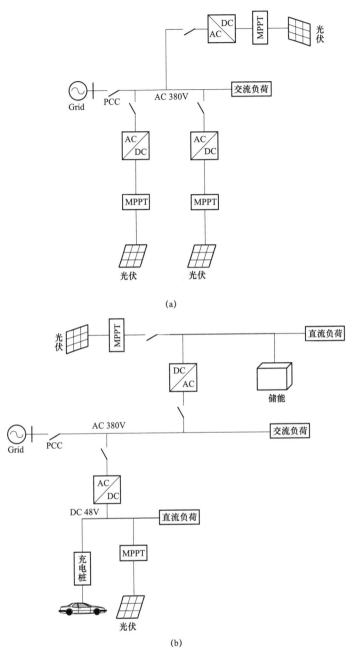

图 6-26 交流型台区级微电网和交直流混合型台区级微电网

(a) 交流型；(b) 交直流混合型

系统特性：网架规模较小，通常由分布式光伏和城镇用电负荷组成，与低压配电网进行配合供电。

台区级微电网物理构成与用户级微电网基本相同。交流型台区级微电网中分布式发电单元通过逆变或升压装置后经交流母线并网，而对于大量接入直流电源和直流负荷的微电网，宜采用交直流混合型台区级微电网。以低压配电台区为单位进行建设，在台区低压 380V 馈线进行并网，聚合台区低压侧的负荷（刚性负荷和电动汽车等）、分布式电源（分布式光伏和小型风机）、小型储能装置、蓄冷蓄热单元等。通过有效聚合台区内的源荷储资源，进一步有效提升分布式电源消纳能力。

（3）馈线级微电网。

结构特点：由稳定性较强的分布式电源与重要负荷组成子单元接入馈线，馈线层次较为复杂，由单公共连接点并入 10kV 中压配电网，如图 6-27 所示。

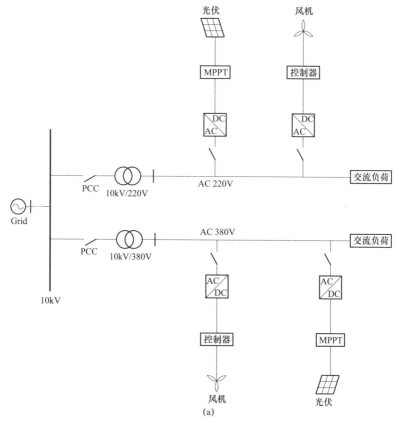

图 6-27 交流型馈线级微电网和交直流混合型馈线级微电网（一）

（a）交流型

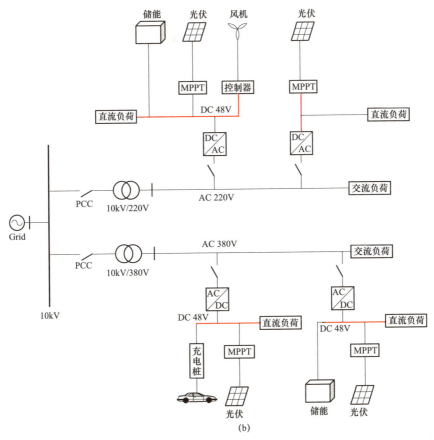

图6-27　交流型馈线级微电网和交直流混合型馈线级微电网（二）

（b）交直流混合型

系统特性：满足不同类型负荷对电能质量和供电可靠性的要求，并网及孤岛2种运行方式下均具备足够的稳定性。

交流型馈线级微电网中馈线段的分布式发电单元通过逆变或升压装置后经交流母线并网，而对于大量接入直流电源和直流负荷的微电网，宜采用交直流混合型馈线级微电网。馈线级微电网由馈线段的分布式电源、负荷和储能装置组合而成，可以包含数个用户级、台区级微电网，适用于对供电可靠性和电能质量要求较高的用户供电。馈线级微网结构有高度的冗余性，可以保证接入网架的重要负荷和敏感负荷有多个回路、不同类型的电源提供电能，具备较高的供电可靠性。

（4）变电站级微电网。

结构特点：电源及负荷类型丰富，包含较大规模分布式电源及小规模传统电源，馈线多，层次复杂，通常经多公共连接点并入 35kV 中压配电网，如图 6-28 所示。

系统特性：电源及负荷组成复杂，运行方式灵活，抗外网扰动的能力强。

交流型变电站级微电网中分布式发电单元通过逆变或升压装置后经交流母线并网，而对于大量接入直流电源和直流负荷的微电网，宜采用交直流混合型变电站级微电网。变电站级微电网由整个变电站主变压器二次侧的多条馈线及接入母线的分布式电源、负荷及储能装置组成，可能包含数个馈线级、台区级或用户级微电网。适用于容量稍大、负荷较为集中、对电能质量和供电可靠性要求较高的供电区域。

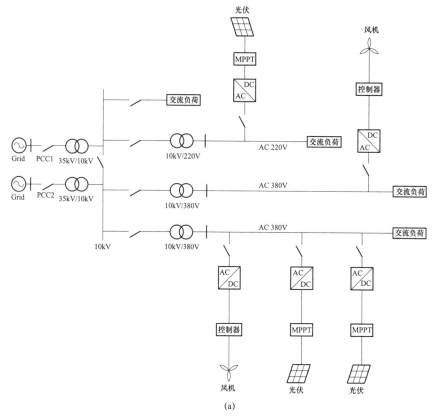

(a)

图 6-28　交流型变电站级微电网和交直流混合型变电站级微电网（一）

（a）交流型

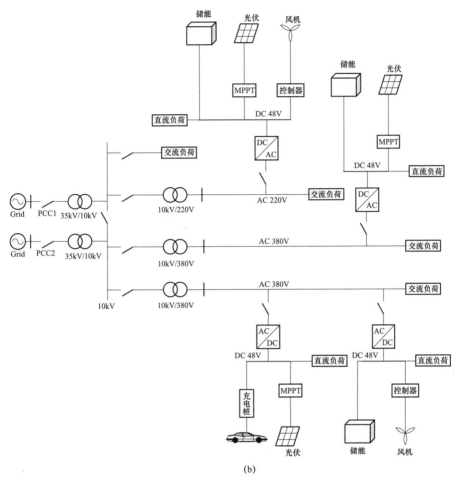

(b)

图 6-28 交流型变电站级微电网和交直流混合型变电站级微电网（二）

（b）交直流混合型

（二）配—微电网协同组网技术

微电网将分散性的多种分布式电源进行整合后，集中单点接入配电网，能够显著增强配电网与用户的能量和信息的交流互动。接入配电网的不同微电网之间互补协调运行，可有效弥补分布式电源的波动性，提高配电网供电保障能力及分布式电源消纳水平。

为实现配电网与微电网柔性连接、协同运行，由蜂窝状配电网进一步延伸的网孔型智能配电网是一种理想的配—微协同网架结构。网孔型智能配电网以柔性互联设备（flexible interconnected device，FID）作为核心组网装置，拓扑结构呈现网孔形态，将配电网中各条馈线、各个交/直流源荷储资源规范配置微电网（群）进行互联，使得各微电网充分发挥其自身特性，实现分布式新能源、储能设备、电动汽车等的友好接入，并在各微电网间实现智能调度。基于 FID 的网孔型智能配电网架构如图 6-29 所示。根据电压等级和地域属性，使用 FID 统一管理邻近区域内的多个微电网。区域内微电网通过 FID 的多能接口进行多能互补；距离较远的微电网通过 FID 的电能接口实现电能跨区交互。

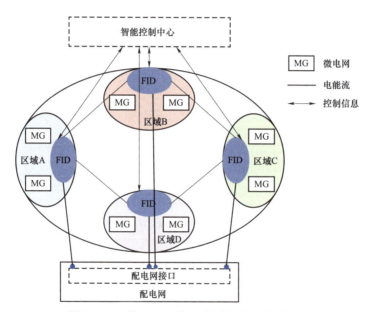

图 6-29　基于 FID 的网孔型智能配电网架构

对传统配电网和网孔型智能配电网进行多维度比较，二者在结构、潮流及改造建设成本等方面的区别如表 6-20 所示。

表 6-20　　　　　　　传统配电网和网孔型智能配电网对比

对比维度	传统配电网	网孔型智能配电网
配网结构	放射型结构、"闭环设计，开环运行"	拓扑结构复杂、多馈线之间互联、馈线闭环供电
实现设备	断路器	柔性互联设备

续表

对比维度	传统配电网	网孔型智能配电网
潮流控制	无潮流控制能力	有潮流连续控制能力
电压支撑	无电压支撑能力	有功功率控制、无功功率支持、电压支撑能力
灵活性	较差	较高
供电可靠性	存在转供电时间长、故障后短时停电问题	无需转供电操作、可不间断供电
消纳方式	广泛接入、低效消纳	广泛接入、全局协调、高效率消纳
信息传输模式	网至荷单向传输、源网荷缺失联动	网源荷联动
建设成本	低	高

基于台区级微电网场景中端口数不同和馈线级微电网场景中 FID 不同类型对组网方式进行分类，其适用范围如表 6-21 所示。

表6-21　　　　　　　　配微协同组网方式适用范围

场景	适用范围
台区级双端交直流混合场景	（1）山区乡镇（村）中分散低层建筑区或联排建筑区； （2）沿海城市非核心区、山区城市（镇）中联排建筑区可能存在屋顶分布式光伏接入安装条件较好区域
台区级多端交直流混合型场景	（1）沿海城市非核心区、山区城市（镇）高可靠供电区域中多个台区相对密集的场景； （2）沿海城市核心区
纯交流型微电网场景	（1）山区乡镇（村）中已具备开发完善的分布式能源项目； （2）沿海城市非核心区、山区城市（镇）中 110kV 变电站母线和 10kV 馈线合环场景
交直流混合型微电网场景	沿海城市非核心区、山区城市（镇）中馈线有高比例分布式电源并网接入和直流负荷接入需求的场景

1. 台区级微电网场景分析

（1）双端交直流混合型场景。双端交直流混合型场景的示意图如图 6-30 所示。该场景可以满足分布式电源接入与消纳需求，选用双端交直流混合 II 型接线模式，采用变压器组模式供电，低压线路末端经 FID 后可以分别接入直流负荷、分布式电源和储能装置。

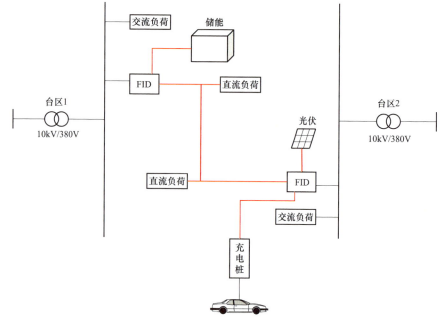

图 6-30　双端交直流混合型场景示意图

FID 被部署在不同的互联台区，并通过 FID 引出的直流母线相互连接。直流母线采用单母线接线，用于连接光伏、储能、直流电器、直流充电桩等设备。这些设备也可以通过 FID 的直流接口直接接入直流母线。

采用交直流混合配电网利用 FID 接入光伏、风电等直流型分布式电源，可减少 AC/DC 换流环节，仅对电压进行控制即可，且基于电力电子技术的系统可控性和可靠性将进一步提高。通过台区间柔性互联，配置一定容量储能，可对经济结构不同台区内源、网、荷、储进行毫秒级到小时级的并网、离网统一管控，优化系统运行工况，提高清洁能源消纳效率。

典型应用场景：

场景 1：山区乡镇（村）中分散低层建筑区或联排建筑区。区域内通常情况下配变有分布式光伏接入，部分安装条件较好、可接入容量较大区域可能形成渗透率较高的情况。

场景 2：沿海城市非核心区、山区城市（镇）中联排建筑区中可能存在屋顶分布式光伏接入的安装条件较好区域。

（2）多端交直流混合型场景。以某地五台区分散式环网型交直流系统为例，可以将其改造为网孔型智能配电网结构（见图6-31）。改造过程中采用了FID代替柔性直流装置，实现了五台区之间的互联及微电网的接入。微电网可以通过直流接口直接接入FID，也可以接在台区之间的直流母线上。

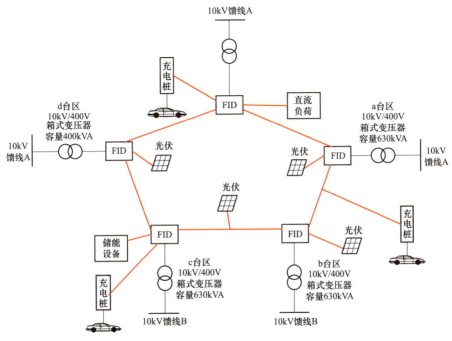

图6-31 网孔型智能配电网结构改造示意图

FID作为微电网与配电网柔性交互的媒介，有效提高了网孔型智能配电网功率的可控性。此外，由于网孔状智能配电网中的FID具有故障隔离功能，即使单个微电网故障，也不会影响其他区域，从而限制故障在配电网中的传播，大大提高了供电可靠性。

典型应用场景：

场景1：沿海城市非核心区、山区城市（镇）中多个台区相对密集的场景，场景中台区总负荷与微电网电源装机大致相当。此时，可以采用网孔型智能配电网结构，实现多个配变容量的共享和潮流互济，从而降低重载运行风险，提高轻载配变的运行效率，并且在一定能力范围内实现区域自治。

场景 2：沿海城市核心区，场景内微电网电源装机少、负荷大。网孔型智能配电网可释放更多联络通道容量资源及全部转带能力，对于不同类型负荷接入的适应度更强。此外，网孔型智能配电网具备更大的负荷承载区间，这意味着有更大的带大负荷潜力及大范围内负载均衡能力，可以有效保障城市核心地区未来负荷的接入及配电网的高效运行。

2. 馈线级微电网场景分析

（1）纯交流型微电网场景。交流型微电网的主要特征为微电网内部的电能流动是通过交流母线完成的。交流型微电网内部各分布式单元通过各类电力变换器接入交流母线。典型交流微电网接入网孔型智能配电网的示意图如图 6-32 所示，以传统配电网结构为基础，在关键位置采用三端智能软开关（soft open point，SOP）代替传统开关，实现网孔结构的改造。可以看出，改造后的配电网将依托三端 SOP 进行潮流调控，其网孔结构呈现为矩形。在故障发生后可通过开关间的联动控制以实现故障隔离，并基于 FID 进行实时负荷转供，保障系统供电可靠性。

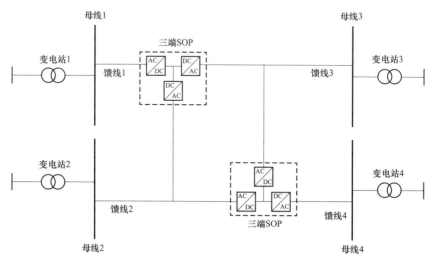

图 6-32　典型交流微电网接入网孔型智能配电网的示意图

图 6-32 中，通过用三端 SOP 代替原有的联络开关，实现功率的实时转供。该方式并没有增大某一条线路的容量，但 SOP 的存在使网络整体的功率调度更加灵活，有利于解决变电站或馈线轻重载并存、增容改造困难等问题，提升供

电可靠性。

典型场景 1：山区乡镇（村）中已具备开发完善的微电网项目。在该场景中，已建设好的分布式电源和储能装置通过各类电力变换器接入交流母线，但局域新能源无法全部消纳。

典型场景 2：沿海城市非核心区、山区城市（镇）中联排建筑区中 110kV 变电站母线和 10kV 馈线合环场景。通过 FID，可以实现两个及以上 110kV 变电站母线和两条及以上 10kV 馈线的合环运行，从而实现跨区、跨馈线的有功功率、无功功率和潮流方向的灵活控制，避免两个变电站之间直接互联导致的电磁环网和合闸冲击。

（2）交直流混合型微电网场景。以基于三端 SOP 的网孔型智能配电网结构为基础，采用了能量路由器代替三端 SOP，可实现四个变电站之间的互联及微电网的接入，如图 6-33 所示。微电网可以通过能量路由器的直流接口接入。

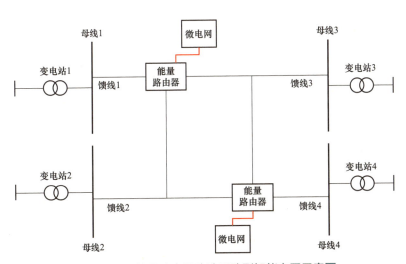

图 6-33　能量路由器改造网孔型智能电网示意图

对于规划中的微电网项目，可利用双端口 SOP 作为核心组网设备，以双端口 SOP 的直流端口构造直流母线。一种典型的交直流混合型微电网接入网孔型智能配电网的示意图如图 6-34 所示，以基于三端 SOP 的网孔型智能配电网结构为基础，在关键位置使用改进双端 SOP。

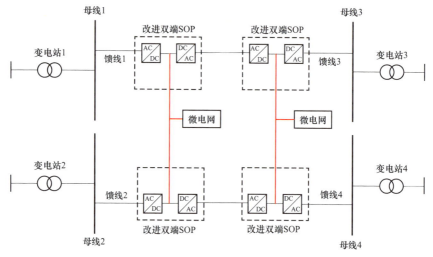

图6-34 改进双端 SOP 改造网孔型智能电网示意图

与基于三端 SOP 的网孔型智能配电网结构相比，改进双端 SOP 除了方便微电网接入以外，还存在诸多优势，具体表现在以下几个方面。

1）更强的供电能力。能够利用原有线路以及线路走廊满足更多的负荷接入，节省线路扩容或新建线路的成本。

2）更强的分布式电源消纳能力。能够利用互联后构成的网孔型结构进一步扩大分布式电源消纳范围，可在全系统内进行柔性调节，利用功率灵活转供以及更强的供电能力消纳更多的分布式电源。

3）更低的系统损耗。尽管能量路由器内部结构会增加损耗，但是可以通过灵活的功率转供能力、直流线路自身的低损耗，以及直流源荷接入直流线路时节约的逆变器损耗等实现配电系统整体损耗的降低。

典型应用场景：适用于沿海城市非核心区、山区城市（镇）中馈线有高比例分布式电源并网接入和直流负荷接入需求的场景。

第三节　配电网源网荷储协同规划

一、源网荷储协同规划方法和流程

源网荷储协同规划以满足源荷协同综合需求为目标，以上级电网规划、新能源、电动汽车和储能等多元要素预测为边界条件，遵循规划技术原则，选择模块化的典型供电模式，制定科学合理的目标电网方案。源网荷储协同规划方法和流程如图6-35所示。

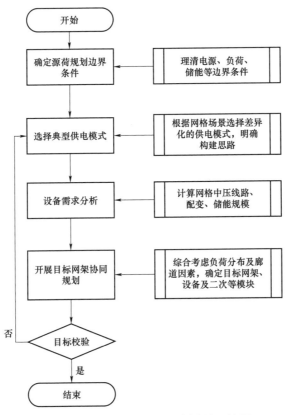

图6-35　源网荷储协同规划方法和流程

源网荷储协同规划的流程如下。

（1）确定源荷规划边界条件。依据上级电网规划、电源规划、电力负荷预测、储能规模和预测等多维度要素，明确源网和储协同规划边界条件。

（2）选择典型供电模式。根据饱和年区域负荷密度及负荷类型构成情况，并根据供电场景划分结果，选择对应的典型供电模式，指导网格总体网架的构建。

（3）设备需求分析。开展典型场景下源荷储电力平衡分析，测算中压配电网网供负荷，参照各典型接线方式单条线路的供电能力，计算供电网格的中压线路规模。

（4）目标网架协同规划。考虑变电站分布、出线规模与廊道限制，根据网格供电场景，差异化的制定供电网格规划目标、规划原则，确定接线模式组网，对出线规划进一步细化，形成初步目标网架。结合目标网架规划，应用设备选型、二次配置及源荷储互动等模块。根据模块应用情况，形成开关设备布点、配电自动化终端配置、配电通信网规划方案等成果。

（5）方案校验。基于通道规划、供电模式各标准模块应用情况，按需对初步目标电网方案进行优化调整，调整后再与各边界条件进行双向校核，形成目标电网方案。

二、确定源荷储规划边界

1. 电源规模预测

收集 110kV 及以下光伏、风电、天然气、生物质等各类新能源装机容量、个数、年发电量等资料。

2. 电力负荷预测

计算并收集区域电力负荷预测、电动汽车和可控负荷等相关资料。

（1）通过规划局、乡镇、街道、园区等政府部门收集区域市政资料（包括总体规划、控制性详细规划），依据空间负荷密度法进行远景年负荷预测，得到每一个地块的电力负荷。

（2）收集区域内电动汽车发展概况、发展规模预测等相关资料。

（3）收集区域内可控负荷明细、控制策略、可控容量等相关资料。

三、典型供电模式选择

根据该场景负荷密度、负荷类型构成及区域定位，确定该场景供电模式选择，明确该场景下网架结构、供电安全标准、设备选型、二次配置、供电模型及源荷储互动等各方面的模块化要求，典型工业园区供电模式明细如表 6-22 所示。

表 6－22　　　　　　　　　　典型工业园区供电模式明细

所属分类	指标名称	指标目标
综合指标	网格类别	高附加产业区
	用户构成	工业类用户（地块用地性质为 M 类）饱和负荷占网格总负荷比例 60%以上
	负荷密度（W/m²）	$10 \leqslant x < 40$
	供电可靠率（%）	≥99.99%
	典型分布区域	地市级高新技术产业园区、先进制造区
网架结构	高中压配网协调	强—强
	电压序列（kV）	110/10/0.38
	110kV 目标网架	双链、单链、双辐射
	10kV 目标网架	单环网（为主）、双环网、多分段单联络、多分段两联络
供电安全标准	节点控制标准	配变容量＜3500kVA、中压户数≤10、低压户数≤900、分支层级≤3 级
	合理分段数	3～5
	10kV 供电安全水平要求	15min 内恢复非故障段供电，停电范围满足节点控制标准要求
主要设备选型	变电站主变压器容量（MVA）	63、50
	中压线路建设型式	电缆
	主干导线截面积（mm²）	300（电缆）、240（架空）
	廊道建设型式	综合管廊、排管
	开关设备	环网室、开关站
二次配置	馈线自动化方案	集中式 FA
	自动化终端配置	重要分段、大分支及联络开关"三遥"
	保护配置	级差保护
	配电通信模式	光纤
	低压智能台区	标准型
	智能配电站房	智能型
供电模型	网格变电站座数	2～4
	典型供电模型	链式、三角形、矩形

所属分类	指标名称	指标目标
源网荷储互动	储能配置	电网侧、用户侧、电源侧
	聚合互动模式	平滑负荷曲线、峰谷电价套利,分布式电源、多元负荷即插即用

四、方案制定和校验

（一）源荷储电力平衡

综合考虑源荷储平衡需求,开展典型区域在规划目标年晴天典型日、阴天典型日的源荷储电力流供给互动方案。

1. 晴天典型日场景

以典型区域最大负荷出现在夜间的场景为例,考虑电动汽车放电、电储能放电、可控负荷等将最大负荷削减掉一部分。晴天典型日电力流互动方案如图6-36所示。

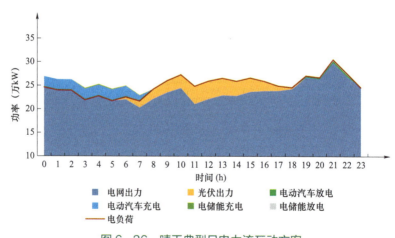

图6-36　晴天典型日电力流互动方案

2. 阴天典型日场景

在阴天典型日场景下,分布式光伏不出力,电动汽车放电、电储能放电、可控负荷等将可削减一部分负荷。阴天典型日电力流互动方案如图 6-37 所示。

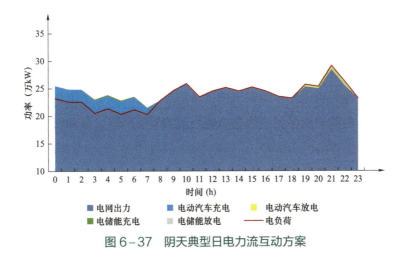

图 6-37　阴天典型日电力流互动方案

（二）设备需求分析

开展典型场景下中压网供负荷计算，依据中压配电网网供负荷，参照各典型接线方式单条线路的供电能力，计算供电中压线路规模。

1. 10kV 网格负荷计算

供电网格 10kV 网供负荷计算公式为

$$P_{wg} = P_m - P_{zl} - P_{fd} \tag{6-1}$$

式中：P_{wg} 为 10kV 网供负荷；P_m 为 10kV 总负荷，即区域配电网总负荷扣除 35kV 及以上电压等级直供负荷后剩余的负荷；P_{zl} 为 10kV 专线用户负荷；P_{fd} 为接入公用电网的 380V 及以下电源供电负荷。

2. 供电网格设备规模计算方法

（1）确定馈线条数。根据网供负荷及每条线路所带负荷来确定各单元馈线条数。目标年馈线条数为

$$l = \frac{P_{wg}}{P_{lav}} \tag{6-2}$$

式中：l 为目标年馈线条数；P_{lav} 为目标年单条线路供电能力。

新增馈线条数为

$$\Delta l = l - l_0 \qquad (6-3)$$

式中：Δl 为新增馈线条数；l 为目标年的馈线条数；l_0 为现状年馈线条数。

新增馈线条数大于 1 时，说明区域整体供电能力不足。首先新建中压线路，提高区域整体供电能力；再进行内部调整，均衡中压线路的负载率，解决供电能力不足的问题。

新增馈线条数小于 0 时，说明区域整体供电能力充裕，无需新建中压线路，仅在区域内部进行调整，均衡中压线路负载率，解决供电能力不足的问题即可。

（2）确定配电网供电网格配电变压器容量。近期区域配电变压器需求总容量为

$$S_p = \frac{P_m}{\cos \varphi \times k_{fz}} \qquad (6-4)$$

式中：S_p 为配电变压器需求总容量；$\cos \varphi$ 为功率因数；k_{fz} 为区域配电变压器最大负载率平均值，根据《配电网发展水平综合评价导则》（T/CEC 300—2020），10kV 配电变压器最大负载率平均值为 40%～60%。

新增配电变压器容量为

$$\Delta S = S_p - S_0 \qquad (6-5)$$

式中：ΔS 为新增配电变压器容量；S_0 为现状年配电变压器容量。

（三）目标网架规划

目标网架的构建在考虑通道规划、初步目标网架、负荷分布的同时，也应注意与通道规划的相互校验和调整。主要步骤如下：

（1）结合已经确定的通道规划，并选定该区域的接线方式，对初步目标网架进行调整和优化。

（2）根据已经确定的通道规划，明确 10kV 供电线路具体走向，并对标准接线组进行校验和优化，明确标准接线组的供电范围。

（3）根据就近供电原则，确定标准接线组的上级电源，并进行固化。

（4）根据以上 3 点，进行目标网架构建，并对通道规划做出校验和调整。

结合目标网架规划，进一步应用设备选型、二次配置及源荷储互动等模块。

根据模块应用情况,形成开关设备布点、配电自动化终端配置、配电通信网规划方案等成果。

1. 设备选型模块组

涵盖变电站主变压器容量、中压线路建设型式、主干导线截面、廊道建设型式、开关设备等 5 个子模块。应根据本网格供电场景划分结果差异化应用,形成开关设备布点方案等相关成果。

2. 二次配置模块组

涵盖馈线自动化方案、自动化终端配置、保护配置、配电通信模式、低压智能台区、智能配电站房等 6 个子模块。应根据本网格供电场景划分结果差异化应用,形成配电自动化终端配置、配电通信网拓扑方案等成果。

标准自动化馈线按照馈线自动化布点,配置一、二次融合成套设备或保护测控一体化装置,采用"远程配置定值＋就地级差保护＋主站集中定位"自动化应用模式,支撑配网短路、单相接地、缺相、过负荷等故障"全研判、全遥控"智能处置。

一、二次融合成套设备或保护测控一体化装置宜自带可插拔远程通信模块(可适配光纤、电力无线专网、无虚拟专网或公专一体化等通信模块)。

新建线路按照一、二次设备(含光纤通信)"同步规划、同步设计、同步建设、同步验收、同步投运"原则,采用一、二次融合成套设备或保护测控一体化装置,建成标准自动化馈线。

3. 源荷储互动模块组

涵盖储能配置、聚合互动模式等 2 个子模块。应根据本网格供电场景划分结果差异化应用,形成分布式电源接入、储能配置方案等成果。

（四）目标方案校验

按照满足需求、供电可靠、独立供电、符合标准、管理清晰等校验原则,对目标网架及廊道进行校验。

（1）是否留有一定的供电裕度,供电能力是否与负荷需求相匹配,能否满足该单元的负荷增长需求。

（2）是否满足供电可靠要求,是否具备双电源或上级电源来自不同的方向。

（3）是否满足独立供电的要求，是否由若干标准接线独立供电，是否具备用户及分布式电源在网格内接入的条件。

（4）是否符合相关标准，设备选型、接线方式等典型配置是否符合要求，是否与发展及定位相匹配。

（5）是否满足供电模式中网架结构模块组、供电安全标准模块组、设备选型模块组、二次配置模块组、供电模型模块组、源荷储互动模块组内各项指标配置要求。

在校验过程中，若不满足校验原则的任何一项要求，则需要对目标网架进行优化调整，直至满足各校验环节要求。

第七章　新型电力系统背景下电能利用关键技术

实现碳达峰碳中和对我国发展意义重大，但也面临许多困难和挑战。碳排放受经济发展、产业结构、能源使用、技术水平等诸多因素影响，碳排放产生的根源是化石能源的大量开发利用。解决问题的关键是要减少能源碳排放，治本之策是转变能源发展方式，加快推进清洁替代和电能替代，彻底摆脱化石能源依赖，从源头上控制碳排放。相较于其他终端能源，电能在安全性、便利性、利用效率、碳排放量、应用场景等方面都具有明显优势。随着供给侧清洁替代的推进，消费侧实施电能替代，能有效控制化石能源消费规模，显著减少二氧化碳及其他污染物排放，改善生态环境。同时，通过电气化加快形成以电为中心的能源消费及格局，有利于构建层次更高、范围更广的新型电力消费市场，带动相关行业拓展新的经济增长点，对于推动能源消费革命、落实国家能源战略、建设新型能源体系意义重大。

能源终端消费的电气化，既是新型电力系统建设过程中的显著特征之一，也是新型电力系统负荷侧未来发展所面临的重大问题——如何挖掘电能替代潜力，充分应对灵活性负荷增长对电网带来的影响。首先需要研究电能替代潜力并评估实施后效果。省级区域的电气化水平能够达到多少，关键在于从各领域能源消费、经济发展、技术路线等因素发展趋势出发，考虑能源"不可能三角"的约束，建立科学合理的电能替代规划模型及替代效果的评估方法，为后续电力需求预测开展奠定基础。其次需要探索典型的灵活性负荷与电力系统间互动技术。以电动汽车这一主要电能替代路径及典型灵活性负荷为对象，分析其未来发展演变路径，提出实现电动汽车充放电行为与电网电力电量需求的协同优化技术，实现新型电力系统对电动汽车等灵活性负荷的友好性。最后需要完善高电气化水平下电力市场特性分析预测技术。随着未来电气化水平的不断提升，负荷已经由过去传统被动式，转变为主动灵活式，对电力市场特性带来更多的不确定性，以往的分析预测方法已经难以满足需求，需要基于对灵活性负荷特性的分析，对电力市场特性进行结构化、精细化分解，形成适应于新型电力系统建设的电力市场特性分析预测技术。

第一节　电能替代潜力分析及效果评价方法研究

一、电能替代技术可行潜力分析

（一）电能替代技术应用推广趋势分析

电能替代技术体系是一个多层次、多类型技术的融合体，核心技术包括分散式电采暖、电锅炉采暖、热泵、电蓄冷空调、工业电窑炉、港口岸电、电动汽车、家庭电气化等，种类繁多。电能替代技术应用推广可分为试点示范、市场培育、市场开拓 3 个阶段，不同阶段的电能替代技术推广具有不同的特点。

1. 试点示范阶段

该阶段，由于电能替代项目前期建设的资金和行政推动的需求较高，电能替代的应用将主要集中在政府对社会关注度较高、降低能耗及减少碳排放需求突出的领域，比如交通、碳排放较多的工业企业等。在居民应用上，主要推广电采暖、家庭电气化等；在商业应用上，主要驱动力为政府推动应用示范项目。此阶段要以政府推动为主要模式，选取有代表性的行业，确定典型用户，以较低的费用和风险作为核心市场，培养用户对于电能替代技术的使用黏性和习惯，为电能替代市场的发展提供足够的发展时间和空间。

2. 市场培育阶段

该阶段，电能替代的技术环境逐步成熟，市场对于电能替代的接受度有所提升，较成熟的商业模式开始涌现，电能替代在重点行业已经具备一定经验，产业合作已经初具成效。政策推动和补贴的力度可逐渐减弱，由电网公司、节能服务公司、第三方运营商等共同推动的市场力量将逐步发挥作用。此阶段在市场初具规模的情况下，开始逐渐扩大电能替代技术应用范围，引入商业竞争，主要目的是提升行业运行效率，提高企业发展水平和服务能力。

3. 市场开拓阶段

该阶段，电能替代发展的基本环境已经形成，标准化程度较高，相关技术广泛应用。整个社会电气化程度较高，电力消费在终端用能中的比重较初级阶段显著增加，电能替代带来的经济环保效益明显。多种类型的节能服务公司和提供电能替代服务的第三方运营商将发展成熟，电能替代的服务质量有效提升。此阶段企业步入良性竞争，且电能替代整体环境建设较为完善，可推进整个电能替代行业的资源整合，挖掘电能替代技术主导发展方向，全面满足市场需求，市场运行效率显著提高。

（二）基于技术学习与扩散的电能替代技术可行潜力模型

在进行电能替代技术推广之前，首先需要掌握电能替代技术的可行潜力，对电能替代技术的市场前景、市场容量有一个整体了解。依据国家和各地方大气污染防治行动计划和实施方案、能源消费和煤炭消费控制目标，以及相应替代领域的城市、产业、行业等发展规划，结合我国电能替代技术水平和应用现状，对可替代能源消费及技术工艺进行分析比较，不考虑能源替代的经济性，仅从当前技术可行性考虑，计算电能替代的技术可行潜力。

本节主要介绍基于技术扩散理论和市场容量约束的电能替代技术可行潜力测算模型，采用巴斯扩散模型（bass diffusion model，Bass 模型）量化电能替代市场培育初期和市场加速期的发展态势，利用技术扩散模型中回归参数作为发展态势量化指标。电能替代技术的市场规模数 $N(t)$ 的分布及其达到峰值的时间 T^* 可用数学模型表示为

$$N(t) = M \left[\frac{1 - e^{-(p+q)t}}{1 + \frac{q}{p} e^{-(p+q)t}} \right] \qquad (7-1)$$

$$T^* = -\frac{1}{p+q} \ln\left(\frac{p}{q}\right) \qquad (7-2)$$

式中：$N(t)$ 为到 t 时刻的累积可行市场规模（替代电量）；M 为潜在可行市场规模（替代电量）总数；p 为待估计的创新系数；q 为待估计的模仿系数。p 和 q 描述了该曲线的形状，p 增加意味着在技术扩散初期时扩散曲线的斜度和厚度增加，q 增加意味着在扩散加速期时速度（电能替代技术的采纳速度）增加。采用非线性最小二乘的估计方法来进行估计，剔除不收敛和不显著的样本，取得最后的估计结果。

具体计算过程如下：

（1）数据来源。根据国家电网公司发布的社会责任报告，2013～2021 年国家电网经营区电能替代规模如表 7-1 所示。

表 7-1　　　　　　2013～2021 年国家电网经营区电能替代规模

年份 t	电能替代规模（亿 kWh）	电能替代累积规模（亿 kWh）
2013（$t=1$）	140	140
2014（$t=2$）	503	643
2015（$t=3$）	760	1403
2016（$t=4$）	1030	2433
2017（$t=5$）	1150	3583
2018（$t=6$）	1353	4936
2019（$t=7$）	1802	6738
2020（$t=8$）	1938	8676
2021（$t=9$）	1532	10208

（2）参数估计。参数估计关系到估计的拟合程度及结果的有效性，对于扩散模型来说，还关系技术创新发展趋势的正确预期。Bass 模型有 3 个参数，即外部影响系数 p、内部影响系数 q 和市场潜力 M。进一步对 3 个参数进行估计：

1）M 值估计。对于参数 M，由于电能替代在我国的发展还处在初级阶段，还未有专家学者给出预测，因此通过对当前我国用能用电形势的分析，对替代潜力进行估算，得到 2020 年 M 值为 3256 亿 kWh、2030 年 M 值为 20830 亿 kWh。

2）p、q 值估计。对于 p 和 q，可以采用非线性最小二乘估计的方法得出。根据表中的数据估计得到 $p=0.00783$，$q=0.4914$。

该算例下，基于技术学习与扩散的电能替代技术可行潜力估计结果如图 7-1 所示。

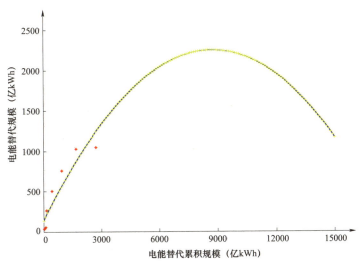

图 7-1　基于技术学习与扩散的电能替代技术可行潜力估计结果

根据求出的参数估计值，可以算出从年份 $t=1$ 到 $t=9$ 电能替代规模的估计值，如表 7-2 所示。

表 7-2		电能替代规模估计值（从 $t=1$ 到 $t=9$）						亿 kWh
时间 t	1	2	3	4	5	6	7	8	9
估计值	148	565	877	1149	1266	1429	1790	1931	1519

将估计值与实际值进行对比，可以发现，规模的估计值与实际值存在一定误差，并随着时间的推移而逐渐减小，证明上述参数估计有效。

二、省级电能替代规划模型

针对我国各省电能替代规划方案，考虑以各省电能替代总经济成本最小为目标，各领域电能替代完成环保要求、政策要求、同时符合电能替代实际发展情况为约束条件，构建省级电能替代规划模型，可为各省的电能替代年度任务规划提供理论指导与依据。

（一）省级电能替代形势估计指标

为了综合评估影响各地区电能替代发展的多方面因素，科学构建规划模型，将各省电能替代形势分析细化为涵盖能源消费结构、环保制约、经济性比较、配套支持等 4 个一级指标和 15 个二级指标的电能替代形势估计指标体系（见图 7-2）。针对每个二级指标，分别选择可量化的计算因子进行量化评价。

图 7-2 省级电能替代形势估计指标体系

模型确定后，可利用熵权法对各个指标的权重及各地区的评价数值进行综合计算。熵权法通过对数据熵值的大小来确定指标的权重，主要针对指标提供的信息量进行分析，若某项指标值离散程度越大，则该指标权重越高，反之指标权重越低。

（二）省级电能替代形势测算结果分析

基于省级电能替代规划模型分析测算结果，2030 年全国各省市电能替代前景判断如图 7-3 所示，其中省 A 2030 年替代电量潜力约 1950 亿 kWh，位居全国第一，省 Z 2030 年替代电量潜力不足 200 亿 kWh，位列全国末位。

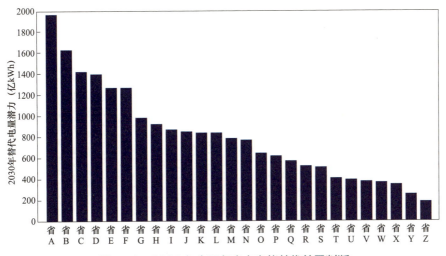

图7-3　2030年全国各省市电能替代前景判断

　　综合考虑天然气供应量、地区环保约束等条件，各省电能替代呈现形势聚类分析结果如图7-4所示。可根据聚类最优解将各省电能替代形势划分为四大区类（机遇区、突破区、渐进区、培育区），为后续因地制宜为电能替代战略举措制定、战略决策实施提供支撑。

　　（1）电能替代机遇区（图7-4中蓝色区域）。环保约束较强，天然气竞争力相对不强，正是电能替代的窗口期，抓紧机遇，抢占电能替代市场为当务之急。

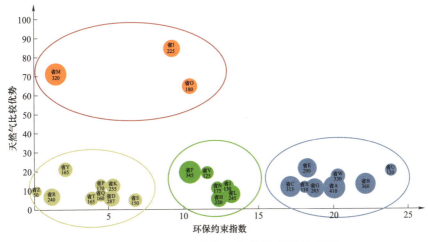

图7-4　各省电能替代呈现形势聚类分析结果

（2）电能替代突破区（图7-4中绿色区域）。环保约束居中，天然气竞争力相对不强，可以因地制宜，以某种电能替代优势领域作为突破口，以点带面形成电能替代突破。

（3）电能替代渐进区（图7-4中黄色区域）。环保约束相对不强，天然气竞争力不大，替代的意愿相对较弱，可以实现渐进式替代。

（4）电能替代培育区（图7-4中红色区域）。气化水平较强，可通过"气电互补"的形式开展电能替代。

三、电能替代规划效果评价指标体系

（一）评价指标体系

开展电能替代规划效果评价时，重点关注其统筹性、前瞻性及适宜性。由此设定了内部协调性、动态调整性、实施机制保障性和经济社会协调性等4个一级评价指标，相应的各个一级评价指标之下又设立了相应的二级和三级指标，如表7-3所示。各个三级指标的得分等级分为5、4、3、2分和1分，其中，5分对应非常好，4分对应很好，3分对应较好，2分对应一般，1分对应较差。

表7-3　　　　　　　　电能替代规划合理性评价指标体系

一级指标	二级指标	三级指标
内部协调性	内部协调	各项措施自洽性
	外部协调	与政策方针一致性
动态调整性	拓展维度	新技术容纳性
		延伸拓展机制
	更新维度	自迭代更新机制
实施机制保障性	主体维度	实施主体管理机制
		资源保障机制
	落实维度	实施便捷程度
经济社会协调性	经济维度	经济协调性
	社会维度	民风民俗适应性

1. 内部协调性

内部协调性反映电能替代规划与外部及其内部的统筹协调程度，分内部和外部两个维度，其中内部协调维度指各项措施自洽性，主要反映电能替代规划中各个技术和措施的关系对于电能替代工作的作用；外部协调维度指与政策方针一致性，主要反映电能替代规划中的技术和措施布局是否与更大范围和领域内的发展趋势和规划存在矛盾及相应的程度大小。

2. 动态调整性

动态调整性主要反映电能替代规划在大时间尺度过后、对未来的不可预知变化的有效应对机制情况。主要包括拓展和更新两个维度，其中，拓展维度包括新技术容纳性和延伸拓展机制两个指标，更新维度是指自迭代更新机制。

3. 实施机制保障性

实施机制保障性主要反映电能替代规划兼顾近期内的着手落实，包括主体维度和落实维度。其中，主体维度又包含实施主体管理机制和资源保障机制，落实维度则是指落实便捷程度。

4. 经济社会协调性

经济社会协调性是指电能替代规划与具体实施区域的经济、社会发展程度之间的协调性，反映相应的电能替代规划在具体实行过程中与实施地的经济社会发展状况、居民的生活工作习惯相适应的程度，以及相应电能替代技术在当地的宣传普及情况等方面。主要包括经济和社会两个维度。其中，经济维度是指经济协调性，社会维度是指民风民俗适应性。

（二）评价实施方案

参照前述方法对电能替代规划效果评价，即先确定各个指标权重，再进行打分。考虑电能替代规划的出台时间、地点和范围等，评价指标具体评分细则需由评定小组成员商讨确定，同时划分多个评定小组循环打分，从而使结果更客观。具体分为六个步骤：

（1）各个专家对指标赋权，取均值作为九分位情形下的权重。

（2）评分小组成员商讨确定评分细则，完善实施方案并重新学习，选取典型电能替代规划进行试评分，对比结果，分析原因，完善评分细则。

（3）重复上述步骤，直至针对同一电能替代规划，评分结果控制在误差要求内。

（4）对预先选好的规划进行正式评分，对比所有评分结果，若符合一致性要求，评分截止；否则，进行下一步。

（5）邀请专业人士提供意见、参与讨论，最大化统一意见并再次评分，取均值作为指标最终得分。

（6）基于上述各个指标的权重以及最终分数，加权得到电能替代规划合理性的分数，即

$$\text{Rationality} = w_1 \frac{\sum\limits_{i=1}^{N} re_i}{N} \times w_2 \frac{\sum\limits_{i=1}^{N} rm_i}{N} \times \cdots \times w_n \frac{\sum\limits_{i=1}^{N} rg_i}{N} \qquad (7-3)$$

式中：re_i、rm_i、$\cdots$、rg_i 等分别为第 i 个评分员给出的上表中的各个指标评分，一共有 N 个评分员，w_1、w_2、$\cdots$、w_n 分别为各个指标的权重值。

第二节　电动汽车布局演进及车网互动技术研究

一、电动汽车及其充电网络布局演进

（一）电动汽车及其充电基础设施相关政策分析

对应我国电动汽车发展历程，可按照四个阶段对电动汽车及充电基础设施发展相关政策进行分析（见图 7-5）。

（1）产业起始阶段（2007~2014 年）。2007 年，国家发展改革委发布实施《新能源汽车生产准入管理规则》，在国家层面启动了新能源汽车市场化发展。2009 年，国务院发布《汽车产业调整和振兴规划》，首次在我国汽车产业发展中提出新能源汽车战略，启动国家节能和新能源汽车示范工程，提出大规模发展新能源汽车规划目标。这个阶段，相关政策充电基础设施纳入城市基础设施建设范畴，着力通过规划制定、标准完善等支撑性举措，加快新能源汽车推广应用。

飞速崛起阶段
2021年以来

- 2021年以来，从充电网络完善、重点区域建设、运营服务提升、科技创新引领等方面，深化发展举措，规划到2030年，基本建成覆盖广泛、规模适度、结构合理、功能完善的高质量充电基础设施体系

开放转型阶段
2018～2020年

- 2018年，国家发展改革委、商务部联合发布《外商投资准入特别管理措施（负面清单）》，特斯拉在上海建厂
- 2020年，国务院发布《新能源汽车产业发展规划（2021～2035年)》，首次提出要加强新能源汽车与电网（V2G）能量互动
- 2020年政府工作报告将新能源汽车充电桩列为七大新基建领域之一

稳步发展阶段
2015～2017年

- 国家层面密集出台推动电动汽车推广及充电基础设施建设的发展指南、指导意见、奖励办法等文件，提出力争到2020年基本建成适度超前、车桩相随、智能高效的充电基础设施体系，满足超过500万辆电动汽车的充电需求

产业起始阶段
2007～2014年

- 2007年，国家发展改革委发布《新能源汽车生产准入管理规则》，启动了新能源汽车市场化发展
- 2009年，国务院发布《汽车产业调整和振兴规划》，启动国家节能和新能源汽车示范工程

图 7-5　电动汽车及其充电基础设施相关政策分析

（2）稳步发展阶段（2015～2017 年）。"十二五"末至"十三五"期间，国家层面密集出台推动电动汽车推广及充电基础设施建设的发展指南、指导意见、奖励办法等文件，逐步细化新能源汽车产业发展的具体目标，提出力争到 2020 年基本建成适度超前、车桩相随、智能高效的充电基础设施体系，满足超过 500 万辆电动汽车的充电需求。同时，鼓励企事业单位内部配建相应比例充电基础设施，起到全社会推广的示范作用。这个阶段，国家层面规范与规划的全面出台为新能源汽车产业有序发展奠定了良好的基础。

（3）开放转型阶段（2018～2020 年）。2018 年，国家发展改革委、商务部联合发布《外商投资准入特别管理措施（负面清单）（2018 年版）》，取消专用车、新能源汽车整车制造外资股比限制，特斯拉立即宣布在上海建厂，我国汽车产业市场活力被激发，传统油车企业向新能源车企转型发力，电动汽车初创企业涌现。2020 年，政府工作报告将新能源汽车充电桩列为七大新基建领域之一，首次写入国务院政府工作报告；同年 11 月，国务院发布的《新能源汽车产业发展规划（2021～2035 年）》，首次从国家层面提出要加强新能源汽车与电网能量互动，实现 V2G。

（4）飞速崛起阶段（2021 年以来）。2021 年以来，国家政策频繁亮相，从充电网络完善、重点区域建设、运营服务提升、科技创新引领等方面，深化发展举措，推动大功率充电技术应用，规划到 2030 年，基本建成覆盖广泛、规模适度、结构合理、功能完善的高质量充电基础设施体系。

（二）电动汽车及其充电网络布局演进分析

1. 态势预测与布局演进分析模型

考虑新能源汽车保有量规模、动力电池技术、车网互动技术、电力系统灵活需求、配套政策法规等诸多因素发展，参照出租车、私家车、公交车、公务车等不同类型电动汽车发展情况，以及快充、慢充不同充电模式，开展电动汽车及其充电基础设施的态势预测与布局演进分析，基本模型如下：

（1）各类型充电桩桩数量＝对应类型电动汽车保有量×对应类型充电桩充电比例/对应类型汽车车桩比。

（2）公共桩数量＝公共充电电量需求/公共桩单桩×超前阈值。

（3）最大充电负荷＝对应类型电动汽车保有量总和×同时率×对应类型电动汽车充电功率。

2. 电动汽车及其充电网络布局演进

按照"巩固和扩大新能源汽车发展优势"和"构建高质量充电基础设施体系"等国家部署要求，坚持问题导向和目标导向，顺应"十四五""十五五"等重要规划节点，全国电动汽车及充电基础设施发展将呈现"S"形增长态势，态势曲线如图 7－6 所示。

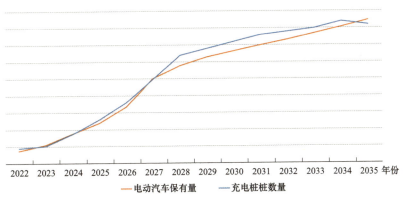

图 7-6　电动汽车及其充电基础设施的态势曲线

电动汽车及其充电基础设施发展路径如图 7-7 所示。具体发展阶段如下：

（1）"十四五"期间（2023～2025 年）"夯基础"：电动汽车及其充电基础设施高速发展，拓展省、市、乡、镇路网及其高速公路沿线的多层级充电基础设施，推动充电基础设施的电网友好接入。

（2）"十五五"期间（2026～2030 年）"优发展"：电动汽车产业、充电基础设施体系、配套政策标准逐步完善，大功率超级快充、车网互动等创新技术日益成熟，在电能清洁替代、可再生能源消纳等方面开始发挥积极作用。

（3）"十六五"期间（2031～2035 年）"促提升"：电动汽车进入深化提升应用，全面参与电力现货、绿电交易和辅助服务市场，在电化学储能体系建设、源网荷储高效协同等方面开始发挥重要支撑作用。

二、车网互动技术

车网互动技术是指在满足电动汽车充电需求的前提下，通过充电设施与电网进行能量和信息互动，实现电动汽车充放电行为与电网电量需求的优化协同。根据能量互动流向、控制引导方式的不同，车网互动技术主要分为有序充电、双向充放电两类。

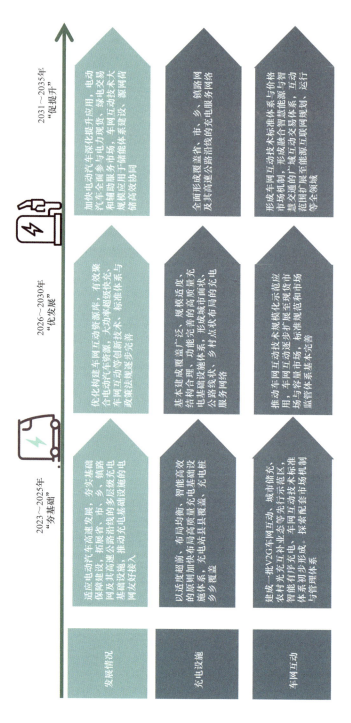

图 7 - 7　电动汽车及其充电基础设施发展路径

发展情况	2023～2025年"夯基础"	2026～2030年"优发展"	2031～2035年"促提升"
发展情况	适应电动汽车高速发展，夯实基础保障网建设，拓展至高速公路省、市、乡、镇路网及其高速公路沿线的多层级充电基础设施，推动充电基础设施的电网友好接入	优化构建车网互动资源库，有效聚合电动汽车资源，大功率超级快充、车网互动等创新技术、标准体系与政策法规逐步完善	加快电动汽车深化提升应用，电动汽车全面参与电力现货、绿电交易和辅助服务市场，规模应用于储能体系大规模应用于储能体系建设、源网间储高效协同
充电设施	以适度超前、布局均衡、智能高效的原则加快布局高质量充电基础设施乡乡覆盖、无电站无电桩乡乡覆盖	基本建成覆盖广泛、规模适度、结构合理、功能完善的高质量充电基础设施体系，形成城市面状、公路线状、乡村点状布局的充电服务网络	全面形成覆盖省、市、乡、镇路网及其高速公路沿线的充电服务网络
车网互动	建成一批V2G车网互动、城市储充、农村光充互补业态等先行示范区，车网互动技术标准体系初步形成。探索配套市场机制与管理体系	推动车网互动技术规模化示范应用，车网互动逐步扩展至现货市场与容量租赁市场、标准规范与监管体系基本完善	形成车网互动技术标准体系与价格市场机制，形成融合智慧能源与智慧交通的广域车网互动交易体系，运行范围扩展至能源互联网规划、运行等全领域

（一）有序充电技术

1. 有序充电技术定义

有序充电技术是在满足电动汽车充电需求的前提下，运用峰谷分时电价等经济措施或智能控制措施，合理调整电动汽车的充电时间和充电功率，将电动汽车充电负荷引导到配电台区负荷低谷时段充电，充分利用配电变压器负荷低谷时段的容量，最大限度接入电动汽车规模，促进配电设施利用率提升，同时降低社会总体用电成本。

2. 有序充电调控策略

有序充电调控策略以分时电价为抓手，以负荷波动、峰谷差和负荷率三个指标为优化目标，利用不同时段的电价差异对用户产生价格刺激，引导更多的用户在谷时用电，达到移峰填谷、主动避峰的目的，缓解负荷高峰期电力供应紧张的压力，提高电力系统的负荷率和整体效益。有序充电调控策略示意图如图7-8所示。

图7-8　有序充电调控策略示意图

各地区根据分时电价政策规定，将1日24h差异化划分为峰、谷、平三个时段，或尖峰、峰、平、谷、深谷五个时段。对于私人电动汽车等价格敏感型用户，降低非刚需充电意愿，引导其在夜晚谷时段进行补电；对于电动公交车等公共领域用户，推进充电合约等相关协议签订，合理安排工作与充电时间，在谷时段统一进行充电调控；对于充电站运营商，可根据电价差异，自主设置对外充电服务分时价格，增加用户服务能力。

（二）双向充放电技术

1. 双向充放电技术定义

双向充放电技术是将电动汽车作为"储能"设施，具备源、荷二重属性，配套电力价格和市场机制，通过充放电桩实现负荷低谷时充电、负荷高峰时向电网放电，提升电力系统灵活性，促进清洁能源消纳。

2. 双向充放电调控策略

双向充放电调控策略以电力交易为抓手，以经济最优、源网荷储协同为目标，构建充放电价格和聚合交易调控机制，形成源网荷储充区域自治、广域聚合互动调节等多种模式，充分发挥电动汽车灵活性调节能力，实现电动汽车与电网能量互动。对电动汽车用户而言，在满足日常行驶需求基础上，可以在低电价时给车辆充电，在高电价时，将电动汽车存储能量出售给电网公司，获得现金补贴，降低电动汽车的使用成本。对电网公司而言，不但可以减少因电动汽车发展而带来的用电压力，延缓电网建设投资，而且可将电动汽车作为储能装置，用于调控负荷，提高电网运行的安全性、经济性和可靠性。

（1）源网荷储充区域自治模式。源网荷储充区域自治模式通过光伏发电、储能、充电等多要素集成一体，实现车桩源网荷储协调互动、区域自治，消纳分布式新能源，加强电动汽车与电网能量互动，促进新能源车充新能源电，提高电力系统动态平衡能力。源网荷储充区域自治模式示意图见图 7-9。

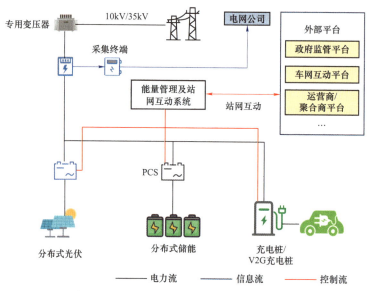

图 7-9 源网荷储充区域自治模式示意图

（2）广域聚合互动调节模式。广域聚合互动调节模式是电动汽车通过充换电设施接入电网后，综合利用控制、通信和建模技术，通过充电运营商、负荷聚合商或虚拟电厂运营商，将电动汽车/充电设施按照电网拓扑结构和调度管理关系进行聚合，参与需求侧响应、辅助服务、电力交易，集中响应电网运行需求，提升电力系统调节能力。根据业务需求，车网聚合互动体系划分为充电需求层、基础设施层、充电运营层、聚合运营层、价值服务层。广域聚合互动调节模式示意图见图7-10。

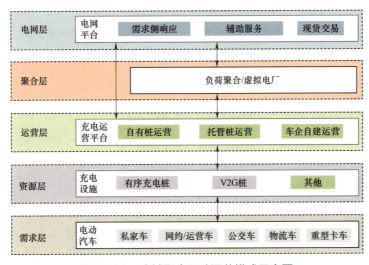

图7-10　广域聚合互动调节模式示意图

第三节　电力市场特性分析预测技术

一、电力市场特性分析预测面临的新挑战

掌握电力市场的特性，有助于电力系统更好地安排电力生产计划、开展市场交易、下达调度指令，以及服务终端用户更加安全、高效、经济地使用电能，实现源网荷储之间的动态平衡。当前，随着电气化水平的不断提高、灵活性负荷和新能源规模的持续增长，电力市场的特性也在悄然发生改变，分析预测工

作面临以下两大挑战：

1. 电动汽车等灵活性负荷规模增长带来特性变化

在国家政策推动下，电动汽车规模正在逐渐增大，接入电网的大规模电动汽车充电、放电，将对电网产生巨大影响。以网格为对象的配电网规划范围小，受电动汽车等灵活负荷接入带来的不稳定因素影响更大，为保证电网建设有更好的适应性，电力市场特性的预测就不再是简单的数值和曲线结果的预测，还要综合考虑灵活性负荷在需求侧响应下的响应能力以及响应前后对电力市场特性带来的影响。

2. 特性分析预测的结构化、精细化、精准化要求提升

传统负荷预测涉及范围大，参考指标选取受多种边界影响较大，且在很多类型指标选取上往往采用均值或者粗算的方式确定，无法实现精细化分析，从而导致负荷预测结果也不够精细和精准。准确的负荷预测是实现电网精准投资的基础。在电网规划建设阶段，负荷预测结果直接决定了电力设施建设规模、站址及廊道选取、近远期项目安排，以及电网投资规模等。以网格为对象选取指标的要求更精细化；网格之间存在对比和差异化，使负荷预测要求更加精准化，进而能为网架构建、项目安排提供更准确的支撑。

二、电力市场特性影响因素量化技术

影响电力市场特性变化的因素很多，如经济、政策、天气、用电设备、用能行为等。以福建省为例，全年负荷从季节来看，呈现夏季单峰的特性，这是由于福建省属于亚热带季风性气候，夏季较为炎热，冬季较为暖和，因此对空调降温的需求要远大于采暖的需求，从而抬高夏季负荷。因此，在结构化、精细化、精准化的要求下，尽可能地将各种影响因素进行量化分析，有助于更好地还原电力市场应有的特性，基于不同场景评估未来可能发生的变化。

（一）电力—经济关联分析技术

电力与经济之间的关系研究是目前世界各国研究的热点，其来源于能源与经济之间的关系研究，大致可以分为三个阶段。

第一阶段是线性回归模型阶段，国外学者采用美国 1947~1974 年的年度数据，研究发现存在国民生产总值到能源电力消费的单向格兰杰因果关系，但同时也有学者指出，时间序列数据时间段的选择可能会影响实证结果。该阶段的研究主要是基于时间数据序列是平稳的假设，这种假设可能会使模型的相关检验失真，从而得出"伪回归"的结果。第二阶段为时间序列协整阶段，通过分析两个或多个非平稳时间序列的线性组合是否具有不随时间变化的性质，进而研究变量之间的长期均衡关系。同时，通过误差修正模型，反映变量之间的关系偏离长期均衡状态时，将其调整到均衡状态的调整速度，从而能更有效地分析变量之间的关系。协整和误差修正模型也是目前学术界广泛采用的计量经济方法。第三阶段为面板协整理论阶段，利用时间序列和横截面两者相结合的数据进行建模分析，已有学者将面板理论应用到能源消费与经济增长之间的关系研究，得出存在从经济增长到能源消费单向格兰杰因果关系等结论。

随着电气化进程的不断推进，未来能源消费中，电能消费将占据主要地位（部分领域会因为生产活动特殊性、用能设备专业性等因素无法实现电能替代），因此电力与经济的关联关系将更加紧密。所谓"脱钩"现象，主要是能源（电力）消费增长与经济增长之间不再具有同一趋势，但根源在于两者内部结构的变化，本质上是需要确立新的关联关系。因此，对于电力与经济的关联分析，主要从以下两个方面开展。

1. 电力与经济增长的周期分析

经济周期是指以国民生产总值、货币流通、工资、物价等主要指标衡量的经济活动的总体水平波动。经济周期的总过程分为谷底、复苏、繁荣、衰退四个阶段。而电力需求总是围绕着自身稳定增长趋势呈现循环往复的起伏波动，即电力需求的变化是在扩张和收缩的交替运动中实现的，把这种现象称为电力需求周期。借鉴经济学中对经济周期的划分，也将其划分为复苏、高涨、危机和萧条四个阶段。

利用格兰杰因果检验，可以对经济周期和用电量周期进行分析，研究其之间存在的因果关系。令 x 和 y 为广义平稳序列，首先建立 y 的 p 阶自回归模型，接着引入 x 的滞后期建立增广回归模型，即

$$\begin{cases} y_t = c_1 + \sum_{i=1}^{p} \alpha_{11}^i y_{t-i} + \sum_{i=1}^{p} \alpha_{12}^i x_{t-i} + u_{1t} \\ x_t = c_2 + \sum_{i=1}^{p} \alpha_{21}^i y_{t-i} + \sum_{i=1}^{p} \alpha_{22}^i x_{t-i} + u_{2t} \end{cases} \qquad (7-4)$$

式中：c_1、c_2 为常数项；$\alpha_{st}^i(s,t=1,2)$ 为 i 期滞后自回归系数；u_{1t}、u_{2t} 为误差项；x_{t-1}、y_{t-1}（$i=1,2,\cdots,p$）分别为 x 和 y 第 i 个时期的观测值。以 y_t 为例，当 $\alpha_{12}^1 = \alpha_{12}^2 = \cdots = \alpha_{12}^p = 0$，则不存在 $x_t \to y_t$ 的格兰杰因果关系。通常会利用 F 检验来判断是否存在格兰杰因果关系。

以东南沿海某省纺织业为例，其用电量和主营业务收入、产品产量在折线图的形状上存在一定程度的相似；同时，用电量和经济数据都存在明显的周期性循环波动，且受春节影响明显，数据可能为非平稳时间序列。因此，在进行用电量与行业主要经济指标关系研究之前，需要对原始时间序列数据进行平稳性检验。通过构建向量自回归模型（vector autoregressive model，VAR 模型）并进行格兰杰因果关系检验，得到产业主营业务收入和利润总额都是纺织业用电量的格兰杰原因。因此，可以认为产业用电量序列与经济数据序列存在共同趋势、共同波动的周期特征。

2. 电力与经济增长的关联分析

由于经济数据与电力数据分别具有不同的采集频率，且特征量数量大，可以反映不同层次上的空间特性，并且这些特征量都是典型的时序数据，可以通过诸如灰色关联等方法，表征经济与电力各个因素之间关联关系的大小、强弱与次序。若这两因素之间的灰色关联度较大，则表示它们之间的变化态势（指大小、速度、方向等）基本一致。

基于经济和电力统计数据，可以得到电力经济二元扩展面板数据如表 7-4 所示。

表 7-4　　　　　　　　　电力经济二元扩展面板数据

层次	指标	时刻 1	时刻 2	...	时刻 T
经济	出厂价格指数	$X_{11(1)}$	$X_{11(2)}$	...	$X_{11(T)}$
	出口规模	$X_{12(1)}$	$X_{12(2)}$	...	$X_{12(T)}$
	...	...	...	...	...
	购进价格指数	$X_{1m(1)}$	$X_{1m(2)}$	...	$X_{1m(T)}$

续表

层次	指标	时刻 1	时刻 2	···	时刻 T
···	···	···	···	···	···
电力	特征量 1	$X_{11(1)}$	$X_{11(2)}$	···	$X_{11(T)}$
	特征量 2	$X_{12(1)}$	$X_{12(2)}$	···	$X_{12(T)}$
	···				
	特征量 m	$X_{1m(1)}$	$X_{1m(2)}$	···	$X_{1m(T)}$

选取东南沿海某省 2020 年电网数据进行计算，得到各电力指标的灰色关联度如表 7－5 所示。

表 7－5　　　　　东南沿海某省各电力指标的灰色关联度

选取指标	灰色关联度
发电量	0.677
用电量	0.713
年末发电设备容量	0.8596
公用变电容量	0.8849
架空线长度	0.7842
电缆长度	0.6916
最大负荷	0.7965

可以看到，反映该省经济的显著指标包括发电设备容量、公用变电容量、最大负荷、架空线长度等。以最大负荷为例，使用 2010～2020 年最大负荷与 GDP、第二产业增加值等经济指标进行关联计算分析，结果如表 7－6 所示。

表 7－6　　2010～2020 年东南沿海某省经济指标与电力负荷关联度

指标	指标关联度
GDP 总量	0.87
GDP 增长率	0.67
二产占比	0.64
二产增加值	0.79
三产占比	0.64
三产增加值	0.75
人均 GDP	0.85

可以看出，该省最大负荷与 GDP 总量具有很大的相关性，与 GDP 年增长率的相关性较小，人均 GDP 与电力负荷的关联也很紧密。从产业结构来看，第二产业对电力负荷量的影响仍然偏高，虽然第三产业比重逐年增大，但第二产业增加值与电力负荷增长关联度仍高于三产增加值。因此，可基于面板协整和灰色关联分析方法，分析电力数据与经济数据变化趋势的关联性。

（二）气温对电力需求影响量化分析技术

气温对电力市场的影响，主要体现在夏季高温、冬季寒潮及台风等自然灾害气候方面，前两者对电力需求的影响主要是抬升负荷、增加用电量，台风等自然灾害气候则会造成电力需求减少。因此对气温的量化分析主要采取基准比较的方法，以降温/采暖负荷和电量测算为例，主要步骤如下：

（1）对历史数据采用聚类算法，获取典型负荷曲线。选择参考日的负荷数据、气温数据、降水情况、日期类型等历史数据作为输入变量。其中：参考日选取气温较为舒适、不受气象因素影响的日期；负荷数据选取参考日的整点负荷数据；气温数据选取参考日逐时气温；降水情况分为无雨、小雨、中到大雨；日期类型分为工作日、周末。基于上述气象数据，采用聚类算法，对历史数据进行聚类，得到当年工作日典型负荷曲线 $L_{\text{typ}}^{\text{WD}}(t)$ 和非工作日（周末、公共节假日）典型负荷曲线 $L_{\text{typ}}^{\text{NWD}}(t)$ 。

（2）利用增长系数对典型负荷曲线进行修正，得到当年 i 月基准负荷曲线。

$$\begin{cases} L_{\text{base}i}^{\text{WD}}(t) = cL_{\text{typ}}^{\text{WD}}(t) \\ L_{\text{base}i}^{\text{NWD}}(t) = cL_{\text{typ}}^{\text{NWD}}(t) \end{cases} \qquad (7-5)$$

式中：c 为增长系数，根据历史数据，考虑月间自然增长、电气化水平提升、经济发展等因素测算得到。

（3）测算降温/采暖负荷曲线。将当年 i 月 j 日整点负荷曲线与基准负荷曲线相减，可得到每日降温负荷曲线。

$$L_{ij}^{\text{AC/HEAT}}(t) = L_{ij}^{\text{actual}}(t) - L_{\text{base}i}^{\text{WD/NWD}}(t) \qquad (7-6)$$

式中：$L_{ij}^{\text{actual}}(t)$ 为当年 i 月 j 日整点负荷曲线。

（4）测算降温/采暖电量。按时间对降温/采暖负荷曲线进行积分，得到 j 日降温电量。对每日降温/采暖电量进行加总，可得到 i 月降温电量。

$$E_i^{\text{AC/HEAT}} = \sum_j E_{ij}^{\text{AC/HEAT}} = \sum_j \int_1^{24} L_{ij}^{\text{AC/HEAT}}(t) \, \mathrm{d}t \qquad (7-7)$$

对于台风等自然灾害气候的影响，算法与以上步骤相同，区别在于计算结果为负，表明自然灾害气候对电力需求产生负面影响。

（三）重大公共事件对电力需求影响量化分析技术

重大公共事件通常指本地区发生的公共卫生（如新冠疫情）、重要活动举办（如金砖会议）、安全生产、环保督察等事件，其影响的区域范围、行业范围和时间范围各不相同，因此主要是采用基于历史数据的拟合比对方法进行量化分析，以新冠疫情为例，主要步骤如下：

（1）还原历史用电数据。搜集历史月份各行业、各地市逐月、逐日用电量，对于电力消费增速过快或过慢的月份，将该月全社会用电量进行经济、气温、电能替代等因素的驱动分解，针对波动较大的影响因素按照近五年自然水平进行拟合，进而修正后得到电力消费数据。

（2）计算各行业、各地区逐月用电量环比增速。将历史年份各月分行业、分省份用电量环比增速取年度平均，作为当前阶段无疫情影响下的分行业、分省份各月用电环比增速。

（3）计算各行业、各地区无疫情用电量。结合上一阶段无疫情情况下的用电量，并结合无疫情影响下的分行业、分地区各月用电环比增速，并参考疫情前一段时期用电量水平，加权计算后得到本阶段各行业、各地区无疫情用电量。

（4）测算疫情对用电量影响程度。将各行业、各地区本阶段实际用电量与测算得到的无疫情用电量相减，并考虑气温异常月份下的降温/采暖电力电量，得到当前阶段疫情对用电量的影响程度。

对于其他重大公共事件，算法与以上步骤基本一致。

三、电力市场特性预测技术

对电力市场特性的预测，主要是针对用（售）电量及负荷的各类指标数值开展预测，其类别及指标如表 7-7 所示。

表 7-7　　　　　　　　　　　电力市场特性预测类别及指标

类别	指标
用电量	全社会用电量
	产业用电量
	行业用电量
	地区用电量
	用户用电量
	……
售电量	全社会售电量
	产业售电量
	行业售电量
	地区售电量
	用户售电量
	……
负荷	最大负荷
	负荷峰谷差
	负荷率
	利用小时数
	……

在时间维度上，电力需求预测可分为日、周、月、季、年、中期（五至十年）、长期（十年以上）。针对不同时间维度的电力需求预测，所采用的方法也不尽相同，主要与各类方法所需的数据量、覆盖的时间范围有较大关系。

（一）基于终端电气化水平的电力市场特性预测技术

在高电气化水平下，电力市场特性的预测已经无法仅凭历史的电力数据，结合相关经济、气象等指标的预测结果，从数理模型或人工智能模型中通过输入和输出，得到预测数值。而是要去梳理电气化带来的影响，进而得到合理的预测结果。

长期能源替代规划系统（long-range energy alternatives planning system，LEAP）

模型拥有一套灵活的数据结构，在软件中其数据结构以树形结构进行展现，分为重要边界条件（Key assumption）、需求（Demand）、转换（Transformation）和资源（Resource）、排放物（Non-energy）5个模块。使用者可以根据研究对象特点、研究目的等调整生成新的数据结构。其中，重要边界条件代表研究对象所处宏观社会发展状况的关键因素，需求模块中主要是设定能源需求对应的具体部门及具体能源种类，转换是指一次能源与二次能源之间的转化关系，资源主要包括模型中一系列一次能源与二次能源的能耗，排放物则包括各种能源在加工转换及使用过程中所产生的排放物。

考虑到预测对象是终端电能的替代量，故终端需求只需要考虑电能这一种能源消耗。且研究过程中不涉及发电与输配电过程，以及发电过程中化石能源的污染物排放情况。但是由于终端能源消费中其他能源的消耗会使得污染物排放产生重要变化，而这些变化对电能替代形成重要的制约条件，所以本研究在数据结构中仅保留重要边界条件和需求模块进行未来电能替代量预测，但在重要边界条件中增加了对终端能源消耗排放量的约束。

重要边界条件模块中社会经济参数代表着影响电能替代发展的宏观经济因素与社会因素。考虑到我国电力需求的主要终端部门为生活消费与三大产业，所以选取的宏观影响因素主要从经济发展和人口规模变化两个方面考虑，包括生产总值、产业结构、常住人口规模以及城镇化率。需求模块中能源需求部门数据主要包括两个方面：① 给定需求部门的活动水平，这里需求部门的活动水平按照国民经济各部门之间的层级关系分3个等级建立，即部门活动水平、子部门活动水平与终端使用部门活动水平。② 各活动水平所对应的能源消费品种及其能源强度。每一类部门消耗的能源需求总量即为该部门能源活动水平与能源强度的乘积，即

$$D_{i,t_n} = \sum_{j=1}^{N} A_{i,j,t_n} E_{i,j,t_n}\,(i,j=1,2,\cdots,N) \qquad (7-8)$$

式中：D_{i,t_n} 为 t_n 年用能部门 i 的电能需求总量；A_{i,j,t_n} 为 t_n 年用能部门 i 中终端使用部门 j 的整体活动水平；E_{i,j,t_n} 为 t_n 年用能部门 i 中终端使用部门 j 的能源强度；N 为终端使用部门数量。各领域电能替代计算模型结构如图 7-11 所示。

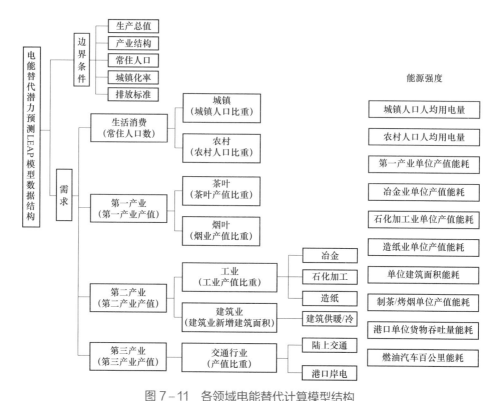

图7-11 各领域电能替代计算模型结构

由图7-11可以看出,模型计算所需的数据包括重要边界条件模块中的宏观条件数据、需求模块中的活动水平数据与能源强度数据3个方面。根据数据的来源可将以上3方面数据按照时间特征分为两类:第1类为历史数据,来源于基准年的历史真实数据,包括基准年的宏观条件数据、各部门活动水平数据与能源强度数据;第2类为预测参数,需要通过对未来发展趋势的合理展望与分析而预测得出,包括预测年的宏观条件、各部门活动水平与能源强度等。而在预测参数中又可根据数据发展趋势的不确定性将其再进一步细分为两类。第1类预测参数是指该类数据的变动规律较为清晰,影响其发展趋势的因素也较稳定,未来发展的不确定性较小。所以此类数据在输入模型时无需对未来发展影响因素的变动情况进行讨论,可以看作每一种预测场景中的常量,将其称为一般参数。第2类预测数据是指该类数据的发展趋势会受到多种不确定因素的影响,其未来发展的不确定性较大。所以此类数据应讨论在各种情景下的未来趋势,这类预测参数称为情景参数。

基于 LEAP 模型开展的中长期预测，通常会出现一个问题，即历史数据中，负荷的样本低于预测周期，导致数据驱动得到的结果误差较大。因此还需要结合回归的方法，在电量特性的基础上，对负荷特性的变化进行分析。通过建立起重点电能替代行业的历史用电数据和电网负荷特性指标之间的回归模型后，综合相关文件政策、行业纵向发展趋势及横向地区对比等多种方法对重点电能替代行业未来电气化的潜力进行分析，估算出其未来用电量数据后代入相应的回归模型，即可得到未来电网负荷特性的变化趋势。

$$Y_{\mathrm{LC}} = A_{\mathrm{LC}} X_{\mathrm{factor,year}} \qquad (7-9)$$

$$A_{\mathrm{LC}} = \begin{bmatrix} a_{\mathrm{LC},l} \\ \vdots \\ a_{\mathrm{LC},i} \\ \vdots \\ a_{\mathrm{LC},m} \end{bmatrix} \qquad (7-10)$$

$$\begin{cases} Y_{\mathrm{LC}} = \left[Y_{\mathrm{LC}}^{\mathrm{annual}}, Y_{\mathrm{LC}}^{\mathrm{month},i} \right] \\ Y_{\mathrm{LC}}^{\mathrm{annual}} = \left[P_{\mathrm{maxload}}^{\mathrm{annual}}, \delta^{\mathrm{annual}}, P_{\mathrm{peak\text{-}valley}}^{\mathrm{annual}}, T_{\mathrm{use}}^{\mathrm{annual}}, \rho_{\mathrm{max}}^{\mathrm{annual}} \right] \\ Y_{\mathrm{LC}}^{\mathrm{month},i} = \left[P_{\mathrm{maxload}}^{\mathrm{month},i}, P_{\mathrm{peak\text{-}valley}}^{\mathrm{month},i}, \rho_{\mathrm{min}}^{\mathrm{month},i}, \rho_{\mathrm{max}}^{\mathrm{month},i} \right] \\ i = 1, 2, \cdots, 12 \end{cases} \qquad (7-11)$$

$$X_{\mathrm{factor}} = \left[E_{\mathrm{ind}}, E_{\mathrm{life}}, E_{\mathrm{trans}}, E_{\mathrm{arch}}, E_{\mathrm{agri}} \right] \qquad (7-12)$$

式中：Y_{LC} 为负荷特性指标矩阵，由年负荷特性指标矩阵 $Y_{\mathrm{LC}}^{\mathrm{annual}}$ 和第 i 月负荷特性指标矩阵 $Y_{\mathrm{LC}}^{\mathrm{month},i}$ 构成；年负荷特性指标矩阵中包括了年最大负荷 $P_{\mathrm{maxload}}^{\mathrm{annual}}$、季不均衡系数 δ^{annual}、年最大峰谷差 $P_{\mathrm{peak\text{-}valley}}^{\mathrm{annual}}$、年最大负荷利用小时数 $T_{\mathrm{use}}^{\mathrm{annual}}$ 和年负荷率 $\rho_{\mathrm{max}}^{\mathrm{annual}}$，这五部分均为列向量，维数为历史数据的样本数；月负荷特性指标矩阵包括月最大负荷 $P_{\mathrm{maxload}}^{\mathrm{month},i}$、月最大峰谷差 $P_{\mathrm{peak\text{-}valley}}^{\mathrm{month},i}$、月最小负荷率 $\rho_{\mathrm{min}}^{\mathrm{month},i}$ 和月负荷率 $\rho_{\mathrm{max}}^{\mathrm{month},i}$，它们同样是维数等于历史数据样本数的列向量；$A_{\mathrm{LC}}$ 为回归系数矩阵，为 $m \times n$ 阶矩阵，n 为影响因素指标的个数，m 为历史数据的样本数。每一个负荷特性指标均和各影响因素之间构建一套回归模型，即

$$y_{\mathrm{LC},i} = a_{\mathrm{LC},i} X_{\mathrm{factor}} \qquad (7-13)$$

式中：$Y_{\mathrm{LC},i}$ 为上述负荷特性指标中的任一个；$a_{\mathrm{LC},i}$ 为相应的回归系数 n 维行向

量；X_{factor} 为 $1 \times n$ 阶的影响因素矩阵，由工业用电量 E_{ind}、居民生活用电量 E_{life}、交通用电量 E_{trans}、建筑业用电量 E_{arch} 以及农业用电量 E_{agri} 五个指标构成。

（二）基于灵活性负荷的电力市场特性分析预测技术

灵活性负荷指的是负荷规模可以在指定的区间内进行变化的负荷。在需求侧，灵活性负荷可主动参与电网调节，在电网的供需平衡发生变化时进行动态调节和主动响应。在供给侧，灵活性负荷定义能够实时监测和精确感知其用电性质、用电规律、用电状态，并且在电网制定的调节时间及调节区域内能够通过负荷调节技术实现转移、中断、选择性切除，实现灵活调控。同时其还具有以下三种可调节特性：

（1）可中断特性。在一定时段内可削减一定容量负荷，并持续一定时间。中断次数和提前通知时间有不同要求。

（2）可转移特性。在一定时段内，负荷将用电需求整体转移至其他时段。这类负荷既可能是在一段时间内具有总耗电量的需求（例如蓄冷用户），也可能是用电需求整体转移（例如生产线提前或延后生产）。

（3）双向潮流特性。负荷具有向电网发电（或放电）的能力，这类负荷通常具有储能特性（包括电池、燃料等），可以实现负荷长时间尺度（甚至多日）的负荷调整。

不同行业中，其灵活性负荷的规模和特性都有所不同。例如工业生产负荷中，非连续性生产负荷可以通过更改生产计划等措施进行负荷削减或转移，可调节能力大、响应度较高；连续性生产负荷（如降温负荷）由于对供电可靠性要求高，负荷曲线波动不大，响应度较低，可调节能力较小；非生产性负荷虽然可调节能力较生产性负荷小，但可调节时段灵活且对供电可靠性要求不高，具有一定的可调节能力。电动汽车负荷可根据其充电地点和充电需求紧急程度的不同，分为目的地充电需求和紧急型充电需求。其中，前者一般发生在电动汽车驾驶的目的地（如居民小区、工作单位、商场等地的停车场所），充电方式灵活，具有较大的可调节能力；后者需要在较短时间内满足其充电需求，通常采用直流快充方式，灵活性较低，可调节能力较小。

由于灵活性负荷可通过需求侧响应改变用电需求，意味着电力市场的负荷特性会在原有的基础上发生改变，同时随着灵活性负荷的增多，这个改变程度将进一步增大。因此需要通过对灵活性负荷规模及可响应潜力开展预测，分析其在需求侧响应下，对电力市场特性带来的影响。

1. 降温/采暖负荷

降温/采暖负荷是造成夏季/冬季尖峰负荷不断增长的主要原因之一，其需求响应潜力巨大，其潜在的可调节能力可表示为

$$\Delta P_{ts,t} = P_{ts,\max,t} - P_{ts,\mathrm{mean},t} \tag{7-14}$$

式中：$\Delta P_{ts,t}$ 为目标年降温/采暖季所有日负荷曲线中，对应时刻 t 的最大值与平均值之差；$P_{ts,\max,t}$ 和 $P_{ts,\mathrm{mean},t}$ 分别为目标年降温/采暖季对应时刻 t 的最大负荷与平均负荷。考虑到降温/采暖季不同日负荷曲线对应时刻降温/采暖负荷，引入基于区域用户日负荷曲线计算各时刻负荷的均方差，用来衡量和辨识相应负荷的波动情况，以及大概率会出现的平均可调节程度（即平均的降温/采暖负荷分别与最大的降温/采暖负荷之比），并提出采用可调节系数来量化响应度，即

$$E_s(t) = 2\sqrt{\frac{1}{N_s}\sum_{d=1}^{N_s}\left[P_{s,d}^*(t) - P_{s,\mathrm{ave}}^*(t)\right]^2} \tag{7-15}$$

$$P_{s,d}^*(t) = \frac{P_{s,d}(t) - P_{ts,\min,t}}{P_{ts,\max,t} - P_{ts,\min,t}} \tag{7-16}$$

$$P_{s,\mathrm{ave}}^*(t) = \frac{1}{N_s}\sum_{d=1}^{N_s} P_{s,d}^*(t) \tag{7-17}$$

式中：$E_s(t)$ 为用户降温负荷在时刻 t 的可调节系数；$P_{s,d}(t)$ 为降温/采暖季第 d 天时刻 t 的负荷；N_s 为降温/采暖季的天数；$P_{s,d}^*(t)$ 为降温/采暖季第 d 天时刻 t 的归一化负荷；$P_{ts,\min,t}$ 为目标年降温/采暖季对应时刻 t 的最小负荷；$P_{s,\mathrm{ave}}^*(t)$ 为 $P_{s,d}^*(t)$ 在统计日期内的平均值。

从降温/采暖负荷特性来看，现阶段主要是通过削减的方式参与需求响应，而在电网低谷时段难以参与响应。因此，仅考虑降温负荷的削峰需求响应潜力，基于潜在可调节能力和响应度，降温负荷的削峰可调节能力可近似表示为

$$P_{ts,\mathrm{res}} = \frac{1}{N_{\mathrm{res}}}\sum_{t\in\Omega_{\mathrm{res}}}\Delta P_{ts,t} E_s(t) \tag{7-18}$$

式中：$P_{ts,\mathrm{res}}$ 为降温负荷在削峰时段的平均可调节能力；Ω_{res} 为调节时段 t 的集

合；N_{res} 为集合 Ω_{res} 中的时段数。

为了实现对未来电力市场特性影响的预测，还需要结合历史数据和皮尔森相关系数，建立起地区房屋建筑面积和每年降温/采暖负荷的相关性，即

$$r_{xy} = \frac{\sum_{i=1}^{n}(x_i - \overline{x})(y_i - \overline{y})}{\sqrt{\sum_{i=1}^{n}(x_i - \overline{x})^2 \sum_{i=1}^{n}(y_i - \overline{y})^2}} \qquad (7-19)$$

式中：x 代表地区多个年份房屋建筑面积的序列数据；y 代表地区多个年份降温/采暖负荷的序列数据。通过皮尔森系数判断地区房屋建筑面积和每年降温/采暖负荷具有较强的相关性，进一步可以使用地区土地建设规划中对未来房屋建筑面积的规划数据，预测未来的降温/采暖负荷，并得到其未来的需求响应潜力，即对未来电力市场特性的影响。

2. 电动汽车负荷

上文已经阐述了电动汽车与电网的互动技术，这里主要针对电动汽车对电力市场特性的影响预测进行论述。基于地区的充电日负荷曲线，得到潜在的充电负荷可调节能力，即

$$\Delta P_{te,t} = P_{te,\max,t} - P_{te,\mathrm{mean},t} \qquad (7-20)$$

式中：$\Delta P_{te,t}$ 为地区充电负荷所有日负荷曲线中对应时刻 t 的最大值与平均值之差；$P_{te,\max,t}$、$P_{te,\mathrm{mean},t}$ 分别为年充电负荷中对应时刻 t 的最大负荷和平均负荷。

同样地，提出采用可调节系数来量化响应度，即

$$E_e(t) = 2\sqrt{\frac{1}{N_e}\sum_{d=1}^{N_e}\left[P_{e,d}^*(t) - P_{e,\mathrm{ave}}^*(t)\right]^2} \qquad (7-21)$$

$$P_{e,d}^*(t) = \frac{P_{e,d}(t) - P_{te,\min,t}}{P_{te,\max,t} - P_{te,\min,t}} \qquad (7-22)$$

$$P_{e,\mathrm{ave}}^*(t) = \frac{1}{N_e}\sum_{d=1}^{N_e}P_{e,d}^*(t) \qquad (7-23)$$

式中：$E_e(t)$ 为充电负荷在时刻 t 的可调节系数；$P_{e,d}(t)$ 为第 d 天时刻 t 的充电负荷；N_e 为统计天数；$P_{e,d}^*(t)$ 为在第 d 天时刻 t 的归一化负荷；$P_{te,\min,t}$ 为目标年时刻 t 的最小充电负荷；$P_{e,\mathrm{ave}}^*(t)$ 为 $P_{e,d}^*(t)$ 在统计日期内的平均值。

不同于降温/采暖负荷，电动汽车充电负荷可以通过削峰填谷的方式参与需求响应，在高峰阶段减少充电负荷，低谷阶段增加充电负荷，基于潜在可调节能力和响应度，其削峰填谷的可调节能力可近似表示为

$$P_{\text{fe,res}} = \frac{1}{N_{\text{f,res}}} \sum_{t \in \Omega_{\text{f,res}}} \Delta P_{te,t} E_{\text{e}}(t) \qquad (7-24)$$

$$P_{\text{ge,res}} = \frac{1}{N_{\text{g,res}}} \sum_{t \in \Omega_{\text{g,res}}} \Delta P_{te,t} E_{\text{e}}(t) \qquad (7-25)$$

式中：$P_{\text{fe,res}}$ 为充电负荷在削峰时段的平均可调节能力；$P_{\text{ge,res}}$ 为充电负荷在填谷时段的平均可调节能力；$\Omega_{\text{f,res}}$ 为削峰时段 t 的集合；$\Omega_{\text{g,res}}$ 为填谷时段 t 的集合；$N_{\text{f,res}}$ 为集合 $\Omega_{\text{f,res}}$ 中的时段数；$N_{\text{g,res}}$ 为集合 $\Omega_{\text{g,res}}$ 中的时段数。

基于电动汽车的响应度和充电曲线，结合未来电动汽车和充电站的规模，可以测算得到未来充电负荷在响应前后的变化量，即其对于未来电力市场特性的影响。

第八章 新型电力系统信息通信技术

新型电力系统建设背景下，由于海量异构资源的广泛接入、密集交互，电力系统的技术基础、控制基础和运行机理将发生深刻变化，对信息感知的广度和深度、通信网络的承载力和构建模式、数据的处理方式和能力均提出全新挑战。新型电力系统需以数字信息技术为重要驱动，提升电力系统数字化、智能化水平，支撑源网荷储海量分散对象协同运行和多种市场机制下系统复杂运行状态的精准感知和调节。

新型电力系统信息通信技术是电网数字化与智能化升级的关键手段，需要对信息采集技术、信息传输技术及信息处理技术等三个方面进行研究。首先，在信息采集技术研究方面，需统筹分布式电源、储能、充电桩、可控负荷等新要素，以及虚拟电厂、微电网等新形态的业务需求和数据需求，为源网荷储协同互动等应用提供数据要素基础。通过在电力系统输电线路、变电站、配电网、用电侧等环节部署感知终端，实现设备状态、运行参数、外部环境等信息采集。其次，在信息传输技术研究方面，配电通信网是实现采集数据上传及控制指令下发的重要基础。依据数据传输层级，配电通信网可以分为低压配电通信网、中压配电通信网、骨干层配电通信网三层架构，主要采用光纤、无线公网、电力线载波、无线专网等通信方式。当前，电网控制逐步由输变电向配用电环节拓展，对数据传输带宽、实时性、安全性提出更高要求。亟须构建安全更可靠、覆盖更广泛、接入更灵活、传送更高效的通信网络，在保障经济性的同时，差异化满足不同业务数据的传输需求。最后，在信息处理技术研究方面，海量信息经采集、传输后到达系统平台，按照生产运行或经营管理需要，进一步对信息进行分析、综合、转化等操作。随着新型电力系统的建设与发展，多元主体接入与新兴业务发展带来了海量数据的处理需求，数据处理的实时性和处理数据的位置范围也逐步发生变化，传统电网以主站集中数据处理为主无法适应源网荷储协同互动、实时响应的业务需求，亟须推动信息处理技术向边缘计算、云边协同等模式演进。

第一节　信 息 采 集 技 术

信息采集是支撑新型电力系统运行管理的基础环节，通过按需部署感知终端，实现电源侧、电网侧、用户侧等领域的数据准确、实时感知。新型电力系统建设背景下，需统筹分布式电源、储能、充电桩、可控负荷等新要素，以及虚拟电厂、微电网等新形态、新模式的业务需求和数据需求，按照同类感知终端不重复部署、同一数据只采集一次的原则，拓展采集感知范围，建立数据要素基础。

一、输变电信息采集技术

（一）输变电终端

1. 输电线路在线监测终端

输电线路主要包括架空输电线路与电缆线路。架空输电线路在线监测终端分为输电通道监测、杆塔和线路本体监测装置，电缆线路在线监测终端主要包括各类电缆隧道环境监测装置。输电线路在线监测终端将采集数据传送至监控系统，支撑线路状态感知、实时监测等业务。输电线路信息采集架构如图8-1所示。

架空输电线路数据采集类型包括绝缘子污秽度、导线温度、金具测温、杆塔倾斜、导线覆冰、导线弧垂、导线舞动、图像视频、微气象等监测终端，采集输电线路本体、气象环境、通道状况等信息。

电缆线路数据采集类型主要包括光纤测温、护层接地电流、电缆接头测温、视频监控等监测装置，采集电缆隧道（埋管）内电缆线路本体、中间接头的运行温度、局部放电、护套环流的信息。

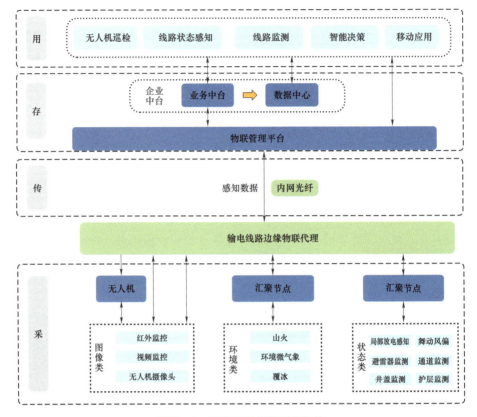

图 8-1 输电线路信息采集架构

2. 变电站在线监测终端

变电站在线监测终端主要包括合并单元、智能终端等，通过在变电站内部署运行采集终端，实现对变电站各类一次设备运行信息的自动采集、测量、控制，将采集数据传送至变电站计算机监控系统，实现对变电站运行状态的实时监控，并通过调度数据网上传至远方调控主站系统，实现调控主站对变电站的远程监控。感知内容分为主设备运行状态、运行环境、人员作业环境等。变电侧信息采集架构如图 8-2 所示。

（1）运行状态感知。对于变压器、断路器、电容性设备、避雷器等，应安装各类感知装置、配置巡检机器人，实现设备运行状态的全面感知，支撑智能巡检、缺陷主动预警、故障决策等业务。

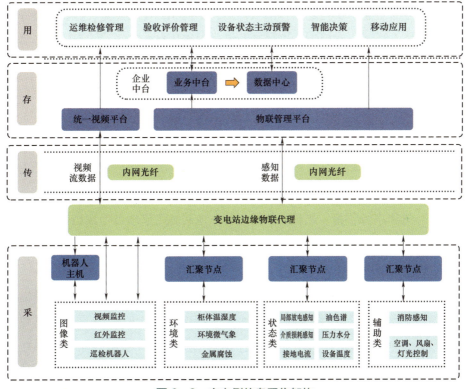

图 8-2　变电侧信息采集架构

（2）运行环境感知。对于变电站运行外部气象环境，以及电缆沟道、内部控制室、开关室、汇控柜、端子箱等内部环境，应安装温湿度、水位、视频等传感装置。实现运行环境监测、风险预警，并支撑主辅设备智能联动等业务。

（3）辅助、图像信息感知。对于现场人员各类作业行为，应配置电子围栏、手持终端、智能摄像头等传感装置，通过轨迹跟踪、人员定位等方式，规范现场人员巡视作业、倒闸操作、停电检修等行为。

（二）空天地多维融合感知技术

打造输电线路"空天地"立体巡检体系。其中"空"指航空感知，包括无人机、直升机等；"天"指卫星感知，包括北斗卫星、气象卫星、遥感卫星等；"地"指地面感知，包括人工巡视、巡检机器人、传感装置等。通过卫星感知、航空感知和地面感知联合对目标区域进行监测与分析，实现"全覆盖、高精度、高时效"的输电线路巡检，对树障、山火、滑坡等有效预测、预警。

综合边缘智能、安全连接、图像识别、实物 ID 现场交互、微源取能和移动应用等核心技术，利用无人机、直升机、可视化在线监测、卫星遥感等智能感知手段，结合人工移动巡检，构建新一代线路巡视体系。空间上，从地面、空中和天上对架空输电线路本体设备、附属设施和通道环境等进行全方位巡检；时间上，综合各种智能感知手段，汇聚共享巡检数据，支撑巡检资源优化配置。在平台层深度融入运检业务需求，利用大数据、云雾计算、物联网等新技术，深化可见光影像、红外热图、激光点云等多源数据与运检业务信息有效融合，开展多设备联合分析，实现运检业务智能辅助决策。

（1）气象广域预警。采用"气象卫星 + 地面微气象站点"数据协同，对全域输电通道监测，形成广域气象高精度预报预警，为无人机安全巡检提供气象支撑信息，实现应急及时响应。

（2）遥感局域识别。通过遥感识别风险，同时北斗卫星为无人机提供定位导航规划，进行精细化巡检、抽查、特巡。基于时序卫星雷达影像和卫星/无人机光学影像，识别潜在和已发生的滑坡点；遥感判断树障潜在区域与树种，无人机进一步判断准确的线树距离；遥感定位交叉跨接点，无人机进一步判断准确的交叉跨越结构；遥感识别违规建筑物、违规施工作业区等。

（3）地面单点监测。包括在输电线路杆塔位置部署北斗接收站，重点区域采用地基合成孔径雷达（ground-based synthetic aperture radar，GB-SAR），安装传感器对现场环境实时监测等，开展人工、机器人常规巡检与指定隐患核查，对核心与故障易发断面的动态持续监测，实现"空天地"分工互补、巡检结果相互印证，对树障、山火、滑坡等有效预测、预警。

二、配电网信息采集技术

（一）配电终端

配电终端按照应用对象及功能不同分为馈线终端（feeder terminal unit，FTU）、站所终端（distribution terminal unit，DTU）、配电变压器终端（distribution transformer supervisory terminal unit，TTU）和具备通信功能的故

障指示器。中压馈线数据采集设备主要包括 FTU/DTU、故障指示器。FTU 主要安装于柱上开关，用于采集并向主站上送配电线路电压、电流、开关位置及故障信号，同时能够接受主站的控制命令。DTU 安装在开闭所、配电所、箱式变电站内，用于站所内电气设备的模拟量、开关量采集及控制。故障指示器安装在线路开关或分支线路处，能够检测故障电流并根据需要指示其流向。传统的故障指示器仅用于短路故障的检测，随着技术的发展，故障指示器已经可以实时采集并向主站上送配电线路模拟量、故障信息、停送电状态。配电网数据采集架构如图 8－3 所示。

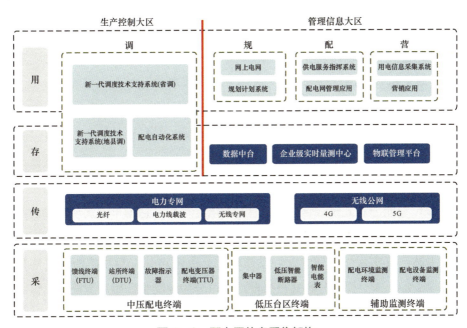

图 8－3　配电网信息采集架构

中压馈线终端的基本功能是故障检测与运行监视。故障检测功能包括短路故障检测与小电流接地故障检测功能，需要采集三相电流信号及零序电流信号。电缆网络中，一般是使用套在电缆外面的零序电流互感器获取零序电流。在架空线路中，优先考虑通过嵌在开关内部的套管式零序电流互感器获取零序电流；如果开关没有内置的零序电流互感器，则采用三相电流合成的方式获取零序电流。具备条件的馈线终端，可采集零序电压信号，以检测小电流接地故障零序电流的方向。

（二）配电网故障处理技术

1. 馈线自动化技术

馈线自动化是通过在配电网部署配电终端，监视配电网的运行状况，将采集到的信息上送至配电自动化主站，研判配电网故障，进行故障定位、隔离和恢复对非故障区域的供电。馈线自动化可分为主站集中型、就地重合式和智能分布式。

（1）集中型馈线自动化。借助通信手段，通过配电终端和配电主站的配合，在发生故障时依靠配电主站判断故障区域，并通过自动遥控或人工方式隔离故障区域，恢复非故障区域供电，包括半自动和全自动两种方式。集中型馈线自动化可与级差保护相互配合，馈线自动化完成隔离故障和恢复故障区域上游供电后，完全隔离故障区域并通过负荷转供恢复故障区域下游健全区域供电。

（2）就地重合器式馈线自动化。就地重合式馈线自动化通过检测电压、电流等电气量判断故障，并结合开关的时序操作或故障电流记忆等手段隔离故障，不依赖于通信和主站，实现故障就地定位和就地隔离。重合器式馈线自动化一般需要变电站出线开关多次重合闸（2 次或 3 次）配合。

（3）智能分布式馈线自动化。通过配电终端相互通信自动实现馈线的故障定位、隔离和非故障区域恢复供电的功能，并将处理过程及结果上报配电自动化主站。其实现不依赖主站、动作可靠、处理迅速，对通信的稳定性和时延有很高的要求。智能分布式馈线自动化可分为速动型和缓动型分布式馈线自动化。

根据故障类型，故障信息识别主要包括短路故障识别和接地故障识别。

（1）短路故障识别。主要是根据断路器跳闸及其相关保护动作信号作为启动条件判别故障；配电网发生短路故障时，故障路径中的配电终端将上送各种故障信息，在保护装置的作用下，会有开关故障跳闸快速切除故障线路。

（2）接地故障识别。根据配电网开关的零序过电流保护动作/接地特征值信号等辅助变电站母线失压信息作为启动条件识别故障。当配电网发生单相接地故障时，可检测零序电流的终端上送对应的零序过电流动作信号，故障指示器可能给出相应的接地故障指示信号，支持暂态录波功能的配电终端（包括

DTU、FTU、故障指示器等）将启动录波并上送录波文件。

2. 有源配电网故障处置技术

配电网在接入分布式电源的情况下，整个配电网系统拓扑结构、潮流分布、系统参数都会变化。传统配电网系统模型中一般只含一个主电源，在故障研判和定位的策略配置完成后，系统所采集的电流和电压信息是稳定值，方案是精确可靠的。配电网接入分布式电源后，负荷或某一区段从单端供电模式变为双端或多端供电模式，故障辨识和定位所提取的故障信息受分布式电源容量、数量、位置等影响会产生很大的变动。在接地故障辨识中，由于系统故障时的不完全对称和配电网阻尼率的改变导致参数变化超出故障辨识范围，可能导致传统配电网故障辨识和定位方案失效。拓扑结构的变化不仅影响到故障发生的类型，还会带来信号在复杂拓扑中因长距离多节点传输造成的畸变问题而造成故障辨识困难，进而也会波及到故障定位、隔离、恢复等方案的准确性，降低整个配电网系统的可靠性和安全性。

针对存在分布式电源的馈线，当馈线分布式电源渗透率大于25%且供电半径较长时，可能无法根据短路电流信息依靠传统故障定位规则进行故障定位。为实现快速故障隔离，需要依托分散安装在各个配电节点及分布式电源公共耦合点的智能终端单元（supervisory terminal unit，STU）。STU 是具备独立数据处理能力且能够自主控制开关动作的保护单元，它们之间能够进行基于多种通信网络的对等通信。主要技术方案如下：

（1）某 STU 在检测到电流突变而启动后，向所有相邻 STU 索要故障电流数据，并计算故障后一周波时间内自身各个所控开关流过的故障电流数据，故障电流数据包含了故障电流的实部、虚部及故障电流幅值。

（2）收到故障电流数据索要命令的 STU 首先判断数据索要方 STU 所处的位置，由于数据索要方 STU 与本地 STU 之间有唯一的配电区段，本地 STU 应找到位于该区段中的本地所控开关，随后向数据索要方 STU 发送流经该开关的故障电流数据。

一般而言，除区段始末两端外，本地 STU 可收到两个甚至多个相邻 STU 发送的故障电流数据，且本地 STU 可计算得到流经本地开关的多个故障电流数据，应选取区段两端的电流数据进行计算以判断故障区段。因此，本地 STU 收到相邻 STU 发送的故障电流数据后，应根据相邻 STU 位置，选择位于相邻 STU 与自身所确定的区段中的本地开关，用流经该开关的故障电流与相邻 STU 发送的故障电流进行计算。

（3）STU 整理区段两端的故障电流数据，分别进行电流差动判断与故障电流幅值比较，若根据任意一种原理判定故障发生在区内，则可判定为区内故障。若为区内故障，则控制对应断路器跳开；否则经一定延时后 STU 要复归，以应对下一次可能发生的故障。

若存在弱馈情况，即故障区段下游某个 STU 并未启动，但收到了上游 STU 的数据请求，那么该 STU 将发送全为零的数据给对端。无论是基于哪种保护原理，故障区段上游 STU 都将可靠判别故障在区内。此外，上游 STU 若检测到下游 STU 发送故障电流数据是全为零的数据，还将向该下游弱馈侧 STU 发送遥控分闸指令，控制对应断路器跳闸以完整隔离故障区段。

三、低压台区及用户侧信息采集技术

（一）低压台区及用户侧终端

按照客户侧典型应用场景业务需求，实现公共区域及用户侧所有的底层感知设备的状态感知，在不同区域安装不同类型的感知设备，包括智能电能表、专用变压器采集终端、集中器、充电桩、智能开关、智慧能源单元、台区智能融合终端、能源控制器等。计量类终端采集对象为居民用户、工商业用户、公用配电变压器等，采集电压、电流、功率等数据。智慧能源单元采集分支路或空调、充电桩等设备的电压、电流等负荷数据。智能开关分别采集表前、表后进出线电压、电流、电能示值等信息。

（二）最小化采集技术

1. 技术内涵

最小化采集以现有终端、网络通信为基础，针对现代智慧配电网采集控制对象范围更广、规模更大的特点，为满足阶段性多业务需求，以最小化的采集成本收获最大化的数据成效，注重经济性、合理性，优化感知设备部署，强化关键节点采集，避免数据重复采集。在未实现全量采集的过渡阶段，基于历史数据，利用数字化推演补充、增强相关节点状态，按需实现用户信息的就地化处理与最小化采集，避免过度、低效、重复部署实体感知设备，有效降低建设成本。其功能定位是为全面提高配电网感知水平、服务现代智慧配电网建设提供技术支撑。

数字化推演主要是针对中低压配电网可观性不足的问题，通过缺失值补全、异常值处理对原始数据进行量测预处理，基于自适应计算生成精细化实时功率曲线。在此基础上，结合数字化推演软量测，应用状态估计、边缘处理等技术实现全局状态感知，在空间维度上提升对配电网的感知能力，根据推演结果分析电网薄弱点，优化终端设备最优布局方案，减少电网感知成本投入。

2. 技术路线

通过"最小化采集＋数字化推演"的技术手段，可分别在时间维度、空间维度、功能维度上提升配电网感知水平，所采集的数据支撑、配电自动化、调度自动化等业务系统的多种高级应用分析计算，最终可在规划和运行两个层面产生效益，在规划层面能够为配电网二次系统规划提供辅助决策，针对不同场景差异化定制配置原则，在运行层面可提供高频次实时数据，并支持实时滚动预测源荷功率曲线。

（1）挖掘对系统安全有重要影响的薄弱节点，提高薄弱位置对状态估计精度的需求。随着配电网新要素规模化发展，配电网运行场景更加复杂、业务更加多样，无法按照主网标准建设全覆盖、全采集的感知系统，因此系统关键及薄弱点的挖掘对配电网规划与运行至关重要。通过大数据统计分析濒临功率超限的线路和濒临电压越限的节点，挖掘影响系统安全的薄弱节点，提高薄弱位置对状态估计精度的需求。薄弱点包括薄弱节点和薄弱支路，即系统长期处于高/低电压、功率重过载的点位，电压合理范围初始化为额定电压的$-10\%\sim7\%$，超过此范围判定为薄弱节点；功率阈值初始化为额定功率的80%，超过此阈值即判定为薄弱支路。

在开展薄弱点分析之前，需要对异常数据进行处理，目前，对配电网负荷数据的采集是基于智能电能表进行的，但是由于配电网网络的复杂性和外部突发情况的多样性，智能电网采集到的数据可能会出现偏离实际值的情况，这类异常点如果不被清理，将会对负荷预测结果产生不利的影响，使得分布式资源本身可能具有的规律性被破坏。通过总结分析，数据异常有单一数据异常和连续数据异常两种情形。根据负荷数据的平滑性和连续性，对某个时刻下突变的数值进行单一数据异常处理，根据电力负荷数据的相似性对某个时刻点下突变的负荷值进行连续数据异常处理。

（2）压缩候选采集配置方案集合，分析不同潮流分布对采集配置效果的影响。在不同时刻潮流分布运行情况下，对模型配置相同的采集终端进行状态估计时，状态估计的结果会受到不同时刻潮流分布的影响，随着影响状态估计精度值。所以在进行量测优化配置时，为了满足状态估计精度和采集终端综合效益的需求，需充分考虑潮流分布变化对状态估计精度的影响，在实际建模时考虑多时间断面。

（3）基于人工智能算法对压缩后的候选采集终端集合中的采集终端进行优化配置。首先，基于主站和台区分层分布式估计精度需求，充分利用算力推演技术形成软量测，保障数据完善性和准确性。其次，结合软量测与硬量测进一步对压缩后的候选采集终端进行最小化优化配置。最后，采用加权最小二乘状态估计方法对系统进行状态估计建模，进而实现状态估计精度值的计算。

第二节　信息传输技术

新型电力系统建设持续快速稳步推进，电源结构、电网形态、负荷特性、技术基础和业务模式发生了深刻变化。电网的"双高"特性日益凸显，电网控制从输变电向配用电环节拓展，对电网"可观、可测、可调、可控"要求越来越高，需要一个安全更可靠、覆盖更广泛、接入更灵活、传送更高效的通信网络。现代通信技术正以前所未有的速度发展更新，特别是通信技术与传感技术、计算技术的深度融合，使通信技术的发展更为日新月异。本节对骨干通信网中光传输网和配电通信网的典型通信技术进行分析，重点介绍了一种配电通信网技术经济适配方法。

一、骨干通信网通信技术

骨干通信网主要是承载 35kV 及以上电网生产业务、企业管理业务的电力通信专用网络。骨干通信网为整个电力通信网提供底层的数据传输能力，多以光纤通信为主，微波、电力线通信（Power Line Communication，PLC）、卫星通信等为辅，多种传输技术并存，是支撑新型电力系统核心通信的网络之一。其中，光纤通信网技术的主要应用包括同步数字体系、光传送网络、数据通信网等。

（一）同步数字体系

同步数字体系（synchronous digital hierarchy，SDH）是一种将复接、线路传输及交换功能融为一体、并由统一网管系统操作的综合信息传送网络。SDH 技术作为成熟、标准的技术，在骨干通信网中被广泛采用，随着技术发展和设备更新换代，设备容量逐步提升，设备单价却稳步降低。SDH 具有标准规范的接口，容易实现多厂家互连；采用了同步复用方式和灵活的映射结构，简化了信号的复接和分接；有丰富的开销字节用于运行维护，使维护的自动化程度大大提升，具有很强的兼容性。

1. SDH 的速率等级

SDH 按一定的规律组成块状帧结构，称为同步传送模块（synchronous transport mode，STM）。同步数字体系中最基本的、也是最重要的模块信号是 STM－1，其速率为 155.520Mbit/s，更高等级的模块 STM－N 是 N 个基本模块信号 STM－1 按同步复用，经字节间插后形成的，其速率是 STM－1 的 N 倍，N 取正整数 1、4、16、64。

2. SDH 的常见网元

SDH 传输网是由不同类型的网元通过光缆线路的连接组成的，通过不同的网元完成 SDH 网的上/下业务、交叉连接业务、网络故障自愈等传送功能。

（1）终端复用器（terminal multiplexer，TM）。用于网络的终端站点上，例如一条链的两个端点，它是一个双端口器件。

（2）分/插复用器（add/drop multiplexer，ADM）。用于 SDH 传输网络的转接站点处，例如链的中间结点或环上结点，它是一个三端口的器件。

（3）再生中继器（regenerative repeater，REG）。主要分为两类，一类是纯光的再生中继器，另一类是用于脉冲再生整形的电再生中继器，主要通过光/电变换、电信号抽样、判决、再生整形、电/光变换，以达到不积累线路噪声，保证线路上传送信号波形的完好性。

（4）SDH 具备非常强的物理隔离多业务承载能力，在网络带宽满足的前提下，可同时承载大电网故障防御类控制业务、调度运行类控制业务、设备远程操作类控制业务和非控制类业务，能较好地满足电力通信业务需求。

（二）光传送网络

光传送网络（optical transport network，OTN）是以波分复用技术为基础，在光层组织网络的传送网。OTN 具备波分技术的大容量传输能力，能实现光域内的信息传输、复用甚至是交叉性连接。OTN 作为骨干传输网大容量传输网络，发挥了通信网络底座的巨大作用。

1. OTN 的分层结构

OTN 光传送网络共分为光信道层、光复用段层和光传送段层三层。

（1）光信道层（optical channel layer，OCh）。为各种客户信号［如 SDH STM-N、千兆以太网（gigabit ethernet，GE）等］提供透明的端到端的光传输通道，提供包括连接、交叉调度、监测、配置、备份和光层保护与恢复等功能。

（2）光复用段层（optical multiplexing section layer，OMS）。支持波长的复用，以信道的形式管理每一种信号。提供包括波分复用、复用段保护和恢复等服务功能。

（3）光传送段层（optical transmission section layer，OTS）。为光信号在不同类型的光纤上提供传输功能，光传输段层用来确保光传输段适配信息的完整性，同时实现光放大器或中继器的检测和控制功能。

2. OTN 的常见网元

根据 OTN 设备的光/电交叉、线路接口与业务接口适配等功能不同，可将 OTN 设备分为终端复用设备、电交叉连接设备、光分插复用设备及光电混合交叉连接设备四种类型。

（1）OTN 终端复用设备（optical termination multiplexer，OTM）。在波分复用器（wavelength division multiplexing，WDM）基础上增加了满足 G.709 标准的物理和逻辑接口，可以实现业务上/下、光信号的传输及对波长通道端到端的性能和故障监测。

（2）OTN 电交叉连接设备（optical transmission hierarchy，OTH）。采用光—电—光（electro-optical-electro，E-O-E）的处理方式，能够完成基于光通道数据单元（optical channel data unit，ODUk）的各种业务颗粒电路的交叉功能，具有良好的业务适配性，还可为 OTN 网络提供灵活的电路调度和可靠的电层保护功能。

（3）OTN 光分插复用设备（fixed/reconfigurable optical add-drop multiplexer，FOADM/ROADM）。能够完成基于波长级的业务调度，和电交叉相比，调度容量更大，满足大规模网络的交叉调度需求。

（4）OTN 光电混合交叉连接设备。能够同时提供电层和光层交叉调度能力，是 OTN 电交叉设备与 OTN 光交叉的结合。

3. OTN 的业务能力

OTN 技术是目前电力通信网中最主要的光传送网技术之一，该技术主要应用于省际骨干传输网、省内干线传输网、地市传输网的骨干层、汇聚层，提供 $N \times 100$Gbit/s 或 $N \times 10$Gbit/s 线路速率。未来 OTN 技术将朝着大容量、长距离、灵活承载及业务调度等方向进行技术演进。

（三）数据通信网

数据通信网指由路由交换设备构成，基于网际协议（internet protocol，IP）和多协议标签交换（multi-protocol label switching，MPLS）技术提供各种数据、视频、语音等业务服务的综合性网络承载平台。随着新型电力系统业务的不断发展，数据通信网逐步通过新的网络技术来优化网络资源控制的灵活性、适应电力业务的差异化通信需求，在满足电力通信业务可靠传输和提高网络资源利用率的情况下，不断提高数据通信网的可靠性。

1. 数据通信网的新技术

数据通信网逐步向带宽化、智能化、业务 IP 化的方向发展，软件定义网络、网络功能虚拟化等技术逐步在数据通信网络开展应用。

（1）软件定义网络（software defined network，SDN）。该技术是由美国斯坦福大学提出的一种新型的网络架构，SDN 主要思想是将传统网络设备紧耦合的网络架构解耦成应用、控制、转发三层分离架构，并且通过标准化实现网络的集中管控和网络应用的可编程。

（2）网络功能虚拟化（network functions virtualization，NFV）。该技术是一种利用虚拟化技术来部署和管理网络服务的新技术，利用虚拟化技术将现有的网络设备，把网络功能从底层的物理硬件设备中解耦出来并迁移到虚拟平台上，最终以软件的形式实现在通用硬件设备上完成传统网络中私有、专用和封闭网元设备的功能。

2. 数据通信网的常见网元

数据通信网通常由路由器和交换机组成，通常交换机又包含三层交换机和二层交换机。

（1）路由器：指工作在开放式系统互连（open system interconnect，OSI）模型第三层的网络设备，连接数据通信网中各类局域网业务，根据信道的情况自动选择和设定路由，以最佳路径实现网络通信的设备。

（2）三层交换机指工作在 OSI 网络标准模型的第三层、具有部分路由器功能的交换机，一般在末端网络组网时使用。

（3）二层交换机指工作于 OSI 模型的第二层数据链路层的交换机，一般工作在数据通信网末端节点。

3. 数据通信网的业务能力

数据通信网具有灵活的业务承载能力，在链路路径足够多的情况下，有非常灵活的路由保障能力，承载电网公司管理信息大区业务，包括信息、语音、视频等业务。

二、配电通信网通信技术

与配电网相对应，广义上，配电通信网是按照支撑相应电压等级的配电网，可以分为低压配电通信网、中压配电通信网、骨干层配电通信网三层架构；狭义上，配电通信网是指承载 10（20）kV 及以下电压等级的配电网通信网和用电信息业务的电力通信专用网络。配电通信网作为电力系统骨干通信网络的延伸，按电压等级分为中压及低压通信层，按通信技术主要分为有线及无线通信技术。中压有线通信技术主要包括光纤、中压载波等，无线通信技术主要包括无线专网、第四代移动通信技术（4th generation mobile communication technology，4G）、第五代移动通信技术（5th generation mobile communication technology，5G）、无线局域网络（wireless fidelity，WiFi）、卫星通信等；低压有线通信技术主要包括低压 PLC、RS485 等，无线通信技术主要包括无线专网、4G、5G、远距离无线电（long range radio，LoRa）、微功率无线、WiFi、蓝牙、窄带物联网（narrow band internet of things，NB-IoT）等。以下介绍常用的几类通信技术。

（一）光纤通信

1. 以太网无源光网络

以太网无源光网络（ethernet passive optical network，EPON）是基于以太网的无源光纤网络技术。它采用点到多点结构、无源光纤传输，在以太网之上提供多种业务。EPON 系统由网络侧的光线路终端（optical line terminal，OLT）、用户侧的光网络单元（optical network unit，ONU）和光分配网络（optical distribution network，ODN）组成，下行方向（OLT 到 ONU）采用广播方式，OLT 发送的信号通过 ODN 到达 ONU，上行方向（ONU 到 OLT）采用 TDMA 多址接入方式，ONU 发送的信号只会到达 OLT，而不会到达其他 ONU。OLT 通过接入变电站内 SDH 或数据通信网设备经过骨干通信网接入配电自动化主站。

EPON 技术指标主要参照 DL/T 1574—2016《基于以太网方式的无源光网络（EPON）系统技术条件》执行，主要技术指标如下：

（1）传输距离。EPON 最大传输距离支持 20km。

（2）带宽。EPON 提供上、下行对称的 1.25Gbps 传输速率，由于编码问题及协议开销，实际速率小于 1Gbps。

（3）时延。EPON 系统的上行传输时延小于 1.5ms，下行传输时延小于 1ms。

（4）可靠性。从线路、设备和组网三个方面进行 EPON 系统可靠性分析。

1）线路可靠性。光纤不受电磁干扰和雷电影响，可以在自然条件恶劣的地区和电磁环境复杂的场合使用。

2）设备可靠性。接入网通信设备大多运行在户外，需保障能在恶劣天气下正常工作，并能抵抗噪声、雷电等强电磁干扰，保持稳定运行；OLT 主控板 1+1 冗余保护、上联口双归属保护、电源冗余保护等手段可提高 EPON 系统的可靠性；分光器为无源器件，设备的使用寿命长，工程施工、运行维护方便。

3）网络可靠性。EPON 系统中各个 ONU 与 OLT 设备之间通过无源分光器采用并联方式组网，任何一个 ONU 或多个 ONU 故障或掉电，不会影响 OLT 和其他 ONU 的稳定运行，可抗多点失效。

（5）网络安全性。光纤中传输的是光信号，光信号在传输过程中辐射非常小并且还未有技术能够通过光辐射解析信号，因此数据通过光纤传输安全性非常高。但是在 OLT 和 ONU 的光纤组网模式中因 OLT 是广播数据帧，所以为了防止不可信 ONU 收到数据帧，通过 EPON 的三重搅动功能保护下行数据。对于生产和管理大区业务主要通过部署两套独立的通信设备组网实现横向物理隔离，对于同一大区不同业务主要通过虚拟专用网络（virtual private network，VPN）技术实现横向逻辑隔离。

2. 工业以太网

工业以太网是配电通信网中常用的另外一种通信方式，在技术上遵循 IEEE 802.3 标准，可以在光缆和双绞线上传输；采用工业以太网交换机可直接连接至骨干通信网，同时，工业以太网交换机可构建双网络保护组网方式，满足业务高可靠性需求。以太网设备通过接入变电站内 SDH 或数据通信网设备经过骨干通信网，或者直接经过裸纤组网，接入配电自动化主站。

工业以太网交换机采用的元器件、接口全部达到工业级标准，主要性能指标如下：

（1）传输距离。工业以太网交换机传输距离可达 100km。

（2）带宽。工业以太网交换机的单个端口带宽接近 100/1000M；环网组网时，环上各个节点共享 100/1000M 带宽。

（3）时延。基于 Q/GDW 429—2010《智能变电站网络交换机技术规范》4.2 中的基本性能规范要求，传输各种帧长数据时交换机固有时延应小于 10μs；

4.2.10 规定，当采用环形网络时，采用快速生成树协议（rapid spanning tree protocol，RSTP）或多业务传送平台（multi-service transport platform，MSTP）恢复网络时每个交换机的最长时延不超过 50ms。

（4）可靠性。从线路、设备和组网三个方面分析工业以太网的可靠性。

1）线路可靠性。光纤不受电磁干扰和雷电影响，可以在自然条件恶劣的地区和电磁环境复杂的场合使用。

2）设备可靠性。从抗击恶劣环境上讲，工业以太网交换机的元器件、接口全部达到工业级要求，具有耐腐蚀、防尘、防水特性；工业以太网设备能够工作在更宽广的温度范围之内：−40～＋85℃；电磁兼容性达到工业级 EMC 标准。

3）网络可靠性。组网方面，采用环形组网方式保证传输系统可靠性。

（5）网络安全性。工业以太网通信是采用电信号传输，一般采用双绞线传输，因电信号易解析，所以需要在传输数据之前进行数据的加密，防止非法用户截取到关键数据。对于生产和管理大区业务主要通过部署两套独立的通信设备组网实现横向物理隔离，对于同一大区不同业务主要通过 VPN 技术实现横向逻辑隔离。

（二）中压电力线载波

中压电力线载波采用中压（10kV）配电网电力线为传输介质的通信方式，由主载波机、从载波机、耦合器及电力线通道组成。主载波机和从载波机之间采用问答方式进行数据传输，从载波机之间不进行数据传输。载波机通过耦合器将载波信号耦合到中压配电线路上实现数据传输，包括用于架空输电线路的电容耦合和用于电缆线路的电感耦合两种方式。电力线载波通信技术与配电网线路高度吻合。网络拓扑为一主多从方式，主载波机一般安装在变电站或开关站，从载波机一般安装于配电站或配电设施附近。

经过近 20 年的发展，中压电力线载波相关设备和标准均已完备，产业链相对完整，目前常用宽带电力线载波，主要性能指标如下：

（1）传输距离。在架空输电线路和地埋电力电缆条件下，中压宽带电力线载波通信点对点单跳传输距离小于 2km，通过中继组网可以实现整个变电区域覆盖。

（2）带宽。中压宽带载波通信传输速率可达 200Mbps 以上。

（3）时延。中压宽带载波通信单跳传输时延为 30～300ms。

（4）可靠性。中压载波通信技术的可靠性主要从设备和通信媒质两个方面进行分析。

1）设备可靠性。中压电力线载波设备采用工业化标准设计，可满足高温、高湿度、野外等相对恶劣的工作环境。

2）网络可靠性。中压电力线载波以电力线（缆）或屏蔽层为通信介质，受电网网架结构影响较大，难以适应中压电力线结构频繁变化。同时，虽然中压配电线路阻抗较稳定，但电线分支、架空地埋混合、负载等都会对通信稳定性产生一些影响，需要采取自适应控制技术提高系统可靠性。

（5）网络安全性：中压电力线载波仅提供奇偶校验等功能，利用配电线路传输数据、载波设备外置，可以分别承载第一类控制业务和第三类控制业务。

（三）电力无线专网

电力无线专网是指由电网公司投资建设的专属于自己的无线通信网络。无线专网组网灵活，节省有线通信线缆敷设成本，不受一次网架结构制约，适宜进行大面积覆盖，但基站选址、天线架高有一定难度。2018 年之前，电力无线专网运用最多的技术是 230MHz 数传电台，之后先后在多个省份试点推广了 230MHz 电力无线专网（long term evolution 230MHz，LTE 230MHz）、1.8GHz 电力无线专网（long term evolution 1.8GHz，LTE 1.8GHz）。

1. LTE 230MHz 电力无线专网

LTE 230MHz 电力无线专网通过先进的通信技术对 230MHz 频段重耕，并通过载波聚合技术，将频带内（连续和分散载波）或者频带间的带宽进行灵活组合，解决了无线频率使用效率问题，从而提高系统容量和性能。系统采用标准的 LTE 扁平化网络架构，可以降低组网成本，减少系统时延，增加组网灵活性。

2. LTE 1.8GHz 电力无线专网

LTE 1.8GHz 电力无线专网采用 1800MHz（1785～1805MHz）工作频段，凭借成熟的 LTE 标准和丰富的无线公网产业链，在建网成本方面较具备优势。

3. 电力无线专网架构

电力无线专网一般由核心网、回传网、基站、终端组成等组成，其架构图如图 8-4 所示。

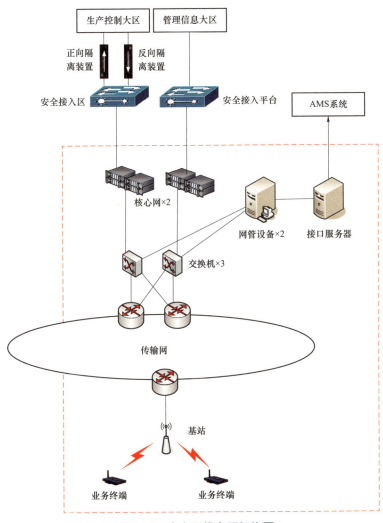

图 8-4 电力无线专网架构图

（1）核心网设备。负责终端鉴权认证、数据加密、IP 地址管理、移动性管理等，通过骨干通信网与业务主站通信。

（2）基站设备。作为无线网络的核心网元，提供有线和无线协议转换、无线资源管理分配、终端接入与控制等主要功能。

（3）无线专网终端模块。通信终端与电力业务终端相连接，配合基站系统传输电力终端的上、下行数据。通信模块的物理和协议规范均符合国网规约，可以直接内嵌于相应电力终端，减少实施的复杂度。

（4）无线专网网管系统。用于对无线网络的配置管理、性能管理、故障管理、软件管理等；并配置与终端通信网接入管理系统（terminal communication access network management system，AMS）的接口服务器。

4. 性能指标

（1）覆盖能力。LTE 1.8G 系统典型覆盖范围在密集城区 1.5km，城区 3km，农村 10km；LTE 230M 系统典型覆盖范围在密集城区达到 3km，城区 4km，农村 20km；IOT 230M 系统覆盖范围在密集城区 3.5km，城区 5km，农村 26km。

（2）频谱效率。LTE 230 系统采用自定义的 25ms 帧结构。LTE 230 系统的帧结构较长，系统开销较小，理论上频谱效率较高。LTE 230M 的平均频谱效率为 2.44bps/Hz。LTE 1.8G 平均频谱效率为 5bps/Hz。

（3）小区吞吐：以国网福建电力相关工程设计为例，LTE 230M 在 7MHz 带宽下，上行峰值速率 10.3Mbps，下行峰值速率 7Mbps；LTE 1.8G 在 5MHz 带宽下，上行峰值速率 5.23Mbps，下行峰值速率 4.3Mbps。

（4）传输时延：LTE 230M 的上、下行传输时延分别为 63ms 和 50ms，LTE 1.8G 的上行传输时延为 20ms 和下行传输时延为 70ms。

（5）设备可靠性。LTE 230MHz 通信系统处于试点阶段，在浙江海盐、福建晋江、江苏昆山等地进行试点应用，设备可靠性需进一步通过运行验证。LTE 1.8G 采用电力、石油、交通等行业的公共频段 1800MHz，设备厂商较多，各单位均具有一定数量的知识产权，通信行业已具备相关标准，产业链较为完整。设备成熟度相对较高，因为在电网应用也属于试点阶段，因此同样需进一步运行验证。

（四）无线公网 4G/5G

无线公网 4G 通信是集第三代移动通信技术（3th generation mobile communication technology，3G）与无线局域网（wireless local area network，WLAN）于一体，并能够传输高质量视频图像的通信技术。运营商 4G 网络采用正交频分多址（orthogonal frequency division multiple access，OFDMA）、软件无线电、智能天线、多入多出（multiple-input multiple-output，MIMO）等技术，理论上 4G 静态传输速率达到 1Gbps，高速移动状态下可以达到 100Mbps。与 2G、3G 相比，在网络扁平化、频率复用度及跨载波聚合能力方面均有所提升。目前 4G 是电力行业无线公网主流应用技术。电网公司基于运营商 4G APN、VPN 等技术，并通过在电力系统终端、主站侧部署安全防护措施，构建了 4G 无线虚拟专网，实现电力业务承载。

无线公网 5G 通信是一种具有高速率、低时延和大连接特点的新一代宽带移动通信技术。5G 以一种全新的网络架构，理论上可达到峰值 1Gbps 以上的带宽、毫秒级时延，及超高密度连接，提供了增强移动宽带（enhanced mobile broadband，eMBB）、超高可靠低时延通信（ultra-reliable low-latency communications，uRLLC）和机器类通信（massive machine type communication，mMTC）等三大应用场景，实现网络性能新的跃升。电网公司基于运营商网络切片及能力开放等技术，并通过在电力系统终端、主站侧部署安全防护措施，构建了面向电力行业的 5G 无线虚拟专网。5G 无线虚拟专网技术可分为软切片及硬切片，5G 软切片支持在 VPN 通道基础上基于业务优先级提供服务，可靠性略高于 4G 技术；5G 硬切片可实现时频资源完全独享，近似物理隔离，能更好保证通信通道可靠性。

三、配电通信技术经济适配分析

新型电力系统中，配电网的业务众多，场景多样，点多面广，配电通信技术也是百花齐放，并要求具备广覆盖和灵活接入的能力。配电网各类业务需求适配的通信技术可以有多种，并且各类技术及性能演进相对骨干通信网更快。如何在定性分析选择的基础上，根据配电通信网管理部门的关注重点，因地制宜、稳妥有序地选择技术适用、安全适配、经济高效的通信技术，需要有一个科学、客观、定量的评价体系和适配分析过程。对于配电通信网业务需求和通信技术特性的适配性分析，可以采用技术经济分析方法实现。

技术经济学作为一门应用经济学分支，研究对象、内涵边界等也一直在相应的调整和拓展，相应的学科方法体系也在不断发展和完善。21 世纪以来，我国从国际创新体系与创新激励政策、绿色创新与循环经济、国际技术转移与扩散、工程项目生态环境及社会评价等 4 个方向拓展了技术经济研究范围，形成了一套更为完善的研究方法体系，包括梳理模型类、运维规划类、概率统计类、均衡模拟类、成本收益类、制度分析类、演化博弈类等 7 类 28 种方法。技术经济评价体系的核心内容包括评价指标、权重系数和评分方法。

通过分析配电通信网业务通信需求和通信技术特性，提取其中的共同特性，结合技术经济分析方法体系，结合层次分析法（analytic hierarchy process，AHP）与低阶熵权法（low-order entropy weight method，L-EWM）对配电通信网开展规划建设技术经济分析。

（一）评价指标

影响配电通信网规划建设的主要因素可归纳为技术、安全、经济三个方面。其中技术性因素主要包括带宽、时延、接入能力、覆盖能力和可靠性，安全性因素主要包括防护体系和防护措施，经济性影响因素主要包括建设经济性和运维经济性。

综合考虑上述三方面影响因素，采用 AHP 设置三个一级指标作为准则层，一级指标分别是技术性指标、安全性指标和经济性指标。同时，进一步将一级指标细化分解为 9 个二级指标作为指标层，从细化的不同方面反映第一层目标层——技术经济评价的直接效果和间接效果。配电通信网规划技术经济分析指标体系如图 8-5 所示。

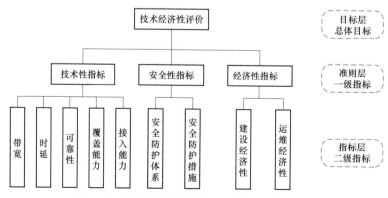

图 8-5　配电通信网规划技术经济分析指标体系

各二级指标的具体含义如下：

（1）带宽。通过带宽指标，反映某种通信方式带宽传输能力，与新型电力系统各类业务的通信带宽需求的匹配程度。一般通过波特率比较判断。

（2）时延。通过时延指标，反映某种通信方式的最大时延或时延范围，与新型电力系统各类业务的通信时延需求的匹配程度。一般通过比较时延范围判断。

（3）可靠性。通过可靠性指标，反映某种通信方式不会因为误码率或误比特率等原因造成通信中断的稳定通信能力。通常可以用百分比表示。

（4）覆盖能力。通过覆盖能力指标，反映某种通信方式的覆盖区域大小、深度覆盖水平。通常有区域覆盖和线性覆盖，区域覆盖主要衡量覆盖区域大小、深度覆盖水平，线性覆盖主要衡量覆盖距离。

（5）接入能力。通过接入能力指标，反映某种通信方式的灵活接入能力。对无线网络，主要与调度算法、可接入站点密度、频段带宽直接相关；对有线网络，主要与可接入终端的数量、便捷性有关，例如中压 PLC 相比无线网络接入不灵活，相比光纤网络可接入终端数量小，但中压 PLC 借助电力线，无线另外布防光纤，便捷性比光纤强。

（6）安全性指标。安全性指标包括安全防护体系和可采取的安全防护措施两个部分，综合衡量某种通信方式的安全性，从技术上，通过安全防护体系和可采取的安全防护措施衡量；从业务需求上看，通过业务的安全等级要求和所处的安全分区来判别。安全防护体系大多数由该通信方式的技术特性决定，安全防护措施可以通过对该通信方式特有的安全防护体系进行外部加固措施实现。

（7）经济性指标。经济性指标包括建设经济性和运维经济性两个部分，通过经济性指标综合衡量通信方式的经济性。建设经济性主要是采用某种通信方式建设所需软硬件的造价，运维经济性主要是指运维某种通信方式网络所需的运维费用。

（二）评价过程

1. 总体评价步骤

具体评价步骤如下：

（1）从业务通信需求分析，归纳并提出业务各类一级、二级指标属性要求；同时，初步设定一级指标的标度（权重值），确定每类通信指标的评价权重比例，并根据设定结果计算归一化一级指标标度（权重值）。

（2）从接入网通信技术分析，归纳并提出各类一级、二级指标的满足情况。

（3）根据业务通信指标的具体满足情况，分析并初步设定二级指标的标度（权重值）；之后对每个一级指标下的二级指标进行归一化计算，得出归一化二级指标标度（权重值）。

（4）对每种业务的单个二级指标属性进行归一化处理，得出最终二级指标权重值。

（5）针对每类通信方式，通过分析业务需求的相对匹配情况，对 1～7 二级指标取 1～9 的标度值；对于 8～9 二级指标，计算各类通信方式投资的比例，并根据比例采用 AHP 层次分析法中的计算标度（权重值）1～9，分别和最终二级指标权重进行乘积求和，确定每类通信技术的技术经济性匹配分析结果。

（6）根据技术经济的综合匹配值排序，结合业务分布特点等实际情况，得出每种业务类型的技术选择序列。

2. 主要评价步骤解析

在步骤（3）中，一级、二级指标之间，无法通过统一的定量分析方法取得标度（权重值）；在对每种业务的单个二级指标属性进行技术匹配打分时，对带宽、时延、接入能力、覆盖能力、可靠性、安全防护体系和安全防护措施等 1～7 二级指标中，也存在无法通过统一的定量分析方法取得标度（权重值）的情况，因此标度（权重值）的选取可采用 AHP，通过调研、专家评价等方法，分析得出 1～9 的标度值。因此，可先设定每个二级指标的标度（权重值）；然后，对每个一级指标下的二级指标，进行归一化计算，得到归一化二级指标标度（权重值），确保在已经确定的一级指标下的每个二级指标之间的评价平衡性，从而保证对各个二级指标评价的平衡性。针对建设经济性和运维经济性等 8～9 二级指标，可以通过可研估算计算投资金额的问题，可采用 L－EWM，先评估各类通信方式投资金额的标准化数据，得出各类通信方式投资的比例，根据此比例取得 1～9 的标度概数 i，再通过计算 $10-i$ 取得该通信方式在 AHP 层次分析法中的标度（权重值），这样可以有效地将造价分析具体数值和评价标度结合在一起，更加体现指标权重的科学性。

在步骤（4）中，根据步骤（1）和步骤（3）的结果，将归一化最终一级指标和归一化二级指标权重进行加权，得到反映指标真实评价效果的最终二级指标权重。

3. 一、二级指标权重设定

根据步骤（1）、步骤（3），需要初步设定一、二级指标权重，对于配电通信网的指标权重设置，可以通过调研、专家评价等方法设定。

（三）经济适配性分析及评价结论

按照上述评价指标体系，分别对每类通信技术对业务的适配性进行评价，就可计算出每类通信技术的技术经济性匹配分析结果的数值；按照数值由大到小排序，就得出新型电力系统每类业务的配电通信网技术方式选择顺序。可以结合业务分布特点、现有通信网络、队伍建设及运维经验等实际情况，根据配电通信网使用管理部门的关注重点，个性化设置评价标度（权重值）；在综合评价结果排序相近的几种通信方式中，针对具体的应用场景，优先选择合适的通信方式。

第三节　信息处理技术

随着新型电力系统的建设与发展，多元主体接入与新兴业务发展带来了海量数据的处理需求，数据处理的实时性和应用范围也向高频、海量逐步转变，传统电网以主站集中处理为主的数据处理方式无法适应源网荷储协同互动、实时响应的业务需求，新型电力系统信息处理逐步向边缘计算、云边协同等模式演进。

一、云计算技术

云计算是一种通过网络统一组织和灵活调用计算资源和服务的模式。美国国家标准与技术研究院对云计算的定义是，云计算是一种能够通过网络以便利的、按需付费的方式获取计算资源（包括网络、服务器、存储、应用和服务），并提高其可用性的模式，这些资源来自一个共享的、可配置的资源池，并能以最省力和无人干预的方式获取和释放。对用户来说，只需要通过互联网按需付费，即可访问和使用各种信息技术（information technology，IT）资源，而无需拥有、管理或维护实际的硬件和软件基础设施，更无需了解或掌握 IT 细节。

云计算基于虚拟化、分布式计算、分布式存储等技术，将分散的 IT 资源集中起来形成共享资源池，并以动态按需和可度量方式向用户提供服务。

（1）虚拟化技术实现实体 IT 资源的虚拟化、按需配置和分发。基于虚拟化技术创建服务器、存储、网络和其他物理机的虚拟表示，统筹管理并合理调配 IT 硬件资源和基础设施。虚拟软件模仿物理硬件的功能，在单台物理机器上同时运行多个虚拟机。分布式计算技术提高计算处理效率。

（2）基于分布式计算技术将待计算的大规模电力数据分区成小块，由网络中的多个计算机节点分别计算，再上传合并进行数据分析处理，从而节约整体计算时间，有利于实现新型电力系统秒级、微秒级等业务计算要求。

（3）分布式存储技术提高电力数据的存储效率和可扩展性。分布式存储采用可扩展的系统结构，利用多台存储服务器分担存储负荷，即将数据分散存储到多个存储服务器上，并将这些分散的存储资源构成一个虚拟的存储设备，即大规模存储集群，有利于提高电力数据的存储效率和存储容量的扩展。

云计算以云为基础对电力资源进行整合和协同，满足新型电力系统海量计算、控制需要；融合先进数字技术，沉淀源网荷储等新型电力系统各类资源和数据资产，实现"数据＋算力＋算法"赋能新型电力系统，提升大范围电力资源的共享互济和优化配置能力。

二、边缘计算技术

边缘计算着重解决传统云计算模式下，由于资源条件的限制，不可避免存在的高延迟、网络不稳定和低带宽问题。边缘计算是为应用开发者和服务提供商在网络的边缘侧提供云服务和 IT 环境服务，目标是在靠近数据输入或用户的地方提供计算、存储和网络带宽。边缘计算的关键技术主要包括边缘数据处理、计算卸载技术、移动边缘计算及其他相关技术。

（一）边缘数据处理技术

配电网测量设备易发生故障、噪声干扰、数据传输错误等现象，导致采集数据出现异常或缺失。为了提高配电网终端采集数据的质量、保证业务的可靠传输，同时尽可能缓解云端计算压力，需要在边缘侧对数据进行有效的清洗和压缩。

数据清洗是指在数据集中发现不准确、不完整和不合理数据，利用数理统计、数据挖掘和人工智能算法等技术，对数据进行异常值剔除和缺失填补以提高数据质量的过程。需要清洗的异常数据是指在平滑曲线上出现一个、几个连续或离散的明显尖锐点。数据压缩是一种删除数据中冗余信息，减少数据量并使其更有效地传输和存储的技术。在电力系统中，各类业务数据的压缩与恢复必须保证其数据的正确性和完备性。

数据清洗的难度随着被处理的数据维度增加而提升。在高维空间中进行全维分析时，数据变得稀疏，真正的离群值被多个不相关维度的噪声效应所掩盖，传统基于距离的算法、基于密度的算法不能非常有效地工作，面临维数灾难。关于高维数据异常的检测问题，目前采用的解决方法包括将数据映射到低维空间上做异常检测后再合并的方法、随机森林算法和反向最近邻方法等。

此外，对高维的配电网数据进行检测，计算量巨大，需要对其数据结构进行优化或者降维来进行降低复杂度的操作。线性降维可以使用主成分分析（principal component analysis，PCA），非线性则可以选择使用遗传算法、深度信任网络、自编码器（auto encoder，AE）等算法降维。AE 可通过重构误差的方式进行无监督异常检测，通过编码将高维数据的输入编码成低维的隐变量，再通过数据解码把编码后的隐变量作为输入，最后可解码成为高维的重构数据。

（二）移动边缘计算技术

传统的云计算服务将计算资源、存储资源和网络管理集中化，数据上传后由云计算中心来满足用户需求。然而，云服务器通常部署在远端的网络中心，长距离的海量数据传输可能会引起传输超时、频宽不足和隐私泄露等问题，上传数据到远端云中心处理并不契合终端的任务处理要求。移动边缘计算（mobile edge computing，MEC）通过将云计算架构的功能下沉到网络边缘，在靠近用户的基站、接入点部署融合网络、计算、存储、应用等核心能力的开放平台，实现以超低延迟和低能耗为特点的服务消费。MEC 一方面可以通过对高带宽业务的分流进而有效缓解核心网的拥塞，另一方面可以减少数据处理节点之间的链路距离，支撑计算密集型和时延敏感型业务，在一定程度上满足了 5G 的业务要求。

除此之外，边缘计算还涉及了网络技术、计算能力、智能算法、安全保障和管理调度等方面相关技术。

（1）网络技术。基于边缘计算网络技术体系，允许边缘节点快速、稳定地与中心节点进行通信，以便及时获取数据和传输结果。

（2）计算能力。边缘计算的硬件设备要具备高效的处理器和大容量的存储空间，使得边缘节点能够处理大量的数据和复杂的计算任务。

（3）智能算法。需要开发出适用于边缘节点的智能算法和模型，使得边缘节点能够根据实际情况进行智能决策和优化。

（4）安全保障。基于边缘计算安全技术，边缘节点处理的数据往往包含着用户的隐私信息和重要数据，保障边缘节点处理的用户数据不被泄露和篡改。

（5）管理调度。边缘节点的数量通常很大，分布范围广，要求基于边缘计算资源分配与任务调度优化技术，高效地管理和调度这些节点，以保证整个边缘计算系统的稳定运行和高效利用。

（三）计算卸载技术

作为边缘处理中关键技术之一，计算卸载技术是指终端设备将部分或全部计算任务交给云计算环境处理的技术，以解决移动设备在资源存储、计算性能及能效等方面存在的不足。计算卸载技术主要包括卸载决策、资源分配和卸载系统实现三方面。其中，卸载决策主要解决的是移动终端决定如何卸载、卸载多少及卸载什么的问题；资源分配则重点解决终端在实现卸载后如何分配资源的问题；对于卸载系统的实现，则侧重于移动用户迁移过程中的实现方案。

由于 MEC 服务器的资源并非是无限的,若任务都选择卸载至 MEC 服务器,就会面临和传统云计算一样的问题,造成通信资源和边缘服务器计算资源被抢占。因此可以考虑将云计算与 MEC 结合,充分发挥 MEC 服务器靠近用户侧和云服务器的丰富计算和存储资源的优势。实际通信中的资源有限,而多样化的应用场景和诸多类型的服务对服务质量(quality of service,QoS)的要求也不同。对通信资源进行合理分配不仅可以降低运营商成本,也可以提高资源的利用率,因此对计算资源、频谱资源、带宽资源和缓存资源等各种通信资源进行合理分配是提升 MEC 系统性能的关键。同时整个通信过程中使用到的资源不是单一的,不同资源间具有内在协同性,如何降低优化分配过程的复杂度也是解决资源分配问题时需要面临的挑战。

由于不同的边缘端设备的计算和存储能力不同,计算卸载决策的制定与边缘端的资源分配息息相关。在多用户场景中,存在多个用户将计算任务卸载到同一边缘端的情况,这些用户需要竞争无线带宽资源。此外,卸载到同一边缘端的计算任务需要竞争计算和存储资源。因此,如何分配网络、计算和存储资源,对计算任务卸载策略的制定有非常大的影响。同样边缘计算中对于资源分配的研究主要可以分为通信资源分配、计算资源分配、联合计算与通信资源分配三大类。

卸载决策是指用户体验(user experience,UE)决定是否卸载、卸载多少及卸载什么的问题。在卸载系统中,UE 一般由代码解析器、系统解析器和决策引擎组成,其执行卸载决策分为 3 个步骤:① 代码解析器确定什么可以卸载,具体卸载内容取决于应用程序类型和代码数据分区。② 系统解析器负责监控各种参数,如可用带宽、要卸载的数据大小或执行本地应用程序所耗费的能量。③ 决策引擎确定是否卸载。UE 卸载决策结果分为本地执行、完全卸载和部分卸载 3 种情况。具体决策结果由 UE 能量消耗和完成计算任务时延决定。卸载决策目标主要分为降低时延、降低能量消耗及权衡时延与能量三方面。

一旦完成了卸载决策,接下来就要考虑合理的资源分配的问题,即卸载在哪里的问题。如果 UE 的计算任务是不可分割的或可以分割但分割的部分存在联系,这种情况下卸载任务就需要卸载到同一个 MEC 服务器。而对于可以分割但分割的部分不存在联系的计算任务，则可以将其卸载到多个 MEC 服务器。目前资源分配节点主要分为单节点分配和多节点分配。单一节点的资源分配虽然实现了资源分配，但无法实现网络间的资源互补，容易产生负载失衡问题，因此，考虑在多节点间卸载计算资源成为提升卸载性能的主要途径。

在边缘计算网络环境中进行计算卸载的任务，不仅能减少移动端的计算压力和能耗，还能降低传输时延。但在移动性管理、安全性、干扰管理等方面依然面临很多问题与挑战。

三、云边协同技术

边缘计算和云技术并非相互独立，而是相辅相成的关系。云计算能够处理大量信息，并可以存储短、长期的数据。边缘计算脱胎于云计算，靠近设备侧，具备快速反应能力，但不能应付大量计算及存储的场合。在实际应用中，它们经常结合使用，以实现更高效、更智能的数据处理和管理。

（一）数据差异化传输技术

1. 数据类型差异化

对多元业务上送的数据类型进行优化，将部分类型的数据通过本地计算的方式，在本地进行预先处理，对于仅需要将处理结果上送至主站，减少细粒度的上送数据，实现针对不同业务数据类型的差异化上送。以电能质量检测业务场景为例，传统的上送数据范围包括功率、电量、电压、电流等采集数据及计算得到的线损等信息数据，存在一定的数据冗余，通过台区智能融合终端的边缘处理能力进行异常状态检测，仅对电能异常状态数据进行数据上送，实现数据的过滤处理。

2. 数据范围差异化

通过边缘节点的算力推演，将全数据上送优化为部分数据和推演结果上送，而剩余数据则无需上送。针对如光伏功率监测业务，通过少量分布式光伏的数据结合各设备的历史信息进行全局状态推演，台区上送数据主要包括台区总表及部分光伏电能表数据，其余电能表的数据由算力推演分析，实现针对不同业务场景上送范围的差异化。

3. 数据频次差异化

针对数据的重要程度，应合理设置上送数据频次，减少配电自动化系统及物联管理平台的处理压力，对于如配电自动化等较为重要的数据上送频次设为15min/次，对于如营配本地交互数据等较为次要的数据应以文件形式设为1天/次，实现针对不同业务场景上送频次的差异化。

（二）云边数据流优化技术

数据流优化包括数据流量和流向的优化，流量的优化主要目标是均衡通信网络负载并减少通信压力，流向优化主要解决业务数据传输到边缘节点或主站系统的决策问题，目的是减少主站处理压力并提高业务数据处理效率。数据流优化方案须遵循边缘节点布署状况和差异信息上送标准。不同场景的业务需求、拓扑结构、设备类型各不相同，数据流量的性能要求和数据流传输路径也存在差异。数据流优化分为对上送数据流和下行数据流的优化。

1. 上送数据流优化

上送数据流的优化包括对光伏监测数据流、电能质量监测数据流、故障处理数据流的优化。实现在数据源头进行数据清洗和去冗余，提高数据就近处理效率，减少通信和主站处理压力。对于光伏功率监测数据流优化，边缘处理节点选取部分光伏电能表进行数据采集，结合算力推演预测整体光伏出力上传至配电自动化系统。对于电能质量监测数据流优化，利用边缘节点的数据处理和计算功能就地进行异常状态分析，并将异常信息与计算结果上报至配电自动化系统。对于故障处理数据流优化，利用边缘节点在本地基于感知、监测的数据进行故障识别、故障处理，并就地实现故障隔离和故障恢复，同时将故障信息形成报告并向物联管理平台上送报备。

2. 下行数据流优化

下行数据流的优化主要针对有功调控指令和电压调节指令的高效下发。主站不直接面向电压和有功功率调节装置，而是向边缘节点下发总体调节目标曲线，边缘节点根据主站下发的目标曲线生成具体调节策略并分发至逆变器、无功补偿装置等。通过这种方式，边缘设备可高效就地接入风力、太阳能等清洁能源以及电采暖、充电桩等多元化负荷，并优先进行就地的资源有序调度，平衡能源负荷。

（三）云边协同技术应用

1. 台区区域自治

台区是电网中的基本管理单元，通常由一个或多个配电变压器及其附近的用户组成，遵循"一个变电站区域一个终端、云端和边缘端协议标准化"的原则，以终端为核心，建立新型的变电站自治系统，优化对内、对外的控制流，满足各种业务应用的需求。

在台区场景中，综合考虑负荷特性、分布式电源接入情况、源荷可控性、一次系统结构等因素，按照分布式光伏的渗透率、是否参与调峰需求，台区可以分为低渗透率、中高渗透率但未参与调峰、中高渗透率且参与调峰三种类型。

低渗透率台区主要适用于城市地区台区、工商业用户台区等场景，分布式光伏渗透率较低，网架以辐射形（含低压交流互联）、电缆线路等为主，实现台区可观可测、协同自治、日常检修操作安全、调度运行监测等。中高渗透率但未参与调峰台区主要适用于学校、医院、工业园区等场景，分布式光伏渗透率达中高水平，柔性负荷数量增加，存在自发自用余电上网情况，网架以辐射形（含低压交流互联）、电缆线路等为主，实现台区可观可测可控、新能源消纳、分布式光伏可控、柔性负荷控制、反送电力潮流分析等。中高渗透率且参与调峰台区主要适用于整县光伏地区台区、工业园区等场景，分布式光伏渗透率达中高水平，存在规模化上网电量，通过电力市场参与调峰，网架以辐射形（含低压交流互联）、发射式、柔性互联结构等为主，实现台区可观可测可调可控、台区自治、光储一体化调节等。

台区自治等主要应用的控制流主要通过智能化技术和自动化控制系统对台区内电能的供需平衡、电压、频率等进行管理和控制的过程。其主要目的是实现台区可观可测，按需推动可调可控，提高各类台区电网的供电质量和效率，减少电能浪费和损耗，并支持新能源的接入消纳和智能化应用。其关键技术包括传感器技术、数据通信技术、数据处理与分析技术、智能算法和自动化控制技术等。通过这些技术手段，台区控制流可以实现对台区内电网的实时监测、优化调控、故障诊断、新能源消纳、柔性负荷控制、反送电力潮流分析等应用。

对内控制主要是针对台区内可控负荷、新能源等新要素的接入，以及电能的供需平衡、电压、频率等进行管理和控制，保证台区内的电能质量和稳定性。对内控制包括以下方面：

（1）供需平衡控制。通过对台区内负荷和电源的实时监测和预测，采用自适应控制策略，实现供需平衡控制，避免电能浪费和损耗，提高能源利用效率。

（2）电压控制。通过对台区内电压的实时监测和调节，保证电压稳定在合理范围内，避免过高或过低的电压对电器设备造成损害。

（3）频率控制。通过对台区内频率的实时监测和调节，保证电网的频率稳定在标准频率范围内，避免频率波动对电器设备造成损害。

对外控制主要是针对台区与电网之间的能量交互和通信交互进行管理和控制，以保证城市电网的稳定性和可靠性。对外控制包括以下方面：

（1）电能质量控制。通过对台区与电网之间的电能质量进行监测和调节，保证台区与电网之间的电能交互质量符合相关标准，避免电能交互对电网稳定性造成的影响。

（2）通信控制。统一通信规范，实现台区系统与电网之间的实时数据传输和通信交互，保证数据的准确性和及时性，为电网的管理和调度提供准确的数据支持。

（3）安全控制。强化台区系统与电网之间的安全管理和控制，保障城市电网的安全和稳定运行。

2. 微电网区域自治

微电网作为典型的自治单元，是由分布式电源、储能装置、用电负荷、配电设施、监控和保护装置等组成的小型发配用电系统，具备与电网联网运行、并离网切换与孤岛运行能力，能够对内以微电网控制中心为核心，实现自平衡、自管理、自调节功能；对外参与电力市场、辅助服务等，实现调控管理。微电网场景需要统筹考虑资产归属、所属地域、运行方式和一次网架特征等维度进行分类。

（1）以资产归属划分。

1）公有微电网。公有微电网要统筹考虑电网网架、供电能力、应用场景、

自然资源、分布式能源与储能建设情况等，以优化用户安全可靠供电、服务电网安全稳定运行为主，适用于城市微电网、农村微电网、海岛微电网等场景，其中集中式/分布式/共享储能、微电网能源管理系统等统一由电网公司进行规范化建设，实现微电网能源管理、配微协同交互、微电网离网运行、微电网安全监测等。

2）私有微电网：私有微电网主要由各类终端用户、各类能源运营商、聚合商、服务商等市场主体进行投资建设，通过灵活聚合可调节负荷、储能、电动汽车等多种要素，以降低用户用电成本、参与市场响应为主，适用于城市微电网、园区微电网、工商业微电网等场景，并且每个微电网都配备有微电网能源管理平台进行能量流、数据流、业务流的管理，实现区域能源管理、电力市场辅助服务、能源交易、微电网离网运行等。

（2）以所属地域与运行方式划分。

1）并网型微电网。微电网绝大部分属于并网型微电网，具备并离网切换与独立运行能力，适应于城市、农村、海岛等大部分地区微电网，不同地区之间在采集感知（尤其是最小化终端部署原则等工作）、通信网络等存在不同，能够实现微电网能源管理、配微协同交互、电力市场辅助服务、能源交易、微电网并离网切换、微电网安全监测等。

2）离网型微电网。离网型微电网主要适用于农村、海岛等"高海边无"等小范围区域，在运行控制上以满足区域能源自平衡、自管理、自调节为主。

3. 供电网格区域自治

网格自治是以自治的方式对分布式资源的控制和监测集成到本地电网系统，以更加高效地监控和管理能源的使用和分配。以虚拟供电网格自治模块为核心，通过部署远程工作站的方式实现网格的故障处理、电压控制、有功自治和协同控制，支撑营配调规多专业融合网格化管理。根据网格的地区特征，可分为城区网格自治、农村网格自治、岛屿网格自治、工业网格自治四种。

（1）城区网格自治。城区网格自治主要适用于城市核心区、城市综合区等网格场景，分布式光伏渗透率较低，具有商业、居民、医院、学校、储能、电动汽车等多种负荷，用户可靠性及电能质量要求均较高，以潮流控制、故障处理、精准负荷控制、储能调控、网荷储协同互动等应用为主。

（2）农村网格自治。农村网格自治一般以居民和农业生产为主，对供电可靠性要求不高，分布式新能源渗透率因地存在不同，本书重点突出分布式新能源渗透率高的农村网格场景，以潮流控制、故障处理、分布式新能源调控、储能调控等应用为主。

（3）岛屿网格自治。岛屿网格自治以居民、农业、分布式新能源、储能等复合型需求为主，对于岛屿重要负荷、场所进行重点保供电，主要以岛屿源网荷储协同互动、故障处理、分布式新能源调控、储能调控等应用为主。

（4）工业网格自治。工业网格自治适用于产业园区网格场景，以工商业综合负荷为主，对电能质量和可靠性均具有个性化要求，主要以潮流控制、故障处理、负荷动态分析、配电设备监测、配电环境监测等应用为主。

第九章 多时间尺度灵活调节 能力构建技术

电力供需的实时平衡是电力系统运行的基本要求。系统调节能力主要指在不同时间尺度上维持电力系统供需平衡、匹配电力需求变化的能力，其主要来源为常规电源、储能、可调节负荷等。随着电力系统中新能源占比加大，新能源发电的波动性、间歇性特征导致供需平衡更加困难，因此灵活调节能力构建是新型电力系统建设的重要课题之一。电力系统在不同时间尺度下的调节需求如表 9-1 所示。一般而言，系统调节能力指系统整体的有功平衡能力。局部电网的无功电压调节和潮流调节，也可以视为一种广义的调节机制，但不在本章重点讨论范围之内。

表 9-1　　　　　　　　　　电力系统在不同时间尺度的调节需求

项目	短时		中短时		长时	
时间尺度	毫秒级	秒级	分钟级	日级	周级	季度级
调节类型	稳定支撑	调频	负荷跟踪	日内调峰	周调峰	季调节

提升系统调节能力的主要措施主要包括三类：① 提升常规电源调节能力，如火电深度调峰改造、增加燃气电源占比等。此类措施从根本上提升了电力供应侧的灵活性，可实现中短时至长时调节能力提升。② 配置储能电源，如电化学储能、抽水蓄能、压缩空气储能等。此类措施通过电力的存储和释放提升电力供需的匹配能力，但考虑电力存储总量存在限制，因此主要针对短时至中短时调节能力提升。③ 调动需求侧调节能力，如需求侧响应、电动汽车有序充放电等。此类措施通过挖掘电力需求的灵活性实现电力供需匹配，但考虑用

电需求存在刚性特征，需求侧响应大多为中短时的负荷转移，主要针对短时至中短时调节能力提升。

通过优化整合本地电源侧、电网侧、负荷侧资源要素，以储能等先进技术和体制机制创新为支撑，促进源、网、荷、储多元资源友好互动、深度协同，能够实现电网运行水平及能源利用效率的有力提升。首先要研究系统调节能力需求评估技术。准确评估调节能力需求是电力系统调节能力提升的重要前提，统筹开展电力负荷的波动和不可控新能源出力的波动评估，从而精确计算系统调节能力需求，奠定调节能力建设基础。其次要研究考虑灵活资源的电网规划技术。一方面，在开展电网规划工作时，需充分考虑需求侧资源响应能力的发挥，提升电网规划工作的技术经济性；另一方面，需合理布局多类型储能资源，充分发挥多时间尺度储能调节作用。最后要研究源网荷储一体化调控技术。优化整合电源、电网、负荷等多侧资源，采用柔性梯级策略充分调用多元资源灵活调节能力，为电力系统安全稳定运行提供可靠保障。除上述技术外，源网荷储一体化商业模式同样是系统调节能力构建的关键要素，第三篇政策机制篇中将针对需求侧响应、辅助服务市场等商业模式进行详细论述。

第一节　系统调节能力需求评估

准确评估调节能力需求是电力系统调节能力提升的重要前提。新型电力系统调节能力需求主要有两类来源，分别为电力负荷的波动和不可控新能源出力的波动。新能源出力可以视作负值负荷处理，从而测算电力系统"净负荷"，统筹评估两者带来的系统调节能力需求。

一、新型电力系统净负荷分析

（一）负荷特性

电力系统负荷特性主要由社会生产、生活习惯决定。负荷特性总体上较为稳定，但也会随着经济、社会和技术发展而逐渐演变。一般而言，年负荷特性主要受到气温和降温负荷影响，热带和亚热带地区呈现夏季单峰，拉动因素为夏季降温负荷；温带地区则呈现冬、夏双峰，拉动因素为夏季降温负荷和冬季采暖负荷。我国南方某省级电网年负荷特性曲线见图9-1。

图9-1　我国南方某省级电网年负荷特性曲线

日负荷特性主要呈现"一峰一谷"或"多峰一谷"的形态，其中高峰主要出现在中午、下午或上半夜，低谷主要出现在凌晨。产业结构变化、降温负荷和电动汽车负荷是未来日负荷特性演变的主要驱动因素，主要体现在以下方面：连续生产的第二产业（工业）负荷倾向于减少电力峰谷差，而第三产业负荷的发展则倾向于增大电力峰谷差；气候变化和极端高温带来的降温负荷倾向于延长夏季高峰时段拉长；电动汽车充电负荷倾向于抬高晚高峰的负荷水平。

负荷的日内峰谷差是系统调节能力需求测算的主要考虑因素之一。随着系统最大负荷的增长，若峰谷差率保持不变，则峰谷差绝对值将等比例增长。某省级电网日峰谷差变化趋势如图9-2所示。

图9-2　某省级电网日峰谷差变化趋势

（二）新能源出力特性

1. 光伏发电

光伏发电出力特性整体随日出日落而周期性变化。虽然受到天气影响，但总体而言，光伏电源仅在日间发电，并在正午达到最大出力，与电力负荷高峰基本匹配（见图 9-3）。在光伏装机占比较低时，光伏出力有助于支撑午高峰负荷的供应。但是，随着光伏装机占比不断增加，光伏占比超过30%以后，可能导致午间净负荷形成低谷，但晚高峰负荷依然存在，为系统带来额外的调节压力（见图9-4）。

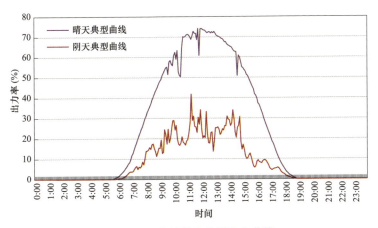

图9-3　光伏发电典型出力曲线

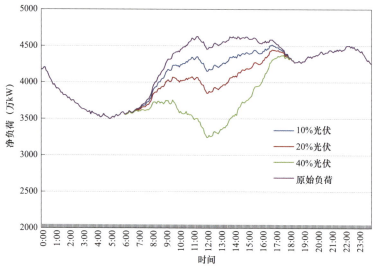

图9-4 光伏发电对净负荷曲线的影响

　　单一场站的光伏发电曲线受天气影响可能出现较大幅度的波动，但考虑区域电网光伏电源分布较为分散，系统光伏总出力由于汇集效应波动性明显减少，一般不会出现特别严重的短时大幅波动。但需要关注单一大型集中式光伏出力波动对局域电网电压稳定的影响。

　　2. 风力发电

　　风力发电受区域天气形势影响显著，尤其是我国大部分风资源丰富的地区为季风性气候，风电出力波动性、间歇性显著。某海上风电场盛风期出力时序曲线如图9-5所示。从季节特性上看，我国东南沿海海上风电受季风气候影响，

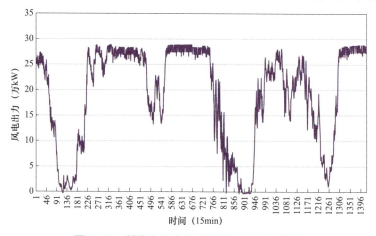

图9-5 某海上风电场盛风期出力时序曲线

夏季负荷高峰期总体出力较小，而秋冬季则出力较大，且全年均可能出现多日持续大风或多日持续小风的显著间歇性。从日内特性上看，风电出力波动随机，没有固定的昼夜规律，可能出现"逆调峰"特性（见图9-6），即夜间负荷低谷时风电出力大，导致系统发电过剩；日间负荷高峰时风电出力小，导致系统发电不足。

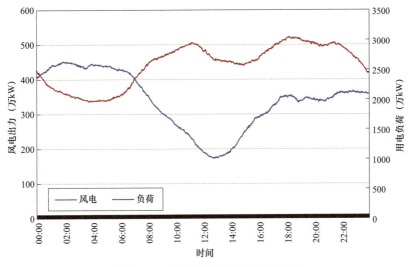

图9-6 风电逆调峰时序曲线示例

风电出力显著的间歇性和波动性对电网调节带来较大困难，尤其在风电高占比场景下，连续多日大风可能导致电力长期过剩，反之则可能导致电力长期不足，需要更长周期、更大容量的调节资源支撑风电出力和用电负荷的相互匹配。

（三）净负荷曲线

总用电负荷叠加新能源出力后的负荷曲线即可视作电力系统的净负荷。净负荷曲线的波动性在很大程度上反映了电力系统对调节能力的需求。通过对净负荷曲线进行频域分解，可以得到不同频段信号的曲线（见图9-7），从而显示净负荷的短时、中等时间尺度和长时波动性特征，这些波动性特征可以进一步用于量化分析相应的系统调节需求。

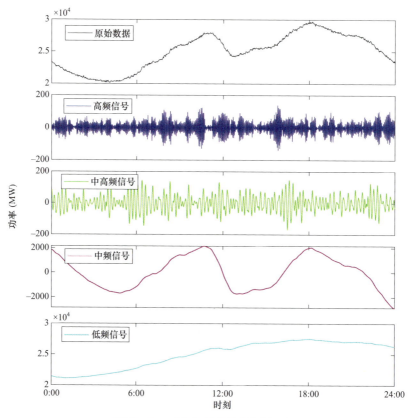

图 9-7　对净负荷曲线的频域分解

二、系统调节需求评估

系统调节需求按不同时间尺度分类可以分为惯量支撑需求、调频需求、爬

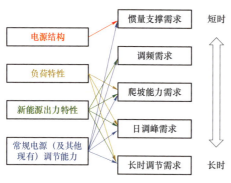

图 9-8　电力系统调节需求评估总体思路

坡能力需求、日调峰需求和长时调节需求五个大类。系统调节能力是否充足，需要根据电源结构、负荷特性、新能源出力特性等因素，经过特定的测算方法决定。电力系统调节需求评估总体思路如图 9-8 所示。以下分别对不同类型调节能力需求的评估测算方法进行介绍。

（一）惯量支撑需求评估

电力系统惯量用于表征系统在有功扰动初期抑制电网频率变化的能力。传统电力系统惯量主要来自同步发电机转子的旋转质量，通常用惯性时间常数 H 作为量化指标，其物理意义为转子在额定转矩的作用下，转速从零升高到额定转速值的一半时所用的时间。系统惯性时间常数越大，表明系统在出现有功扰动时频率变化越慢，频率稳定性越好。

由电力系统惯量定义可知，系统惯量需求本质上是对系统频率稳定性的需求。频率稳定性是指电力系统受到有功扰动后，系统频率变化保持在允许的范围内并有序恢复的能力，主要评价指标之一是最大频率变化率 $RoCoF_{max}$，与系统惯性时间常数 H 的关系可表示为

$$H = \frac{\ddot{A}P_d}{2RoCoF_{max}} \tag{9-1}$$

式中：$\ddot{A}P_d$ 为系统功率扰动。一般认为系统最大频率变化率 $RoCoF_{max}$ 不宜大于 $0.5Hz/s$，系统频率扰动 $\ddot{A}P_d$ 取系统最大负荷的 $8\% \sim 10\%$，由此可得系统惯性时间常数不宜小于 $4 \sim 5s$。

对于含新能源及储能的电力系统，其惯性时间常数可通过同步电源、新能源机组与储能的加权和得到

$$H_{sys} = k_g H_g + k_{vir} H_{vir} + k_B H_B \tag{9-2}$$

式中：k_g、k_{vir}、k_B 分别为同步机、新能源及储能的装机占比。H_g、H_{vir}、H_B 分别为同步机的惯量时间常数和新能源、储能的等效惯量时间常数。其中，火电、核电等汽轮发电机惯性时间常数通常为 $9 \sim 10s$，水电、抽蓄等水轮发电机惯性时间常数通常为 $8 \sim 9s$。新能源电源在最大功率跟踪控制模式下，惯量时间常数为 $0s$；在附加虚拟惯量控制策略的情况下，根据具体的控制策略测算其等效惯量时间常数。储能在电网频率扰动过程中可以提供更持续的功率支撑。基于储能控制策略、电网频率变化情况等因素，建立电池功率响应与同步机旋转动能之间的等效关系，可以计算储能提供的等效惯量时间常数。

当电力系统中新能源占比高，且新能源大出力导致更多常规电源停机时，根据式（9-2），若新能源未提供虚拟惯量，则系统惯性时间常数将大幅降低。

考虑新能源大出力的运行方式,当新能源装机占比大于 30% 时,系统惯量可能小于 5s;新能源装机占比大于 50% 时,系统惯量可能小于 3s。上述情况下,可通过增加储能配置或新能源虚拟惯量控制策略,以提升系统惯量水平。

(二)调频需求评估

系统调频需求可以分为一次调频需求和二次调频需求。一次调频指系统频率变化时,各机组通过调速系统自发进行功率调节以减小频率偏差,是一种有差调节。二次调频需要根据频率偏差大小,人为调整原动机阀门开度改变机组出力,可以实现无差调节。

总体而言,调频需求表征跟踪负荷和新能源功率短时快速波动的能力需求。负荷和新能源的波动性可以通过一定时间时长、高采样频率(如秒级)的净负荷时序曲线进行估算。同时,可以采用频域分解方法提取净负荷曲线的中高频分量,便于测算其短时波动的量化特性。

调频需求可分为调频功率需求和调频速率需求两类。令 P_{net}^{Ti} 为净负荷曲线的中高频分量,则系统调频功率需求 P_{reg} 可估算为

$$\max \mathrm{d}P_{net}^{Ti} = \max[P_{net}^{t1}(t)] - \min[P_{net}^{t1}(t)], t \in T_i \qquad (9-3)$$

$$P_{reg} \approx \max[\max \mathrm{d}P_{net}^{Ti}], T_i \in T \qquad (9-4)$$

式中:T_i 为采样总时段中的任一小时级时段;$\max \mathrm{d}P_{net}^{Ti}$ 为该小时级时段中净负荷中高频分量的最大波动量。系统调频功率需求可取所有小时级时段中净负荷最大波动量的最大值。

系统调频速率需求 $\mathrm{d}P_{reg}$ 可估算为

$$\mathrm{d}P_{reg} \approx \max[P_{net}^{t1}(t) - P_{net}^{t1}(t-1)] \qquad (9-5)$$

系统调频功率需求和调频速率需求分别表示系统应具备多大的调频电源容量和调频电源爬坡速率。当调频能力不足时,系统需要投入更多的调频电源以保障系统频率稳定。

(三)爬坡能力需求评估

系统爬坡能力需求与调频速率需求类似,表征系统调节资源的功率变化速

率是否足以匹配净负荷变化的速率。两者的区别是，爬坡能力所涉及的时间尺度更长，需覆盖分钟级到小时级（日内）的净负荷波动。日负荷曲线主要爬坡时段如图9-9所示。除了分钟级的短时波动，在小时级时间尺度上，爬坡能力需求主要包括早高峰前后上爬坡、凌晨前后的下爬坡及新能源出力大幅变化导致的其他净负荷爬坡等。具体爬坡能力需求可以通过净负荷曲线直接测算。

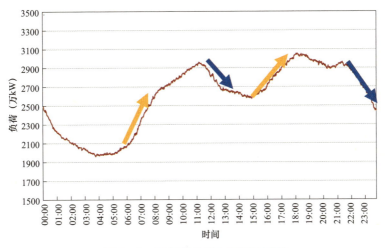

图9-9　日负荷曲线主要爬坡时段

常规机组出力调节是系统爬坡能力的主要来源，一般而言燃煤电厂爬坡能力为2～3%/min，燃气电厂（单循环）为20%/min，水电为50%/min，而储能电站可在2～3s内实现满功率充放电切换。爬坡能力不足的问题一般出现在新能源占比很高的电力系统中。增加配置储能、抽蓄和燃气电源配置是提升爬坡能力的主要措施。

（四）日调峰和长时调节需求评估

日调峰和长时调节需求计算的主要目的是分析系统能否同时满足中长时间尺度内负荷高峰和负荷低谷的供电，并留有适当的上、下调节备用裕度。上述计算需要考虑负荷特性、新能源特性、常规机组启停、机组最大和最小技术出力、储能及抽水蓄能出力等因素。

以日调峰为例，其主要计算方法有两类：

（1）表格计算法：通过表格列出最大和最小负荷时刻的电力需求和各类电源出力情况，根据电源技术特性安排其开机和发电出力。新能源电源一般视为不可调节电源，可等值为负值负荷参与计算。在系统调节能力充足的情况下，应同时满足最大负荷时刻和最小负荷时刻的电源出力上下限约束，同时留有适当的上、下调节备用。上述任一条件不能满足，则表示系统调节能力存在缺口。一般而言，考虑新能源电源逆调峰特性加大了净负荷的峰谷差，日调峰能力不足主要表现为负荷低谷时发电功率过剩，即所有可调节电源运行在最小技术出力，发电功率仍大于低谷电力需求。

（2）电力系统生产模拟法：通过生产模拟软件模型，自动测算一段时间内的电源出力安排，形成与净负荷匹配的各类型电源出力曲线。根据测算结果，若任一时间点电源出力超出最大或最小技术出力，或上、下调节备用不足，则说明系统调节能力存在缺口。

长时调节需求的测算可以采用与日调峰测算类似的方法，即通过表格平衡或生产模拟软件自动计算。提升中长时间尺度调节能力的主要措施是常规电源深度调峰改造或配置抽水蓄能等调节电源。电氢转换等新型灵活调节技术也是未来能源电力系统研究的重点方向。

第二节　考虑需求响应能力的电网规划技术

电网规划是电力系统灵活调节能力提升的重要基础。传统电力系统规划仅考虑供应侧资源。随着灵活性负荷资源规模化发展，需求响应机制逐步展现活力。将可响应需求侧资源纳入电网规划考虑因素中，能够在提升供需双侧资源的高效性、经济性的同时，缩减系统成本，实现资源优化配置及全社会能效提升。

一、考虑多元负荷耦合的需求预测技术

负荷预测作为电力系统规划的首要前提，经过多年的发展已逐渐形成多种成熟技术，现有的预测方法主要可分为经典预测方法和人工智能算法两大类。

经典预测方法根据负荷历史数据及相关影响因素建立确定性数学模型对负荷进行预测。基于人工智能的预测方法可通过对样本数据的分析和训练发现其内在的数学关系，无需建立准确的数学模型，适用于具有较强非线性、波动性、随机性的电力负荷。目前，考虑多元负荷耦合的需求预测关键技术主要包括以下几类：

1. 多元负荷分析及需求评估技术

通过对电、气、冷、热等多种类型用能负荷特性分析，建立多元化负荷特性曲线；拓展可调节资源范围，梳理挖掘优质、经济、自愿的可控负荷资源，重点从工业用户、电采暖锅炉、冰蓄冷空调、用户侧储能设备、智能楼宇、电动汽车、智能家居等方面着手，建立可控负荷资源库。

2. 多元负荷耦合机理研究技术

基于不同类型负荷特性，研究多元负荷间相互影响关系，提取关键因素，分析多种用能需求与多种用能形式相互转化策略，形成多元负荷耦合机理。

3. 基于人工智能的多元负荷联合预测技术

基于人工智能技术开展多元负荷联合预测，将负荷的数据和电网数据进行融合共享，利用智能传感、电力物联网、非侵入式负荷分离等技术，对多元负荷进行精准感知和辨识；利用无监督机器学习技术，对海量用户历史数据进行综合分析，实现用户行为和需求响应潜力分析；利用深度学习技术，融合分布式新能源、电网和各类负荷数据，实现对多元负荷的准确感知和预测。

二、变电容量优化规划

（一）需求侧梯级响应潜力挖掘

能有效参与需求侧响应的柔性负荷主要包括商业、办公等场所的中央空调负荷，轻工业和重工业中的柔性负荷，电动汽车大规模推广产生的充换电负荷，用户侧用于新能源消纳、可靠供电等目的的储能负荷。

1. 空调负荷资源可响应能力

针对空调负荷的调节，主要考虑居民或办公用分散式空调和公用建筑大型中央空调，通过远程信号发送给终端的空调智能控制器，每台变频空调利用改变设定温度或压缩机频率的方式以调整自身负荷。空调负荷调节潜力分析如图 9-10 所示。

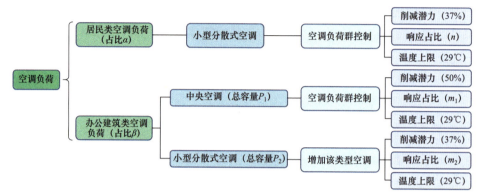

图 9-10　空调负荷调节潜力分析

空调负荷削减潜力计算公式为

$$\Delta P_{\text{air}} = P_{\text{air}} J_{\text{air}} \qquad (9-6)$$

$$J_{\text{air}} = 0.37\alpha n + \beta \left(0.5 m_1 \frac{P_1}{P_1 + P_2} + 0.37 m_2 \frac{P_1}{P_1 + P_2} \right) \qquad (9-7)$$

式中：ΔP_{air} 为空调负荷削减潜力；P_{air} 为空调负荷；J_{air} 为空调负荷削减比例；α、β 为分类用户空调负荷占比；n、m_1、m_2 分别为分类用户响应占比；P_1、P_2 分别为分类空调设备总容量。

2. 电动汽车充电负荷资源可响应能力

通过对有序充电、群控充电及 V2G 等技术策略进行定性、定量分析，可评估测算电动汽车充电负荷调控潜力，主要可划分为削减潜力及填谷潜力两类。

（1）削减潜力。

$$\Delta P_{\text{EVc}} = P_{\text{EVc}} J_{\text{EVc}} \qquad (9-8)$$

$$J_{\text{EVc}} = e\gamma + \delta \left(0.5 d_1 + d_2 \frac{P_4}{P_3} \right) \qquad (9-9)$$

式中：ΔP_{EVc} 为电动汽车充电负荷削减潜力；P_{EVc} 为电动汽车充电负荷；J_{EVc} 为电动汽车充电负荷削减比例；γ、δ 分别为分类充电桩充电负荷占比；e、d_1、d_2 分别为分类充电桩响应占比；P_3、P_4 分别为快充桩、V2G 设备总容量。

（2）填谷潜力。

$$\Delta P_{\mathrm{EVd}} = P_{\mathrm{EVc}} J_{\mathrm{EVd}} \qquad (9-10)$$

$$J_{\mathrm{EVd}} = 0.4 e\gamma + \delta\left(0.5 d_1 + d_2 \frac{P_4}{P_3}\right) \qquad (9-11)$$

式中：ΔP_{EVd} 为电动汽车充电负荷填谷潜力；J_{EVd} 为电动汽车充电负荷填谷比例。

3. 工业资源可响应能力

以钢铁冶炼、水泥制造、机械制造分别代表混合型、错峰型、离散型等典型工业生产流程及用电设备的特性进行分析，评估测算行业负荷可响应潜力。

$$\Delta P_{\mathrm{ind}} = \sum_{i=1}^{n} P_i J_i \qquad (9-12)$$

式中：ΔP_{ind} 为工业负荷削减/填谷潜力；P_i 为企业 i 负荷总量；J_i 为企业 i 的负荷削减/填谷比例。

不同行业负荷可调控比例存在差异，主要差异如下：

（1）混合型生产行业（钢铁冶炼）。多数钢铁行业企业都会有一定比例可中断运行的生产设备，例如轧钢生产环节的用电设备均可以削减用电甚至是中断用电。相关资料表明，钢铁企业能够削减/填谷的负荷比例在 10% 左右。

（2）离散型生产行业（机械制造）。机械行业企业除电炉炼钢的保温用电与冷却用电以外的电弧炉等生产设备均能够削减用电，中频炉等用电设备也能够适当中断用电，具有较大的削峰填谷潜力，占比 10% 左右。

（3）错峰型生产行业（水泥制造）。根据对水泥企业主要用电设备和工艺的分析，熟料生产线可中断负荷占总生产负荷的 70%，负荷削减比例 70% 左右，填谷比例 50% 左右。

（4）工业实时调控负荷。工业实时调控资源主要为辅助生产负荷、温控负荷、储能类负荷，占总负荷比例约为 10%。

4. 储能资源可响应能力

储能削减/填谷模型计算公式为

$$\Delta P_{\mathrm{ESS}} = \frac{\tau_{\mathrm{ESS}} \sum\limits_{i=1}^{n} S_{\mathrm{ESS}i}}{t} \qquad (9-13)$$

式中：ΔP_{ESS} 为区域储能负荷削减/填谷潜力；S_{ESSi} 为区域内用户 i 的储能容量；τ_{ESS} 为区域储能出力系数，与区域内需求侧储能充放电策略相关，估算出力系数时，可选取电网典型日高峰负荷期间需求侧常态化运行下的储能剩余容量与需求侧储能总容量比值进行估算；t 为区域电网高峰负荷削减持续时间/区域电网负荷填谷持续时间，对典型日电网负荷特性曲线分析，确定需进行负荷削减或新能源消纳的时段，估算电网高峰负荷削减/填谷持续时长。

（二）需求侧梯级响应策略

考虑人体热舒适度、绿色交通出行、工业生产特性及分布式电源出力特性等影响因素，结合空调降温负荷、电动汽车充电负荷、工业柔性负荷及储能等多元化柔性负荷特性、响应能力及调控经济性，提出需求侧梯级响应策略，主要可分为负荷削减调用策略和负荷填谷调用策略两类。其中，开展电网规划工作时，重点考虑负荷削减调用策略；电网调控过程则同时考虑采用负荷削减调用策略和负荷填谷调用策略，将在本章第五节中进行详细论述。

1. 负荷削减调用策略

结合负荷响应场景需求，负荷削减调用策略主要包括保障夏季尖峰供电能力的可控负荷调用策略和提升电网故障应急能力的可控负荷调用策略。负荷削减调用策略架构图如图 9-11 所示。

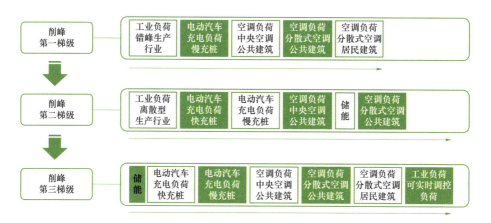

图 9-11　负荷削减调用策略架构图

（1）保障夏季尖峰供电能力需求侧响应策略。保障夏季尖峰供电能力场景主要采用负荷削减调用策略第一梯级和第二梯级响应策略。该策略调用范围为电网容量不足设备所供柔性负荷资源，优先考虑可控负荷规模大的用户，其次是容易调用的供电用户，最后是响应速度快的用户，通过前一小节中对各类柔性资源的负荷特性及响应特性分析，根据排序条件顺序进行评级，确定负荷调控顺序（见表9-2）。

表9-2　　　　　　　削峰第一梯级、第二梯级负荷调用顺序

需求场景	调用梯级	排序条件	负荷类型							
			储能	工业错峰型生产行业	工业离散型生产行业	中央空调公共建筑	分散空调公共建筑	居民分散空调	快充桩	慢充桩
保障夏季尖峰供电能力	削峰第一梯级	可控负荷规模	—	☆☆☆	—	☆☆	☆	☆	—	☆☆
		调控便捷度	—	☆☆	—	☆☆	☆☆	☆	—	☆☆☆
		响应速度	—	☆	—	☆☆	☆☆	☆☆☆	—	☆☆
		调控顺序	—	1	—	3	4	5	—	2
	削峰第二梯级	可控负荷规模	☆	—	☆☆☆	☆☆	☆	—	☆☆	☆☆
		调控便捷度	☆☆☆	—	☆☆	☆☆	☆☆	—	☆☆	☆☆
		响应速度	☆☆☆	—	☆	☆☆	☆☆	—	☆☆☆	☆☆
		调控顺序	5	—	1	4	6	—	2	3

注　"☆"为相应排序条件的评级结果。"☆☆☆"表示条件最优，"☆☆"表示条件一般，"☆"表示条件较差。下同。

削峰第一梯级调用顺序依次为：错峰型生产行业工业负荷、电动汽车慢充电桩、公共建筑中央空调负荷、公共建筑分散式空调负荷、居民分散式空调负荷；削峰第二梯级调用顺序依次为：离散型生产行业工业负荷、电动汽车快充电桩、电动汽车慢充电桩、公共建筑中央空调负荷、储能、公共建筑分散式空调负荷。按照上述范围选取逻辑和资源调用顺序进行需求侧响应资源梯级调用，可作为电网规划过程中设备容量优化选取的依据。

（2）提升电网故障应急能力需求侧响应策略。提升电网故障应急能力场景主要采用负荷削减调用策略第三梯级调用策略，该策略调用范围为电网故

障设备所供柔性负荷资源，优先考虑响应速度快的用户，其次是可控负荷规模大的供电用户，最后是容易调用的用户，通过前一小节中对各类柔性资源的负荷特性及响应特性分析，根据排序条件顺序进行评级，确定负荷调用顺序（见表9-3）。

表9-3　　　　　　　　　削峰第三梯级负荷调用顺序

场景	调用梯级	排序条件	负荷类型						
			储能	工业可实时调控负荷	中央空调公共建筑	分散空调公共建筑	居民分散空调	快充桩	慢充桩
提升电网故障应急能力	削峰第三梯级	响应速度	☆☆☆	☆☆	☆☆	☆☆	☆☆	☆☆	☆☆
		可控负荷规模	☆	☆	☆☆	☆	☆	☆	☆
		调控便捷度	☆☆☆	☆	☆☆	☆☆	☆☆	☆☆☆	☆☆
		顺序	1	7	4	5	6	2	3

削峰第三梯级调用顺序依次为：储能、电动汽车快充电桩、电动汽车慢充电桩、公共建筑中央空调负荷、公共建筑分散式空调负荷、居民建筑分散式空调负荷、工业负荷可实时调控部分。在提升电网故障应急能力调控策略下，按照上述范围选取逻辑和资源调用顺序进行调用，可支撑开展局部电网故障情况下的电网调控（详见本章第五节）。此外，对于由于一部分负荷故障所造成的失电现象存在恢复供电需求的用户，复电时，停电设备恢复供电与调用顺序相反。

2. 负荷填谷调用策略

负荷填谷调用策略架构图如图9-12所示。

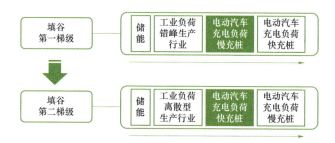

图9-12　负荷填谷调控策略架构图

提升电网低谷时段用电需求的柔性负荷调用策略的主要目标是在电网低谷时段增加负荷，促进新能源消纳，提高设备利用率，主要采用填谷第一梯级和第二梯级调用策略，调用范围为电网消纳新能源设备所供柔性负荷资源，优先考虑容易调用的用户，其次是可控负荷规模大的供电用户，最后是响应速度快的用户，通过前一小节中对各类柔性资源的负荷特性及响应特性分析，根据排序条件顺序进行评级，确定负荷调控顺序（见表9-4）。

表9-4　　　　　　　　　填谷第一梯级、第二梯级负荷调控顺序

场景	调用梯级	排序条件	负荷类型				
			储能	工业错峰型生产行业	工业离散型生产行业	快充桩	慢充桩
增加用电需求（填谷和新能源消纳）	填谷第一梯级	调控便捷度	☆☆☆	☆☆	—	☆	☆☆
		可控负荷规模	☆		—	☆	☆☆
		响应速度	☆☆☆	☆		☆☆☆	☆☆
		顺序	1	2		4	3
	填谷第二梯级	调控便捷度	☆☆☆		☆☆	☆☆	☆☆
		可控负荷规模	☆	—	☆☆☆	☆☆	☆☆
		响应速度	☆☆☆		☆	☆☆☆	☆☆
		顺序	1	—	2	3	4

　　填谷第一梯级调用顺序依次为：储能、工业错峰型生产行业负荷、电动汽车慢充电桩、电动汽车快充电桩；填谷第二梯级调用顺序依次为：储能、工业离散型生产行业负荷、电动汽车快充电桩、电动汽车慢充电桩，其中快充电桩主要依靠提升功率，慢充电桩依靠提升同时率。在满足调控需求的情况下，按照上述选取与调用顺序进行调控，直至实现新能源消纳目标。

（三）容量优化规划案例

　　以东部沿海某受端城市为例，该城市全市容载比按 1.8～2.0 配置。

　　未考虑需求侧响应时，预测该市全社会最大用电负荷约 7807MW，110kV 电压等级公用电网网供负荷预测值为 6162MVA，届时 110kV 电网变电容量需

达到 11092～12324MVA。目前全市 110kV 电网变电容量为 7814MVA，需新增 110kV 电网变电容量 3278～4510MVA。

考虑需求侧梯级响应后，预测该市全社会最大用电负荷可调节至 7302MW，110kV 电压等级公用电网网供负荷预测值为 5758MVA，届时 110kV 电网变电容量需达到 10365～11516MVA。目前全市 110kV 电网变电容量为 7814MVA，全市需新增 110kV 电网变电容量 2551～3702MVA。

对比上述结果，考虑需求侧梯级响应情况下，该市可减少 727～808MVA 的 110kV 容量建设，预估可延缓 7 个 2×50MVA 标准 110kV 变电站投资，可节省投资约 2 亿元，有效提升全社会经济效益。

第三节 多元储能规划配置

电能的存储是支撑电力供需平衡的重要手段。如何大规模、高效、经济地存储电能是电力行业长期研究的难题之一，传统的电力储能方式主要依托抽水蓄能电站。随着电化学储能等新型储能技术的发展，更多类型的储能设备正逐渐在电力系统中推广应用，为电力系统提供充足、高效的灵活调节能力。

一、电力系统储能技术类型

按照储能技术类型，大规模储能技术可以分为机械储能、电磁储能、电化学储能、热储能、其他化学储能五类，主要电力储能技术分类如表 9-5 所示。以下重点针对电力系统中已有较多应用或未来发展前景较好的储能技术进行介绍。

表9-5   主要电力储能技术分类

分类	具体方式
机械储能	抽水蓄能、压缩空气储能、飞轮储能
电磁储能	超导储能、电容储能
相变储能	熔融盐蓄热、冰蓄冷储能
电化学储能	锂离子电池、钠离子电池、液流电池等
其他化学储能	氢储能

（一）抽水蓄能

抽水蓄能电站通常由一定高差的上、下两个水库构成，用电低谷时段，将下水库的水抽入上水库，将盈余电能转化为水的重力势能；用电高峰时段，从上水库放水发电。抽水蓄能电站单站规模可达百万千瓦级，对主干电网电力供需平衡有直接支持作用。

（二）锂离子电池

锂离子电池是目前应用最广泛的电化学储能技术之一，具有技术成熟、功率响应快、充放电效率高、配置灵活等特点。能量密度目前最高可达 200～280Wh/kg，循环寿命一般可达 6000～8000 次，充放电效率可达 90%～95%，但低温性能较差。电池内部锂枝晶的形成和发展可能导致锂离子电池短路自燃，电解液过热分解可产生易燃易爆气体，导致锂电池储能电站安全风险较高。

（三）钠离子电池

钠离子电池与锂离子电池工作原理类似，依靠钠离子在正负极穿梭产生电流，2021 年 7 月 29 日，宁德时代新能源科技股份有限公司正式发布了第一代钠离子电池，能量密度最高达到 160Wh/kg，循环寿命 2000～4000 次，快充性能和低温性能优越，15min 可充至 80%容量，−20℃实现 90%的容量保持率，充放电效率约为 85%。钠离子电池的安全性较锂离子电池显著提升，过充、过放、短路、针刺、挤压等测试均不会导致起火或爆炸。由于上下游产业尚不成熟，钠离子电池现状成本与锂离子电池接近，但考虑到钠储量丰富，随着产业发展，预计钠离子电池整体成本可较锂离子电池降低 30%～40%。

（四）钠硫电池

钠硫电池由熔融电极和固体电解质组成，负极的活性物质为熔融金属钠，正极活性物质为液态硫和多硫化钠熔盐。能量密度可达到 200～240Wh/kg，与传统锂离子电池接近，循环寿命约 4500 次，充放电效率可达 75%～90%，略低于锂离子电池。钠硫电池工作温度高，达到 300～350℃，存在自燃风险，安全性较差。目前钠硫电池关键先进技术依然仅掌握在美国通用电气公司、日本永木精械株式会社、意大利菲亚姆集团等几家国外企业中，系统成本较高，约为2500元/kWh。目前，安全性、造价等方面的缺点限制了其大规模应用。

（五）压缩空气储能

目前主流技术为绝热式压缩空气储能，主要由压缩机、膨胀机、蓄热装置和储气装置四部分组成。充电时压缩机对空气进行压缩，蓄热装置通过多级换热器回收压缩过程产生的热能，放电时高压空气进入膨胀机做功，并利用蓄热装置加热各级膨胀机进口的高压空气，全过程实现零碳排放。储气装置可采用地下盐穴溶洞，或钢瓶储气罐。能量密度为 $5\sim7kWh/m^3$，未来提升空间较大，循环寿命较长，全寿命周期约 25 年以上，充放电效率较低，为 60%～65%。压缩空气储能各项经济技术指标和出力特性接近或略低于抽水蓄能，但压缩空气储能可突破地理环境因素的限制，并大幅节约建设时间。

（六）电氢转换

电氢（氨）转换是通过电解制氢和二级转换设备，在电力盈余时段将电能转换为氢（氨）等燃料气体，以供后续使用。根据国际能源署报告，截至 2021年，电解制氢的成本为 30～70 元/kg，大幅高于化石能源制氢的 10～20 元/kg。电解制氢成本下降的关键因素包括电解设备、新能源发电设备的成本降低和电解效率的提升。

电氢转换有多种应用模式：

（1）单向电解制氢。电解产生的氢气直接用于终端用途。2020 年以来，全球氢气需求约为 9000 万 t/年，其中石油化工产业是氢气的最大需求来源。氢气炼钢、氢能源汽车等方向也有潜在的氢气需求。即使是单向的电解制氢，也可以在新能源大出力及负荷低谷时提供稳定、可控的电力需求，极大地缓解新能源消纳的压力。同时，所获得的绿色氢气用于化工、交通等领域，可以显著减少相关的碳排放和环境污染。

（2）电氢双向转换。不仅可以在负荷低谷制氢实现新能源消纳，还可以在负荷高峰通过氢能发电提供电力支撑，可为电力系统提供更强的灵活调节能力。但是，电氢双向转换的技术经济挑战更大，主要是因为每次电—氢转换的最大效率仅能达到 60% 左右，双向转换循环效率不到 40%，不仅造成大量能量浪费，还使整体成本水平进一步攀高。预计单向电解制氢在近中期仍将是绿色氢气的主要应用模式。

不同类型储能技术特性对比如表 9-6 所示。

表9-6　　　　　　　　　不同类型储能技术特性对比

类型	抽水蓄能	锂离子电池	钠离子电池	固态电池	钠硫电池	压缩空气	氢电耦合
优点	安全性较好，可以提供转动惯量	技术成熟，效率高，循环寿命较长	价格低，高低温性能优异，安全性好	能量密度最高，轻薄柔性化，安全性好	能量密度高，占地少	选址要求较低，建设周期较短	适用于长时调节
缺点	受地理环境限制，建设周期长	成本较高，安全性较低	容量密度偏低，技术不成熟	技术不成熟，成本高，寿命较短	运行条件苛刻，安全性较低，寿命较短	转换效率低	技术不成熟，成本高，转换效率低，安全性差
能量密度（kWh/m³）	0.5～1.5	400～600	200～300	400～600	300～390	5～7	—
循环寿命	>50 年	约 8000 次	2000～4000 次	约 1000 次	3000～5000 次	>25 年	—
响应时间	分钟级	毫秒级	毫秒级	毫秒级	秒级	分钟级	分钟级
充放电效率（%）	75	90～95	80～85	90～95	75～90	60～65	34～44
综合造价（元/kWh）	约 700	约 2000	1000～1500	较高，尚未商业化	约 2500	约 1400	高，尚未商业化
主要应用	调峰电源	电动汽车、大规模储能	大规模储能	电动汽车、手机电池	调峰电源	调峰电源	长时调节

二、电力储能应用场景

多元储能的应用场景按时间尺度划分，总体与表 9-1 所述的多时间尺度调节需求对应。

（1）短时调节。时间尺度从毫秒级至秒级，具体应用包括暂态稳定支撑、电压稳定支撑、一次和二次调频、新能源电源故障穿越等。这些应用要求储能具备高响应速度和较大的充放电功率，适用的储能类型主要为电化学储能、超级电容器、飞轮储能等。

（2）中短时调节。时间尺度从分钟级至日内调节，具体应用包括负荷跟踪、新能源计划出力跟踪、日内调峰等。这些应用要求储能具有小时级的持续充放电能力，并可较频繁地转换充放电状态，适用的储能类型主要为电化学储能、抽水蓄能、压缩空气储能等。

（3）长时调节。时间尺度包含多日调节、周调节、月调节及季度调节，主要用于调节新能源电源的间歇性和季节特性，并改善其与电力负荷特性匹配程度。长时调节要求储能具有更大的能量存储能力，例如用于中短时调节的储能额定功率持续放电能力一般为 2～8h，而用于长时调节的储能理论上需要具备数十甚至数百小时的持续放电能力。目前长时调节主要通过电源出力调节和启停调节实现。大库容抽水蓄能和电氢耦合是未来提升长时调节能力的潜在手段。

三、电力储能的配置类型、容量和位置

电力储能容量配置与电力系统调节能力需求测算密切相关。一般而言，根据测算得到的调节能力功率需求、能量需求和时间尺度，以及不同类型储能的建设条件、建设成本等因素，研究最优的储能配置类型和配置容量。

按目前的技术发展，抽水蓄能电站的单位造价一般在 5500～7000 元/kW[1]，电化学储能电站单位造价约为 2000 元/kWh。抽水蓄能是现状最经济的中等时间尺度调节手段之一，但对站址要求较高，一般在水资源较丰富的丘陵山地地区具有建设条件。电化学储能在短时间尺度调节上具有经济优势，如调频和调节新能源出力，主要原因是这些功能一般只需要 1～2h 的满功率放电时间，即所需电量与额定功率的比例更小。电化学储能电站综合造价需下降到 1100～1200 元/kWh[2]，其用于调峰的经济性才能达到与抽水蓄能电站相近的水平。随着钠离子电池等低成本电池技术逐步成熟，电化学储能在电力系统中的应用有望进一步拓展。

---

[1] 抽水蓄能电站满功率放电时间一般为固定的 6～10h，折算能量成本 900～1200 元/kWh。

[2] 由于电化学储能建设难度小、建设周期短，其单位能量造价略高于抽水蓄能电站，也可以实现相等的经济性。

电力储能配置位置主要考虑如下因素：首先，对站址有特定要求的储能电源，如抽水蓄能电站，一般以站址位置为主要考虑因素，选择站址周边具备接入条件的并网点。其次，配置位置较为灵活的储能电源，如电化学储能，应分析储能电站各自应用场景的充放电工况，选择有利于均衡潮流分布、减轻线路主变压器重载的并网位置。具体配置策略如下：

（1）储能与新能源协调运行的模式下，一般宜配置在新能源并网点，主要原因是可以就近调节新能源出力。

（2）提供调峰服务的储能电站应优先配置在负荷中心地区或重载线路的受端，主要原因是有助于减少向负荷中心的输电压力。

（3）提供调频服务的储能电站应配置在电网输电能力较为充裕的区域，主要原因是储能提供调频时，充、放电功率将随机快速波动。

（4）采用多种运行模式的储能电站，应校核最不利工况对电网的影响，避免造成电网安全隐患。

第四节　源网荷储一体化调控技术

电力系统运行模式从"源随荷动"向"源网荷储协调互动"转变，是适应新能源高占比新型电力系统形态的必然要求。总体而言，源网荷储协同调控是通过一个集中式的调控系统或多个集中式＋分布式调控系统，实现对电力系统多类型海量可调度、可调节资源的协同优化控制，达到优化源荷平衡方式、降低全系统运行成本、提升电网运行灵活性和安全性、促进新能源消纳等目的。

一、源网荷储协同调控流程

源网荷储协同调控主要对象如表 9-7 所示。

表 9-7　　　　　　　　　源网荷储协同调控主要对象

源	网	荷	储
大型集中式电源	输电网设备	常规负荷	新能源配套储能
分布式电源	配电网设备	未形成虚拟电厂的可调节负荷	电网侧储能
虚拟电厂			用户侧储能

源网荷储协同调控的主要环节如下：

（1）感知。监测全网设备的运行状态、当前的新能源出力、用户负荷、储能运行工况等。

（2）预测。预测未来一段时间每个新能源场站的出力、节点（或特定对象）负荷。

（3）分析优化。基于系统现状感知和预测，优化源网荷储各类型资源的运行计划，或根据市场交易结果确定未来的运行计划。

（4）调度控制。根据运行计划下达控制指令，实现海量设备的精准调控。

因此，建立源网荷储协同调控系统的重点和难点一方面是实现多种类型海量设备及对象的数据交互、管理和控制，另一方面是实现海量可调节元件的统筹运行优化。

源网荷储协同调控可采用集中式优化、分散式优化或两者结合的方式。集中式优化适用于系统规模较小或可调节资源聚合程度较高的场景，通过完善的全系统调节能力资源池和市场交易体系，实现多类型调节资源的统筹优化。源网荷储协同调控集中式优化方式如图 9-13 所示。

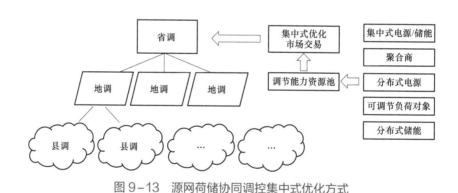

图 9-13　源网荷储协同调控集中式优化方式

分散式优化可较好地应对用户侧海量可调节资源的优化需求，通过多个分散式节点优化局域电网的运行方式，再与上一级电网进行交互，最终实现全系统源网荷储协同优化。分散式优化可能无法实现全局最优，但有助于解决集中式优化规模过大、求解困难的问题。源网荷储协同调控集中式与分散式组合优化方式如图 9-14 所示。

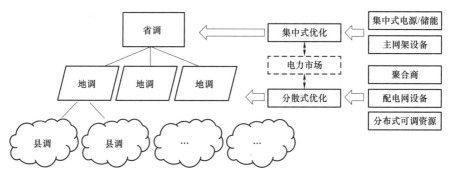

图 9-14　源网荷储协同调控集中式与分散式组合优化方式

二、多场景柔性资源梯级响应调控策略

多元化柔性负荷梯级调控是集中式＋分散式调控模式中的一项重要内容。第三节中已提到基于柔性负荷特性影响因素及响应特性，可采取需求侧梯级响应策略，充分发挥系统调节能力。本节重点针对柔性负荷调控策略展开介绍。

（一）柔性负荷曲线特性模型构建及应用

柔性负荷曲线特性拟合模型是一种测算各层级电网负荷调控需求和柔性负荷调控结果校验的数学模型，其总体思路为：基于电网运行场景，结合电网拓扑结构，自上而下测算各层级电网负荷调控需求，并确定调控梯级和调控范围；基于多元化负荷调控能力，结合电网拓扑结构，自下而上测算调控结果，并校验调控方案是否满足调控目标要求。柔性负荷曲线特性模型构建思路如图 9-15 所示。

1. 电网运行状态分析

开展柔性资源梯级响应前，首先需对不同场景下的电网运行状态进行相关指标分析。其中，场景包括正常运行方式、变电站主变压器 $N-1$ 运行及新能源消纳等三类场景，主要分析指标包括电网负荷峰谷差率、110～220kV、变电站负载率、110～220kV 变电站（$N-1$ 故障）负载率、新能源消纳率等。若电网运行存在以下任意一项运行问题则考虑开展柔性资源梯级响应

$$\alpha = \min(\alpha_1, \alpha_2, \cdots, \alpha_n) < 100\% \qquad (9-14)$$

$$\beta = \max(\beta_1, \beta_2, \cdots, \beta_n) / q_{\max} > 65\% \qquad (9-15)$$

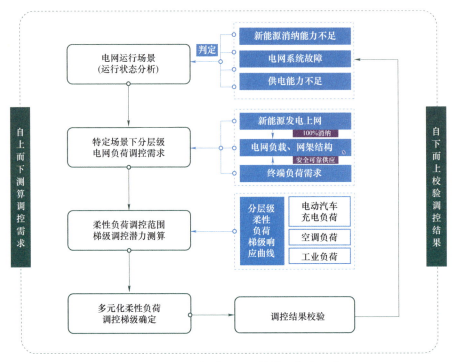

图 9-15　柔性负荷曲线特性模型构建思路

$$\beta_{\text{fault}i} > 130\% \qquad (9-16)$$

$$\gamma = (q_{\max} - q_{\min}) / q_{\max} > 60\% \qquad (9-17)$$

式中：α 为新能源消纳率；β 为变电站最大负载率；$\beta_{\text{fault}i}$ 为变电站 $N-1$ 状态下负载率；γ 为典型日负荷率；$q_{\max}$ 为典型日最大负荷；$q_{\min}$ 为典型日最小负荷。

2. 不同场景电网负荷调控需求分析阶段

根据电网运行指标分析结果，若考虑需要开展柔性资源梯级响应，则需进一步明确负荷调控需求。

（1）正常运行方式场景负荷调控需求。

$$\Delta q_{\text{demand}} = -\max(\Delta q_1, \Delta q_2) \qquad (9-18)$$

$$\Delta q_1 = \begin{cases} 0 & \gamma \leqslant 60\% \\ 0.4 q_{\max} - q_{\max} & \gamma > 60\% \end{cases} \qquad (9-19)$$

$$\Delta q_2 = \begin{cases} 0 & \beta \leqslant 65\% \\ \text{满足各层级变电站负载率} \\ \text{不超过65\%的负荷最大削减量} & \beta > 65\% \end{cases} \qquad (9-20)$$

式中：Δq_1 为负荷曲线优化调控负荷需求量；Δq_2 为区域电网系统容量不足调控负荷需求量；Δq_{demand} 为区域电网系统调控负荷需求量；γ 为区域电网日负荷峰谷差率；β 为变电站负载率。

（2）变电站主变压器 $N-1$ 运行场景负荷调控需求。

$$\Delta q_{demand} = \Delta q_3 \qquad (9-21)$$

$$\Delta q_3 = \begin{cases} 0 & \beta' \leqslant 130\% \\ \text{满足故障变电站负载率} \\ \text{不超过65\%的负荷最大削减量} & \beta' > 130\% \end{cases} \qquad (9-22)$$

式中：Δq_3 为变电站 $N-1$ 故障调控负荷需求量。

（3）电网低谷时段增加用电需求场景负荷调控需求。

$$\Delta q_{demand} = \min(\Delta q_4, \Delta q_5) \qquad (9-23)$$

$$\Delta q_4 = \begin{cases} 0 & \alpha = 100\% \\ \text{无感状态下满足各层级新能源} \\ \text{全额消纳的负荷最大增加量} & \alpha < 100\% \end{cases} \qquad (9-24)$$

$$\Delta q_5 = \begin{cases} 0 & \alpha = 100\% \\ \text{有感状态下满足各层级新能源} \\ \text{全额消纳的负荷最大增加量} & \alpha < 100\% \end{cases} \qquad (9-25)$$

式中：Δq_4 为无感状态下满足新能源消纳调控负荷需求量；Δq_5 为有感状态下满足新能源消纳调控负荷需求量。

3. 柔性负荷响应容量确定

根据调控范围用户的储能容量、电动汽车充电负荷及空调负荷等柔性负荷资源数据，可建立多元化柔性负荷响应容量模型，其计算公式为

$$\Delta q_{respond\,m} = \sum_{i=1}^{n} (k_{ESS\,m} q_{ESS\,mi} + k_{ind} q_{ind\,mi} + k_{air} q_{air\,mi} + k_{EVc} q_{EVc\,mi}) \qquad (9-26)$$

式中：$\Delta q_{respond\,m}$ 为调控范围内 n 个用户第 m 时刻多元柔性负荷响应负荷；$k_{ESS\,m}$ 为储能 m 时刻充电（放电）系数，取值范围为 $0\sim1$；k_{ind} 为工业削减系数，取值范围为 $0\sim1$；k_{air} 为空调削减系数，取值范围为 $0\sim1$；k_{EVc} 为电动汽车充电负荷削减系数，取值范围为 $0\sim1$；$q_{ESS\,mi}$ 为储能额定功率；$q_{ind\,mi}$ 为工业额定功率；$q_{air\,mi}$ 为空调负荷 m 时刻功率；$q_{EVc\,mi}$ 为电动汽车第 m 时刻充电负荷。

利用式（9－26），结合调控范围内用户的储能容量、电动汽车充电负荷及空调负荷等柔性负荷资源数据，即可计算得到柔性负荷梯级调控潜力。根据不同场景的柔性负荷调控需求和柔性负荷梯级调控潜力，结合用户置信度，可测算得到柔性负荷调控梯级、用户响应比例以及响应时长。各场景下柔性负荷调控梯级判别边界如下：

（1）正常运行方式场景下负荷调控梯级边界主要选择削峰第一梯级、削峰第二梯级。

（2）变电站主变压器 $N-1$ 运行场景负荷调控梯级边界主要选择削峰第三梯级。

（3）电网低谷时段增加用电需求场景下负荷调控梯级边界主要选择填谷第一梯级、填谷第二梯级。

（二）多元化柔性负荷梯级调控策略

基于前述研究成果，构建多元化柔性负荷梯级调控策略，主要包括调控需求分析、调控方案制定及调控结果分析三个部分，调控策略架构图如图 9－16所示。

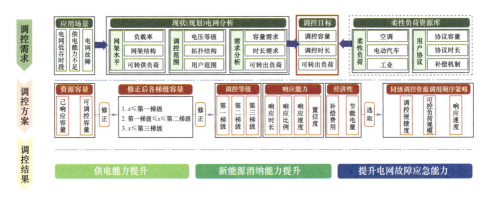

图 9－16　多元化柔性负荷调控策略架构图

（1）调控需求分析。结合现状（或规划）电网供电能力和负荷转供水平，分析不同应用场景下柔性负荷调控需求（调控容量和调控时长）。结合分类柔性负荷资源响应能力，确定调控目标和调控范围。

（2）调控方案制定。分析调控范围下已响应容量和可调控容量，结合不同类型柔性负荷调控等级、响应能力以及价格政策,确定柔性负荷梯级调控顺序和调控方案。

(3)调控结果分析。确定调控方案后,按照调控方案执行,分析负荷削减量、峰谷差率、各层级电网设备负载水平、新能源消纳电量及节能电量等指标情况,判别调控方案是否满足不同场景的调控目标需求并为电网规划决策提供数据支撑。

第三篇

政策机制篇

第十章 新型电力系统政策机制沿革

配套政策和体制机制是充分发挥市场在资源配置中的决定性作用、推动有效市场和有为政府相结合的关键支撑，也是构建新型电力系统的重要保障。近年来，中央、各部委围绕新型电力系统建设密集出台一系列重要政策，深度把控和科学指导新型电力系统涉及各方面的发展方向，全力保障新型电力系统建设加速驶入快车道。节能减碳方面，加强能源转型顶层设计，引导新型电力系统供给侧、电网侧、消费侧低碳发展，协同推动能源清洁低碳安全高效利用。市场价格方面，深化全国多层次统一的电力市场体系构建，稳步培育科学合理的市场价格机制，着力扩大市场覆盖范围及交易规模。财税支持方面，专项补贴新型电力系统相关的重大建设项目，减免具有节能减排效益产业的税收负担，探索针对新能源项目的绿色金融工具。产业发展方面，打造一批保障新型电力系统全产业链高质量发展的重点产业集群，实现新型电力系统关键技术装备的原创性突破。政企协同方面，向新型电力系统建设主体提供良好的合作环境与条件，组织企业、高校、科研院所等单位联合开展新型电力系统相关研究与应用。

本章按照新型电力系统政策机制沿革时间脉络，对近年出台的相关配套政策和体制机制进行系统性梳理，总结新型电力系统节能减碳、市场价格、财税支持、产业发展、政企协同等五大类型政策的实施现状、主要特征和发展趋势，为后续开展新型电力系统政策评估提供基础。当前阶段，新型电力系统节能减碳政策已相对成熟，在一批颇有成效的政策文件保障下，正在快速推进新型电力系统源网荷储全环节高效降碳；市场价格、产业发展政策也逐步完善升级，新型电力系统配套产业发展有望得益于政策倾斜而实现弯道超车；但财税支持、政企协同政策还仍然有待优化，相关政策尚留有一定的发力空间。下一阶段，预计国家将细化节能减碳政策颗粒度，进一步施展低碳发展政策牵引新型电力系统建设的能力；加快完善市场价格、产业发展政策体系，发挥市场在资源配置中的决定性作用，持续保障新型电力系统产业链水平稳定提升；补齐财税支持、政企协同政策供给短板，积极为新型电力系统建设吸引更多资金与资源。

第一节　节能减碳政策

节能减碳政策指以如期实现能源电力领域"双碳"既定目标为任务，倒逼新型电力系统供给侧、电网侧、消费侧全方位发力的规划措施，有助于明确发展目标约束、深挖节能减碳潜力，推动形成新型电力系统低碳发展模式，是发挥新型电力系统示范作用引领能源转型的根本前提。新型电力系统节能减碳主要政策见表 10-1。

表 10-1　　　　　　　　新型电力系统节能减碳主要政策

发布时间	政策名称	主要相关内容
2021 年 7 月	《发展改革委　能源局关于加快推动新型储能发展的指导意见》	以实现碳达峰碳中和为目标，将发展新型储能作为提升能源电力系统调节能力、综合效率和安全保障能力，支撑新型电力系统建设的重要举措
2021 年 8 月	《抽水蓄能中长期发展规划（2021—2035 年）》	加快建设一批生态友好、条件成熟、指标优越的抽水蓄能电站，发展抽水蓄能现代化产业，为构建以新能源为主体的新型电力系统提供坚实保障
2021 年 9 月	《中共中央国务院关于完整准确全面贯彻新发展理念做好碳达峰碳中和工作的意见》	大力发展风能、太阳能，因地制宜开发水能，积极安全有序发展核电，合理利用生物质能，加快推进抽水蓄能和新型储能规模化应用。 构建以新能源为主体的新型电力系统，提高电网对高比例可再生能源的消纳和调控能力。 加快发展新能源和清洁能源车船，推进铁路电气化改造，促进船舶靠港使用岸电常态化；加快构建便利高效、适度超前的充换电网络体系
2021 年 10 月	《2030 年前碳达峰行动方案》	构建新能源占比逐渐提高的新型电力系统，推动清洁电力资源大范围优化配置。大力提升电力系统综合调节能力，加快灵活调节电源建设，引导自备电厂等参与系统调节，建设坚强智能电网；完善促进抽水蓄能发展的政策机制；加快新型储能示范推广应用
2021 年 12 月	《"十四五"节能减排综合工作方案》	推进存量煤电机组节煤降耗改造、供热改造、灵活性改造"三改联动"，持续推动煤电机组超低排放改造

续表

发布时间	政策名称	主要相关内容
2022 年 3 月	《2022 年能源工作指导意见》	大力发展风电和光伏，加大力度规划建设以大型风光基地为基础、以其周边清洁高效先进节能的煤电为支撑、以稳定安全可靠的特高压输变电线路为载体的新能源供给消纳体系。 积极推进输电通道规划建设；加快建设特高压通道；着力提升输电通道利用效率和可再生能源电量占比。 出台推进电能替代的指导意见，扩大电能替代的深度和广度；加快"互联网＋"充电设施建设，优化充电网络布局
2022 年 6 月	《"十四五"可再生能源发展规划》	统筹电源与电网、可再生能源与传统化石能源、可再生能源开发与消纳的关系，加快构建新型电力系统，提升可再生能源消纳和存储能力，实现能源绿色低碳转型与安全可靠供应相统一
2023 年 4 月	《2023 年能源工作指导意见》	深入推进能源领域碳达峰工作，加快构建新型电力系统，大力发展非化石能源，夯实新能源安全可靠替代基础，加强煤炭清洁高效利用。 优化区域能源生产布局和基础设施布局，提升区域自平衡能力和跨区域互济能力。加快建设特高压工程，深入论证沙漠、戈壁、荒漠地区送出跨省区输电通道方案，完成主网架规划优化调整工作。 提高接纳新能源的灵活性和多元负荷的承载力，提升生产生活用能电气化水平；推动充电基础设施建设，提高充电设施服务保障能力
2023 年 6 月	《关于进一步构建高质量充电基础设施体系的指导意见》	进一步构建高质量充电基础设施体系，更好满足人民群众购置和使用新能源汽车需要，助力推进交通运输绿色低碳转型与现代化基础设施体系建设

一、能源布局规划

国务院 2021 年 9 月发布《关于完整准确全面贯彻新发展理念做好碳达峰碳中和工作的意见》，开始逐步实施可再生能源替代行动，全方位发展风能、太阳能、生物质能等，因地制宜开发水能，积极安全有序发展核电；2021 年 12 月印发《"十四五"节能减排综合工作方案》，提出推进存量煤电机组节煤降耗改造、供热改造、灵活性改造"三改联动"，持续推动煤电机组超低排放改造。国家能源局 2022 年 3 月印发《2022 年能源工作指导意见》，提出加大力度规划建设以大型风光基地为基础、以其周边清洁高效先进节能的煤电为支撑、以稳定安全可靠的特高压输变电线路为载体的新能源供给消纳体系，为保障电力供应、建设新型电力系统、实现"双碳"目标提供有力支撑；2023 年 4 月印发《2023 年能源工作指导意见》，提出巩固风电、光伏发电产业发展优势，持续扩大清洁低碳能源供应，推动第一批以沙漠、戈壁、荒漠地区为重点的大型风电、光伏发电基地项目并网投产，大力推进分散式陆上风电和分布式光伏发电项目建设。

二、资源高效配置

国家发展改革委等部门 2021 年 7 月印发《发展改革委 能源局关于加快推动新型储能发展的指导意见》，首次全面部署新型储能的发展规划和目标，将发展新型储能作为提升能源电力系统调节能力、综合效率和安全保障能力，支撑新型电力系统建设的重要举措。国家能源局 2021 年 8 月发布《抽水蓄能中长期发展规划（2021—2035 年）》，明确指出构建以新能源为主体的新型电力系统对抽水蓄能发展提出更高要求，并提出抽水蓄能近中期发展目标。国务院 2021 年 10 月发布《2030 年前碳达峰行动方案》，强调构建新能源占比逐渐提高的新型电力系统，推动清洁电力资源大范围优化配置，并明确加快建设坚强智能电网等提升电力系统综合调节能力的典型方法。

三、终端低碳消费

2021 年 9 月《中共中央 国务院关于完整准确全面贯彻新发展理念做好碳达峰碳中和工作的意见》发布，提出推广新能源和清洁能源车船为代表的节能低碳型交通工具，加快构建配套充换电网络体系。国家能源局 2022 年 3 月印发《2022 年能源工作指导意见》，要求出台推进电能替代的指导意见，扩大电能替代的深度和广度。国务院办公厅 2023 年 6 月发布《关于进一步构建高质量充电基础设施体系的指导意见》，提出以构建高质量充电基础设施体系助力"双碳"目标，注重优化完善充电网络和充电服务。

四、总体发展趋势

总体来看，新型电力系统节能减碳政策处于相对成熟阶段，已形成较为全面的涵盖能源电力供给侧、电网侧、消费侧的低碳发展配套政策体系，并已出台一系列颇有成效的政策措施。大部分现行节能减碳政策均直接明文支持新型电力系统建设，明确以持续加强新型电力系统建设为抓手，推动能源清洁低碳安全高效利用，助力新型能源体系日益成熟完善。

分类型看，能源布局规划方面，基本完成对新型电力系统涉及全种类能源的高位部署工作，要求充分发挥煤、气、核、水、风、光等多能互补优势，进而制定不同类型电源的分阶段差异化发展目标、路径及具体措施。同时长期持续关注如沙漠、戈壁、荒漠地区的大型风光基地等重点项目，初步形成滚动更新的政策迭代机制，保障新能源项目建设稳妥推进。资源高效配置方面，已将建设坚强智能电网、跨区域输电通道和储能系统等工程的地位上升至维持新型电力系统安全稳定运行的重要支撑工具，明确将在政策环境上给予有力保障。通过营造良好的政策环境，充分发挥大电网的资源配置作用，有效提升新型电力系统调节能力、综合效率和安全保障能力，同时超前预防因输电通道过于密集导致的系统运行安全稳定性下降现象，支撑高比例新能源的安全高效开发利用。终端低碳消费方面，随着社会电气化率不断提高和低碳消费手段日益增多，相关政策侧重于做好配套设施与服务质量优化，进而间接引导刺激终端用户选择低碳化消费模式，积极发挥用户侧消纳新能源能力，推动终端能源消费全面启动绿色转型升级。

下一阶段，预计国家或将进一步细化节能减碳措施，在现有新型电力系统建设相关节能减碳政策基础上靶向发力，继续深挖低碳发展政策加速新型电力系统建设的潜力。一方面，健全完善节能减碳政策优化迭代机制，强化政策的时效性和精准性，保障不同周期下新型电力系统相关重点示范项目落地落实。另一方面，深化新型电力系统源网荷储多侧联合的低碳发展机制，加强能源布局规划、资源高效配置和终端低碳消费等多环节的统筹协调和监管，完善源网荷储多元要素互动模式，推动各具特色的源网荷储一体化项目落地，促进新型电力系统全面建设。

第二节 市场价格政策

市场价格政策包括分层分级高效协同的电力市场机制和链路清晰、公平公开的价格体系，市场价格政策已成为实现新型电力系统多类型资源高效配置、全环节成本合理疏导的重要保障。新型电力系统市场价格主要政策见表 10-2。

表10-2  新型电力系统市场价格主要政策

发布时间	政策名称	主要相关内容
2015 年 3 月	《中共中央 国务院关于进一步深化电力体制改革的若干意见》	在全国范围内逐步形成竞争充分、开放有序、健康发展的电力市场体系
2017 年 1 月	《国家发展改革委 财政部 国家能源局关于试行可再生能源绿色电力证书核发及自愿认购交易制度的通知》	在全国范围内试行可再生能源绿色电力证书核发和自愿认购
2017 年 12 月	《全国碳排放权交易市场建设方案（发电行业）》	充分发挥市场机制对控制温室气体排放的作用，稳步推进建立全国统一的碳市场
2020 年 1 月	《区域电网输电价格定价办法》	持续深化电价改革，进一步提升输配电价核定的规范性、合理性
2020 年 1 月	《省级电网输配电价定价办法》	持续深化电价改革，进一步提升输配电价核定的规范性、合理性
2020 年 6 月	《电力中长期交易基本规则》	深化电力市场建设，进一步指导和规范各地电力中长期交易行为，适应现阶段电力中长期交易组织、实施、结算等方面的需要
2021 年 6 月	《关于 2021 年新能源上网电价政策有关事项的通知》	对新备案集中式光伏电站、工商业分布式光伏项目和新核准陆上风电项目，中央财政不再补贴，实行平价上网
2021 年 7 月	《国家发展改革委关于进一步完善分时电价机制的通知》	充分发挥分时电价信号作用，服务以新能源为主体的新型电力系统建设，促进能源绿色低碳发展
2021 年 10 月	《关于进一步深化燃煤发电上网电价市场化改革的通知》	有序放开全部燃煤发电电量上网电价，扩大市场交易电价上下浮动范围，推动工商业用户都进入市场，取消工商业目录销售电价，保持居民、农业、公益性事业用电价格稳定
2021 年 12 月	《电力辅助服务管理办法》	推动构建新型电力系统，规范电力辅助服务管理，深化电力辅助服务市场机制建设
2022 年 1 月	《国家发展改革委 国家能源局关于加快建设全国统一电力市场体系的指导意见》	加快建设全国统一电力市场体系，实现电力资源在更大范围内共享互济和优化配置，提升电力系统稳定性和灵活调节能力，推动形成适合中国国情、有更强新能源消纳能力的新型电力系统
2022 年 9 月	《关于推动电力交易机构开展绿色电力证书交易的通知》	积极稳妥扩大绿电和绿证交易范围，更好体现可再生能源的环境价值，服务新型电力系统建设。 在目前绿证自愿认购和绿色电力交易的基础上积极支持电力交易机构按照有关政策规定，通过双边协商、挂牌、集中竞价等多种方式组织开展绿证交易，引导更多市场主体参与绿证与绿色电力交易
2023 年 7 月	《温室气体自愿减排交易管理办法（试行）》	生态环境部按照国家有关规定建设全国温室气体自愿减排交易市场，负责制定全国温室气体自愿减排交易及相关活动的技术规范，并对全国温室气体自愿减排交易及相关活动进行监督管理和指导
2023 年 9 月	《电力现货市场基本规则（试行）》	有序推动新能源参与电力市场交易，通过构建适合新能源发展的电力市场体系，助力新型电力系统建设

一、电力市场机制

国家发展改革委等部门 2015 年 3 月印发《关于进一步深化电力体制改革的若干意见》，提出在全国范围内逐步形成竞争充分、开放有序、健康发展的市场体系；2020 年 6 月印发《电力中长期交易基本规则》，在原有规则基础上就市场准入退出、交易组织、价格机制等方面进行了补充、完善和深化；2022 年 1 月印发《关于加快建设全国统一电力市场体系的指导意见》首次明确提出要建立全国统一电力市场体系，推动形成适合中国国情、有更强新能源消纳能力的新型电力系统，标志我国电力市场建设正式进入全新阶段；2023 年 9 月印发《电力现货市场基本规则（试行）》，提出有序推动新能源参与电力市场交易，通过构建适合新能源发展的电力市场体系，助力新型电力系统建设。

二、电力价格机制

国家发展改革委等部门 2021 年 6 月印发《关于 2021 年新能源上网电价政策有关事项的通知》，首次明确光伏发电、风电等新能源实行平价上网，以价格机制引导风电、光伏发电产业加快发展；2021 年 10 月印发《关于进一步深化燃煤发电上网电价市场化改革的通知》，明确有序放开全部燃煤发电上网电价，扩大市场交易电价上下浮动范围，推动工商业用户都进入市场；2020 年 1 月印发《省级电网输配电价定价办法》《区域电网输电价格定价办法》，修订完善省级电网和区域电网的输配电价定价原则与计算办法，提升输配电价核定的制度化、规范化水平；2021 年 7 月印发《国家发展改革委关于进一步完善分时电价机制的通知》，制定一系列完善目录分时电价机制的具体措施，提出充分发挥分时电价信号作用，服务以新能源为主体的新型电力系统建设。

三、衍生品市场机制

国家发展改革委等部门 2017 年 1 月发布《国家发展改革委　财政部　国家能源局关于试行可再生能源绿色电力证书核发及自愿认购交易制度的通知》，标志我国绿证制度正式施行；2017 年 12 月印发《全国碳排放权交易市场建设方案（电力行业）》，标志我国碳排放交易体系完成总体设计并正式启动；

2022 年 1 月发布《国家发展改革委　国家能源局关于加快建设全国统一电力市场体系的指导意见》，要求做好绿证交易和碳排放权交易的有效衔接；2022 年9 月发布《关于推动电力交易机构开展绿色电力证书交易的通知》，提出扩大绿证交易范围，支持电力交易机构组织多样化绿证交易以吸引市场主体，服务新型电力系统建设。生态环境部 2023 年 7 月编制《温室气体自愿减排交易管理办法（试行）》，规范 CCER（国家温室气体自愿减排）交易及相关活动，旨在积极稳妥推进 CCER 市场启动前期各项准备工作。

四、总体发展趋势

总体来看，新型电力系统市场价格政策处于快速成长阶段，随着近年来大量市场价格政策的持续出台，我国多层次统一的电力市场体系初具雏形、科学合理的市场价格机制小有成效、多元主体参与的市场交易规模稳定扩大，但不同层次电力市场间的耦合联系有限、电力价格监管机制健全度不足、电力市场与衍生品市场建设进度不匹配等诸多现象也依旧未得到改善。

分类型看，电力市场机制方面，已有相关指导性政策文件针对电力市场发展做出一系列顶层规划设计，部署完成构建适应新型电力系统的市场机制等多方面工作。应指导性文件的要求，一批规范电力中长期市场、现货市场、辅助服务市场的政策文件相继出台，不断加速多层次统一电力市场体系建设进程。但由于不同地域电力市场的交易模式、产品体系、交易规则等不尽相同，导致不同层次市场间的相互耦合、有序衔接相对较难实现。亟须进一步挖掘发挥政策牵引作用，破除电力交易的地域限制，建立多元市场主体参与的跨省跨区交易机制，疏通以市场化方式在区域及全国范围内优化配置电力资源的堵点。电力价格机制方面，上网电价、输配电价和需求响应电价等价格机制在相关政策指导下完成多轮修订优化，由市场决定的电价机制已经初步形成，基本具备保障电力市场健康发展和推动资源在更大范围内优化配置的功能。但考虑到部分政策文件仍处在试行阶段，现有电价机制可能还不够完善，无法充分发挥电价信号作用。衍生品市场机制方面，绿证交易、碳排放权交易市场启动超前于新型电力系统建设，但二类市场规模有限、市场机制不健全问题长期未被解决，衍生品市场建设始终滞后于电力市场，导致衍生品市场对协助深化电力市场改革的贡献不足，亟须加强衍生品市场自身建设，并加快探索衍生品市场与电力市场间的有序衔接模式。

下一阶段，预计国家或将深度落实现有顶层政策文件的意见要求，加快完善支撑新型电力系统建设的市场价格政策体系，进一步发挥市场在资源配置中的决定性作用。一方面，建立适应新型电力系统的电力市场体系，持续深化各层级电力市场建设，加强不同层级市场间的耦合连通，科学制定中长期稳定电力供需、现货发现价格、辅助服务保障系统稳定运行的交易机制，合理推进绿证市场、碳排放权交易市场与电力市场的有序衔接。另一方面，发挥价格政策的关键引导作用，坚持深化电价改革，逐步理顺电价机制，积极探索有效反映电力供需状况、功能价值、成本变化、时空信号和绿色价值的市场化电价形成机制，同时加强电力价格监管工作，加快构建完善规范化输配电价监管体系，保障电力市场的公平性和透明度。

第三节　财税支持政策

财税支持政策指通过财政和税收等手段，对参与新型电力系统建设的相关单位给予资金补贴或税收扶持款的支持措施。加大财税支持力度，推动完善新型电力系统财税政策体系，是助力新型电力系统关键技术研发、重大工程示范试点、产业发展与新技术应用的高效举措。新型电力系统财税支持主要政策见表 10-3。

表 10-3　　　　　　　新型电力系统财税支持主要政策

发布时间	政策名称	主要相关内容
2021 年 9 月	《中共中央　国务院关于完整准确全面贯彻新发展理念做好碳达峰碳中和工作的意见》	各级财政加大对绿色低碳产业发展、技术研发等的支持力度；研究设立国家低碳转型基金；鼓励社会资本设立绿色低碳产业投资基金。 落实环境保护、节能节水、新能源和清洁能源车船税收优惠；研究碳减排相关税收政策。 构建与碳达峰碳中和相适应的投融资体系；有序推进绿色低碳金融产品和服务开发；支持符合条件的企业上市融资和再融资用于绿色低碳项目建设运营，扩大绿色债券规模
2021 年 10 月	《2030 年前碳达峰行动方案》	建立健全有利于绿色低碳发展的税收政策体系，更好发挥税收对市场主体绿色低碳发展的促进作用。 大力发展绿色贷款、绿色股权、绿色债券、绿色保险、绿色基金等金融工具

续表

发布时间	政策名称	主要相关内容
2021 年 12 月	《"十四五"节能减排综合工作方案》	各级财政加大节能减排支持力度，统筹安排相关专项资金支持节能减排重点工程建设；逐步规范和取消低效化石能源补贴。 健全绿色金融体系，大力发展绿色信贷，支持煤炭清洁高效利用专项再贷款
2022 年 1 月	《国家发展改革委 国家能源局关于完善能源绿色低碳转型体制机制和政策措施的意见》	将符合条件的重大清洁低碳能源项目纳入地方政府专项债券支持范围；国家绿色发展基金和现有低碳转型相关基金要将新型电力系统建设等作为重点支持领域。 推动清洁低碳能源相关基础设施项目开展市场化投融资；创新适应清洁低碳能源特点的绿色金融产品，鼓励符合条件的企业发行碳中和债等绿色债券，引导金融机构加大对具有显著碳减排效益项目的支持
2022 年 5 月	《关于促进新时代新能源高质量发展的实施方案》	研究将新能源领域符合条件的公益性建设项目纳入地方政府债券支持范围。 加大绿色债券、绿色信贷对新能源项目的支持力度
2022 年 5 月	《财政支持做好碳达峰碳中和工作的意见》	研究支持碳减排相关税收政策；按照加快推进绿色低碳发展和持续改善环境质量的要求，优化关税结构
2022 年 5 月	《支持绿色发展税费优惠政策指引》	实行清洁发展机制基金及清洁发展机制项目税收优惠；实行风力、水力、光伏发电和核电产业税费优惠

一、专项财政补贴

2021 年 9 月《中共中央 国务院关于完整准确全面贯彻新发展理念做好碳达峰碳中和工作的意见》发布，提出各级财政要加大对绿色低碳产业发展、技术研发等的支持力度，研究设立国家低碳转型基金等支持绿色转型的基金项目。国家发展改革委等部门 2022 年 1 月发布《国家发展改革委 国家能源局关于完善能源绿色低碳转型体制机制和政策措施的意见》，启动建立支撑能源绿色低碳转型的财政金融政策保障机制，首次提出以政府专项债券、绿色发展基金等形式重点支持新型电力系统建设；2022 年 5 月发布《关于促进新时代新能源高质量发展的实施方案》，研究进一步扩大新能源领域政府专项债券支持范围。

二、税收减免优惠

国务院 2021 年 10 月发布《2030 年前碳达峰行动方案》，首次提出建立健全有利于绿色低碳发展的税收政策体系，更好发挥税收对市场主体绿色低碳发展的促进作用。财政部 2022 年 5 月印发《财政支持做好碳达峰碳中和工作的意见》，研究支持碳减排相关税收政策，优化关税结构。国家税务总局 2022 年 5 月印发《支持绿色发展税费优惠政策指引》，总结现已实施的能源领域税费优惠政策，一方面实行清洁发展机制基金及清洁发展机制项目税收优惠，另一方面实行风力、水力、光伏发电和核电产业税费优惠。

三、投资融资制度

2021 年 9 月，《中共中央　国务院关于完整准确全面贯彻新发展理念做好碳达峰碳中和工作的意见》首次提出构建与碳达峰碳中和相适应的投融资体系，加大对新能源等项目的支持力度，推进绿色金融、绿色债券等金融工具开发。国务院 2021 年 12 月印发《"十四五"节能减排综合工作方案》，提出以绿色信贷等手段支持重点行业领域节能减排，包括支持煤炭清洁高效利用专项再贷款。国家发展改革委等部门 2022 年 5 月发布《关于促进新时代新能源高质量发展的实施方案》，加大绿色债券、绿色信贷对新能源项目的支持力度。

四、总体发展趋势

总体来看，新型电力系统财税支持政策仍处于起步阶段，存在财政补贴力度不足、税收减免优惠不新、投资融资手段不细等短板，且现行财税支持政策多以强调支持新能源领域建设或绿色低碳发展为主，直接明确财税支持新型电力系统建设的政策制度较少，面向新型电力系统的金融产品及服务相对有限。

分类型看，专项财政补贴方面，重点支持领域正在逐渐从能源行业深化细化至新型电力系统相关的重大建设项目，但现阶段专项财政补贴方式主要仅包括设立国家绿色发展基金、发行地方政府专项债券，总体补贴额度偏低，财政补贴政策尚留有发力空间。税收减免优惠方面，新增政策侧重于支持具有节能减排效益的产业发展及技术开发，而清洁能源电力相关项目的税收优惠仍继续沿用已有政策，可能导致现有部分政策对新型电力系统相关项目的优惠力度不明显，政策效能暂时还未被充分释放，造成新型电力系统产业链企业依然承受较大的税收压力。投资融资制度方面，投融资惠及范围持续扩大，针对新能源项目的绿色信贷、绿色债券等金融工具不断增加，但大量绿色金融产品目前还处于培育试点阶段，具体运作机制还有待完善，短期内可能无法满足新型电力系统建设的多元融资需求，导致现阶段新型电力系统产业链企业获得的资本支持较小。

下一阶段，预计国家或将进一步丰富财税支持手段，启动打造适应新型电力系统建设的财税支持政策体系，引导社会资本向新型电力系统倾斜。相关措施如下：① 加大对新型电力系统关键技术研发、重大工程示范试点、产业发展与新技术推广应用的资金支持力度，重点扶持新型电力系统相关的重要项目和重点企业，形成一套保障新型电力系统发展的配套财税支持办法。② 建立"政府引导、市场运作、社会参与"的多元化投资机制，持续推进融资制度创新升级和落地见效，为新型电力系统建设提供多方位融资途径，破解现有可再生能源企业融资困难的问题。③ 创新金融政策制度，鼓励金融机构培育多样化的绿色金融产品及服务，为新型电力系统建设提供高质量的金融工具支撑，减轻新型电力系统建设主体开展工程建设或技术研发的资金负担。

第四节 产业发展政策

产业发展政策指围绕新型电力系统配套产业全链条高质量发展，使用多种手段制定成的一系列激励措施。通过夯实产业基础、技术研发攻关、新兴业态培育等方式，全面提高产业链竞争力，推动凝聚新型电力系统产业发展合力，是筑牢新型电力系统稳健发展根基的扎实行动。新型电力系统产业发展主要政策见表10-4。

表10-4　　　　　　新型电力系统产业发展主要政策

发布时间	政策名称	主要相关内容
2021 年 2 月	《国家发展改革委　国家能源局关于推进电力源网荷储一体化和多能互补发展的指导意见》	将源网荷储一体化和多能互补作为电力工业高质量发展的重要举措，积极构建清洁低碳安全高效的新型电力系统，促进能源行业转型升级。 通过优化整合本地电源侧、电网侧、负荷侧资源，以先进技术突破和体制机制创新为支撑，探索构建源网荷储高度融合的新型电力系统发展路径
2021 年 9 月	《中共中央　国务院关于完整准确全面贯彻新发展理念做好碳达峰碳中和工作的意见》	加快发展新能源、新能源汽车等战略性新兴产业。推动互联网、大数据、人工智能、第五代移动通信（5G）等新兴技术与绿色低碳产业深度融合。 深入研究支撑风电、光伏发电大规模友好并网的智能电网技术。加强电化学、压缩空气等新型储能技术攻关、示范和产业化应用

续表

发布时间	政策名称	主要相关内容
2022 年 1 月	《国家发展改革委 国家能源局关于完善能源绿色低碳转型体制机制和政策措施的意见》	在电网架构、电源结构、源网荷储协调、数字化智能化运行控制等方面提升技术和优化系统。加强新型电力系统基础理论研究，推动关键核心技术突破，研究制定新型电力系统相关标准。 推动互联网、数字化、智能化技术与电力系统融合发展，推动新技术、新业态、新模式发展，构建智慧能源体系。加强新型电力系统技术体系建设，开展相关技术试点和区域示范
2022 年 3 月	《2022 年能源工作指导意见》	以"揭榜挂帅"方式实施一批重大技术创新项目，巩固可再生能源、煤炭清洁高效利用的技术装备优势，加快突破一批新型电力系统关键技术。持续推动能源短板技术装备攻关，重点推动特高压输电等重点领域技术攻关。推进深远海上风电技术创新和示范工程建设，探索集中送出和集中运维模式。加快新型储能、氢能等低碳零碳负碳重大关键技术研究
2022 年 5 月	《关于促进新时代新能源高质量发展的实施方案》	推进科技创新与产业升级。推进高效太阳能电池、先进风电设备等关键技术突破，加快推动关键基础材料、设备、零部件等技术升级。推动退役风电机组、光伏组件回收处理技术和相关新产业链发展，实现全生命周期闭环式绿色发展。 积极参与风电、光伏、海洋能、氢能、储能、智慧能源及电动汽车等领域国际标准、合格评定程序的制定和修订
2022 年 8 月	《加快电力装备绿色低碳创新发展行动计划》	围绕新型电力系统构建，加速发展清洁低碳发电装备，提升输变电装备消纳保障能力，加快推进配电装备升级换代、提高用电设备能效匹配水平。 坚持创新驱动，强化企业创新主体地位，完善产业创新体系和产业发展生态，推动产业集群发展，不断增强产业链供应链竞争力。 在电力装备领域突破一批关键核心技术，建设一批创新平台，培育一批产业集群
2022 年 12 月	《扩大内需战略规划纲要（2022—2035 年）》	发展壮大新能源产业，推进前沿新材料研发应用，促进重大装备工程应用和产业化发展。 加强能源基础设施建设。提升电网安全和智能化水平，优化电力生产和输送通道布局，完善电网主网架布局和结构
2023 年 1 月	《关于推动能源电子产业发展的指导意见》	面向新型电力系统等，开展能源电子多元化试点示范，打造一批提供光储融合系统解决方案的标杆企业。 依托国家新型工业化产业示范基地等建设，培育形成一批能源电子产业集群，提升辐射带动作用。 支持特色光储融合项目和平台建设，推进新技术、新产品与新模式先行先试，提升太阳能光伏发电效率和消纳利用水平
2023 年 4 月	《关于加强新型电力系统稳定工作的指导意见（征求意见稿）》	加快重大电工装备研制。研发新能源主动支撑等提升电力系统稳定水平的电工装备。提高电力工控芯片、基础软件、关键材料和元器件的自主可控水平，强化电力产业链竞争力和抗风险能力
2023 年 4 月	《2023 年能源工作指导意见》	加强新型电力系统、储能、氢能、抽水蓄能、CCUS 等标准体系研究，重点支持能源碳达峰碳中和相关标准立项，加快重点标准制修订

一、夯实产业基础

2021 年 9 月《中共中央　国务院关于完整准确全面贯彻新发展理念做好碳达峰碳中和工作的意见》发布，支持加快发展新能源等战略新兴产业，推动新兴技术与绿色低碳产业深度融合发展。工业和信息化部等五部门 2022 年 8 月印发《加快电力装备绿色低碳创新发展行动计划》，在电力装备技术领域，完善产业创新体系和产业发展生态，推动产业集群发展，不断增强产业链供应链竞争力。中共中央、国务院 2022 年 12 月印发《扩大内需战略规划纲要（2022—2035 年）》，强调发展壮大新能源产业，促进重大装备工程应用和产业化发展。工业和信息化部等六部门 2023 年 1 月发布《关于推动能源电子产业发展的指导意见》，提出面向新型电力系统开展能源电子多元化试点示范，培育形成一批能源电子产业集群，以产业集群辐射带动产业高速发展。

二、技术装备创新

国家能源局 2022 年 3 月印发《2022 年能源工作指导意见》，提出在能源领域巩固已有技术装备优势、推动短板技术装备攻关，明确加快突破一批新型电力系统关键技术。国家发展改革委等部门 2022 年 5 月发布《关于促进新时代新能源高质量发展的实施方案》，推进新能源关键技术突破、关键设备升级，同时积极参与新能源领域的国际标准制修订。国家能源局 2023 年 4 月起草《关于加强新型电力系统稳定工作的指导意见（征求意见稿）》，提出构建新型电力系统稳定技术支撑体系，研发新能源主动支撑等提升电力系统稳定水平的电工装备；2023 年 4 月印发《2023 年能源工作指导意见》，明确加强新型电力系统相关标准体系研究，重点支持能源碳达峰碳中和相关标准的立项和制修订。

三、新兴业态培育

国家发展改革委等部门 2021 年 5 月发布《国家发展改革委　国家能源局关于推进电力源网荷储一体化和多能互补发展的指导意见》，强调将源网荷储一体化和多能互补作为电力工业高质量发展的重要举措，依托"云人物移智链"

等技术加强源网荷储多向互动，构建源网荷储高度融合的新型电力系统；2022年1月发布《国家发展改革委　国家能源局关于完善能源绿色低碳转型体制机制和政策措施的意见》，提出推动新兴技术与电力系统融合发展，推动新技术、新业态、新模式发展，构建智慧能源体系。

四、总体发展趋势

总体来看，新型电力系统产业发展政策处于快速成长阶段，面向新型电力系统产业发展的政策支持力度持续加大，被纳入政策支持范围的技术装备类型不断增多，少量政策已经开始进军策划国际化标准制定领域任务，但是针对源网荷储一体化等新兴业态培育方面的部署工作仍然相对不充分，新型电力系统配套产业全链条的发展活力尚有望在政策引导下被进一步激发。

分类型看，夯实产业基础方面，新能源、能源电子等新型电力系统重点支撑产业发展前期工作已取得积极成效，现阶段相关政策的侧重点在于通过技术交叉融合等手段进一步壮大产业实力，并超前谋划布局一批保障新型电力系统全产业链高质量发展的重点产业集群。技术装备创新方面，已有诸多政策提出突破新型电力系统关键技术装备，现阶段新增政策更加聚焦参与新型电力系统标准体系构筑，以期形成一批协调统一的新型电力系统标准与规范，促进新型电力系统各环节和产业链整体协调发展。新兴业态培育方面，仅有少量政策积极推进电力源网荷储一体化等新业态新模式开发，但针对其他如负荷聚合服务、综合能源服务、虚拟电厂等贴近终端用户的新业态、新模式的探索力度相对不足，新型电力系统新业态的创新驱动效能仍存在提升空间。

下一阶段，预计国家或将延续针对产业发展支持力度，保障各项新型电力系统产业发展政策落实到位，推动全产业链融通快速发展。相关措施如下：
① 加大对新型电力系统建设重点领域关键技术装备的研发投入，做大做强可再生能源、煤炭清洁高效利用等特色优势产业，打造具有国际竞争力的新型电力系统产业集群。② 打造自主创新的技术装备研发体系，高质量建设国家重点实验室、国家级企业技术中心和工程中心等平台，鼓励大型国有企业通过牵头建立技术装备联盟的方式发挥创新龙头作用，主动对标国际先进企业并持续提高研发创新能力，高效支撑新型电力系统建设所需的关键技术装备的研发应

用。③ 持续推进技术装备标准化,统筹谋划新型电力系统标准规范顶层设计,积极开展新型电力系统国际标准框架体系建设,积极抢占国际标准话语权。④ 培育壮大新型电力系统新业态、新模式,增加政策供给激励新兴业态发展,同时完善多元化模式培育机制,坚持以新兴业态牵引构建源网荷储高度融合的新型电力系统。

第五节 政 企 协 同 政 策

政企协同政策指促进政府、企业和高校等主体就新型电力系统建设协同合作,加速实现优势互补与资源共享的保障措施。创新政企协同方式,推动构建新型电力系统多方联动机制,是提高新型电力系统建设全过程效率效益与管控质量的有力抓手。新型电力系统政企协同主要政策见表10-5。

表10-5 新型电力系统政企协同主要政策

发布时间	政策名称	主要相关内容
2020年9月	《国家发展改革委 国家能源局关于全面提升"获得电力"服务水平持续优化用电营商环境的意见》	健全完善提升"获得电力"服务水平协同工作机制,强化责任意识,主动认领任务,政府和企业协同联动、相互配合、信息共享,共同推动各项目标任务的落地落实。 2021年底前,各省级能源(电力)主管部门要牵头完成政企协同办电信息共享平台建设工作
2021年2月	《国务院关于加快建立健全绿色低碳循环发展经济体系的指导意见》	培育建设一批绿色技术国家技术创新中心、国家科技资源共享服务平台等创新基地平台。 支持企业整合高校、科研院所、产业园区等力量建立市场化运行的绿色技术创新联合体,鼓励企业牵头或参与财政资金支持的绿色技术研发项目、市场导向明确的绿色技术创新项目。 支持企业、高校、科研机构等建立绿色技术创新项目孵化器、创新创业基地
2021年7月	《国家发展改革委 国家能源局关于加快推动新型储能发展的指导意见》	加强产学研用融合,打造一批储能技术产教融合创新平台,支持建设国家级储能重点实验室、工程研发中心等。 鼓励地方政府、企业、金融机构、技术机构等联合组建新型储能发展基金和创新联盟,优化创新资源分配,推动商业模式创新
2022年5月	《关于促进新时代新能源高质量发展的实施方案》	建立自然资源、生态环境、能源主管部门等相关单位的协同机制。在符合国土空间规划和用途管制要求基础上,充分利用沙漠、戈壁、荒漠等未利用地,布局建设大型风电、光伏发电基地
2022年5月	《财政支持做好碳达峰碳中和工作的意见》	采取多种方式支持生态环境领域政府和社会资本合作(PPP)项目,规范地方政府对PPP项目履约行为

续表

发布时间	政策名称	主要相关内容
2023 年 1 月	《2023 年能源监管工作要点》	指导各省级能源主管部门和供电企业健全完善政企协同办电工作机制。发挥"企业行动、政府监管、社会监督"合力，形成优化用电营商环境的长效机制
2023 年 4 月	《关于加强新型电力系统稳定工作的指导意见（征求意见稿）》	紧密围绕电力系统稳定核心技术、重大装备、关键材料和元器件等重点攻关方向，充分调动企业、高校及科研院所等各方面力量，因地制宜开展电力系统稳定先进技术和装备的示范，积累运行经验和数据，及时推广应用成熟适用技术，加快创新成果转化

一、项目合作落地

国务院 2021 年 2 月发布《国务院关于加快建立健全绿色低碳循环发展经济体系的指导意见》，支持企业整合多方力量建立绿色技术创新联合体，并牵头或参与财政资金支持的绿色技术研发项目、市场导向明确的绿色技术创新项目。国家发展改革委等部门 2022 年 5 月发布《关于促进新时代新能源高质量发展的实施方案》，提出在新能源项目的用地管制方面，建立自然资源、生态环境、能源主管等相关单位的协同机制，保障大型风电、光伏发电基地布局建设。财政部 2022 年 5 月印发《财政支持做好碳达峰碳中和工作的意见》，明确采取多种方式支持生态环境领域政府和社会资本合作（PPP）项目，进一步改革创新公共服务供给机制，充分调动社会资本参与以生态绿色为导向的新能源项目建设的积极性。

二、技术研发推广

国家发展改革委等部门 2021 年 7 月印发《发展改革委　能源局关于加快推动新型储能发展的指导意见》，要求加强产学研用融合，打造一批储能技术产教融合创新平台，同时鼓励地方政府、企业、金融机构、技术机构等联合组建新型储能发展基金和创新联盟。国家能源局 2023 年 4 月起草《关于加强新型电力系统稳定工作的指导意见（征求意见稿）》，提出充分调动企业、高校及科研院所等各方面力量，开展电力系统稳定先进技术和装备的示范，并及时推广应用以加快创新成果转化。

三、过程服务监管

国家发展改革委等部门 2022 年 9 月发布《国家发展改革委　国家能源局关于全面提升"获得电力"服务水平持续优化用电营商环境的意见》，明确政府和企业协同联动、相互配合、信息共享，并安排部署政企协同办电信息共享平台建设工作，全力确保"获得电力"服务水平有效提升。国家能源局 2023 年 1 月印发《2023 年能源监管工作要点》，要求进一步深化全国"获得电力"服务水平提升，指导各省级能源主管部门和供电企业健全完善政企协同办电工作机制，有效发挥"企业行动、政府监管、社会监督"合力。

四、总体发展趋势

总体来看，新型电力系统政企协同政策仍然处于成长阶段，相关政策体系虽然起步时间较早，并长期受到高度重视，但是直到现阶段取得成效依旧有限，已有部分政企协同政策倾向重点支持能源领域或生态环境领域，却没有直接明确将在新型电力系统建设方面发力，可能导致无法充分调动多方主体联合开展新型电力系统项目工作。

分类型看，项目合作落地方面，现有政策已为新型电力系统建设相关企业创造一定的利好环境，明确支持的 PPP 合作项目、绿色技术研发项目可间接引导多方主体开展合作，但是由于项目合作配套保障举措不够丰富，长期存在项目审批、土地使用等协同机制不完善现象，在一定程度上制约了新型电力系统项目的执行进度。技术研发推广方面，政策支持下产学研用融合机制发展日益成熟，并正在逐步应用于新型电力系统建设关键环节，企业、高校、科研院所等产学研用单位联合开展的新型电力系统关键技术攻关项目数量与日俱增，现阶段多个单位还开始联合针对重要技术培育创新项目孵化器、创新创业基地等平台。过程服务监管方面，政企深度融合下"获得电力"服务水平显著提升，但是电力市场监管、电力设施建设监管相关的政企协同政策牵引却尤为不足，导致现阶段监管效率不高、监管规则不透明、监管责任不清等问题较为突出。

下一阶段，预计国家将继续缓步完善政企协同措施，长线探索布局适应新型电力系统建设的政企协同政策体系，吸引更多主体合力为新型电力系统发展赋能。相关措施如下：① 协调有关部门健全完善新型电力系统建设相关项目的项目审批、土地使用、资金申请等机制，创造良好的政企协同政策环境，充分调动新型电力系统产业链企业的积极性。② 寻求更多技术研发资源融合机会，统筹发挥科技、教育、人才等各种资源力量，创新开发新型电力系统产学研用一体化合作机制，打造协同、高效、开放的技术研发应用生态圈。③ 总结提炼过程服务监管中的政企协同成功经验，谋划电力市场监管等领域的政企协同举措，加快发挥"企业行动、政府监管、社会监督"的合力作用。

第十一章 新型电力系统政策评估

构建新型电力系统是一项复杂系统性工程，需要破除传统政策机制堵点，持续提供科学合理的政策供给，全力保障有效市场和有为政府相结合，才能有效推动新型电力系统平稳有序建设。为进一步提高新型电力系统相关政策的滴灌质效，可以对现已出台政策开展评估工作，依托不同类型的科学方法和技术，精准评估新型电力系统政策产出及实施效果影响，进而为及时调整、修正现有政策和制定后续政策提供参考。目前，国内外研究学者已经将政策量化评估应用于能源、交通、医疗等诸多领域，主要尝试运用以实证主义为理论基础的复合型方法体系，通过构建可计算一般均衡模型、卷积神经网络和长短期记忆网络，或结合双重差分法、层次分析法和模糊综合评价法等方法，从定量角度对政策文本进行评估分析。上述技术手段能够向研究者提供丰富的量化数据支撑，为解决原有政策评估工作单纯依赖定性分析的缺陷提供了新思路，一定程度上弥补政策评估方法的空白。

本章结合宏观经济学和微观经济学建模方法，首先，根据政策落地生效情况，将新型电力系统政策分为预期政策和落地政策，并归纳出基于模型驱动和基于数据驱动的政策评估方法，实现针对不同类型的新型电力系统政策开展差异化政策评估。其中，应用模型驱动的方法评估所有品类政策优劣度，总体把握政策调控的节奏力度；应用模型驱动的方法评估尚未执行的预期政策成效，预测政策落地可能造成的连锁性影响，进而超前做好应对策略；应用数据驱动的方法评估已经披露发布的落地政策成效，跟踪研判政策发酵取得的显著性进展，进而及时调整经营策略。在此基础上，分别建立量化评估模型，对新型电力系统政策顶层设计架构及其对各类主体的影响进行定量评估，进而预测或回顾部分典型政策落地对加快新型电力系统建设造成的积极效应。评估结果表明：① 当前若干代表性新型电力系统政策整体合理度水平较高，能够有效护航新型电力系统建设；② 市场价格政策未来将对电力行业发展产生深远影响，尤其电价调整政策有望成为指导新型电力系统建设下深化电力市场改革的有力抓手；③ 部分能源减排、能源技术政策已经产生阶段性积极成效，在带动区域能源安全总体水平提升方面贡献显著。

第一节　新型电力系统政策评估理论方法

针对不同类型的新型电力系统政策，需要开展差异化政策评估。本节对现有新型电力系统政策评估理论方法进行分类归纳，明确基于模型驱动和基于数据驱动的政策评估方法的基本概念、应用场景、核心逻辑及特点优势。

一、基于模型驱动的政策评估方法

预期政策指一项尚未执行的政策，需要用前瞻思维对其可能产生的影响进行预测，以便超前做好应对策略。由于预期政策尚未执行，影响分析缺乏数据支持，因此一般采用模型驱动的方法进行政策影响研判。模型驱动法不仅能够输出预期政策影响，还能够明确政策作用机理和环节，具有代表性的模型驱动型评估方法包括可计算一般均衡模型法、政策建模一致性（policy modeling consistency，PMC）指数模型等。

可计算一般均衡（computable general equilibrium，CGE）模型以瓦尔拉斯一般均衡理论为框架，以投入产出表与国民核算账户为基础，通过测算反映不同行业之间的互动关联关系，进而评估政策变化和经济活动所带来的直接和间接影响。目前 CGE 模型已成为政策研究领域的主流分析工具之一，被广泛应用于资源环境、财政税收、国际贸易、能源及气候变化等领域。

CGE 模型的建立起因是在研究政策问题时，必须考虑到单一市场受政策波动导致的产出价格变化通常会对其他市场产生影响，而这一影响反过来会波及整个经济系统，甚至在某种程度上会影响原有市场上的价格—数量均衡，故传统的局部均衡模型无法解释经济中的复杂交互关系，因此有必要超越局部均衡分析，建立可同时计及多市场的一般均衡模型。早期受数据缺失和算力限制等桎梏，一般均衡模型应用场景和范围有限，但随着计算机算力的持续提升，一般均衡模型不断朝可计算化发展，逐渐演变升级为 CGE 模型。

CGE 模型的核心是描述各类经济主体的行为方程组，以及经济主体面临的技术、收入和制度等约束条件。在政策或者制度介入后，经济系统将过渡到新的一般均衡状态，即可继续满足消费者效用最大化、生产者利润最大化和市场出清等 3 个边界条件的新状态。在不同政策情境和时间尺度下，对比政策介入前后各类经济主体的关键指标变化情况，即可进行政策的数值模拟与量化分析。

在进行新型电力系统政策效果前瞻性预测时，使用 CGE 模型主要有三方面优势：① 模型具备扎实的微观经济理论基础，可直观反映经济主体在理性经济人假设下采取的行为机制及影响；② 模型可充分模拟多部门联动，反映政策冲击在新型电力系统相关部门间的传导效应，预估各部门和经济主体对政策冲击的反应；③ 模型可有效体现时序价值，精准刻画不同政策对新型电力系统建设的短期冲击及长期影响。

二、基于数据驱动的政策评估方法

落地政策指一项已披露发布的政策，需要用复盘思维对其已经产生的影响进行跟踪评估，以便及时调整经营策略。由于落地政策已经开始执行，影响分析具备数据支持的条件，因此一般采用数据驱动的方法进行政策影响评估。数据驱动法优势在于理论基础明确清晰、建模操作难度可控、输出结果直接且易于解释、不受政策类型限制，特别适用于政策效果的后评估，具有代表性的数据驱动型评估方法包括基于反事实构造理论的面板数据法、双重差分法、虚拟变量双拟合等。

反事实构造理论是定义公共政策因果效应的基本框架，其核心是构造反事实以观察对比研究对象在受政策干预状态和未受政策干预状态下的差异。考虑到无法同时在干预状态和控制状态下观察研究对象，故只有构造出受政策干预对象（处理组）在未受政策干预下的反事实数据序列，及未受政策干预对象（控制组）在受政策干预下的反事实数据序列，才能够通过测算比较处理组和控制组在结果变量上的平均差异，进而量化分析公共政策因果效应。目前反事实构造理论已成为社会科学研究领域的主流分析工具之一，被广泛应用于政策评估、因果推断、历史解释等领域。

面板数据法是典型的基于反事实构造理论的政策干预因果效应评估方法。面板数据又称为平行数据，指在时间序列上针对多个分析对象选取多个截面，在这些截面上同时取样本观测值所构成的样本数据，即融合截面数据和时间序列数据后的样本数据。面板数据模型同时对截面数据和时间序列数据进行分析，该方法认为面板数据内部具有两类相关性：① 横向截面相关性（多个对象在同一时间截面上的同一条指标之间存在相关性，且若外部环境未发生显著变化，其内在关联规律不随时间改变）；② 纵向时变相关性（同一对象的指标随着时间变化而变化，若外部环境未发生显著变化，其变化趋势整体保持稳定，不会发生阶跃或异动）。利用横向界面相关性和纵向时变相关性建立分析模型，构造假定未受到政策影响的反事实指标数据，通过对比实际数据和反事实数据即可得到政策效应。

双重差分法是另一种简单易用的基于反事实构造理论的政策干预因果效应评估方法。其基本原理是将公共政策视为一个自然实验以评估单一政策实施所造成的净影响，通过将全部样本数据分为处理组和控制组，选取一个要考量的经济个体指标，两组分别对政策实施前后的组内个体指标做第一次差分（消除个体不随时间变化的异质性），再对两组组内差分值做第二次差分（消除个体随时间变化的增加量），完成双重差分后即可得到政策实施净效应。

在进行新型电力系统政策效果回溯性测算时，使用基于反事实构造理论的面板数据法主要有三方面优势：① 理论依据扎实易于理解；② 适用性较广，面板数据法输出结果既可以体现政策是否生效，还能得到政策效果的作用时间，以及效果大小随时间的变化趋势；③ 可以通过多个主体横向和纵向数据的比较，过滤大多数除待评估政策外的干扰因素造成的影响。而使用基于反事实构造理论的双重差分法主要有两方面优势：① 理论同样扎实易于理解，在新型电力系统相关数据充分的条件下，双重差分法理论上可以不受到政策和样本类型的限制；② 操作简单易于运用，可以极大程度避免内生性问题，降低样本个体指标间的相互影响效应。

第二节 政策一致性评价分析方法

对于尚未生效或已经生效的政策，均需要对政策优劣度进行评判，以总体把握政策体系节奏力度。本节基于模型驱动理论，采用政策建模一致性（policy modeling consistency，PMC）指数模型，提炼新型电力系统政策优劣性指标，通过文本挖掘法等手段建立多输入输出表，计算各项政策的一致性指数。评价分析政策体系中代表性政策的一致性指数，即可判断政策优劣度。

一、PMC 指数模型构建

PMC 指数模型以 2010 年鲁伊斯·埃斯特拉达（Ruiz Estrada）提出的奥尼亚莫比里斯（Omnia Mobilis）假说为指导思想，即由于世界万物彼此相互关联，故不应该忽视任何一个相关的变量，因此在提炼政策关键性指标时应该尽可能扩大选取范围，以尽量囊括政策可能相关的全部指标。PMC 指数模型一般用于分析某一项具体政策的一致性水平，同时直观判断该项政策的优势和缺陷，以及这些指标所代表的具体含义及水平。

PMC 指数模型的构建主要包括三个基本环节：① 设定新型电力系统政策指标与参数；② 建立多输入输出表并赋值；③ 计算各级指标数值与政策一致性指数（PMC 指数）并开展分析。

政策指标与参数设定环节的重点在于建立分级清晰的指标体系。近年来一系列围绕新型电力系统出台的相关政策将对政治、经济、社会、技术等多维度产生重要影响，并在相关部门的引导、约束、监管等综合手段下，直接引起新型电力系统的产业发展、市场价格、财政支持等方面发生变化，而这些变化反过来又会对新型电力系统政策产生影响，从而形成一个完整的政策作用影响循环链，如图 11-1 所示。参照新型电力系统政策作用影响机理，结合我国现阶段新型电力系统相关政策的具体特点，即可总结政策优劣势指标的层级数量与具体条目。

多输入输出表是一种允许存储大量数据来度量单个指标的数据库分析框架，该表的准确构建是 PMC 指数模型的关键。多输入输出表基本结构如表 11-1

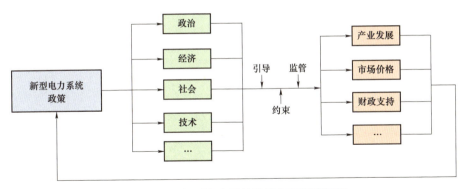

图 11-1　新型电力系统政策作用影响机理

所示。多输入输出表一般包括两个指标层级，其中一级指标没有固定的排列顺序且相互独立，而每个一级指标可以包含任意数量的二级指标。考虑到 PMC 指数模型的研究目标仅是判断单一政策在某个特定领域影响的有无，而并非影响的程度，因此不需要对指标的重要性进行排序，即所有一级指标拥有相同的权重，同一个一级指标下设的所有二级指标也拥有相同的权重。故一般使用二进制赋值法来保持同层级指标间的平衡，具体来看，如果新型电力系统政策文本中有符合某个指标描述的内容，则该指标取值为 1，否则为 0。

表 11-1　　　　　　　　　　　　多输入输出表基本结构

一级指标	二级指标
X_1	X_{11}、X_{12}、X_{13}、X_{14}、X_{15}、X_{16}、X_{17}、X_{18}
X_2	X_{21}、X_{22}、X_{23}、X_{24}
...	...

　　PMC 指数计算的具体步骤如下：① 将上述建立的政策指标置入多输入输出表中；② 根据式（11-1），采用文本挖掘法与人工复核相结合的方法，对所有二级指标进行赋值；③ 根据式（11-2）计算一级指标取值，即一级指标取值等于该指标下设所有二级指标取值之和与二级指标个数之比；④ 根据式（11-3）完成对 PMC 指数的实际测量，即 PMC 指数等于所有一级指标取值之和。

$$X_{ij} \in [0,1] \tag{11-1}$$

$$X_i = \sum_{j=1}^{n} \frac{X_{ij}}{T(X_{ij})} \qquad (11-2)$$

$$PMC = \sum_{i}^{m} X_i \qquad (11-3)$$

式中：X_i 为一级变量；X_{ij} 为二级变量；m 为一级变量数；n 为二级变量数；$T(X_{ij})$ 为单个一级指标下设的二级指标个数。

二、案例分析

本节选取第十章中介绍的若干代表性新型电力系统政策（《关于促进新时代新能源高质量发展的实施方案》《2023 年能源工作指导意见》）作为典型案例开展一致性评价分析，构建针对新型电力系统政策的 PMC 指数模型，通过模型测算分析现阶段相关政策体系的总体优劣程度，为后续新型电力系统发展提供政策依据。

为保证新型电力系统政策优劣势指标体系具有科学性与全面性，参照上述新型电力系统政策作用影响机理，制定 8 个一级指标。在完成一级指标构建的基础上，通过词向量训练方法量化政策文本，再根据余弦相似度寻找与一级指标最接近的词语，最后整合相似词语以形成 31 个二级指标，如表 11-2所示。

表 11-2　　　　　　　　新型电力系统政策优劣势指标体系

一级指标	二级指标		
政策性质 X_1	预测 X_{11}	建议 X_{12}	监管 X_{13}
	支持 X_{14}	引导 X_{15}	—
政策时效 X_2	长期 X_{21}	中期 X_{22}	短期 X_{23}
政策级别 X_3	全国 X_{31}	全省 X_{32}	全市 X_{33}
	区县 X_{34}	—	—
政策领域 X_4	经济 X_{41}	社会 X_{42}	技术 X_{43}
	环境 X_{44}	制度 X_{45}	—
面向对象 X_5	各部委 X_{51}	省、自治区、直辖市 X_{52}	国家电网公司 X_{53}
核心内容 X_6	能源价格 X_{61}	能源投资 X_{62}	环境保护 X_{63}
	安全防护 X_{64}	电力改革 X_{65}	节能减排 X_{66}

续表

一级指标	二级指标		
激励约束 X_7	政府补贴 X_{71}	专项基金 X_{72}	税收减免 X_{73}
	法律法规 X_{74}	—	—
保密程度 X_8	公开情况 X_{81}	—	—

进一步使用文本挖掘法得到多输入输出表，并计算各项政策的 PMC 指数，结果如表 11-3 所示。

表 11-3　　　　　　　新型电力系统政策 PMC 指数计算结果

政策指标	政策文本 1	政策文本 2
政策性质 X_1	0.8	0.6
政策时效 X_2	0.67	0.67
政策级别 X_3	0.5	0.5
政策领域 X_4	1.0	0.8
面向对象 X_5	1.0	1.0
核心内容 X_6	1.0	1.0
激励约束 X_7	1.0	0.25
保密程度 X_8	1.0	1.0
PMC 指数	6.97	5.82

基于鲁伊斯·埃斯特拉达（Ruiz Estrada）文章中提出的政策优劣性指标评价标准，并结合新型电力系统政策优劣势指标体系进行修改，最终得到新型电力系统政策 PMC 指数评价标准，如表 11-4 所示。

表 11-4　　　　　　　新型电力系统政策 PMC 指数评价标准

PMC 标准	6.0～8.0	5.0～5.9	4.0～4.9	0.0～3.9
评价等级	优秀	良好	及格	不良

根据上述评价标准可判断得到不同政策的优劣势水平。政策文本 1（《关于促进新时代新能源高质量发展的实施方案》）的 PMC 指数为 6.97，评价等级为优秀，其中一级指标中政策领域、核心内容、激励约束等得分较高，而政策性

质、政策时效得分相对较低，表明该政策整体制定合理、重点突出，但是政策生效可能存在一定的滞后性。政策文本2(《2023年能源工作指导意见》)的PMC指数为5.82，评价等级为良好，其一级指标中面向对象、核心内容得分较高，而政策性质、激励约束得分相对较低，表明该政策覆盖面广、重点突出，但政策的激励作用表现较为不足。

第三节　政策效果前瞻性预测方法

对于尚未生效的政策，需要对政策成效进行预测，以指导政策进一步优化完善。本节基于模型驱动理论，采用可计算一般均衡模型，刻画外部政策对新型电力系统影响的总体链路和作用机理。在此基础上，将具体的政策抽象为外部冲击因素，对比政策冲击前后的模型状态，即可得到政策影响。

一、可计算一般均衡模型构建

CGE模型的构建主要包括五个基本环节（见表11-5）：① 确定经济系统主体，即界定居民、政府、国外机构等模型需要刻画经济对象范围；② 确定经济系统变量，即界定经济主体在行动决策时所倚赖的经济信号（资本、劳动）；③ 制定经济系统行为准则，即划定生产者利润最大化等边界条件；④ 制定经济系统交互方式，即假设市场竞争方式等必要前提；⑤ 描述经济系统均衡条件，即限制产品与要素市场均衡等约束条件。

表11-5　　　　　　　　　　可计算一般模型基本结构

项目	供给	需求	供需关系
经济主体	生产者	消费者	市场
行为准则	利润最大化	效用最大化	市场出清
交互方式	生产函数	效用函数	均衡函数
约束条件	约束方程、优化约束条件等		
系统变量	商品价格、劳动力成本、政策环境、宏观变量等		

满足CGE模型基本结构的总体框架如图11-2所示，模型主要包括生产模块、贸易模块、居民模块、政府模块、电力模块、均衡模块等基本模块。

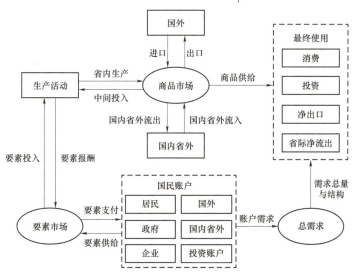

图 11-2　满足 CGE 模型基本结构的总体框架

生产模块是 CGE 模型的核心模块，通过生产函数量化生产部门的各类生产活动，描述劳动、资本和中间投入等应用于生产产出的情况，同时反映各生产部门以实现利润最大化为导向所选择的劳动、资本和能源等的最佳替代品。现有主流 CGE 模型中生产模块多采用 6 级生产函数的设定（见图 11-3），用

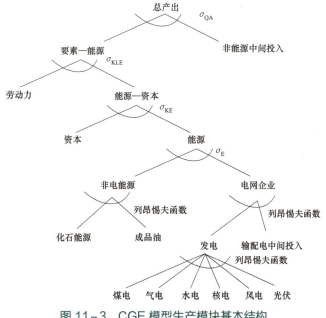

图 11-3　CGE 模型生产模块基本结构

于具体反映不同能源电力类型与产值间的耦合关系。贸易等模块同样通过产品分配函数等方法量化国内外进出口贸易等活动行为，但大多模型选择简单线性函数形式以降低分析复杂度。

利用上述模块量化描述经济主体行为的必要前提是模型具备大量经济活动数据储备，因此需要建立社会核算矩阵（social accounting matrix，SAM）表为模型提供各类统计数据。SAM 表以投入产出表为基础，设置活动、商品、劳动等经济主体，并将多主体间关联关系整合汇总在一张矩阵形式表格里（见表 11 - 6），其主要数据来源于投入产出表、统计年鉴、财政年鉴、资金流量表等。

表 11-6　　　　　　　　社 会 核 算 矩 阵 结 构

项目		活动	商品	要素		居民	企业	政府	国外	国内其他地区	投资	汇总
				劳动	资本							
活动			省内总产出									总产出
商品		中间投入				居民消费		政府消费	出口	国内省外流出	资本形成	总需求
要素	劳动	劳动报酬										要素收入
	资本	资本报酬										要素收入
居民				劳动报酬	居民资本收益		企业向居民转移支付	政府向居民转移支付				居民总收入
企业					企业资本收益							企业总收入
政府		生产税				居民税费	企业税费					政府总收入
国外			进口		国外投资净收益							外汇支出
国内其他地区			国内省外流入									省际支出
投资						居民储蓄	企业储蓄	政府储蓄		省际净储蓄		总储蓄
汇总		总投入	总供给	要素支出	要素支出	居民支出	企业支出	政府支出	外汇收入	省际收入	总投资	

在完成 CGE 模型构建、SAM 表编制等前序工作后，可通过代数模拟仿真系统（the general algebraic modeling system，GAMS）、Matlab App Designer 等平台编写软件程序，实现 CGE 模型的运行与求解，并输出政策冲击模拟下的指标情况。

二、案例分析

新型电力系统建设对深化电力体制改革提出新任务、新要求，大量数据表明近年来历次电价调整均对电力行业发展产生深远影响，模拟预测已出台电价调整政策的作用效果将有效助力完善电力市场规则体系。

本节选取历次一般工商业电价下调政策作为典型案例开展分析，并构建东南某省电价政策 CGE 模型，通过模型测算分析各部门降低电价效果及电力需求弹性，并在此基础上优化设计电价政策。东南某省电价政策效果评估逻辑结构如图 11-4 所示，案例数据来源于 2017 年该省投入产出表、该省各部门实际用电数据等。

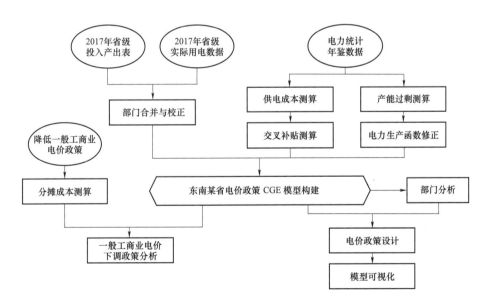

图 11-4　东南某省电价政策效果评估逻辑结构

（一）电价调整效果分析

1. 宏观经济

一般工商业电价调整对 GDP 影响如图 11-5 所示。在该省 GDP 基数排名全国前列的背景下，一般工商业电价下调对 GDP 可产生的拉动效果甚微。2018年电价下调 10% 后，电价调整累计拉动 GDP 增长 0.04%，或 12.84 亿元；2019年电价再次下调 10% 后，电价调整累计拉动 GDP 增长 0.08%，或 25.61 亿元；2020 年电价按 95% 结算（等同电价下调 5%）后，电价调整累计拉动 GDP 增长 0.1%，或 31.88 亿元。

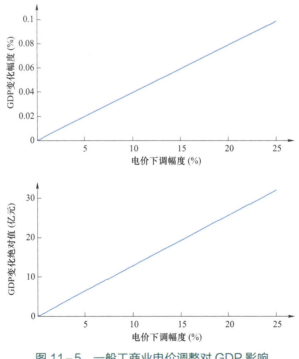

图 11-5 一般工商业电价调整对 GDP 影响

一般工商业电价调整对经济主体影响见图 11-6。电价下调将不同程度拉动企业与居民收入，并抑制政府收入，在电价下调 25% 的情境下，预计企业收入增长 1.27%、居民收入增长 0.97%、政府收入减少 0.11%。其中企业收入增幅最大，电价下调直接导致企业生产成本降低、产品需求增加，对企业收入产生正向促进作用；居民收入增幅较大，电价下调间接导致劳动力需求缺口扩大，迫使企业抬高居民劳动报酬以吸引人才；政府收入略微减少，电价下调促使政府降低电力行业增值税税率以疏导压力，但由于企业、居民收入增长引起的生产环节税收上升，造成电价降幅超过16%后政府收入出现反弹态势。

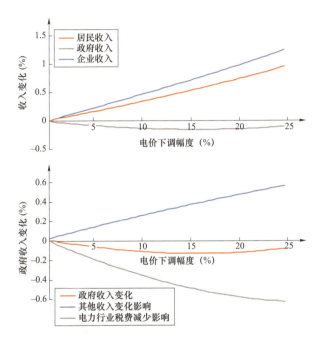

图 11-6 一般工商业电价调整对经济主体影响

2. 产业部门

一般工商业电价调整对三次产业影响如图 11-7 所示。三次产业的产出价格和数量均呈上涨趋势，其中第一产业的产出价格涨幅最大，原因在于第一产业劳动投入占比较大，电价下调提高劳动力成本的同时推升产出成本；第三产业的产出数量增幅最大，反映其受到电价调整影响最为明显。

进一步分析电价下调对各行业的影响，结果如图 11-8 所示，考虑到电力行业因电价下调引起的产出变化远高于其他行业，图中未列出电力行业产出变化。总体来看，大部分行业的用电量及产出数量均有提升。分行业看，轻工业及服务业用电需求有较大的增长，其中信息传输、软件和信息技术服务业用电需求增长最为明显；采矿业产出数量有较大的增长，但由于用电电压等级较高

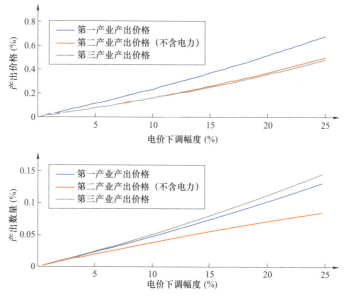

图 11-7　一般工商业电价调整对三次产业影响

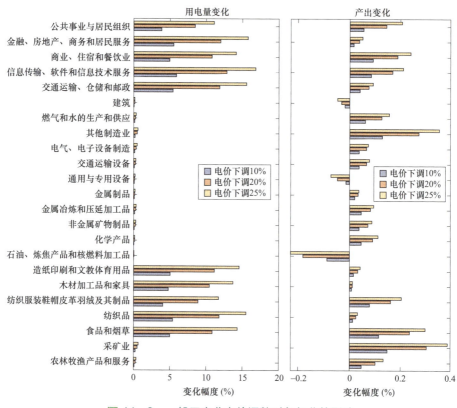

图 11-8　一般工商业电价调整对各行业的影响

（不属于一般工商业用电范畴），工商业电价下调对于采矿业的用电需求影响极小；金融、房地产、商务及居民服务业用电需求出现较大上升，但产出变化幅度远小于其他第三产业行业，说明电价下调仅促进该行业进行电能替代，而对产出影响较为有限。

3．电网企业

一般工商业电价调整对全社会用电量影响如图 11-9 所示。一般工商业电价下调幅度与全社会用电量呈近似的线性关系。电价下调 10% 后，全社会用电量增长 1.63%，即 2017 年电价下调刺激电力需求增量 34.48 亿 kWh；若电价进一步下调 25%，全社会用电量将增长 4.58%，或 96.83 亿 kWh。

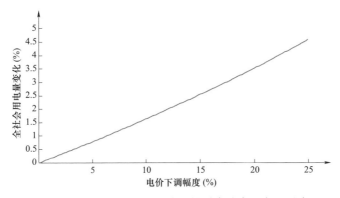

图 11-9　一般工商业电价调整对全社会用电量影响

一般工商业电价下调成本由政府和电网企业共同承担，具体分摊情况如表 11-7 所示。电网企业作为电力经营性主体，受电价调整影响显著。在电价下调 10% 情况下，政府和电网企业将各承担 16.58 亿元成本，在扣除用电量增加部分收益后，电网企业还需承担 15.72 亿元收益损失。在电价下调 25% 情况下，即使折旧下调冲抵 6.3 亿元调价成本，电网企业仍将承担 26.33 亿元收益损失。

表 11-7　　　　　　　　　电价下调成本分摊情况

电价降幅（%）	10.0	20.0	25.0
降价成本（亿元）	33.16	59.59	70.13
政府承担成本（亿元）	16.58	29.80	35.06
电网承担成本（亿元）	16.58	29.80	35.06

折旧下调（亿元）	0.00	6.30	6.30
电网收益减少（亿元）	15.72	21.64	26.33

（二）优化电价政策效果分析

1. 针对性电价调整政策模拟

参考工商业电价调整分析结论，选择部分轻工业和第三产业进行电价调整，模拟测算针对性电价调整政策产生效果。

以 GDP—降价成本弹性作为选择生产产业的基本依据，将 GDP—降价成本弹性大于 1 的生产产业纳入电价调整政策优惠范围，此限制下可享受电价优惠的产业包括食品和烟草，信息传输、软件和信息技术服务，交通运输、仓储和邮政，公共事业与居民组织，商业、住宿和餐饮业，金属制品业，通用与专用设备业，交通运输设备业，电气、电子设备制造业，其他制造业等共 10 个行业。

使用东南某省电价政策 CGE 模型测算得到的电价调整政策效果对比，如表 11-8 所示。针对性电价优惠政策效果明显优于普遍性电价优惠政策，针对性电价优惠政策环境下的 GDP—降价成本弹性、税收乘数、电网成本乘数等指标均优于普遍性电价优惠政策环境。

表 11-8　　　　　　　　　电价调整政策效果对比

电价调整政策效果	电价下调 10%		电价下调 20%		电价下调 25%	
	针对性调价	普遍性调价	针对性调价	普遍性调价	针对性调价	普遍性调价
降价成本（亿元）	30.56	33.16	54.85	59.59	64.80	70.13
GDP 增量（亿元）	15.33	12.84	28.66	25.61	34.41	31.88
GDP—降价成本弹性	0.50	0.39	0.52	0.43	0.53	0.45
政府收入减少（亿元）	−0.37	7.71	−4.46	11.05	−8.22	10.82
政府承担成本（亿元）	15.28	16.58	27.43	29.80	32.40	35.06
税收乘数	−41.45	1.67	−6.42	2.32	−4.19	2.95
电网承担成本（亿元）	15.28	16.58	27.43	29.80	32.40	35.06
电网收益减少（亿元）	14.31	15.66	25.83	27.83	29.72	32.52

续表

电价调整政策效果	电价下调 10%		电价下调 20%		电价下调 25%	
	针对性调价	普遍性调价	针对性调价	普遍性调价	针对性调价	普遍性调价
电网收益乘数	1.07	0.82	1.11	0.92	1.16	0.98
电网和政府收入净减少	13.94	23.37	21.36	38.88	21.50	43.34
电网与政府总收入乘数	1.10	0.55	1.34	0.66	1.60	0.74

在促进经济发展方面，当电价下调 10% 时，若实施普遍性电价优惠政策，GDP—降价成本弹性为 0.39，即降政府和电网企业每承担 1 单位的总成本将带动 GDP 增长 0.39 单位；但若实施针对性电价优惠政策，GDP—降价成本弹性将上升至 0.50，故通过对降低电价的行业进行选择和优化，能够提升降低电价的政策效果。

在政策实施成本方面，若实施针对性电价优惠政策，政府收入减少量和电网收益减少量均有所降低，政府与电网企业面临的降价成本压力变小。虽然政府对电力行业减税导致税收收入减少，但是由于产出的扩张效应，政府其他方面的税费收入增加，最终反而导致政府收入上升。因此在电价优惠政策环境下，电网与政府总收入乘数均大于 1，远高于普遍性电价优惠政策环境下的结果，故目前实施的电价下调政策仍然存在进一步优化的空间。

2. 基于拉姆齐定价法电价调整政策设计

针对电网企业代理购电用户，基于拉姆齐（Ramsey）定价法设计电价调整政策，模拟测算基于 Ramsey 定价法电价优惠政策产生效果。

Ramsey 定价法是适用于受管制企业和非盈利企业的定价策略，该方法采用次最优定价逻辑，在尽可能降低对资源配置影响的同时至少允许企业能够回收固定成本，即使企业在收支均衡目标下实现经济福利的最优化。

在电网企业盈亏平衡约束下，Ramsey 定价法令企业对 n 个不同市场（用户群）的需求逆函数为

$$P_i = p(Q_i) \qquad (11-4)$$

第 i 市场上的消费者剩余为

$$St = \int_0^{Q_i} P_i \mathrm{d}q_i - P_i \cdot Q_i \qquad (11-5)$$

引入拉格朗日乘数 λ 可得企业经济福利

$$\pi = \int_0^{Q_i} P_i \mathrm{d}q_i - P_i \cdot Q_i - \lambda\Big[\sum P_i \cdot Q_i - c(Q_i)\Big] \qquad (11-6)$$

求解一阶条件可得

$$\frac{P_i - MC_i}{P_i} \cdot \varepsilon_i = \frac{\lambda + 1}{\lambda} \qquad (11-7)$$

对于任意两个用户，通过整合上式可得

$$\frac{(P_1 - MC_1)P_2}{(P_2 - MC_2)P_1} = \frac{\varepsilon_2}{\varepsilon_1} \qquad (11-8)$$

式中：对于第 i 个用户，P_i 为价格水平；MC_i 为边际成本；Q_i 为用电量；ε_i 为对应的价格弹性；$p(Q_i)$ 为用户用电需求函数；$c(Q_i)$ 为电网企业供电成本函数。

利用式（11-8）可制定针对不同电力用户主体的电价标准，其中价格弹性参照上一小节利用东南某省电价政策 CGE 模型计算获取。考虑到居民和农业属于保障性供电范围，不宜调整电价水平，故仅对除居民和农业外其他用电产业电价进行调整，结果如表 11-9 所示。

表 11-9   Ramsey 定价法电价调整

行业	价格变化（%）	行业	价格变化（%）
采矿业	5	通用与专用设备	14
食品和烟草	2	交通运输设备	-7
纺织品	-19	电气、电子设备制造	-14
纺织服装鞋帽皮革羽绒及其制品	-5	其他制造业	-4
木材加工品和家具	-4	燃气和水的生产和供应	13
造纸印刷和文教体育用品	-17	建筑	44
石油、炼焦产品和核燃料加工品	-9	交通运输、仓储和邮政	21
化学产品	-8	信息传输、软件和信息技术服务	-3
非金属矿物制品	-9	商业、住宿和餐饮业	17
金属冶炼和压延加工品	-15	金融、房地产、商务和居民服务	32
金属制品	-2	公共事业与居民组织	32

使用东南沿海某省电价政策 CGE 模型测算基于 Ramsey 定价法电价调整政策效果如图 11-10 所示，当政策执行度达到 100%后，平均电价水平下降 0.6%，

全社会用电量上升 1.2%。若实施 Ramsey 定价法电价调整政策，将导致平均电价降低，但由于用电量提升及交叉补贴缩减，政府与电网企业电价调整综合成本最终均将趋近于 0（见图 11-11）。综合来看，基于 Ramsey 定价法电价调整政策有望成为指导新型电力系统建设下深化电力市场改革的有力抓手。

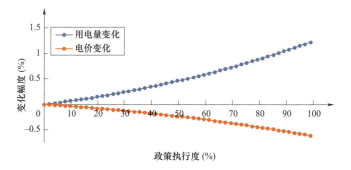

图 11-10　Ramsey 定价法下全社会用电量和平均电价水平变化

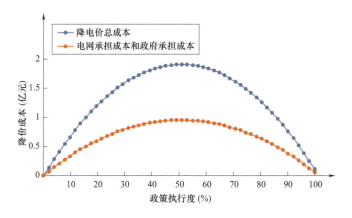

图 11-11　Ramsey 定价法下电价调整成本

第四节　政策效果回溯性测算方法

对于已经生效的政策，需要对政策成效进行测算，以客观评价本轮政策的成效，并指导新一轮政策的设计。本节基于数据驱动理论，定位新型电力系统相关政策可能影响的关键指标，并利用双重差分法还原关键指标的反事实序列。对比实际序列和反事实序列，即可得到政策量化影响。

一、双重差分模型构建

（一）模型设定

利用双重差分法开展反事实序列构建主要包括四个基本环节：① 根据单项政策实施与否，选取适当的政策处理组和对照组；② 定义双重差分基准模型的核心函数，并设置函数的被解释变量、解释变量和控制变量；③ 计算政策影响效果，即先分别计算政策处理组和对照组在政策出台前后的指标变化量，再计算两个指标变化量之间的差值；④ 结合双重差分结果进行回归分析，判断政策效果的显著性。

参考刘强等人在《〈绿色信贷指引〉实施对重污染企业创新绩效的影响研究》一文中所提方法，设定双重差分基准模型的回归方程

$$y_{it} = \beta_0 + \beta_1 policy_{it} + \theta X_{it} + \alpha_i + \gamma_t + \varepsilon_{it} \qquad （11-9）$$

式中：下标 i 表示地级市，t 表示年份；y_{it} 为被解释变量；$policy_{it}$ 为解释变量；X_{it} 为控制变量；β_0、β_1、θ 为回归系数；α_i 为城市固定效应，用于捕捉不随时间变化的城市固定特征；γ_t 为年份效应，用于捕捉时间变化对全部城市产生影响的未知效应；ε_{it} 为随机误差项。

经过模型的回归分析，若 β_1 显著为正或显著为负，代表单项政策的出台确实对被解释变量产生显著的正面或负面影响，政策效果明显；若 β_1 不显著，代表该政策对被解释变量几乎没有产生显著影响，政策效果不明显。

（二）变量与数据说明

1. 被解释变量

被解释变量 y_{it} 设置为模型需要研判的可能受到政策影响的相关指标，如能源安全指数、经济景气指数等。以新型电力系统建设下的能源安全指数为例，该指标一般通过构建能源安全测算指标体系，再采用熵权逼近理想解排序（technique for order preference by similarity to ideal solution，TOPSIS）法进行测算得到。进一步针对能源安全指数下设的 4 个二级指数（供应安全指数、消费安全指数、环境安全指数、经济安全指数），其数据生成方法与能源安全指数

基本相同。

2. 解释变量

解释变量 $policy_{it}$ 设置为表示地区是否受到政策冲击的虚拟变量，由政策生效地区和生效年份共同决定，此处通过引入虚拟变量 $treat_i$、$year_t$ 以共同描述解释变量

$$policy_{it} = treat_i \cdot year_t \qquad (11-10)$$

其中

虚拟变量 $treat_i$ 可设定为

$$treat_i = \begin{cases} 1 & (\text{政策适用城市}) \\ 0 & (\text{非政策适用城市}) \end{cases} \qquad (11-11)$$

即仅对于政策适用城市，$treat_i$ 为 1。虚拟变量 $year_t$ 可设定为

$$year_t = \begin{cases} 1 & (\text{政策生效年份}) \\ 0 & (\text{非政策生效年份}) \end{cases} \qquad (11-12)$$

即仅对于政策生效年份，$year_t$ 为 1。

3. 控制变量

控制变量 X_{it} 设置为影响被解释变量的普遍性指标，如金融发展水平、人力资源水平等。在研究影响新型电力系统建设下的能源安全问题时，需要密切关注金融发展水平、个人财富水平、市场化水平、政府干预、人均国内生产总值、政府创新投入、人力资源水平等 7 个控制变量。能源安全问题相关控制变量名称及衡量方法如表 11-10 所示。

表 11-10　　　　　能源安全问题相关控制变量名称及衡量方法

变量名称	衡量方法
金融发展水平	依托年末金融机构人民币各项贷款余额与 GDP 的比值衡量
个人财富水平	依托年末金融机构人均存款余额衡量
市场化水平	依托王小鲁等构建的中国分省份市场化指数衡量
政府干预	依托财政中除科教支出外的财政支出占财政支出比例衡量
人均国内生产总值	依托地级市 GDP 与总人口的比例衡量
政府创新投入	依托科学财政支出占政府总支出的比重衡量
人力资源水平	依托专科、本科及以上学生数除以总人口数衡量

4. 数据收集及处理

模型涉及被解释变量、解释变量和控制变量的相关数据收集途经包括：① 被解释变量、控制变量的原始数据来源于各地级市的统计年鉴；② 解释变量的设定参考文件来源于国家能源局、各省政府网站等政务信息公开平台。

模型涉及被解释变量、解释变量和控制变量的数据处理办法包括：① 采用插值法处理数据收集过程中的较少部分缺失数据；② 对所有变量进行缩尾和取对数处理，并通过排除异常数据以保证数据的平滑程度。

二、案例分析

本节分别从新型电力系统建设下的能源绿色发展、能源结构调整、能源节能减排、能源技术变革、能源市场化等 5 个方面各选取一个代表性政策作为典型案例，通过双重差分模型测算分析代表性政策落地产生的影响程度，为后续相关政策制定提供直观的数据指导。

（一）低碳城市试点政策效果分析

选取能源绿色发展方面的代表性政策——低碳城市试点作为政策冲击，设置实验组为东南沿海某市，设置控制组为该省、邻省和华东某省未实施该政策的地级市，利用双重差分模型进行回归测算，结果如表 11 - 11 所示。

表 11-11　　　　低碳城市试点政策冲击回归结果

变量	（1）	（2）	（3）	（4）	（5）	（6）
	能源安全总指数		供应安全	消费安全	环境安全	经济安全
政策冲击_1	-0.054	-0.080	-0.081	0.032	-0.189	0.177**
金融发展水平		-0.127	-0.395	0.037	-0.049	-0.035
个人财富水平		-0.071	0.016	0.136***	-0.253	-0.080***
政府干预		0.617	1.590	0.110	-0.048	0.123
人均 GDP		-0.084	-0.040	-0.114	-0.270**	0.096**
政府创新投入		0.066**	0.094	-0.008	0.060	0.029
人力资本		0.032	0.071	-0.034	0.016	0.020
市场化水平		-0.023	0.015	-0.134	-0.161	-0.001
常数项	-0.759***	-1.278	-6.276	-1.243**	4.468	-1.740

续表

变量	(1)	(2)	(3)	(4)	(5)	(6)
	能源安全总指数		供应安全	消费安全	环境安全	经济安全
观测值	468	466	466	466	466	466
R^2	0.965	0.971	0.982	0.879	0.942	0.937
城市固定效应	YES	YES	YES	YES	YES	YES
年份固定效应	YES	YES	YES	YES	YES	YES
省级（聚类）	YES	YES	YES	YES	YES	YES

注 ***、**和*分别表示 $p<0.01$、$p<0.05$ 和 $p<0.1$。

在表 11-11 及本节其他回归结果数据表中，第（1）列代表不加控制变量对能源安全总指数的回归结果，第（2）列代表加控制变量后对能源安全总指数的回归结果，第（3）～（6）列分别代表供应安全指数、消费安全指数、环境安全指数和经济安全指数等二级指标的回归结果。

根据表 11-11 结果，第（1）～（5）列解释变量前系数都不显著，第（6）列解释变量前系数在 5%水平上显著为正，即以低碳城市试点为代表的绿色发展政策对能源安全总指数及 3 个二级指标（供应安全指数、消费安全指数和环境安全指数）影响不显著，仅对经济安全指数有显著正向影响作用。综合来看，低碳城市试点只能对该省部分地级市的能源经济安全产生一定的积极效应，但无法明显提升能源安全总体水平，政策效果相对有限。

（二）"西电东送"政策效果分析

选取能源供给和消费结构调整方面的代表性政策——"西电东送"作为政策冲击，设置实验组为东南某省 9 个地级市，设置控制组为邻省和华东某省未实施该政策的地级市，利用双重差分模型进行回归测算，结果如表 11-12 所示。

表 11-12　　　　　　　"西电东送"政策冲击回归结果

变量	(1)	(2)	(3)	(4)	(5)	(6)
	能源安全总指数		供应安全	消费安全	环境安全	经济安全
政策冲击_2	−0.015	−0.033	0.059	−0.103**	0.097	0.109**
金融发展水平		−0.132	−0.394	0.033	−0.050	−0.023

变量	（1）	（2）	（3）	（4）	（5）	（6）
	能源安全总指数		供应安全	消费安全	环境安全	经济安全
个人财富水平		−0.060	0.043	0.111**	−0.196	−0.099**
政府干预		0.615	1.569	0.134	−0.087	0.119
人均GDP		−0.078	−0.046	−0.101	−0.279**	0.078
政府创新投入		0.065**	0.097	−0.013	0.066	0.033
人力资本		0.032	0.066	−0.028	0.006	0.017
市场化水平		0.004	0.035	−0.135	−0.112	−0.065
常数项	−0.757***	−1.488	−6.465	−1.191*	4.015	−1.263
观测值	468	466	466	466	466	466
R^2	0.965	0.971	0.982	0.884	0.942	0.937
城市固定效应	YES	YES	YES	YES	YES	YES
年份固定效应	YES	YES	YES	YES	YES	YES
省级（聚类）	YES	YES	YES	YES	YES	YES

注 ***、**和*分别表示$p<0.01$、$p<0.05$和$p<0.1$。

根据表11-12的结果，第（1）～（3）列和第（5）列解释变量前系数都不显著，第（4）列解释变量前系数在5%水平上显著为负，第（6）列解释变量前系数在5%水平上显著为正，即以"西电东送"为代表的能源供给和消费结构调整政策对能源安全总指数及供应安全指数和环境安全指数影响不显著，但对经济安全指数有显著正向影响作用，且对消费安全指数有显著负向影响作用。综合来看，"西电东送"虽然能够对该省部分地级市的能源经济安全产生一定的积极效应，但同时也将拉低了能源消费安全水平，政策效果相对有限。

（三）碳排放权交易试点政策效果分析

选取能源减排方面的代表性政策——碳排放权交易试点作为政策冲击，设置实验组为东南某省9个地级市，设置控制组为邻省和华东某省未实施该政策的地级市，利用双重差分模型进行回归测算，结果如表11-13所示。

表 11-13　　　　　　碳排放权交易试点政策冲击回归结果

变量	（1）	（2）	（3）	（4）	（5）	（6）
	能源安全总指数		供应安全	消费安全	环境安全	经济安全
政策冲击_3	0.115*	0.104*	0.242	-0.048	-0.064**	0.005
金融发展水平		-0.052	-0.217	0.003	-0.103	-0.025
个人财富水平		-0.028	0.093	0.117**	-0.228	-0.117**
政府干预		0.413	1.125	0.204	0.052	0.131
人均 GDP		-0.109*	-0.100	-0.102	-0.250*	0.091*
政府创新投入		0.061**	0.081	-0.006	0.065	0.028
人力资本		0.024	0.055	-0.031	0.015	0.024
市场化水平		0.005	0.048	-0.146*	-0.106	-0.055
常数项	-0.769***	-0.961	-5.271	-1.403*	3.673	-1.266
观测值	468	466	466	466	466	466
R^2	0.970	0.973	0.984	0.881	0.942	0.934
城市固定效应	YES	YES	YES	YES	YES	YES
年份固定效应	YES	YES	YES	YES	YES	YES
省级（聚类）	YES	YES	YES	YES	YES	YES

注　***、**和*分别表示 $p<0.01$、$p<0.05$ 和 $p<0.1$。

根据表 11-13 的结果，第（1）～（2）列解释变量前系数在 10%水平上显著为正，第（5）列解释变量前系数在 5%水平上显著为负，其余解释变量前系数则不显著，即以碳排放权交易试点为代表的能源减排政策对能源安全总指数有显著正向影响，而对供应安全指数、消费安全指数和经济安全指数产生的影响则不显著。综合来看，碳排放权交易试点虽然在一定程度上对该省部分地级市的能源环境安全造成消极影响，但却能明显提升能源安全总体水平，政策效果明显。

（四）新能源示范城市政策效果分析

选取能源技术变革方面的代表性政策——新能源示范城市试点作为政策冲击，设置实验组为 2014 年东南某省实施该政策的 3 个地级市，设置控制组为该省、邻省和华东某省未实施该政策的地级市，利用双重差分模型进行回归测算，结果如表 11-14 所示。

表 11-14　　　　　　　　　新能源示范城市试点政策冲击回归结果

变量	（1）	（2）	（3）	（4）	（5）	（6）
	能源安全总指数		供应安全	消费安全	环境安全	经济安全
政策冲击_4	0.117**	0.111**	0.239*	−0.003	0.026	−0.026
金融发展水平		−0.107	−0.373	0.027	−0.026	−0.010
个人财富水平		−0.040	0.061	0.126**	−0.203	−0.157***
政府干预		0.583	1.509	0.158	0.057	0.277
人均GDP		−0.089*	−0.052	−0.141	−0.304*	0.097**
政府创新投入		0.072*	0.108	−0.011	0.063	0.027
人力资本		0.036	0.074	−0.019	0.024	0.044
市场化水平		−0.099	−0.177	−0.074	−0.119	−0.073
常数项	−0.797***	−1.328	−5.965	−1.181*	3.682	−1.574
观测值	403	401	401	401	401	401
R^2	0.968	0.973	0.983	0.881	0.946	0.933
城市固定效应	YES	YES	YES	YES	YES	YES
年份固定效应	YES	YES	YES	YES	YES	YES
省级（聚类）	YES	YES	YES	YES	YES	YES

注　***、**和*分别表示 $p<0.01$、$p<0.05$ 和 $p<0.1$。

根据表 11-14 的结果，第（1）～（3）列解释变量前系数至少在 10%水平上显著为正，其余列解释变量前系数则不显著，即以新能源示范城市试点为代表的能源技术变革政策对能源安全总指数和供应安全指数有显著正向影响，而对消费安全指数、环境安全指数和经济安全指数产生的影响则不显著。综合来看，新能源示范城市试点对该省部分地级市的能源经济安全产生一定的积极效应，进而有效提升能源安全总体水平，政策效果明显。

（五）用能权交易制度政策效果分析

选取能源市场化方面的代表性政策——用能权交易制度作为政策冲击，设置实验组为东南某省 9 个地级市，设置控制组为邻省和华东某省未实施该政策的地级市，利用双重差分模型进行回归测算，结果如表 11-15 所示。

表 11-15　　　　　　　　　　　用能权交易制度政策冲击回归结果

变量	（1）	（2）	（3）	（4）	（5）	（6）
	能源安全总指数		供应安全	消费安全	环境安全	经济安全
政策冲击_5	0.107*	0.106**	0.210	−0.038	−0.042***	−0.067
金融发展水平		−0.055	−0.248	0.012	−0.085	−0.077
个人财富水平		−0.014	0.113	0.115**	−0.228	−0.144
政府干预		0.385	1.138	0.193	0.020	0.283
人均 GDP		−0.117*	−0.108	−0.102	−0.252*	0.115**
政府创新投入		0.065**	0.091	−0.008	0.062	0.029
人力资本		0.024	0.057	−0.032	0.014	0.028
市场化水平		−0.001	0.036	−0.143	−0.103	−0.054
常数项	−0.771***	−0.871	−5.274	−1.380*	3.751	−1.678
观测值	468	466	466	466	466	466
R^2	0.970	0.973	0.984	0.880	0.941	0.937
城市固定效应	YES	YES	YES	YES	YES	YES
年份固定效应	YES	YES	YES	YES	YES	YES
省级（聚类）	YES	YES	YES	YES	YES	YES

注　***、**和*分别表示 $p<0.01$、$p<0.05$ 和 $p<0.1$。

根据表 11-15 的结果，第（1）～（2）列解释变量前系数至少在 10%水平上显著为正，第（5）列解释变量前系数在 1%水平显著为负，其余列解释变量前系数则不显著，即以用能权交易制度开展为代表的能源市场化政策对能源安全总指数有显著正向影响，而对供应安全指数、消费安全指数和经济安全指数产生的影响则不显著。综合来看，用能权交易制度虽然对该省部分地级市的能源环境安全造成消极影响，但却仍能相对显著提升能源安全总体水平，政策效果较为明显。

第十二章　新型电力系统投资要素

新型电力系统涉及全社会各环节，密切连接着一次能源和二次能源，能够实现多种能源间的灵活高效智能转换，是能源供给侧和消费侧的重要枢纽平台。新型电力系统的构建需要统筹发展与安全，保障电力持续可靠供应，保障电网安全稳定运行，促进新能源高效消纳。为实现"双碳"目标，响应党和政府工作号召，除传统电力行业外，能源行业也积极入局，投资风电、光伏、储能（新型储能与抽水蓄能）等与新型电力系统相关的项目。而参与新型电力系统投资，需要关注的要素包括投资不同类型工程的关键参数、投资可行性研判方法，以及投资效益评估手段。

为横向对比并提供投资者新型电力系统建设不同环节的投资要素，本章将按照"网—源—储"的基本顺序逐一梳理出以下投资要素：① 投资主体趋势。投资主体是新型电力系统的投资来源，是投资分析的第一要素。通过梳理 2023 年世界 500 强上榜企业中与新型电力系统相关的投资主体，对比其当前的投资优势及未来的投资规划目标，总结提炼电力供应链上，不同投资主体参与新型电力系统的投资意愿及未来的投资趋势。② 投资关键参数。投资关键参数也是投资者关注的一大要素。通过梳理电网侧（省级公网与增量配网）、电源侧（风光新能源发电）、储能侧（抽水蓄能与新型储能）的关键参数，理顺不同主体的投资效益测算方法与关键参数对比情况，为想要参与新型电力系统投资的主体提供参考。③ 投资效益测算方法与投资可行性研判。除关键参数外，投资可行性的研判标准也是参与新型电力系统投资的主体关注的要素。按照"管住中间，放开两头"的电力体制改革思路，电网侧投资可行性主要受政策因素影响，而电源侧与储能侧可行性更多通过经济效益指标判断。本章将着重梳理不同投资主体的投资效益测算方法，相应提供平准化成本与基准收益率情况，分别说明不同投资方向的投资可行性评判方法（见图 12-1 红框内容），并在下一章节中介绍投资主体的效益来源。

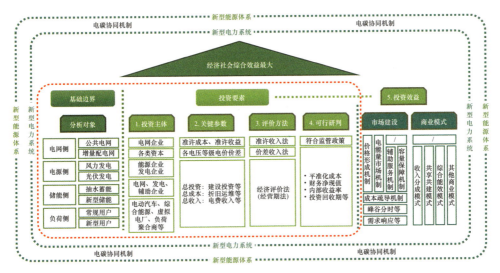

图 12-1　新型电力系统投资分析逻辑结构图

第一节　多元投资主体

投资主体是新型电力系统的投资来源，是投资分析的第一要素。为实现"双碳"目标，响应党和政府工作号召，除传统电力行业外，能源行业也积极入局，参与新型电力系统建设。本节将通过梳理 2023 年世界 500 强上榜企业中与新型电力系统相关的投资主体，总结分析当前投资趋势。

一、政策目标导向

2021 年底，国务院国有资产监督管理委员会印发了《关于推进中央企业高质量发展做好碳达峰碳中和工作的指导意见》（国资发科创〔2021〕93 号），分别对中央企业的产业结构和能源结构调整提出了分阶段目标。各阶段目标如下：

到 2025 年，中央企业产业结构和能源结构调整优化取得明显进展，重点行业能源利用效率大幅提升，新型电力系统加快构建，绿色低碳技术研发和推广应用取得积极进展；中央企业万元产值综合能耗比 2020 年下降 15%，万元产值二氧化碳排放比 2020 年下降 18%，可再生能源发电装机比重达到 50% 以上，战略性新兴产业营收比重不低于 30%，为碳达峰奠定坚实基础。

到 2030 年，中央企业全面绿色低碳转型取得显著成效，产业结构和能源结构调整取得重大进展，重点行业企业能源利用效率接近世界一流企业先进水平，绿色低碳技术取得重大突破，绿色低碳产业规模与比重明显提升，中央企业万元产值综合能耗大幅下降，万元产值二氧化碳排放比 2005 年下降 65% 以上，中央企业二氧化碳排放量整体达到峰值并实现稳中有降，有条件的中央企业力争碳排放率先达峰。

到 2060 年，中央企业绿色低碳循环发展的产业体系和清洁低碳安全高效的能源体系全面建立，能源利用效率达到世界一流企业先进水平，形成绿色低碳核心竞争优势，为国家顺利实现碳中和目标作出积极贡献。

二、投资主体情况

截至 2022 年底，全国可再生能源发电累计装机容量 12.13 亿 kW，同比增长约 14.1%，占全部电力装机的 47.3%；其中，水电装机 4.13 亿 kW（含抽水蓄能 0.45 亿 kW）、风电装机 3.65 亿 kW、太阳能发电装机 3.93 亿 kW。2023 年 8 月，《财富》世界 500 强排行榜发布的参与风电、光伏、储能投资的 22 家电力/能源央企均有上榜。

（1）五大发电集团[1]仍是风光发电投资主力，能源央企快速布局入场。截至 2022 年底，国家电力投资集团有限公司（简称国家电投集团）以 95.6GW 的规模位居央企风电、光伏新能源累计装机规模之首，即将迈过 100GW 大关。国家能源投资集团有限责任公司（简称国家能源集团）是我国最大的火力发电企业，同时也是风电装机冠军，2022 年风电总装机量 5373 万 kW，位居央企之冠，占比 14.5%；2022 年新能源装机容量超过 70GW，装机占比达到 31%。紧随国家电投集团、国家能源集团之后，中国华能集团有限公司（简称华能集团）、

---

[1] 五大发电集团，是指中国华能集团有限公司、中国大唐集团有限公司、中国华电集团有限公司、国家电力投资集团有限公司和国家能源投资集团有限责任公司。

中国华电集团有限公司（简称华电集团）、中国大唐集团有限公司（简称大唐集团）、中国核工业集团有限公司（简称中核集团），风电、光伏累计装机规模分别超过 51GW、37GW、35GW、19GW，形成了一超多强格局。而传统能源大户，中国石油天然气集团有限公司、中国石油化工集团有限公司、中国海洋石油集团有限公司三大央企也对可再生能源投资热情高涨，中国海洋石油集团有限公司（简称中国海油）设立的"十四五"目标是在可再生能源领域投资达 5%～10%；到 2050 年，至少 50%的利润来自新能源。

（2）两网是抽水蓄能投资主力，发电与地方能源企业也逐步入局。2022 年，国家电网公司、中国南方电网有限责任公司（简称南方电网公司）合计抽水蓄能装机在全国占比超过 83%。其中，国家电网公司通过抽水蓄能投资，并网新能源容量、装机规模均为全球第一，累计在运抽水蓄能电站 26 座，运行装机容量已经突破 3000 万 kW，为全国最大的抽水蓄能运营商，占比约六成；同时提出，力争 2025、2030 年国家电网公司经营区抽水蓄能装机分别达到 5000 万、1 亿 kW。南方电网公司拥有抽水蓄能装机总规模 1028 万 kW，项目储备达 2800 万 kW；同时也设下了"十四五"新增 600 万 kW 抽水蓄能装机量的新目标。随着中国长江三峡集团有限公司（简称三峡集团）、中国电力建设集团有限公司（简称中国电建）、国家能源集团、国家电投集团、华电集团等电力央企，杭州钢铁集团有限公司、湖南湘投控股集团有限公司等地方能源企业纷纷加入抽水蓄能建设投资，抽水蓄能未来的投资能力与建设能力都将大大增强。

（3）各大集团分别寻找新型储能投资新动能。国家电网公司通过参股国网时代（福建）储能发展有限公司，参与到储能的系统采购及工程建设项目中。南方电网公司旗下的南方电网电力科技股份有限公司，已是南方区域储能工程总承包（engineering procurement construction，EPC）和系统集成龙头，2022 年，储能系统技术服务业务营收 3.25 亿元，同比增长超过 70%，推动南方电网公司当年现金流量净额同比增长超过 4700%。国家电投集团成立了新源智储和融合元储两家储能集成公司，主要承接集团储能业务。中国能源建设股份有限公司（简称中国能建）和中国电建发布储能系统招标规模，通过成立储能集成业务子公司，分别中标 120MWh 和 70MWh。

三、发展趋势研判

（1）投资主体更加多样。整体来看，随着"双碳"目标的提出及配套政策的出台，除电力企业外，越来越多的能源企业参与到新兴电力系统投资建设中。其中，中国中化集团有限公司（简称中化集团）将业务范围延伸到了电力领域。中国海油则通过多头投资，提出 2050 年至少 50%的利润来自新能源；储能目标装机量 1～1.5GWh，EPC 的合同额为 20 亿～30 亿元。

（2）投资链条逐步延伸。除主营业务外，电力企业投资版图也延伸到了新型电力系统相关的建设或装备制造中。国家电网公司通过参股国网时代，参与到储能的系统采购及工程建设项目中。国家电投、中国能建和中国电建通过成立储能集成业务子公司，承接了集团部分储能业务。国电集团旗下新源智储 2022 年储能系统出货量全国第九。

（3）合作投资更加广泛。中国中煤能源集团有限公司（简称中煤集团）通过布局优质清洁高效煤电项目，协同发展风电、光伏及氢能、储能等新型能源电力项目，实现"煤电—新能源"一体化协同发展，提高发电产业竞争力。2022年 12 月 30 日，中煤集团与国家电投集团签订《煤电项目专业化整合协议》，涉及煤电装机容量预计将超过 1000 万 kW。

随着新型电力系统的不断发展，预计各类型企业（集团）将进一步延伸业务范围，参与到新兴电力系统的投资与建设中，通过合作或成立专业公司的形式，提高新型电力系统建设的参与程度。不同类别投资主体的新型电力系统投资领域如表 12－1 所示。

表 12－1　　　　　不同类别投资主体的新型电力系统投资领域

类别	排名	简称	现有成绩	发展计划
电网企业	3	国家电网公司	全国最大的抽水蓄能运营商	（1）2025 年抽水蓄能装机 5000 万 kW； （2）2030 年抽水蓄能装机 1 亿 kW； （3）2030 年新型储能装机 1 亿 kW
	83	南方电网公司	（1）全国第二大抽水蓄能运营商； （2）旗下南网科技为国内大型储能调频系统 EPC 承包商	"十四五"期间： （1）推动新能源配套新型储能 20GW； （2）积极部署用户侧储能项目投融资

续表

类别		排名	简称	现有成绩	发展计划
五大发电企业		76	国家能源集团	（1）风电装机冠军； （2）建成国内煤电最大电化学储能； （3）获批全国首个熔盐储能	将加快"风光火储氢一体化"发展，建设若干个千万千瓦级综合能源基地
		209	华能集团	—	加快多区域风光储一体化基地建设，积极开展储能等项目工作
		262	国电集团	（1）风光累计装机规模最大； （2）新型储能装机规模约占全国1/6； （3）旗下新源智储2022年全国出货量第九	
		323	华电集团	—	拓展储能、氢能等新兴业务，将在六大领域展开布局，其中包括建设水风光储互补的国家级清洁能源示范区
		396	大唐集团	—	围绕"补链、增链、强链"，打造新能源及储能全产业链协同发展的新优势
其他		74	华润集团	—	"十四五"新增40GW可再生能源装机，期末可再生能源装机占比超50%
		381	中核集团	实现国内单体飞轮首次达到的最大并网功率	—
电力辅助企业		105	中国电建	—	以新能源和抽水蓄能为核心主业，积极构建新能源和抽水蓄能业务发展新格局
		256	中国能建	—	发力熔盐储热和氢能，围绕"双碳"系统解决方案"一个中心"和储能、氢能"两个基本点"
能源企业	央企	5	中国石油	—	瞄准风、光发电大规模储能配套，以及油田的综合能源供应和清洁转型
		6	中国石化	—	积极发展页岩气、煤层气、地热、氢能、光伏、风电等清洁能源，积极推进新型储能业务
		38	中化集团	—	提供系统一体化解决方案，应用于发电侧、输配电侧（电网侧）和用户侧大型储能场景
		42	中国海油	—	"十四五"期间，可再生能源投资将达5%～10%，2050年至少50%的利润来自新能源。"十四五"期间，储能目标装机量1～1.5GWh，EPC的合同额为20亿～30亿元
		356	中煤集团	2022年，新能源开发装机200万kW，储备300万kW	实现"煤电—新能源"一体化协同发展，提高发电产业竞争力
	地方	72	山东能源	渤中海上风电场成为我国最大规模全容量并网发电项目	搭建新能源产业省级投资平台，实施风光储氢、源网荷储一体化发展；成立专攻储能的新风光电子公司
		163	晋能控股	已投产风光发电场站35个，投产运行装机容量272.23万kW	—

续表

类别		排名	简称	现有成绩	发展计划
能源企业	地方	169	陕西煤业化工集团	—	优化产业投资地图，布局新能源、新材料、新经济等行业优质资产
		269	陕西延长石油集团	2010 年与中科院大连化物所签订全面战略合作协议，实现全钒液流储能电池产业化	—
		359	山西焦煤集团	—	成立新能源有限公司，涵盖新能源项目开发，储能技术、材料及其应用产品的研发销售，储能系统及其应用工程等
		378	台湾中油集团	2023 年达成光伏发电装机量20.2MW；已兴建月产量 100t 的储能电池示范性工厂	积极开发地热能源；研发 LTO（钛酸锂）负极材料生产技术，推动再生绿电发展

第二节 投 资 关 键 参 数

新型电力系统涉及全社会各环节，其构建需要统筹发展与安全，保障电力持续可靠供应，保障电网安全稳定运行，促进新能源高效消纳。除投资主体外，投资关键参数也是投资者关注的一大要素。本节将主要对网侧的公共电网和增量配电网，源侧的风力、光伏发电，储能投资要素进行识别。

一、电网侧投资关键参数

（一）省级公网

2020 年 2 月，国家发展改革委印发《省级电网输配电价定价办法》（发改价格规〔2020〕101 号），规定公共电网项目按照准许收入法，分别核定有效资产、准许成本及准许收益。省级电网输配电价在每一监管周期开始前核定，监管周期为三年。核定省级电网输配电价，先核定电网企业输配电业务的准许收入，再以准许收入为基础核定分电压等级和各类用户输配电价。从投资效益角度，包括投资、收益、成本和相关税费等。其中：

（1）总投资。新增输配电固定资产投资额参照有权限的省级发展改革委、能源主管部门预测的、符合电力规划的电网投资计划，按年度间等比例原则确定，有明确年度投资完成时间的，按计划要求确定。未明确具体投资项目和资产结构、监管周期内无投运计划或无法按期建成投运的，不得计入预计新增输配电固定资产投资额。预计新增投资计入固定资产比率，指预计新增输配电固定资产投资额可计入当期预计新增输配电固定资产原值的比率，原则上不超过上一监管周期新增投资计入固定资产比率，最高不得超过 75%。同时投资上限受预计新增单位电量固定资产指标限制。

（2）总成本。输配电准许成本包括折旧费和运行维护费两部分：① 折旧费。按照预计新增输配电固定资产投资额、预计新增投资计入固定资产比率、定价折旧率进行计算。其中，定价折旧率根据《输配电定价成本监审办法》（发改价格规〔2019〕897 号）规定的残值率、所列折旧年限和新增输配电固定资产结构核定。② 运行维护费。由材料费、修理费、人工费、其他运营费用组成。其中，人工费参考国务院国有资产管理部门核定的职工工资总额；材料费和修理费参考电网经营企业上一监管周期费率水平，以及同类型电网企业的先进成本标准，且材料费、修理费和人工费三项合计按不高于监管周期新增输配电固定资产原值的 2%核定。其他运营费用按照不高于成本监审核定的上一监管周期电网企业费率水平的 70%，同时不高于监管周期新增输配电固定资产原值的 2.5%核定。

（3）总收益。按照可计提收益的有效资产与准许收益率的乘积计算。可计提收益的有效资产，是指电网企业投资形成的输配电线路、变电和配电设备及其他与输配电业务相关的资产，包括固定资产净值、无形资产净值和营运资本。准许收益率，取权益资本收益率与债务资本收益率的加权平均值。其中，权益资本收益率原则上按不超过同期国资委对电网企业经营业绩考核确定的资产回报率，并参考上一监管周期省级电网企业实际平均净资产收益率核定。债务资本收益率参考电网企业实际融资结构和借款利率，以及不高于同期人民币贷款市场报价利率核定。如电网企业实际借款利率高于市场报价利率，按照市场报价利率核定；如实际借款利率低于市场报价利率，按实际借款利率加二者差额的 50%核定。资产负债率按照国资委考核标准并参考上一监管周期电网企业资产负债率平均值核定。

（二）增量配电网

2017 年 12 月，国家发展改革委印发《关于制定地方电网和增量配电网配电价格的指导意见》（发改价格规〔2017〕2269 号）明确"用户承担的配电网配电价格与上一级电网输配电价之和不得高于其直接接入相同电压等级对应的现行省级电网输配电价"，即增量配电价格不得高于省级电网相应电压等级间的输配电价差。当前，国内的增量配电园区均通过赚取价差获得投资收益，而不再单独制定增量配电网配电价格。一般接入公网的电压等级越高，售电电压等级越低，能够获得的价差收入越多。

二、电源侧投资关键参数

（一）风力发电

依据《风电场项目经济评价规范》（NB/T 31085—2016），风电项目投资关键参数包括投资、收入、成本和税费等。具体情况如下：

（1）总投资。风电项目总投资除了传统的建设投资外，还包括建设期的贷款利息和建设期流动资金。其中，建设投资由建筑工程费、安装工程费、设备购置费、其他费用和预备费组成。建设期利息指建设期内发生并在投产后计入固定资产原值的债务利息。流动资金，资本金比例不低于30%。而建设投资中的可抵扣增值税不计入固定资产原值。

（2）总收入。总收入包括销售收入、补贴收入和其他收入。销售收入通过年上网电量与政府核定的上网电价确定（详见价格政策章节）。补贴收入包括即征即退、先征后返的增值税和政府补贴资金。其他收入通过销售商品、提供劳务或让渡资产使用权等发生的收入。

（3）总成本。总成本包括折旧（摊销）费、材料费、修理费、人工费、其他费和财务费用等。折旧费指固定资产在使用中消耗价值的货币估计值，一般采用直线法（平均年限法）计提，其数值与折旧年限、残值率等有关。摊销费指无形资产和其他资产在一定期限内分摊的费用。材料费指为风电场运行、维护等所用的材料、事故备品、诋毁易耗品等费用。修理费指为保持风电场项目固定资产的正常运转、使用，充分发挥其使用效能，对其进行必要修理所发生的费用。人工费含人员工资（奖金、津贴和补贴）、职工福利费以及由企业缴纳的社会保障费（五险一金：医疗保险费、养老保险费、失业保险费、工商保险费、生育保险费和住房公积金）。其他费即与风电场运行有关但不属于上述各项费用的其他成本，包括管理费、研究开发费、保险费、相关税金，以及可能发生的海域使用仅、土地租用费等。

风电项目投资关键参数可参考表 12-2。

表 12-2　　　　　　　　　　风电项目投资关键参数

序号	计算参数	单位	陆上风电场	海上风电场
1	项目运营期	年	20	25
2	建设投资			
2.1	资本金比例	%	20	20
2.2	流动资金	元/kW	30～50	40～80
3	折旧费用			
3.1	折旧年限	年	12～18	15～20
3.2	残值率	%	5	5
4	摊销费用			
4.1	无形资产摊销年限	年	5～10	5～10
4.2	其他资产摊销年限	年	5～10	5～10
5	材料费率	元/kW	10～20	30～50
6	修理费			
6.1	质保期内费率	%	0.50	0.50
6.2	质保期后费率	%	逐级提高至 2	逐级提高至 3
7	人工费			
7.1	人工工资	—	按企业支付给职工的报酬计算	
7.2	职工福利费	—	按当地政府规定及企业集体比例计算	
7.3	社会保障费	—		
8	其他费			
8.1	保险费率	%	0.25～0.35	0.35～0.60
8.2	其他费率	元/kW	20～30	30～50

注　1. 若利用外资进行投资，项目资本金比例按照国家有关规定执行；

　　2. 项目一般以 5～10 年为一个时间段；

　　3. 若与保险公司有协议，则保险费率按协议计算。

（二）光伏发电

分布式光伏投资要素包括总投资、总收入与总成本。

（1）总投资。总投资包括形成固定资产、无形资产和其他资产的相关投资或费用。形成固定资产的相关投资由建筑及安装工程费、设备购置费、其他费用（扣除无形资产相关费用）、基本预备费、价差预备费和建设期利息构成。形成无形资产的相关投资包括专利权、非专利技术、土地使用权等费用。形成其他资产的相关费用包括生产人员培训及提前进场费、管理用具购置费、工器具及生产家具购置费等。流动资金为流动资产与流动负债的差值，一般在项目投产前安排，比例不低于30%。

（2）总收入。总收入包括节省的电费收入、余电上网电量收入、其他收入、补贴收入和资产回收收入。节省的电费收入等于用户年自用电量与用电电价的乘积。余电上网电量收入由年上网电量与光伏上网电价构成。其他收入包括通过销售商品、提供劳务及让渡资产使用权等发生的收入。补贴收入，政府可再生能源补贴资金。资产回收收入包括经营期结束时的固定资产余值和回收的流动资金。

（3）总成本。总成本包括分布式光伏项目在经营期内为发电所发生的支出，包含折旧（摊销）费、材料费、修理费、人工费、财务费、电价分享费用和其他费电价分享费用等。折旧费是分布式光伏固定资产在使用中小号价值的货币估计，按照价格、折旧年限和残值率，采用年限平均费（直线法）进行测算。摊销费是分布式光伏无形资产和其他资产在一定期限内分摊的费用。材料费指运行、维护等所用的材料、事故备品、低值易耗品等的费用。修理费是为保持项目的正常运转、使用、发挥效用，进行必要的修理所发生的费用。人工费包括人工工资、福利费。财务费包括利息支出、汇兑损失、相关手续费及其他相关费用。电价分享费为分布式光伏特有项目，指因项目被投资方免费提供屋顶，项目投资方向其分配由该项目带来的节能效益。其他费用即不属于上述各项费用但应计入分布式光伏总成本的其他成本。

分布式光伏经济评价计算参数可参考表12-3。

表 12-3 　　　　　　　　　分布式光伏经济评价计算参数

序号	计算参数	单位	取值
1	项目运营期	年	25
2	补贴期限	年	20
3	光伏系统综合效率		
3.1	高压并网（10kV）	%	75～80
3.2	低压并网（0.4kV）	%	80～85
4	光伏系统年衰减率	%	0.8～0.9
5	资本金比例	%	≥20
6	流动资金	元/kW	10～30
7	资产折旧		
7.1	折旧年限	年	15
7.2	残值率	%	5
8	资产摊销		
8.1	无形资产摊销年限	年	5
8.2	其他资产摊销年限	年	5
9	材料费		
9.1	材料费率	元/kW	5～10
10	修理费		
10.1	修理费率	元/kW	5～10
11	人工费		
11.1	其中：人工工资	—	按企业支付报酬计算
11.2	职工福利费	—	按当地政府规定及企业 计提比例计算
12	其他费用		
12.1	其他费用率	元/kW	10 月 20 日
12.1	保险费率	%	0.19

注　1. 运营期可根据国家发展改革委、国家能源局颁布的最新政策实施调整；
　　2. 若与保险公司有协议，则保险费率按协议计算。

三、储能侧投资关键参数

（一）抽水蓄能

2021 年 4 月，国家发展改革委印发《关于进一步完善抽水蓄能价格形成机制的意见》（发改价格〔2021〕633 号），根据附件《抽水蓄能容量电价核定办法》，抽水蓄能电站关键参数包括投资、收入、成本和相关税费。其中：

（1）总投资。核定临时容量电价时，投资按照政府主管部门批复的项目核准文件或施工图预算投资确定，资本金按照工程投资的 20%计算。核定正式容量电价时，投资和资本金分别按照经审计的竣工决算金额和实际投入资本金核定。

（2）总收入。总收入包括电量电价、容量电价和辅助服务收入。电量电价收入通过上网电量与上网电价构成。其中，在电力现货市场运行的地方，抽水蓄能电站抽水电价、上网电价按现货市场价格及规则结算。抽水蓄能电站抽水电量不执行输配电价、不承担政府性基金及附加。在电力现货市场尚未运行的地方，抽水蓄能电站抽水电量可由电网企业提供，抽水电价按燃煤发电基准价的 75%执行，鼓励委托电网企业通过竞争性招标方式采购，抽水电价按中标电价执行，因调度等因素未使用的中标电量按燃煤发电基准价执行。抽水蓄能电站上网电量由电网企业收购，上网电价按燃煤发电基准价执行。由电网企业提供的抽水电量产生的损耗在核定省级电网输配电价时统筹考虑。容量电价收入由机组容量及国家发展改革委核定的容量电价构成。其中，容量电价由国家发展改革委根据《抽水蓄能容量电价核定办法》，在成本调查基础上，对标行业先进水平合理确定核价参数，按照经营期定价法核定抽水蓄能容量电价，并随省级电网输配电价监管周期同步调整。辅助服务收入为参与辅助服务市场或辅助服务补偿机制获得的收入。

（3）总成本。总成本包括折旧、运行维护费、人工费、财务费等。

1）折旧（摊销）费。固定资产折旧。电站经营期按 40 年核定，固定资产折旧年限按经营期年限确定，残值率 5%，按直线法（平均年限法）计算。无形资产摊销。无形资产的摊销年限，有法律法规规定或合同约定的，从其规定或约定；没有规定或约定的，原则上按不少于 10 年摊销。

2）运行维护费率。即运行维护费除以固定资产原值的比例。按在运电站费率从低到高排名前 50%的平均水平核定；《国家发展改革委关于完善抽水蓄能电站价格形成机制有关问题的通知》（发改价格〔2014〕1763 号）印发前投产的在运电站费率按在运电站平均水平核定。其中：材料费指抽水蓄能电站提供服务所耗用的消耗性材料、事故备品等，包括因电站自行组织设备大修、抢修、日常检修发生的材料消耗和委托外部社会单位检修需要企业自行购买的材料费用。修理费指维护和保持抽水蓄能电站相关设施正常工作状态所进行的外包修理活动发生的检修费用，不包括电站自行组织检修发生的材料消耗和人工费用。按剔除不合理因素后的调查期间平均值核定。特殊情况下，因不可抗力、政策性因素造成一次性费用过高的可分期分摊。其他费指抽水蓄能电站正常运营发生的除材料费、修理费和人工费以外的费用。按剔除不合理因素后的调查期间平均值核定。

3）人工费。指从事抽水蓄能电站运行维护的职工发生的薪酬支出，包括工资总额（含津补贴）、职工福利费、职工教育经费、工会经费、社会保险费用、住房公积金，含劳务派遣及临时用工支出等。工资水平（含津补贴）参照当地省级电网工资水平核定。职工福利费、职工教育经费、工会经费据实核定，但不得超过核定的工资总额和国家规定提取比例的乘积。职工养老保险（包括补充养老保险）、医疗保险（包括补充医疗保险）、失业保险、工伤保险、生育保险、住房公积金等，审核计算基数按照企业实缴基数确定，但不得超过核定的工资总额和当地政府规定的基数，计算比例按照不超过国家或当地政府统一规定的比例确定。劳务派遣、临时用工性质的用工支出如未包含在工资总额内，在不超过国家有关规定范围内按照企业实际发生数核定。

4）财务费。贷款额据实核定，还贷期限按 25 年计算。在运电站加权平均贷款利率高于同期市场报价利率时，贷款利率按同期市场报价利率核定；反之按同期市场报价利率加二者差额的 50%核定。

（二）新型储能

1. 化学储能

关键参数包括投资、收入、成本和相关税费等。

（1）总投资。总投资按照经审计的竣工决算金额确定。其中，资本金则按照实际投入的资本金核定。包含电池、逆变器（power conversion system，PCS）、能源管理系统（energy management system，EMS）、EPC 及其他费用。其中，电池成本占比 50%～70%，其次为 PCS、EMS 及 EPC，各占 5%～15%

不等。储能系统循环效率及电池使用寿命将随着技术进步而逐年提升。

（2）总收入。总收入包括上网电量收入及其他业务收入。上网电量收入由上网电量与上网电价构成。目前尚未出台储能上网电价政策。其他业务收入为通过低充高放节省的电费成本或参与辅助服务市场等获得的相关收入。

（3）总成本。总成本包括折旧费、运维费、人工费、其他费用。折旧费按照投资类别采用直线法测算。运维费包括储能维持自身系统运行的电力损耗费用和相关修理维护费。人工费包括工资总额（含津贴补贴）、职工福利费、职工教育经费、工会经费、社会保险费用、住房公积金，含劳务派遣及临时用工支出等。其他费用为未包含在上述费用中的管理费用、销售费用、财务费用等。

2. 氢气储能

关键参数包括投资、收入、成本和税费等。

（1）总投资。电站投资和资本金分别按照经审计的竣工决算金额和实际投入资本金核定。

（2）总收入。总收入包括上网电量收入及其他业务收入。上网电量收入由上网电量与上网电价构成，目前尚未出台储能上网电价政策。其他业务收入包括氢气销售收入等。中国氢气的市场大致分为燃料氢、化工氢、能源氢，对应的氢气市场价格分别为：6MPa 化工氢，1 万～5 万 m^3/h 供应量，16.8 元/kgH_2；20MPa 工业氢，100～2000m^3/h 供应量，39.2 元/kgH_2；35MPa 以上能源氢，通过加氢站加注，6～20kg/次，加氢站燃料电池用氢价格（扣除政府补贴）为 50.4～56 元/kgH_2。

（3）总成本。总成本包括折旧费、运行维护费和其他费。

1）折旧费用。按照投资类别采用直线法测算折旧费用。根据《中华人民共和国企业所得税法实施条例》第六十条对固定资产折旧最低年限的规定，氢储能固定资产折旧计算参数如表 12-4 所示。

表 12-4　　　　　　　　氢储能固定资产折旧计算参数

类别	折旧方法	折旧年限（年）	残值率（%）	年折旧率（%）
房屋建筑物	年限平均法	20～30	5	4.75～3.17
机器设备	年限平均法	10～15	5	9.50～6.33

续表

类别	折旧方法	折旧年限（年）	残值率（%）	年折旧率（%）
运输设备	年限平均法	4~6	5	23.75~15.83
电子设备	年限平均法	3~5	5	31.67~19.00
家具器具	年限平均法	5~8	5	19.00~11.88

2）运行维护费。人工费包括工资总额（含津贴补贴）、职工福利费、职工教育经费、工会经费、社会保险费用、住房公积金，含劳务派遣及临时用工支出等。运行费按照 1kg 氢气约 11.2Nm^3，制备 1kg 氢气需要耗水 9kg，制氢速率为 1000Nm^3/h 计算。制氢耗电为 4.5kWh/m^3（即 50.4kWh/kg），辅机耗电为 400kWh/h（含办公用电）；水电价格按当地相关政策规定执行。储运费根据国际氢能委员会的测算，当前不同形式的氢气运输成本大致为 2 美元/kg；对于重卡、客车等用氢规模小、用氢主体分散的场景，储运成本将达到整体用氢成本的 20%~30%。

3）其他费用。未包含在上述费用中的其他与氢气储能相关的管理费用、销售费用、财务费用等。

四、发展趋势研判

（1）关键参数将逐步规范。当前，电网、风力发电、光伏发电、抽水蓄能均已形成统一、规范的关键参数；新型储能当前仍处于新型投资领域，技术尚未完全成熟，后续随着项目运行时长的增加，将形成不同类型储能的关键参数，供投资者测算效益时参考。

（2）关键参数随政策变化。按照"管住中间，放开两头"的电力体制改革思路，网侧投资以有效资产为核心，由政府核定准许成本与准许收益，计入输配电价回收，投资效益基本锁定；增量配电网通过价差获得收益，收入与公网核价挂钩。而电源侧属于放开核价的环节，风电、光伏虽已形成较固定的成本参数，但其收入将随参与市场的变化而变化。抽水蓄能由于收入来源较多，除锁定收益的容量电价外，电量电价与辅助服务收益都将带来 20%额外的收入来源。

（3）新型储能配套政策将逐步明确。《国家发展改革委办公厅 国家能源局综合司 关于进一步推动新型储能参与电力市场和调度运用的通知》（发改办运行〔2022〕475 号）规定了不同环节储能的配套机制要求，随着新型电力系统的不断发展，下一阶段，新型储能配套政策将逐步出台，其对应的收入来源将更加明确。

第三节 投资可行性研判

除关键参数外，投资可行性的研判标准也是参与新型电力系统投资主体关注的要素。按照"管住中间，放开两头"的电力体制改革思路，电网侧投资可行性主要受政策因素影响，而电源侧与储能侧可行性更多通过经济效益指标判断。本节将分别介绍电网侧、电源侧和储能侧的投资可行性判断标准，为投资者开展新型电力系统投资，提供数据参考。

一、电网侧投资可行性判断标准

1. 纳入政府规划投资

新增输配电固定资产投资参照有权限的省级发展改革委、能源主管部门预测的、符合电力规划的电网投资计划，按年度间等比例原则确定，有明确年度投资完成时间的，按计划要求确定；应由有权限的政府主管部门审批或认定，而未经批准或认定投资建设的固定资产，或允许企业自主安排，但不符合电力规划、未履行必要核准、备案程序投资建设的固定资产不得纳入。政策性投资需符合国家发展改革委印发的《关于第三监管周期输配电价核定中电网新增投资和预测电量报送与认定的工作指引》（内部事项）规定类别认定。滚动投资变化也需出具相关的政府认定文件。

2. 计入有效资产范围

《省级电网输配电价定价办法》（发改价格规〔2020〕101 号）规定，与输配电业务无关的固定资产不得计入有效资产，包括但不限于：电网企业宾馆、招待所、办事处、医疗单位、电动汽车充换电服务等辅助性业务单位、多种经营企业及"三产"资产；抽水蓄能电站、电储能设施、已单独核定上网电价的电厂资产；独立核算的售电公司资产；与输配电业务无关的对外股权投资；投资性固定资产（如房地产等）；及其他与输配电业务无关的资产等。

二、电源侧投资可行性判断标准

（一）风力发电

1. 基准收益率

依据行业平均水平，动态评价下，当融资前财务基准收益率超过 5%，项目资本金基准收益率超过 8%时，项目基本可行。静态评价下，资产负债率不宜大于 80%。

2. 平准化成本

当项目折算的平均度电收入高于平准化成本时，具备投资可行性。2021～2022 年，全球加权平均平准化度电成本❶（levelized cost of energy，LCOE）方面，海上风电上涨了 3.2%，从 89.03 美元/MWh 上升到 91.86 美元/MWh；陆上风电上涨了 2.3%，从 33.85 美元/MWh 升至 34.64 美元/MWh。2022 年，标准情境下，三大市场的每兆瓦时平准化度电成本分别为：海上风电，中国 70.01 美元，美国 92.41 美元，欧洲 111.1 美元；陆上风电，中国 29.66 美元，美国 23.68 美元，欧洲 51.51 美元❷。2022 年三大市场海上风电与陆上风电平准化成本统计如图 12−2 所示。

（二）光伏发电

1. 基准收益率

依据行业平均水平，动态评价下，当融资前财务基准收益率超过 5%，项目资本金基准收益率超过 8%时，项目基本可行。静态评价下，资产负债率不宜大于 80%。

2. 平准化成本

当项目折算的平均度电收入高于平准化成本时，具备投资可行性。2022 年

---

❶ 项目生命周期内的成本和发电量进行平准化后计算得到的发电成本。

❷ 数据来源：InfoLink 咨询《2030 光风储能源转型白皮书》。

中国的光伏发电平准化度电成本为28.57美元/MWh，较2021年26.77美元/MWh上涨6.72%；美国38.38美元/MWh，较2021年34.36美元/MWh上涨11.7%；欧洲37.11美元/MWh，较2011年31.22美元/MWh上涨18.87%[1]。2021～2022年三大市场光伏发电平准化成本统计如图12－3所示。

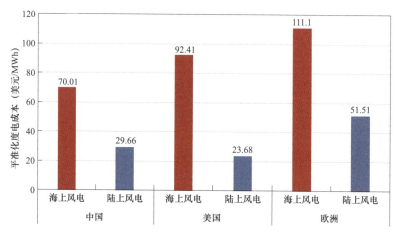

图 12－2　2022 年三大市场海上风电与陆上风电平准化成本统计

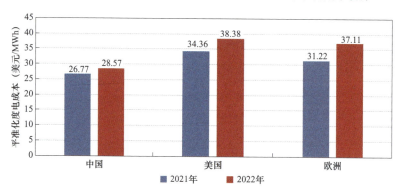

图 12－3　2021～2022 年三大市场光伏发电平准化成本统计

三、储能侧投资可行性判断标准

（一）抽水蓄能

根据《关于进一步完善抽水蓄能价格形成机制的意见》（发改价格〔2021〕

❶ 数据来源：InfoLink 咨询《2030 光风储能源转型白皮书》。

633 号），抽水蓄能电站的投资可行性既有政策性特征，又兼有经济性的影响。

1. 基准收益率

容量电价上，意见印发之日前已核定容量电价的抽水蓄能电站维持原资本金内部收益率，新增抽水蓄能电站在 40 年经营期内，达到资本金内部收益率按 6.5%计算。

2. 收益分享制

鼓励抽水蓄能电站参与辅助服务市场或辅助服务补偿机制，上一监管周期内形成的相应收益，以及执行抽水蓄能电价、上网电价形成的收益，20%由抽水蓄能电站分享，80%在下一监管周期核定电站容量电价时相应扣减，形成的亏损由电站承担。即通过电量电价、辅助服务，抽水蓄能电站还能获得额外收益，但相关收益需与政府分享。

（二）新型储能

（1）电化学储能。当项目折算的平均度电收入高于平准化成本时，具备投资可行性。2022 年全球新增电化学储能容量 44GWh，其中，中国、美国、欧洲总建设容量占全球的 85%。以 30MW/120MWh 的表前储能系统为基准，电池充放电深度固定为 90%测算，2022 年中国、美国、欧洲大型电化学储能度电平均成本为 0.10 美元、0.12 美元及 0.16 美元，其中，中国由于供应链，人力以及产地优势，储能价格相对较低；欧美地区除了电池本身，土地及开发费用较高，导致整体成本高于中国。由于近年企业急速扩产电芯产能，2025 年之后世界电芯逐步实现供需平衡，预估 2030 年中国、美国、欧洲储能度电成本分别会下降至 0.04 美元、0.05 美元以及 0.06 美元。

（2）氢气储能。当投资收益率超过基准收益率 8%时，项目基本可行。无风险利率按近 5 年五年期国债平均利率 3.92%（2019～2023 年依次为 4.27%、4.27%、3.97%、3.97%、3.12%）；股权风险溢价参考国债利率上浮，当市场利率处于历史性低点时，一般取 5%。折现率＝行业平均融资成本，融资成本＝加权股权融资成本率＋加权负债权重成本率×（1－有效所得税率）。

四、发展趋势研判

（1）海上风电发展将逐步超过陆上风电，装机制造成本短期内可能有所上升。风电发展类型上，当前，海上风机的尺寸快速增长，但全球仅有少数公司具备安装 15MW 及以上尺寸风机的安装船，海上风机安装船能力的不足可能阻碍海上风电的发展进程；陆上风电发展逐步趋于饱和，后续发展幅度将低于历史水平。风电投资成本中，风机购置费占比最高。短期来看，风机制造成本受原材料影响有所上升。2022 年上半年，受供应链阻塞与航运问题影响，钢铁价格高峰时涨幅达 40%，导致全球风机与海上风电基础制造成本上涨 10%～20%。长期来看，风机制造、运营成本将逐步下降。风力发电发展逐渐成熟，风机的制造技术及制造设备将更加完善，竞争压力将进一步压降风机价格；同时，新一代大型风机系统发展，相同规模的风电场所需的风机数量将逐步减少，安装费及维修成本也将顺势下降。

（2）光伏发电主要受组件价格影响，成本变化趋势不定。光伏投资成本中，光伏组件占比 30%～50%，且主要集中在硅料、硅片、电池等方面。硅料方面，2022 年，由于供应链的上下游产能错配严重，造成硅价持续上涨，叠加国际间大宗原物料上涨，导致光伏发电站设备成本增加；2023 年，多晶硅产能增加，使得硅料价格在 2023 年下旬至 2024 年出现明显下降，带动光伏组件价格下跌，预计 2025 年，多晶硅价格将随产能释放下降到约 22 美元/kg（约 75 元/kg）。电池方面，2024 年始，具备更高效率、更低衰退的 N 型电池技术可能将逐渐成为市场主流，能够提供比 P 型❶电池更高的发电效率，进一步摊薄平准化成本。

（3）新型储能投资将随供需、产能及技术发展而变化。锂铁电池热稳定性好、安全性高、具有成本优势，已成为全世界使用量较为广泛的电池。过去十年，锂电池成本下降 90%，且能量密度不断提升，但供需变化导致价格反复波动。近两年因需求庞大、储能产业崛起、电动车快速发展等原因，导致电芯上游供货短缺，供需失衡引发整体供应链价格上涨；2021 年因为芯片及电芯供应不足，加上电池价格上升，导致需求下降。产能发展将带动电芯价格下降。近

---

❶ 太阳能晶硅电池按照硅片性质分为 N 型电池和 P 型电池。P 型电池原材料为 P 型硅片，主要技术有传统的常规铝背场电池技术（aluminium back surface field，Al-BSF）和近年来兴起的发射极及背面钝化电池技术（passivated emitter rear cell，PERC，通过提高电池在较长波长下捕捉光的能力来提高效率），只需要扩散一种杂质，成本较低，但寿命短，转化效率较低。N 型电池原材料为 N 型硅片，是下一代晶硅电池技术，具有制程短、转换效率高、抗衰减、温度系数低等特点，有利于提高光伏发电量、降低发电成本，发展前景广阔；但受制于较高的成本，目前尚未达到大规模量产阶段。

期,国际电芯大厂积极规划扩大产能,平均建设期约二年;其中,韩国乐金(Lifes Good,LG)集团及宁德时代在 2023 年目标产能合计超过 600GWh,足以制造约 900 万～1200 万台电动车;待全球电芯产能扩张后,电芯产量将足以应付电动车及储能产业需求,电芯价格会开始明显下降。技术发展将进一步降低储能成本。磷酸铁锂电池的实际应用效能逐年提升,技术专利将于 2022～2023 年到期,可进一步降低电池成本。目前许多国家开始研发长时储能,随着未来三元锂电池或固态电池技术提升,市场将会有更多储能电芯类别选择。

第四节　投资效益评估及案例

项目经济性评价是对工程项目的经济合理性进行计算、分析、论证,并提出结论性意见的全过程,是工程项目可行性研究工作的一项重要内容,也是最终可行性研究报告的一个重要组成部分。

一、效益评估方法沿革

(一)工程投资效益评价政策依据沿革

1998 年以前,仅有针对电源侧的经济效益评价方法。由于过去电力部门政企未分、厂网一体,且用电相对紧张,电网工程效益相对较好,造成国家只有电源项目的经济评价办法及规定,而电网建设项目没有对应的经济评价办法。

1998 年,以电网的整体经济效益为中心开展评价。随着大规模城网、农网改造的实施,为满足电网建设项目的可行性研究报告的编制和报批,原电力工业部制定了《电网建设项目经济评价暂行方法》(电计〔1998〕134 号),主要从电力市场的实际出发,重点分析项目投运后对电网平均销售电价的影响及电价的承受能力,采用电费加价的办法使项目的财务内部收益率达到行业基准收益率,这也是当前主网工程的主要评价方法,测算结果作为项目法人向电价主管部门申报、批准的参考依据。

2006 年,发布不同类型电网项目基准收益率水平。国家发展改革委、建设部印发《建设项目经济评价方法与参数》(发改投资〔2006〕1325 号),并通过专家调查法、行业测算法明确各类型电源工程、电网工程的财务基准收益率指标，可用于评价单个电网项目投资效益。

2015～2016 年，电网投资与运营参数逐步细化。2015 年，《输配电定价成本监审办法（试行）》（发改价格〔2015〕1347 号）明确了不同类型电网工程的折旧年限、基期电网资产运行维护费用的类型和取费方法；2016 年，国家发展改革委印发《省级电网输配电价定价办法（试行）》（发改价格〔2016〕2711 号）的通知，进一步明确新建电网工程的运行维护费取费费率。2019、2020 年两份文件进行更新。输配电工程监审与定价方法虽然是按照准许收入法计算 3 年周期内的电网准许收入水平，但其测算参数可作为经营期的测算参数依据之一。

（二）电网效益评价与传统效益评价区别

工程项目经济评价包括企业经济评价和国民经济评价，前者是从企业的角度进行企业盈利分析，后者是从整个国民经济的角度进行国家盈利分析。

当应用到实际电网工程项目的经济效益评价中时，需要注意传统经济评价存在的局限性。首先是缺乏专门针对电网工程项目适用的经济效益评价指标体系。一方面，电网建设需将安全性和可靠性放在第一位，电网工程项目的经济效益处于从属地位，如果经济效益的指标采用一般企业中常用的经济效益指标，则针对性不强，因此须考虑将电网性能参数引入到经济评价指标体系中；另一方面，输变电网络的连接性使得衡量单一电网工程项目的经济效益存在较大难度。由于很多电网工程项目不独立产生经济效益，而是由多个电网工程项目共同产生的，很难对其自身产生的经济效益进行准确评价，这一问题将来可以通过对比法或者效益分摊法进行处理。

电力商品在整体性、连续性和可靠性方面不同于其他商品，因此电网工程项目规划时的经济性评价可以定义如下：在满足一定供电可靠性和供电电能质量的前提下，电力资源能够得到最充分利用，供电能力的效用得到最大限度的发挥，设备成本和损耗得到很好控制，同时对生态环境、社会等的负面效应最小。即主要关注资源投入和使用过程中成本节约的水平和程度及资源使用的合理性。

二、经济效益评估步骤

对于新建项目方案的比选，可以基于方案所含的全部因素计算各方面的经济效益和费用，进行全面对比，也可就不同因素计算相对经济效益和费用，进行局部对比。

（一）效益评估指标选择

通常，新建项目的经济评价主要从总投资、净现值、内部收益率、年费用、费用现值等方面予以考虑。

（1）总投资。企业经营状况决定企业投资能力大小，投资较大的项目可能不满足企业的负债能力。通过计算项目总投资额，一方面可以衡量项目的规模、生产能力和获利能力；另一方面可以与企业的可投资金量进行对比，评价项目所占用资金的大小。总投资的计算需要参照技术上所需的各种原料和配件的成本、人员费率等进行核算，通常可采用定额法。

（2）净现值。净现值（net present value，NPV）是净现金流量按基准收益率折现后的累计值，反映投资项目在其经济寿命期内的获利能力，是对投资项目进行动态评价最重要的方法之一。在新建项目的多方案比选中，可按照NPV大于零和NPV越大越好的标准对项目各方案进行排序，选择NPV值大的方案。

（3）内部收益率。内部收益率（internal rate of return，IRR）是反映项目获利能力的另一动态评价指标。在新建项目的多方案比选中，可按照IRR大于基准收益率和IRR越大越好的标准对项目各方案进行排序，选择IRR值大的方案。

（4）费用。比较效益相同或效益基本相同但难以计算的方案，特别是计算期不同的方案时，为了简化计算，可以采用年费用法进行比较。年费用法的计算公式为

$$AC = (I + C)(A / P, r, n) \qquad (12-1)$$

式中：AC为年费用；I为项目投资；$(A / P, r, n)$系数为年金现值系数，表示将现值按折现率r折算到n年的等年值，n为项目寿命期。基于年费用指标的方案评价标准，年费用低的方案为优方案。

（5）费用现值。费用现值是净现值的特例和变型。在方案比较中，当两个方案的生产能力相同时，为了简化计算，可仅比较其中的不同因素，即把各方案的成本换算成现值进行比较，费用现值低的方案为优方案。计算公式如下

$$PC = \sum CO_t(P/F,r,n) \qquad (12-2)$$

式中：PC 为费用现值；CO_t 为各年度成本；$(P/F,r,n)$ 为费用现值系数，表示将各年度费用按基准收益率 r 换算为基准年的现值。

（二）新建项目评估步骤

电网新建项目的经济评价步骤如下：

（1）计算新建项目各方案的投资。

（2）根据负荷、网损率和可靠率测算各方案的电量增加量。

（3）根据不同项目和企业具体情况确定各方案管理费用。

（4）制定各方案的年现金流量表。

（5）计算相关经济指标。

（6）进行方案的比较和筛选。

（三）新型电力系统投资效益案例

以某示范区新型电力系统示范项目投资为样本，按照项目的建设方案、设备类型、收入来源等参数，将项目划分为微电网、智能化和柔性直流项目，新型电力系统示范项目投资效益对比图如图 12-4 所示。三类项目中，平均经济效益最高的为微电网项目，达到 3.43%；其次为柔性直流项目，2.81%；智能化项目仅 0.74%。

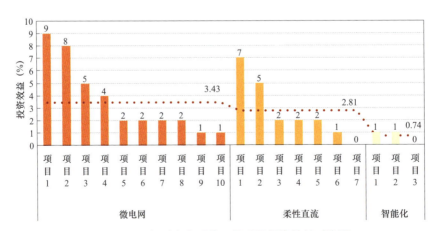

图 12-4　新型电力系统示范项目投资效益对比图

第十三章　新型电力系统投资效益来源

为确保新型电力系统顺利建设，市场上的常规投资者，将关注新型电力系统投资经济效益来源。总体来看，投资者可以通过定价政策、财政补贴政策、综合价格机制或补贴机制、参与不同类型的电力市场交易等形式，获取投资收益；还可结合自身特色、充分利用价格、市场机制设计不同的商业模式等。其中，定价政策是通过补偿供电成本、形成合理收益、依法计入税金，机制简明、价格稳定，但高度依赖主管部门全面细致的成本审查，难以及时反映发、用电成本变化，配置效率往往不高；电力市场交易或商业模式，更加灵活，但投资者承担的风险损失也更大。

为更加全面地对比新型电力系统建设通过不同途径回收投资成本的情况，本章将继续按照"网—源—储"的基本顺序，区分单一主体回收和多主体回收不同路径，逐一梳理：① 单主体投资效益来源。新能源方面，风力发电、光伏发电与抽水蓄能收入均与政府定价息息相关；抽水蓄能已有较为成熟的核价政策，但新型储能的成本回收仍在探索；用户侧可以通过峰谷分时电价、需求响应机制，参与到新型电力系统投资成本与收益共建共享中。② 多主体投资效益来源。结合新型电力系统发展进程中，对应产生的绿电、绿证、碳交易机制，成为投资者参与新型电力系统建设的全新收入来源；传统的辅助服务市场机制也将随着新型电力系统建设有更多的发展变化；同步产生的容量成本回收机制，也是确保新型电力系统建设过程中，电力系统稳定性的有效市场机制，在后续将持续完善。③ 综合单主体和多主体，即定价政策、财政补贴政策、市场交易机制，还可进一步衍生出不同的商业模式，投资者可结合自身特色，充分利用价格、市场机制，形成各具特色的商业模式，进一步激发市场活力。新型电力系统投资效益来源如图 13-1 所示。

图 13-1 新型电力系统投资效益来源

第一节 投资效益相关政府定价政策

风力发电、光伏发电与抽水蓄能收入均与政府定价息息相关。政府定价通过补偿供电成本、形成合理收益、依法计入税金，机制简明、价格稳定，但高度依赖全面细致的成本审查，难以及时反映发用电成本变化，配置效率往往不高。

一、电源侧单主体定价政策

（一）风力发电

1. 陆上风电定价政策沿革

2009 年，国家发展改革委发布《国家发展改革委关于完善风力发电上网电价政策的通知》（发改价格〔2009〕1906 号），按照风能资源状况和工程建设条件，把全国分为四类资源区，核定对应标杆上网电价。同时规定，风电项目上网电价包括脱硫标杆电价和绿电补贴两部分；上网电价在当地脱硫燃煤机组标杆上网电价以内的部分，由当地省级电网负担，并随脱硫燃煤机组标杆上网电价调整而调整；高出部分通过全国征收的可再生能源电价附加分摊解决。该分摊制度延续至今。

2014～2016 年，国家发展改革委根据风电行业发展情况，接连出台多份政策文件，对陆上风电的标杆上网电价进行了 3 次降价调整。并鼓励通过招标等竞争方式确定陆上风电项目的业主和上网电价；同时规定，通过竞争方式形成的上网电价不得高于国家规定的当地风电标杆上网电价水平。

2018 年，根据国家能源局印发的《国家能源局关于 2018 年度风电建设管理有关要求的通知》（国能发新能〔2018〕47 号）要求，从 2019 年起，新增核准的集中式陆上风电项目和海上风电项目应全部通过竞争方式配置和确定上网电价。以竞争的方式配置风电项目和竞价上网成为风电行业新趋势。

2019 年，国家发展改革委发布的《国家发展改革委关于完善风电上网电价政策的通知》（发改价格〔2019〕882 号）提出，集中式项目标杆上网电价改为指导价，新核准上网电价通过竞争方式确定，不得高于项目所在资源区指导价；分布式项目，参与市场化交易的，不享受国家补贴；不参与市场化交易的，执行项目所在资源区指导价。指导价低于当地燃煤标杆电价（含脱硫、脱硝、除尘电价）的，以燃煤标杆电价作为指导价。

2021 年，《国家发展改革委关于 2021 年新能源上网电价政策有关事项的通知》（发改价格〔2021〕833 号）明确，2021 年起，对新核准陆上风电项目中央财政不再补贴。

2. 海上风电定价政策沿革

2014 年，国家发展改革委发布《国家发展改革委关于海上风电上网电价政策的通知》（发改价格〔2014〕1216 号），首次规定了对非招标的海上风电项目标杆上网电价，区分近海风电和潮间带风电两种类型，同步核定了 2017 年以前（不含 2017 年）投运的近海风电项目和潮间带风电项目的标杆上网电价。

2016 年，《国家发展改革委关于调整光伏发电标杆上网电价的通知》（发改价格〔2016〕2729 号）印发，规定 2017 年和 2018 年的海上风电标杆上网电价不作调整。同时，为更大程度发挥市场形成价格的作用，政府鼓励各地继续通过特许权招标等市场竞争方式确定海上风电项目开发业主和上网电价。

2019 年，国家发展改革委印发的《国家发展改革委关于完善风电上网电价政策的通知》（发改价格〔2019〕882 号）提出海上风电标杆上网电价改为指导价，新核准海上风电项目通过竞争方式确定上网电价，不得高于指导价。考虑到我国海上风电资源条件有限，现阶段开发成本相对较高，为保障产业平稳发展，海上风电上网电价调整幅度相对较小。

2021 年，《国家发展改革委关于 2021 年新能源上网电价政策有关事项的通知》（发改价格〔2021〕833 号）明确，2021 年起，新核准（备案）海上风电项目，具备条件的可通过竞争性配置方式形成，上网电价高于当地燃煤基准价的，基准价以内的部分由电网企业结算。

3. 风力发电补贴政策沿革

2011 年和 2012 年，财政部会同有关部门印发《可再生能源发展基金征收使用管理暂行办法》（财综〔2011〕115 号）及《可再生能源电价附加补助资金管理暂行办法》（财建〔2012〕102 号），规定风电项目的电价补贴按照文件进行申请与享受。

2019 年，国家发展改革委印发《国家发展改革委关于完善风电上网电价政策的通知》（发改价格〔2019〕882 号），充分考虑技术成本下降及项目合理收益水平，科学制定了补贴的退坡节奏和幅度，明确了享受补贴项目的核准日期和并网日期，同时明确了陆上风电项目的补贴期限。风电项目补贴情况汇总表如表 13-1 所示。

表 13-1   风电项目补贴情况汇总表

类型	核准日期	并网日期	是否补贴
陆上风电	2018 年底前	2020 年底后	否
	2019 年 1 月 1 日至 2020 年底	2021 年底后	否
	2021 年 1 月 1 日起	—	否
海上风电	2018 年底前	2021 年底前	是，0.85 元/kWh
	2018 年底前	2022 年及以后	并网年份指导价

2019 年，国家能源局下发《国家能源局关于 2019 年风电、光伏发电项目建设有关事项的通知》（国能发新能〔2019〕49 号），要求推进并优先建设风电平价上网项目，严格规范风电补贴项目竞争配置，加大需国家补贴的风电项目竞争配置力度。

2020 年，财政部、国家发展改革委与国家能源局联合出台《可再生能源电价附加资金管理办法》（财建〔2020〕5 号）。文件基于火电电价机制转轨，将"燃煤标杆上网电价"修改为"燃煤发电上网基准价"，电网企业按照上网电价（含通过招标等竞争方式确定的）和风力发电量给予补助。

2020 年，财政部同有关部门联合印发《关于〈关于促进非水可再生能源发电健康发展的若干意见〉有关事项的补充通知》（财建〔2020〕426 号），明确风电项目合理利用小时数以内的电量，享受补贴；超过电量，按当地火电基准电价收购，并核发绿证参与绿证交易。风电项目自并网之日起满 20 年，无论是否达到全生命周期补贴电量，不再享受中央财政补贴资金。

（二）光伏发电

2011 年，《国家发展改革委关于完善太阳能光伏发电上网电价政策的通知》（发改价格〔2011〕1594 号）提出要制定全国统一的太阳能光伏发电标杆上网电价。按照社会平均投资和运营成本，参考太阳能光伏电站招标价格，以及我国太阳能资源状况，对非招标太阳能光伏发电项目实行全国统一的标杆上网电价。

2013 年，《国家发展改革委关于发挥价格杠杆作用促进光伏产业健康发展的通知》（发改价格〔2013〕1638 号）根据太阳能资源和建设成本，将全国分为三类资源区，相应制定光伏标杆电价；对光伏标杆电价高出当地燃煤标杆电价（含脱硫等环保电价）的部分予以补贴。对分布式光伏发电，实行全电量补贴政策；自用有余上网的电量，由电网企业按照当地燃煤标杆电价收购；自用电量免收随电价征收的各类基金和附加，以及系统备用容量费和其他相关并网服务费。

2019 年，《国家发展改革委关于完善光伏发电上网电价机制有关问题的通知》（发改价格〔2019〕761 号）提出将集中式光伏标杆上网电价改为指导价，并对集中式光伏指导价、分布式光伏和户用分布式光伏发电补贴标准进行了调整。

2021 年，《国家发展改革委关于 2021 年新能源上网电价政策有关事项的通知》（发改价格〔2021〕833 号）明确，2021 年起，新备案集中式光伏电站、工商业分布式光伏项目中央财政不再补贴，实行平价上网，上网电价按当地燃煤发电基准价执行。项目也可自愿参与市场化交易形成上网电价，通过市场体现光伏发电的电力价值。

光伏发电标杆上网电价和补贴标准如表 13-2 所示。

表 13-2　　　　　　　光伏发电标杆上网电价和补贴标准　　　　　　元/kWh

文号	类型	上网电价			补贴标准	
		Ⅰ类	Ⅱ类	Ⅲ类	户用	工商业
发改价格〔2021〕833 号		当地燃煤发电基准价			0	0
发改价格〔2020〕511 号	常规	0.35	0.4	0.49	0.08	0.05
	扶贫	0.65	0.75	0.85		
发改价格〔2019〕761 号	常规	0.4	0.45	0.55	0.18	0.1
	扶贫	0.65	0.75	0.85	0.42	
发改能源〔2018〕823 号	常规	0.5	0.6	0.7	0.32	
	扶贫	0.65	0.75	0.85	0.42	
发改价格规〔2017〕2196 号	常规	0.55	0.65	0.75	0.37	
	扶贫	0.65	0.75	0.85	0.42	
发改价格〔2016〕2729 号		0.65	0.75	0.85	0.42	
发改价格〔2015〕3044 号		0.8	0.88	0.98	0.42	
发改价格〔2013〕1638 号		0.9	0.95	1	0.42	
发改价格〔2011〕1594 号		1.15 或 1				

二、储能侧单主体定价政策

（一）抽水蓄能

1. 抽水蓄能定价政策沿革

2014 年 7 月，国家发展改革委发布《国家发展改革委关于完善抽水蓄能电站价格形成机制有关问题的通知》（发改价格〔2013〕1463 号）规定，电力市场形成前，抽水蓄能电站实行两部制电价；容量电费和抽发损耗纳入当地省级电网（或区域电网）运行费用统一核算，并作为销售电价调整因素统筹考虑。

2021 年 5 月，《国家发展改革委关于进一步完善抽水蓄能价格形成机制的意见》（发改价格〔2021〕633 号）规定，一是新投运抽水蓄能电站容量电费将纳入省级电网输配电价统筹考虑；根据功能和服务情况，容量电费需在多个省级电网分摊的，由国家发展改革委组织相关省区协商或参照区域电网容量电费分摊比例合理确定。二是推动以竞争性方式形成电量电价，在现货市场运行的地方，抽水电价、上网电价按现货市场价格及规则结算；在现货市场尚未运行的地方，抽水电价按照燃煤发电基准价的 75%执行。三是建立相关收益分享机制，上一监管周期内形成的相应收益，20%由抽水蓄能电站分享，80%在下一监管周期核定电站容量电价时相应扣减，形成的亏损由抽水蓄能电站承担。

2. 全国抽水蓄能容量电价对比

《国家发展改革委关于抽水蓄能电站容量电价及有关事项的通知》（发改价格〔2023〕533 号）明确了在运及 2025 年底前拟投运的 48 座抽水蓄能电站容量电价。

（1）单站对比。从容量电费支出总额来看，辽宁清源抽水蓄能电站容量电价最高，达到 10.79 亿元/年，其次为浙江长龙山抽水蓄能电站，10.5 亿元/年，最低为浙江溪口抽水蓄能电站，容量电费为 0.45 亿元/年。从单位容量电价水平来看，剔除装机容量影响，安徽响洪甸抽水蓄能电站装机容量小，但单位容量电价达到 823.34 元/kW，其次为湖北天堂抽水蓄能电站，722.43 元/kW，最低为河北潘家口抽水蓄能电站，289.73 元/kW。

（2）分省对比。从在运及 2025 年底前拟投运的抽水蓄能装机来看，广东最高，达到 848 万 kW；其次为福建，500 万 kW；海南最小，仅 60 万 kW。从容量电费支出总额来看，广东最高，达到 36.93 亿元/年；其次为福建省，最高达到 26.63 亿元/年；海南最低，仅 3.89 亿元/年。从单位容量电价水平来看，新疆最高，达到 690.36 元/kW；其次为海南，648.76 元/kW；湖北最低，仅 343.45 元/kW。

全国各省各抽水蓄能电站容量电费统计如图 13－2 所示。

（二）新型储能

2021 年 7 月，《发展改革委　能源局关于加快推动新型储能发展的指导意见》（发改能源规〔2021〕1051 号）要求"健全新型储能价格机制。建立电网侧独立储能电站容量电价机制，逐步推动储能电站参与电力市场；研究探索将

图 13-2　全国各省各抽水蓄能电站容量电费统计

电网替代性储能设施成本收益纳入输配电价回收。完善峰谷电价政策，为用户侧储能发展创造更大空间"。

2022 年 5 月，《国家发展改革办公厅　国家能源局综合司关于进一步推动新型储能参与电力市场和调度运用的通知》（发改办运行〔2022〕475 号）细化具体措施，明确新型储能可作为独立储能参与电力市场；鼓励配建新型储能与所属电源联合参与电力市场；加快推动独立储能参与电力市场配合电网调峰；充分发挥独立储能技术优势提供辅助服务；进一步支持用户侧储能发展；建立电网侧储能价格机制。

三、用户侧相关价格政策

（一）峰谷分时政策

峰谷分时电价是根据用电需求，将每天划分为尖峰、高峰、平段、低谷、深谷等时段，对各时段分别制定不同的电价水平，鼓励引导用户削峰填谷，提高电力资源利用效率。

1. 全国峰谷分时电价政策对比

2021 年，国家发展改革委印发《国家发展改革委关于进一步完善分时电价机制的通知》（发改价格〔2021〕1093 号）要求，峰谷电价价差在上年或当年预计最大系统峰谷差率超过 40% 的地方原则上不低于 4:1，其他地方原则上不低于 3:1；尖峰时段根据前两年当地电力系统最高负荷 95% 及以上用电负荷出现的时段合理确定，尖峰电价在峰段电价基础上上浮比例原则上不低于 20%；热电联产机组和可再生能源装机占比大、电力系统阶段性供大于求矛盾突出的地方，可参照尖峰电价机制建立深谷电价机制。

2021 年，《国家发展改革委关于进一步深化燃煤发电上网电价市场化改革的通知》（发改价格〔2021〕1439 号）要求各地要加快落实分时电价政策，建立尖峰电价机制。电力现货市场未运行的地方，要做好市场交易与分时电价政策的衔接，市场交易合同未申报用电曲线以及市场电价峰谷比例低于当地分时电价政策要求的，结算时购电价格按当地分时电价峰谷时段及浮动比例执行。

2. 充换电设施峰谷分时电价

国家发展改革委明确，在居民家庭住宅、居民住宅小区、执行居民电价的非居民用户中设置的充电设施执行居民用电价格中的合表用户电价（简称合表充换电设施），用电执行峰谷分时电价政策。在新型电力系统建设不断推进背景下，将对整体成本疏导产生一定影响。

2014 年 7 月，《关于电动汽车用电价格政策有关问题的通知》（发改价格〔2014〕1668 号）明确对电动汽车充换电设施用电实行扶持性电价政策：其他充电设施按其所在场所执行分类目录电价。其中，居民家庭住宅、居民住宅小区、执行居民电价的非居民用户中设置的充电设施用电，执行居民用电价格中的合表用户电价；电动汽车充换电设施用电执行峰谷分时电价政策。鼓励电动汽车在电力系统用电低谷时段充电，提高电力系统利用效率，降低充电成本。

2022 年 1 月，《国家发展改革委等部门关于进一步提升电动汽车充电基础设施服务保障能力的实施意见》（发改能源规〔2022〕53 号）进一步提出要加快推进居住社区充电设施建设安装，推进既有居住社区充电设施建设；新建居住社区要确保固定车位 100%建设充电设施或预留安装条件；各地价格主管部门要抓好充电设施峰谷电价政策落实。

全国已有约 22 个省先后响应该政策，其中，江苏、上海、海南进行了多轮迭代，山东、湖北制定了尖峰电价。

（二）需求响应机制

电力需求响应机制是指电力用户根据价格信号或激励机制改变用电行为，从而促进电力系统平衡的机制设计。电力需求响应机制主要包括价格型和激励型两类。价格型需求响应是指用户对随时间变化的价格作出负荷响应，自主调整用电时间、用电量等，包括实时、分时等电价机制；激励型需求响应主要包括直接负荷控制、可中断负荷、紧急需求响应、需求侧竞价等价格与市场机制。

1. 发布政策省份

目前，新型电力系统三大省级示范中的浙江、福建，三大区域示范中张家口所在的河北已发行需求响应政策，政策发布情况统计见表 13-3。

表 13-3　　　　　　　　需求响应政策发布情况统计

序号	范围	省份	发布时间	文件名称
1	华北	河北	2022/4/7	《河北省发展和改革委员会关于印发河北省电力需求响应市场运营规则的通知》（冀发改电力〔2022〕471 号）
2	华东	浙江	2021/6/8	《省能源局关于开展 2021 年度电力需求响应工作的通知》（浙江省发展改革委）
3	华东	福建	2022/5/23	《福建省电力需求响应实施方案（试行）》（闽发改规〔2022〕5 号）

2. 参与主体及条件

各地区允许参与需求响应的主体不同，对参与用户的条件也不同，除符合条件的电力用户外，河北❶、浙江❷、福建❸均允许负荷聚合商（集成商）参与，但对于聚合响应能力的要求不同，具体情况见表 13-4。

表 13-4　　　　　　　　需求响应参与主体及参与条件统计表

序号	省份	主体	参与条件
1	河北	电力用户	（1）具有电网企业用户编号的 10kV 及以上工商业用户； （2）接入新型电力负荷管理系统、用电信息采集系统（调度电能量计量系统），入市前完成远程跳闸传动试验； （3）供电企业签订《需求响应合作协议》
		聚合商	（1）具有售电资质或工业领域电力需求侧管理服务机构资质； （2）聚合商代理的用户需符合电力用户参与条件，聚合削峰能力不低于 3000kW
2	浙江	电力用户	（1）具备省内独立电力营销户号； （2）数据接入省电力公司用电信息采集系统且满足计量采集要求； （3）响应持续时间不少于 30min； （4）符合国家相关产业和环保政策； （5）能源管理水平和用能效率较高； （6）参与分钟级（虚拟电厂）和秒级响应的用户需完成现场工程建设、联调和验收
		聚合商	（1）具备省内独立电力营销户号； （2）建成负荷聚合平台，可与电力需求侧实时管理平台正常交互； （3）聚合总响应能力原则≥1000kW，响应持续时间≥30min； （4）符合国家相关产业和环保政策，能源管理水平和用能效率较高
3	福建	电力用户	（1）在省电力公司具有独立电力营销户号； （2）供电电压等级在 10kV 及以上； （3）单独计量（具备全天 96 点负荷曲线采集能力）的电力用户； （4）响应负荷能力≥200kW 的电力用户可作为直接需求用户参与需求响应，也可通过负荷聚合商代理参与； （5）响应负荷能力<200kW 的电力用户由负荷聚合商代理参与

---

❶ 政策来源：河北省发展改革委发布的《关于印发河北省电力需求响应市场运营规则的通知》（冀发改电力〔2022〕471 号）。

❷ 政策来源：浙江省发展改革委、省能源局发布的《关于开展 2021 年度电力需求响应工作的通知》。

❸ 政策来源：福建省发展改革委发布的《关于印发福建省电力需求响应实施方案（试行）》的通知（闽发改规〔2022〕5 号）。

序号	省份	主体	参与条件
3	福建	聚合商	（1）具备电力市场售电公司资质并在电力交易平台注册生效； （2）具备集成 2500kW 及以上响应负荷能力
		其他	鼓励有储能资源的用户、充电桩运营用户及当年列入有序用电方案的用户参与响应

3. 目标及补贴标准

在示范区中，河北、福建仅开展削峰响应，浙江同步开展了削峰填谷响应。补偿标准上，各省份结合自身特色出台响应的补偿模式，一般紧急型响应价格高于邀约型，距离响应时间越短，其响应价格越高；实际响应率越高，支付的相应价格就越高。其中，河北和福建仅开展单一电量补偿，浙江率先开展了两部制补偿标准。需求响应目标及补贴标准统计见表 13-5。

表 13-5　　　　　　　　需求响应目标及补贴标准统计

序号	省份	目标		补偿标准
1	河北	削峰		（1）申报响应负荷最小单位为 1kW，响应补贴价格最小单位为 0.1 元/kWh；单边报量报价、边际价格出清； （2）负荷响应率 80%～120%，按有效响应电量乘以出清价格补偿；120%～150%按有效响应电量乘以出清价格的 0.5 倍补贴； （3）结算工作按照"按次统计、按月结算"的原则开展，分摊费用、奖励费用在 $M+2$ 月（M 为需求响应执行月）进行结算
2	浙江	削峰、填谷	削峰	日前：电量补偿，竞价出清，不高于 4 元/kW；实际响应补贴系数：[50%，80%），0.8；[80%，120%]，1；（120%，150%]，0.8；其余 0
				小时级：两部制补偿，电量固定补偿 4 元/kWh，1、6、7、8、9、12 月容量按 0.25 元/（kW·月）；实际响应补贴系数：[50%，80%），0.8；[80%，120%]，1；（120%，150%]，0.8；其余 0
				分钟级：两部制补偿，电量固定补偿 4 元/kWh，1、6、7、8、9、12 月容量按 1 元/（kW·月）；实际响应补贴系数：[50%，80%），0.8；[80%，120%]，1；（120%，150%]，0.8；其余 0
				秒级：两部制补偿，电量固定补偿 4 元/kWh，1、6、7、8、9、12 月容量按 0.1 元/（kW·月）；实际响应补贴系数：[50%，80%），0.8；[80%，120%]，1；（120%，150%]，0.8；其余 0
			填谷	两部制补偿，电量固定补偿 4 元/kWh，容量按年度补偿 5 元/kW·日；实际响应补贴系数：[50%，80%），0.8；[80%，120%]，1；（120%，150%]，0.8；其余 0
3	福建	削峰		用户需求响应补贴金额=该用户实际响应负荷×响应时长×补贴价格系数×补贴单价。式中：（1）补贴价格系数：① 实际响应容量占申报响应量的比例<50%，补贴价格系数为 0；② 实际响应容量占申报响应量的比例为 50%～80%，补贴价格系数为 0.6；③ 实际响应容量占申报响应量的比例>80%，补贴价格系数为 1。（2）补贴单价：申报价格上限=资金来源预算/（电力调控中心提供的年度预计负荷缺口×缺口预计持续时间），实际响应时统一按照边际出清价格结算补贴

四、发展趋势研判

1. 定价政策将逐渐向市场化定价靠拢

一方面，风力、光伏发电将逐渐趋于平价，增加了新能源在常规电力市场中的竞争力，采用边际出清时，风力、光伏发电将获得可变成本以外的收入；同时，绿电交易也为新能源发电拓宽了收入来源。另一方面，抽水蓄能通过电力市场获得电量电价收入，而不再像过去通过燃煤基准价"抽四发三"的原则确定抽、发电价；而电量电价收益与辅助服务收益将抵消部分核定的容量电价，即政府倾向于通过市场确定抽水蓄能的整体收入。

2. 峰谷分时电价价差及参与主体扩大

一方面，国家发展改革委要求最大系统峰谷差率超过40%的地方，峰谷价差不低于 4:1，同时 95%及以上用电负荷出现的时段合理确定尖峰电价，在峰段电价基础上上浮不低于 20%；并适时推动峰谷电价确立。另一方面，充换电设施执行峰谷分时电价，鼓励电动汽车在电力系统用电低谷时段充电，提高电力系统利用效率，降低充电成本，进而推动电动汽车发展。

3. 需求响应补贴政策不断细化

全国发行需求响应政策的省份共 18 个，各省份结合自身特色出台响应的补偿模式，一般紧急型响应价格高于邀约型，距离响应时间越短，其响应价格越高；实际响应率越高，支付的相应价格就越高。但补贴资金来源不同、总额不同，可能对用户的整体激励作用不同；若补贴总额过低，很难激发用户发挥价格型需求响应作用。

第二节　投资效益相关市场机制

为实现"双碳"目标，国家通过各类市场机制确保新型电力系统投资效益。一方面出台绿电、绿证、碳交易机制，促进新能源产业发展；另一方面持续优化辅助服务机制和容量成本回收机制，维护电力系统安全稳定运行。

一、绿电、绿证与碳交易机制

为了促进我国光伏、风电等新能源产业发展，引导全社会积极参与绿色低碳转型，促进新能源电力行业的中长期发展和解决补贴退出后的市场激励问题，绿证制度和可再生能源消纳权重、碳交易以及绿电等政策应运而生。

（一）绿证交易

我国 2017 年起开始实施绿证交易，目前采取自愿交易，补贴目录内的陆风和集中式光伏以及平价项目均可以申请。我国实施绿证制度的目的主要是减轻新能源补贴压力和引导绿色电力消费观，促进清洁能源利用。目前，处于自愿认购阶段的绿证交易并不频繁，处于有量无市的静默阶段。随着碳中和理念和价值观持续的普及和深化，绿证代表的环境价值将会被更多人认知和重视，消费者购买绿证的积极性会明显提升。而为了更好地发挥绿证制度的作用，绿证制度也有望得到进一步完善。未来绿证制度有三个可能的完善方向：① 绿证由自愿交易转变为强制交易，由消费端强制承担绿证成本；② 设计实质性激励政策，鼓励消费者购买绿电；③ 取消配额制，配额的约束直接由绿证消纳百分比完成。

（二）绿电交易

绿色电力交易特指绿色电力的中长期交易，是由现有的电力交易中心组织的，用电企业直接对接光伏、风电等发电企业，购买绿色电能，并获得相应的绿色电力消费认证。国家发展改革委介绍绿色电力在电力市场交易和电网调度运行中优先组织、优先安排、优先执行、优先结算。交易的市场主体是电网企业、风电和光伏发电企业、电力用户和售电公司。电力用户是有绿电消费需求的用电企业，后续将扩大到电动汽车、储能等。交易的产品为平价风电和光伏发电的上网电量，带补贴的新能源交易电量不再领取补贴。通过绿色电力交易我国日益丰富的风电、光伏等新能源将得到优化配置，有利于促进新能源消纳，服务新能源发展，扩大新能源接入规模，逐步构建起以新能源为主体的新型电力系统，助力"双碳"目标加快实现。

（三）碳配额

可再生能源消纳责任权重（配额制）出台主要是为解决我国可再生能源中

长期发展责任问题，从需求侧入手促进新能源行业发展。配额制的责任主体是电力消费者，通过电源消纳结构引导行业发展。配额制配合绿证制度实施，为绿证定价并为新能源电力在平价时代获得补贴提供交易对手和源动力。我国非水可再生能源消纳权重将自 2021 年起逐年提升，预计到 2030 年时将达到25.9%。根据政策，各省非水可再生能源电力消纳权重年均提升 1.5%左右，并遵循"只升不降"原则。2022 年全国可再生能源消纳量的最低预期值和实际完成值有望分别达到 23382 亿 kWh 和 25037 亿 kWh，较 2020 年实际消纳值分别增长了 8.5%和 16.2%。2022 年全国非水可再生能源消纳量的最低预期值和实际完成值有望分别达到 11199 亿 kWh 和 12192 亿 kWh，较 2020 年实际消纳值分别增长了 31.1%和 42.7%。

（四）碳交易

1. 概念定义

碳排放交易市场，是指将碳排放的权利作为一种资产标的，来进行公开交易的市场，其本质是将环境"成本化"，借助市场力量，将环境转化为一种有偿使用的生产要素。碳定价，是指本着"谁污染谁付费"的原则，为获得碳排放权利应当支付费用的过程。碳定价机制一般分为两种：一种是政府强制型手段，就是开征碳税；另一种是通过市场手段，也就是建立碳排放权交易体系。碳税指政府指定碳价，市场决定最终排放水平，故最终排放量的大小具有不确定性；碳排放权交易体系指政府确定最终排放水平，由市场来决定碳价，故碳价大小是不确定的。开征碳税更适用于管控小微排放端，碳排放权交易体系则适用于管控排放量较大的企业或行业。

2. 发展历程

（1）试点阶段。2011 年 10 月，国家发展改革委发布了《国家发展改革委办公厅关于开展碳排放权交易试点工作的通知》（发改办气候〔2011〕2601 号），批准北京、天津、上海、重庆、深圳、广东、湖北 7 个省（市）开展碳排放权交易试点工作。2016 年，福建启动碳交易市场，四川启动自愿减排交易市场。截至 2020 年，共 2837 家重点排放单位、1082 家非履约机构和 11169 个自然人参与交易。整体运行趋势。8 个试点省（市）的碳交易成交价稳定在 0～100 元区间，其中，深圳在 2013 年 10 月 21 日成交价突破 105.17 元/t；北京则在 2020 年 8 月 3 日实现历史最高价 94 元/t；重庆成交价相对较低，2017 年 7 月 3 日，低至 1.47 元/t；自 2017 年开始进行碳交易，整体运行稳定。碳交易量与交易额。8 个试点省（市）近年来碳成交总量 2.38 亿 t，交易总额 57.74 亿元；其中，湖北交易总量最高，达到 7805.9 万 t，占比 32.76%，交易总额 16.82 亿元，占比 29.14%；其次为广东，交易总量达到 7600.3 万 t，占比 31.90%，交易总额 15.41 亿元，占比 26.69%；再次为深圳，交易总量 2704.7 万 t，占比 11.35%，交易总额 7.37 亿元，占比 12.76%；福建交易量和交易额分别占比 3.55% 和 2.97%。试点省（市）碳交易量与交易额对比表如表 13-6 所示。

表 13-6　　　　　　试点省（市）碳交易量与交易额对比表

排序	省/市	交易总量（万 t）	交易量占比（%）	排序	省/市	交易总额（万元）	交易额占比（%）
1	湖北	7805.9	32.76	1	湖北	168237.1	29.14
2	广东	7600.3	31.90	2	广东	154109.2	26.69
3	深圳	2704.7	11.35	3	深圳	73703	12.76
4	上海	1727.5	7.25	4	北京	89859.9	15.56
5	北京	1446.8	6.07	5	上海	51346.7	8.89
6	重庆	868.3	3.64	6	天津	17750.7	3.07
7	福建	847	3.55	7	福建	17138	2.97
8	天津	825.3	3.46	8	重庆	5292.8	0.92
	小计	23825.8	100		小计	577437.4	100

注　数据来源：中国碳排放交易网。

碳交易均价方面，2020 年试点省（市）碳交易均价统计如图 13-3 所示。2020 年，8 个试点省（市）交易均价为 24.24 元/t，其中，北京最高，达到 62.11 元/t；其次为上海，交易均价为 29.72 元/t；深圳交易均价紧随其后，达到 27.25 元/t；湖北省、天津市、广东省、福建省交易均价基本持平，交易均在 20～22 元/t；重庆交易均价最低，仅为 6.10 元/t。

（2）全国碳市场阶段。2020 年底，生态环境部出台《碳排放权交易管理办法（试行）》（生态环境部令　第 19 号）、《2019—2020 年全国碳排放权交易配额总量设定与分配实施方案（发电行业）》，2021 年印发《碳排放权交易管理规则（试行）》，正式启动全国碳市场第一个履约周期（2021 年 1 月 1 日～2021

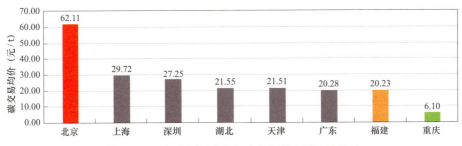

图 13-3　2020 年试点省（市）碳交易均价统计

年 12 月 31 日）。全国碳市场覆盖 2225 家发电行业重点。生态环境部数据显示，中国碳市场覆盖排放量超过 40 亿 t，将成为全球覆盖温室气体排放量规模最大的碳市场。根据上海环境能源交易所公布的全国碳市场每年综合价格行情及成交信息，2021～2023 年全国碳市场运行整体交易情况如表 13-7 所示。

表 13-7　　　　2021～2023 年全国碳市场运行整体交易情况　　　　元/t

日期	最高价	最低价	期初	期末
2021 年 7 月 16 日～2021 年 12 月 31 日	62.29	38.50	51.23	54.22
2022 年 1 月 4 日～2022 年 12 月 30 日	61.60	50.54	54.22	55.00
2023 年 1 月 3 日～2023 年 12 月 29 日	82.79	50.50	55.00	79.42

（五）发展趋势研判

1. 绿电与绿证交易为新能源发电拓宽收入来源

当前，新能源发电趋于平价上网，政策补贴逐步退坡，通过上网电价获得的收入水平逐渐下降。但通过绿电交易机制及绿证机制，可以额外弥补电价收入和政策补贴，提升投资积极性。

2. 碳交易市场将更加活跃

当前，碳配额制度相对宽松，碳交易主体的积极性尚未被完全激发。后续随着碳配额制的逐步紧缩，将推动更多主体通过碳交易市场获得相关配额，进而抬高交易价格。

二、辅助服务市场机制

电力辅助服务是指为维护电力系统安全稳定运行、保证电能质量，除正常电能生产、输送、使用外，由发电企业、电网企业和电力用户提供的服务。在传统电力计划管理体制下，电力辅助服务主要通过指令的形式强制提供，这种方式难以充分反映电力辅助服务的市场价值，损害了部分主体的利益。随着我国电力市场化改革的持续推进，依靠市场化手段激励各类市场主体提供电力辅助服务已成为必然趋势。

截至 2023 年 6 月底，全国发电装机容量约 27.1 亿 kW，其中参与电力辅助服务的装机约 20 亿 kW❶。2023 年上半年，全国电力辅助服务费用共 278 亿元，占上网电费 1.9%❷。从结构上看，市场化补偿费用 204 亿元，占比 73.4%；固定补偿费用 74 亿元，占比 26.6%。从类型上看，调峰补偿 167 亿元，占比 60.0%；调频补偿 54 亿元，占比 19.4%；备用补偿 45 亿元，占比 16.2%。从主体来看，火电企业获得补偿 254 亿元，占比 91.4%。

（一）辅助服务市场发展历程❸

随着我国电力体制改革推进，我国电力辅助服务的发展经历了无偿提供、计划补偿和市场化探索三个主要阶段。

1. 无偿提供阶段

2002 年以前，我国电力工业主要采取垂直一体化的管理模式，由系统调度部门统一安排电网和电厂的运行方式。系统调度机构根据系统的负荷特性、水火比重、机组特性以及设备检修等方面因素，根据等微增率原则进行发电计划和辅助服务的全网优化。在对电厂进行结算时，辅助服务与发电量捆绑在一起进行结算，并没有单独的辅助服务补偿机制。

2. 计划补偿阶段

2002 年厂网分开后，各发电厂分属不同利益主体，无偿提供电力辅助服务难以协调各方利益。在这一背景下，2006 年，原国家电监会印发《并网发电厂辅助服务管理暂行办法》与《发电厂并网运行管理规定》（并称"两个细则"），提出"按照'补偿成本和合理收益'的原则对提供有偿辅助服务的并网发电厂

---

❶ 数据来源：中国中央电视台 CCTV13、央视网。

❷ 数据来源：国家能源局官网《国家能源局 2023 年三季度网上新闻发布会文字实录》。

❸ 参考资料：国网能源研究院《细数我国各省调峰调频电力辅助服务市场异同》。

进行补偿，补偿费用主要来源于辅助服务考核费用，不足（富余）部分按统一标准由并网发电厂分摊"。我国电力辅助服务由此进入计划补偿阶段。

各地也相继出台"两个细则"文件，规定了电力辅助服务的有偿基准、考核与补偿以及费用分摊等规则。"两个细则"规定的计划补偿方式能够在一定程度上激励发电机组提供电力辅助服务，但总体来看补偿力度较低。以华东、华中地区为例，深度调峰补偿价格最高仅为 0.1 元/kWh，对于发电企业的激励作用相对有限。

3. 市场化探索阶段

随着新能源的大规模并网，电力系统调节手段不足的问题越来越突出，原有的辅助服务计划补偿模式和力度已不能满足电网运行需求。国外成熟电力市场一般通过现货市场中的实时平衡市场或平衡机制实现调峰。而当时我国尚未启动电力现货市场建设，亟须利用市场手段提高奖罚力度，以更高的补偿价格激励发电企业等调节资源参与电力辅助服务。

2014 年 10 月，随着东北能源监管局下发的《东北电力辅助服务调峰市场监管办法（试行）》（简称《监管办法》）实施，我国首个电力调峰辅助服务市场（简称东北电力调峰市场）正式启动，标志着市场化补偿电力调峰辅助服务尝试的开始。东北电力调峰市场深度调峰补偿力度大幅提高，不同档位最高限价分别设置为 0.4、1 元/kWh，对于火电机组参与深度调峰的激励作用显著提升。

2015 年 3 月，《中共中央 国务院关于进一步深化电力体制改革的若干意见》提出以市场化原则建立辅助服务分担共享新机制以及完善并网发电企业辅助服务考核机制和补偿机制。华东、西北、福建、甘肃等省区陆续启动调峰辅助服务市场建设运行；广东、山西等省份启动调频辅助服务市场。

2019 年初，东北电力辅助服务市场升级，首次增设旋转备用交易品种，实现辅助服务市场"压低谷、顶尖峰"全覆盖。浙江、华中等省区也积极探索备用辅助服务交易品种。

2021 年 3 月，中国提出建设新型电力系统，以应对新能源发展带来的电力平衡和电网运行安全问题。构建更加完善的辅助服务补偿机制和市场交易机制，对于解决新型电力系统诸多问题具有非常积极的意义。2021 年底，为了适应新能源大规模发展和电力市场化改革加快的现实需要，国家能源局发布了新版《电力并网运行管理规定》《电力辅助服务管理办法》（简称"新两个细则"），扩大了辅助服务参与主体范围，建立更加公平的分摊机制。"新两个细则"发布后，2022年，南方、华东、华北、西北等区域都根据"新两个细则"的基本原则修改了辅助服务实施细则，重新确定了辅助服务的整体框架。

2024年2月7日，国家发展改革委、国家能源局联合印发《关于建立健全电力辅助服务市场价格机制的通知》，决定从国家层面统一建立健全电力辅助服务市场价格机制，相关政策自2024年3月1日起实施。主要内容包括：一是优化辅助服务交易和价格机制。统一明确计价规则，原则上，调峰服务价格上限不高于当地平价新能源项目上网电价；调频里程出清价格上限不超过0.015元/kW；备用服务价格上限不超过当地电能量市场价格上限。二是规范辅助服务价格传导机制。电力现货市场未连续运行的地区，原则上不向用户侧疏导辅助服务成本；反之，由用户用电量和未参与电能量市场交易的上网电量共同分担，分担比例由省级价格主管部门确定。三是强化政策配套保障。推动各类经营主体公平参与，加强辅助服务市场与中长期市场、现货市场等统筹衔接；健全辅助服务价格管理工作机制，加强市场运行和价格机制跟踪监测，及时评估完善价格机制，促进辅助服务价格合理形成。

（二）辅助服务市场适应性变化

随着电力系统中新能源和电力电子设备比重大幅增加，传统辅助服务（如调频等）需求增加的同时，需要新增辅助服务品种。2022年，各地区加快了辅助服务市场的进程，当前已开展市场化实践的辅助服务品种包括调峰辅助服务、调频辅助服务、备用辅助服务，部分地区（如广东）为促进需求侧灵活性电源参与积极性，对需求侧资源建立了独立的辅助服务市场。

（三）发展趋势研判

1. 辅助服务参与主体扩维

2022年，各地都实现了辅助服务参与主体的扩维，包括新能源、新型储能、工商业可中断负荷、虚拟电厂、电动汽车充电网络等新型主体，只要能够响应电力调度指令都可以参与辅助服务调节，主体扩维能有效调动负荷侧的灵活性资源，降低整体辅助服务成本。

2. 投资成本向下游传导

过去，辅助服务费用仅在发电侧分摊与补偿，奖惩力度未准确反映辅助服务的稀缺性。新"两个细则"确立了建立电力用户参与的电力辅助服务分担共享机制。2023 年 5 月，《国家发展改革委关于第三监管周期省级电网输配电价及有关事项的通知》（发改价格〔2023〕526 号）明确"系统运行费用包括辅助服务费用、抽水蓄能容量电费等"，再次明确辅助服务费用向用户侧传导。

3. 各区域、各省因地制宜确定成本分摊对象

南方区域规定，主要由新能源快速降出力带来的爬坡补偿费用由新能源发电企业按照预测偏差比例分摊；直控型可调节负荷参与的调峰（削峰）补偿费用由市场化电力用户按当月实际用电量进行分摊；而其他品种补偿费用，由发电侧并网主体和市场化电力用户按照各 50% 比例共同分摊。华东区域规定，原则上为了保障电网总体安全的频率、电压、备用、转动惯量等，项目由发电企业、新型储能、电力用户共同承担；已经无偿或有偿提供分项辅助服务的不重复承担相应辅助服务费用；为特定主体提供的辅助服务由特定主体承担，如转动惯量费用由不具备转动惯量的发电、储能、电力用户承担。

三、容量成本回收机制

2022 年 1 月，国家发展改革委、国家能源局明确"各地区根据实际情况，建立市场化的发电容量成本回收机制，探索容量补偿机制、容量市场、稀缺电价等多种方式，保障电源固定成本回收和长期电力供应安全"。

（一）国际容量成本回收经验

容量成本回收途径按照市场化程度由高到低，国际上的典型做法分别是：稀缺定价、容量市场和容量补偿机制。

（1）稀缺定价机制。指在系统电能和备用稀缺时，按事前制定的备用需求曲线和实际稀缺程度确定电能量和（或）备用容量的价格，允许出现短时极高

价格，满足电源投资成本回收需要，监管机构仅设置价格上限限制市场力。主要适用于对高价风险承受力较强的地区，典型的有澳大利亚和美国得州。

（2）容量市场机制。机制以机组可用装机容量为标的，卖方为容量资源提供商，提供容量资源的报价和数量，按价格从低到高形成供给曲线；买方为系统运营商，根据可靠性指标参考机组成本及市场收益，按照规则形成需求曲线；在约束条件下形成出清价格及各容量资源提供商中标容量；相应的容量购买费用由所有市场用户分摊。主要适用于电能量市场已相对完善的国家或地区，如美国、英国、日本等。

（3）容量补偿机制。电力市场通过边际出清形成电能量市场价格时，变动成本较低的机组能回收部分固定成本；而变动成本较高的机组很可能只能回收其变动成本。为确保发电企业合理回收成本，政府机构通过单独制定容量补偿价格对电力市场进行补充。主要适用于电力市场发展初期，经济社会和金融市场欠发达的地区，较为典型的是智利、秘鲁等。

（二）容量成本回收机制对比

容量成本回收机制主要包括稀缺电价、容量市场与容量补偿三大机制。其优缺点对比总结如下：

（1）稀缺电价机制。机制价格上限高，对市场影响小，能充分激励需求侧响应；但机制仅反映短时供需，会给系统长期容量充裕度及发电投资带来较大风险；此外由于难以区分高电价是由合理的市场行为还是发电企业市场操纵所导致，给市场监管带来一定的难度。

（2）容量市场机制。容量市场机制供给曲线由市场成员决定，更接近市场的真实情况，有利于发电投资决策，保证成本稳定回收；但需求曲线预测的准确性影响巨大，要求有可靠的系统计算能力、信息公开程度和市场管控能力。

（3）容量补偿机制。机制属于政府管制定价的范畴，政策制定和执行相对简单，能提供稳定的收入预期；但补贴标准由监管机构决定，补偿标准不易确定，市场化程度不足，不能准确及时地反映容量价值。

基于不同机制的优势和劣势，结合当前我国电力市场发展情况，稀缺电价机制的不确定性较大，容量市场建设时机还未成熟，初步建议可重点考虑容量补偿机制。主要理由如下：

（1）合理性方面。容量补偿机制无需大量的技术和经验储备，实操性、可行性较高，建设难度相对较低，适用于市场化初期。

（2）科学性方面。政府主管部门核定容量补偿标准、界定机组可用容量，有利于充分全盘考虑机组的整体成本、对系统的支撑作用，科学发挥价格引导作用，激励机组保持可用性。

（3）稳定性方面。相对明确的容量补偿标准，一方面能够为发电企业提供稳定的收入预期，引导容量投资，保证中长期容量电价的稳定性。另一方面有利于结合经济形势、市场供需等因素适度调整，保证终端用能成本的稳定性。

（三）我国容量补偿机制实践

当前，容量补偿机制在我国部分省份已有相关实践。

（1）广东。2020年11月30日，广东省能源局发布《广东电力市场容量补偿管理办法（试行，征求意见稿）》（粤能电力函〔2020〕642号），要求按照容量度电分摊标准按月向售电公司（含直接参与批发市场的大用户）收取容量电费，并根据市场机组有效容量占市场机组总有效容量比例补偿给各机组。现阶段，对售电公司中长期合约外电量收取容量补偿电费；条件具备时，将研究探索对售电公司全电量收取容量补偿电费。

（2）山东。2022年3月28日，山东省发展改革委发布《关于电力现货市场容量补偿电价有关事项的通知》（鲁发改价格〔2022〕247号），规定容量市场运行前，参与电力现货市场的发电机组容量补偿费用从用户侧收取，电价标准暂定为每千瓦时0.0991元（含税）。即山东对市场化电量收取容量电费。每月公布的《代理购电价格公告》则明确电网企业代理购电用户电价包含容量补偿电价。

（3）全国。2023年11月，《关于建立煤电容量电价机制的通知》（发改价格〔2023〕1501号）明确全国统一煤电机组容量电价为330元/（kW·年），但各地容量电价具体水平分类分档确定。2024～2025年，河南、湖南、重庆、四川、青海、云南、广西 7 省按 50%，即对应的燃煤机组容量电价为 165 元/（kW·年）；其余省（市）为 30%左右，即对应的燃煤机组容量电价为 100 元/（kW·年）；2026 年起，各地通过容量电价回收固定成本的比例不低于 50%。

第三节　投资效益商业模式案例

投资者可结合自身特色，充分利用价格、市场机制，形成各具特色的商业模式。为利用客户屋面，部分投资者采用了收入分成模式；为推广分布式储能，部分投资者采用了租用、共享模式，并逐步规模化为虚拟电厂；部分投资者结合能源行业的投资经验，开展了客户能效服务，实现综合获益。

一、光伏发电

分布式屋顶光伏项目特有电价分享费用，一般是被投资方免费提供屋顶，项目投资方向其分配由该项目带来的节能效益，双方在合同中约定电价分享费用的比例。对于投资方而言，分布式光伏收入包括节省的电费收入、余电上网电量收入，以及通过销售商品、提供劳务活动和让渡资产使用权等发生的其他收入，部分项目还有政府的可再生能源补贴资金。而被投资方，因提供了自家屋顶，可以按照合同约定的分享费用比例，分享投资方的节省电费收入和余电上网电量收入。

二、储能应用

尽管分布式储能的商业价值已经逐渐清晰，但其仍需要通过可靠的商业运营模式参与电力市场获得收益。当前，集中式储能投资费用较大，所以依据投资主体差异，划分为独立投资模式、联合投资模式、租赁模式。分布式储能的商业运营模式也可以按照投资主体差异形成上述 3 种商业运营模式。不同于集中式储能，分布式储能投资费用更少，建设场地规模更小，资源更加分散。这样的优势使得分布式储能还可以与虚拟电厂结合形成虚拟电厂模式，也可以将其应用场景延伸至社区中，形成社区储能模式。表 13-8 为分布式储能典型商业模式场景。

表 13-8　　　　　　　　　　　分布式储能典型商业模式场景

模式	适用场景	优缺点	发展方向
租赁模式	新能源场站 公用事业单位 工商业用户	对于承租方，该模式风险小、灵活性强。对于租赁方（储能设备实际投资者），该模式收益单一，投资回收期较长	投资者需要紧跟市场变化，开拓多种收益模式
共享模式	新能源场站 公用事业单位	实现了投资主体多元化、服务对象多元化，灵活性很强	可通过接纳新的投资主体，拓展服务对象，提高整体盈利能力；后续可逐步向虚拟电厂模式转变
虚拟电厂模式	虚拟电厂	可实现双向互动，盈利模式更灵活；但由于市场机制尚未完全建立，该模式下的盈利情况尚无法完全确定	提升内部资源的聚拢、分析和使用能力，充分延伸应用场景，提升收益
社区储能模式	社区用户	社区储能模式拥有较稳定的客户群体，收益较为稳定。但在储能成本较高、国内公网稳定供电、居民电价相对较低的环境下，该模式较难推广	推广该模式时，前期需充分调研，对项目的投入产出进行完整测算，以及在售后上给予客户足够的服务，提高客户黏性

三、综合能效

综合能效的主要收益模式如下：① 在政府、医院、高校等公共机构领域，通过开展综合能源管控平台建设，空调、电梯、照明等设备和系统节能技术改造，能源经理驻场运维服务，满足公共机构"一体化"管理的能源托管服务需求，形成高效用能、节约用能的长效机制，提升公共机构用能安全和运行保障水平。② 规模化开发多能互补协同供应项目，发挥国家电网品牌和建设运营托管一体化服务优势，一体化拓展综合能效+多能互补协同供应服务市场，促进城乡建筑与"双碳"新能源建设协同发展。③ 协同推进新型电力系统建设，开展需求响应与市场机制运作示范，以工业园区、办公楼宇、商业楼宇为对象，实施新型电力系统与各主体柔性互动，实现能源共享、协同调控。成功打造一批综合性示范市场潜力大、技术密集性强的新兴业务，铸造"供电+能效"综合能源品牌。

四、案例分析

本节选取 A 公司新型电力系统项目作为典型案例开展投资效益情况分析。

该公司聚焦园区、商业楼宇、工业企业及医院、学校、政府机关等客户群体，以客户侧"供电＋能效服务"为抓手，统筹开展客户侧新型储能项目等重点业务。

1. 项目内容

新型储能项目在客户侧开展削峰填谷、负荷聚合、需求侧响应及电力保供等业务，通过峰谷价差、需求响应和辅助服务获取收益，服务新型电力系统建设。

2. 测算参数

（1）投资及资金筹措。项目总投资 10000 万元，其中，资本金占比 30%。建设期 1 年，运行期 10 年。

（2）成本费用数据。本业务成本主要包括电费支出、运维费用、人员服务费、保险费用、摊销费用等。其中，运维费用参考行业内普遍运维费用计提，前五年维保费用为总投资的 0.2%，5～10 年为 0.25%，10 年以上为 0.3%。

（3）收入分析。本业务收入主要包括扣减客户分享（客户按电价）后的电费收入。按照年运行 333 天，储能损耗及充放电预留 88% 计算，循环次数 10000 次，日放电次数 3 次，电池衰减系数 3%，首年电费收入为 178 万元（不含税）。

3. 经济效益评估

经测算，资本金内部收益率 6.04%，资本金现金流量表见表 13-9。

表 13-9　　　　　资 本 金 现 金 流 量 表　　　　　万元

序号	项目	第3年	第4年	第5年
1	建设投入	6500.16	0	0
1.1	成本（不含税）	5752	0	0
1.2	成本税金	748	0	0
2	项目收入（含税）	1329	3767	3649
2.1	储能收入（不含税）	1172	3322	3218
2.1.1	电费收入（不含税）	1242	3520	3410
2.1.2	客户分享（不含税）	70	199	193
2.2	销项税金	157	446	432
2.2.1	销项税金（电费）	161	458	443

续表

序号	项目	第3年	第4年	第5年
2.2.2	销项税金（服务）	4	12	12
3	项目支出（含税）	1139	3229	3129
3.1	运营成本（不含税）	683	1935	1876
3.1.1	电费支出（不含税）	669	1895	1836
3.1.2	运维费用（不含税）	7	20	20
3.1.3	人员服务费（不含税）	0	0	0
3.1.4	保险费用（不含税）	7	20	20
3.2	借款余额	2415	6720	6020
3.3	还款	245	700	700
3.4	利息支出	100	279	250
3.5	进项税金	88	249	241
3.6	折旧费	295	841	841
3.7	应缴增值税	0	0	0
3.8	进项税留抵	1065	854	649
3.9	附加税金	0	0	0
4	税后利润	71	200	188
4.1	经营利润	95	266	251
4.2	所得税金	24	67	63
4.2.1	应缴税金	24	67	63
5	现金净流量（含税）	−1760	538	520
6	累计净现金流量（含税）	−3133	−2595	−2074

注　该项目实际运营期为10年，为方便展示，仅列3年数据。

第四篇

综合实践篇

第十四章　国外能源电力系统转型发展

随着气候变化对人类社会可持续发展的影响日益显著，世界各国正加速绿色低碳和发展可再生能源的步伐。本章将介绍国外发展高比例可再生能源电力系统的建设经验，包括德国、丹麦的资源禀赋、发展特点及先进技术、机制的应用情况。

第一节　德国能源电力系统转型实践

一、德国能源电力发展现状

德国位于欧洲中部，国土面积 357582km²（陆地 348672km²），森林覆盖面积约占全国面积的 30%，水域面积约占全国面积的 2.4%。德国自然资源较贫乏，传统能源资源的特点是"富煤缺油缺气"，除硬煤、褐煤和盐的储量丰富之外，在原料供应和能源方面很大程度上依赖进口，约 2/3 的一次能源需进口。

德国作为世界上最早启动能源转型的国家之一，2000 年首次颁布《可再生能源法》，2011 年正式出台了能源转型法案，之后多次修订《可再生能源法》，在去煤政策、碳排放交易机制、能效政策方面也作出了部署和调整，构建了能源转型的整体政策框架，核心理念是可再生能源逐步替代化石能源，可再生能源发电和节电则是实现德国脱碳的重点。

2022 年底，德国最大负荷 7900 万 kW，装机容量 2.3 亿 kW。其中，新能源装机超过 1.3 亿 kW（占比 58%）。近年来，新能源发电量年占比最高达到 33%，新能源发电量周占比最大达到 51%。德国在新能源高速发展的同时，保障了电力系统平稳运行。2011～2022 年，德国电网可靠供应水平稳中有进，电力平均中断时间（system average interruption duration index，SAIDI）由 2011 年的

15min/年，下降到目前的约 10min/年。德国电网频率波动均值稳定在 49.9～50.1Hz，具有较好的实时供需平衡水平。

二、德国能源电力发展特点

德国为加快能源转型升级，在能源电力发展层面，形成大力发展可再生能源、加快推进电力市场化改革、积极创新能源服务、构建虚拟电厂体系等特点。

（一）大力发展可再生能源

从 20 世纪 80 年代起，德国以能源转型目标为导向，明确可再生能源发展作为应对气候变化、逐步淘汰核能、夯实能源安全、促进经济发展的主要实现路径，通过实施固定上网电价、低息贷款、投资补贴、税收扶持等一系列利好政策，提升电力市场对可再生能源的消纳能力，并在非电领域推广可再生能源，不断提升可再生能源在能源消费结构中的比重。

（二）加快推进电力市场化改革

德国持续修订完善《能源经济法》《激励性监管条例》等政策，建立无歧视的能源网络准入机制，打造开放、竞争的能源市场，构建双边交易市场（over the counter，OTC）为主体、电力交易所为补充的灵活电力交易平台，大幅度降低现货市场调度难度和工作量，促进电力市场长期良性发展。

（三）积极创新能源服务

德国的能源公司不局限于电力、燃气、热力等一种能源或者一种能源服务方式，而是通过延伸上下游业务链条，创新商业模式，提供综合能源服务（见图 14-1），如分布式能源发电、供热、供气等多能互补项目，设计、安装和管理供电、供气、供热、制冷等在内的供能网络，智能家庭解决方案等定制化产品。

（四）构建虚拟电厂体系

随着可再生能源规模的不断扩大，德国引入了智能化的需求侧管理和主动配电网技术，不断构建电力基团与虚拟电厂，充分整合光伏、风电、水电、生物质能发电、火电、燃气发电、热电联产等发电设施，通过结合电力储能与电热储能，连接电网、热网、气网设备，实现不同能源之间按需的多能互补和转换，以多种市场机制推动调峰调频、智能控制。

图 14-1　德国能源公司提供综合能源服务

三、德国能源技术创新

德国将科技创新作为推动能源转型的重要抓手，不断制定能源领域科技创新的战略与规划，出台了《高科技战略》、E-Energy 能源技术创新促进计划、七个源研究计划等，重点关注电网、建筑、可再生能源、能源存储、能源效率、生物质、能源转换等技术研究，以技术创新促进能源发展。

（一）可再生能源发电预测技术

德国电网基于实时微气象预报数据，考虑不同区域差异性，构建了一整套分布式光伏、风电等出力预测模型，实现可再生能源的精准功率预测，例如德国 50 赫兹电力公司（50 Hertz）全网日前风电功率预测均方根误差仅 2%～4%，光伏预测误差达到 5%～7%。同时通过预测服务商业化，推动电网整个产业链的预测数据共享共创。

（二）多层级实时调度运行技术

德国电网构建多层级实时调度运行体系，配套灵活电力市场机制，贯通各输电网控制中心和上百个配电网控制中心，推动容量大于 100kW 的可再生能源发电设备的遥测和遥调应用，实现对可再生能源电场的实时调度。

（三）电能"本地化"储能应用技术

德国电网大力推动"本地化"储能的建设应用，例如家用储能电池能量墙（Powerwall）（见图 14-2）、社区智慧储能单元等，以集中式大型储能和分布式小型储能协同运行模式，增强电网、微电网等多形态电网的安全稳定运行、高效能源管理。

图 14-2 家用储能电池墙

第二节 丹麦能源电力系统转型实践

一、丹麦能源电力发展现状

丹麦位于欧洲大陆的北部，南邻德国，北靠北欧，是世界上分布式发电比例最高的国家之一，其核电机组、常规水电与抽水蓄能电站装机容量几乎为 0，但其风电与太阳能发电的发展非常迅猛，技术居于世界领先地位，新能源装机超过 40%，其风力发电机组的装机容量达到了 7300MW，太阳能发电机组达到了 3200MW，而煤电机组的装机容量为 4847MW，气电机组的装机容量为 2941MW。

丹麦电网分为东部电网（西兰岛）和西部电网（日德兰岛与菲英岛）2 个部分，其中东部电网与瑞典交流连接，形成北欧同步电网；西部电网与德国交流连接，是欧洲中部同步电网的一部分。此外，东部电网还与德国直流连接，西部电网与挪威直流连接，形成复杂的多边电力交互网络。丹麦电网与周边国家联络情况如图 14－3 所示。

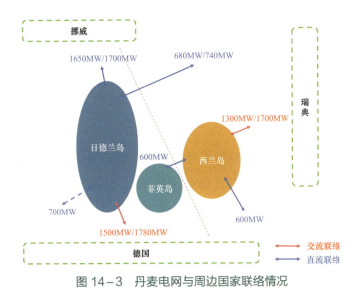

图 14－3　丹麦电网与周边国家联络情况

二、丹麦能源电力发展特点

丹麦是全球新能源领域的翘楚，按照能源耦合、跨国联网、市场交易、灵活调度的思路，既保障了可再生能源优先上网消纳，又推动能源高效灵活利用。

（一）大力发展风力发电

丹麦拥有丰富的风力资源，平均风速达 7.6m/s。在 1991 年，丹麦在距离海岸线 2km 的海面上建起了 5MW 装机总量的风电场，成为全球第一个修建大型海上风电场的国家，自此以后，丹麦开始大规划发展海上风电、陆地风电。丹麦海上风电如图 14－4 所示。

图 14-4　丹麦海上风电

（二）高比率热电联产

在热电联产领域，丹麦全国发电量的 12% 都来自于生物质和有机垃圾热电联产设施，增加电、热两种能源的耦合调节能力，并且丹麦 80% 的区域集中供暖来自于热电联产，提升分布式发电比例和能效利用率。丹麦热电联产如图 14-5 所示。

图 14-5　丹麦热电联产

（三）构建稳定的可再生能源供应网络

自 2005 年以来，丹麦实施单元控制试点项目，以单元式结构为基础，构建一个完整规模的智能电网系统，通过数字技术协同控制风力发电机、热电联产电厂与其他分布式发电资源，提供包括电力平衡、频率控制、电压控制等辅助服务，实现可再生能源电力供应 60%的丹麦电网安全稳定运行，甚至能够做到多余电力出口欧洲各国。

（四）打造跨国电力交互网络

丹麦的电网系统不仅覆盖全国，更与北欧邻国相联，持续扩展加强与其他国家电网间的联系，打造跨国电力交互网络，跨国交换输电容量达 5820MW，依靠欧洲大电力市场，借助挪威等邻国电力的良好调节性能，开展跨国、跨区的能源电力交互，实现风电高比例消纳。

三、丹麦能源技术创新

（一）多种类电源灵活调节技术

丹麦以符合经济调度的动态最优化为目标，通过良好的可再生能源电网、畅通的跨国电力交互网络、准确的风电场建设规划与风功率预测、热与电供能耦合、完备的电力市场等条件，根据高比例风电带来的波动性，实时灵活调节各类资源，保持电网安全稳定运行。

（二）火电实时调控技术

丹麦建立了完备的火电调控体系，通过改造火力发电厂机组、构建火电调节的专用数据通道、提升软硬件控制设备水平等方式，增加火力发电厂的灵活性，打造火电实时调节技术，降低最低稳定功率，实现火电的快速启动，减少反应时间，使得火电厂每分钟的功率变动达到 3%～4%。

（三）跨境电力市场交易技术

　　丹麦采用金融交易、日前市场、日内市场、调节功率市场等结合的市场模式，通过跨国电力交互网络，大力推进和邻国的直接跨境交易与供热市场耦合，构建丹麦跨境电力市场交易技术，实现丹麦东西部与欧洲各国的电力市场数据、需求、价格、标准、政策的高度兼容统一，确保丹麦能够在高风量生产时出售电力，并在低风量时段购买其他国家电力。

第十五章　国内新型电力系统构建

　　2021 年以来，我国各地新型电力系统工作已步入建设阶段。本章将介绍国家电网公司新型电力系统示范区的资源禀赋和建设思路，包括浙江、青海省级示范区的送受端大电网与分布式、微电网融合发展方案，及西藏藏中、新疆南疆、河北张家口三个地区级示范区的送端高比例新能源电力系统的构建模式。同时，还将介绍中国南方电网有限责任公司基于深化数字电网建设支撑新型电力系统构建的总体理念。

第一节　国家电网新型电力系统构建

一、浙江省新型电力系统构建

　　浙江新型电力系统以全面支撑服务共同富裕示范区建设为目标，为共同富裕提供"基础、均衡、普惠"支撑，围绕高比例外来电和大规模新能源"两个不确定性问题"，聚焦解决大规模清洁能源挖掘与接纳、灵活互动资源聚合与调控、电网主动防御与融合发展、消费侧低碳转型与发展四大挑战，提出浙江新型电力系统建设路径。

（一）能源资源禀赋

　　1. 化石能源匮乏

　　煤炭资源储量几乎为 0，都依靠外省调入；石油全部依靠进口和外省调入；天然气依靠外省调入和东海天然气开发输送。

　　2. 新能源资源有限

　　光伏属于三类资源区，年有效利用小时数不到 1000h，以分布式为主，不具备建设大量集中式电站的条件。陆上风电受土地资源约束，不具备大规模发展能力，海上风电具备较大开发潜力，远景规模 1800 万 kW。

3. 核电、抽水蓄能资源丰富

沿海核电站址资源丰富，储备规模达 4408 万 kW，抽水蓄能电站已投及在建 1518 万 kW，储备站点共 41 处，装机容量 4740 万 kW。

（二）建设内容

1. 灵活规划网架坚强旨在谋全局、强筋骨

开展灵活性资源储备库及应用场景库建设，加快弹性规划平衡技术及差异化容载比动态调整应用。推动省内特高压交流环网构建，开展配电网灵活性规划与交互式规划。构建全景式高弹性电网评价体系，建立效能提升红利全环节共享机制，从规划源头提高电网灵活高效调节能力。

2. 电网引导多能互联旨在融能源、促清洁

引导优化电源布局，推动源、网、荷多方主体参与储能建设，保障清洁能源消纳，适应高弹性电网建设需要。推广全景式即插即用系统化应用，提升设备接口动态投切能力。运用互联网思维多方引流，探索能源互联网新业态，拓展能源互联网新技术示范应用，促进电网向清洁低碳高效的能源互联网演进，提升全社会能效。

3. 设备挖潜运行高效旨在挖潜力、降冗余

利用多元感知和灵活调控等技术，开展设备动态增容、断面限额在线计算、短路电流柔性抑制、潮流柔性控制、网络重构优化、配电网降损增效等应用，实时评估设备载流能力，提升电网动态运行极限，减少电网空充设备，改善电网潮流分布。

4. 安全承载耐受抗扰旨在建防线、承冲击

以增强电网抗扰能力、加快故障自愈、提升系统安全水平为目标，扩展防御理念，强化"三道防线"，建立电网主动解列控制与快速恢复控制新防线，建设电网动态运行极限综合防御系统，确保电网在低冗余、高承载状态下安全稳定运行，实现安全效率双提升。

5. 源网荷储弹性平衡旨在集多元、调负荷

打造源网荷储友好互动系统平台，依托各类资源的集群、聚合、协同关键技术，提升电网资源汇聚和协调控制能力，推动调度模式由传统的"源随荷动"向"源荷互动"的新模式转变，实现电网安全、新能源消纳、效率效益新的平衡。图15-1所示为嘉兴源网荷储一体化示范区。

图 15-1　嘉兴源网荷储一体化示范区（图片来源：国网浙江电力微博）

6. 用户资源唤醒集聚旨在聚用户、增互动

唤醒负荷侧海量沉睡资源引导用户用电行为，聚合互动潜力、谋划互动收益，广泛拓展参与电力市场的可控负荷类型和规模，发挥市场机制在唤醒多类型互动资源的基础性作用。激活市场活力，培育负荷聚集商，以强交互能力支撑电网弹性。

7. 市场改革机制配套旨在搭市场、疏成本

完善市场机制，提高机制适用性，建立各类电源、可中断负荷、储能参与现货和辅助服务市场的框架体系、准入规则、交易策略、价格机制，推动优化政策环境配套，合理疏导灵活性资源建设和运营成本。

8. 科创引领数智赋能旨在创新智、衍生态

通过科技进步为电网发展注入新动能，助推"大云物移智链"信息技术在电力系统广泛深度应用，与先进能源电力技术融合发展，带动电网升级，实现智能终端全覆盖、电网状态全感知、云平台和中台支撑多元智慧应用，电力大

数据价值得到发挥，推动系统运行管理呈现数字化、可视化、智慧化的特点。

二、青海省级新型电力系统构建

青海是全国清洁能源示范省，习近平总书记赋予青海"使青海成为重要的新型能源产业基地"和"国家清洁能源产业高地"重要使命。青海新型电力系统重点针对青海电力保供、转型发展等重大问题，围绕"高比例新能源可靠保供与高效消纳"和"大规模新能源安全外送"两方面，提出青海新型电力系统建设路径，推动构建"近零排放"省域电力系统，助力打造国家清洁能源产业高地。

（一）能源资源禀赋

1. 清洁能源资源丰富

青海缺煤少油，水、风、光和天然气资源较为丰富。水能理论蕴藏量2187万kW，主要分布在海南地区的黄河上游区域；太阳能技术可开发量35亿kW，主要分布在海西、海南地区，年平均利用小时数在1400～1600h；风能技术可开发量7500万kW，主要分布在海西州北部、中部，以及海南州西部，年平均利用小时数约1700h；煤炭探明储量49.9亿t，主要分布在海西、海北所在的柴达木北缘和祁连山区域，现有煤炭生产能力965万t，后续增产能力不足；天然气主要分布在海西地区，柴达木盆地储量3.2万亿m²，年产量70亿m²。

2. 新能源持续快速发展

由青海资源禀赋决定，青海电源结构以水、风、光等清洁能源为主，其中新能源占比持续提高。截至2022年底，全省电源总装机4468万kW，同比增长8.6%，其中可再生能源占比91.2%，发电量占比84.5%。常规电源占比逐年降低，支撑电源以水电为主。截至2022年底，全省常规电源装机占比为37%，其中水电占常规电源的76%，发电量占总发电量43%。

（二）建设内容

1. 打造以坚强电网为统领的能源互联网示范区

聚焦电网大范围优化配置资源能力提升，加快推动电网向能源互联网转型升级。强化骨干网架建设，全面构建"两基地+两通道"发展格局，提升清洁能源基地送出能力。加快形成省内东南部"日"字形、西部"8"字形坚强电网，保障负荷中心安全可靠供电，满足清洁能源产业高地新能源、水电并网需要。构建新一代调度系统，融合虚拟电厂、柔性直流组网等技术应用，持续提升电网协调控制与智能互动能力。

2. 打造以多源协同为支撑的清洁柔性送端引领区

推动黄河上游水电潜力深度挖掘，协调加快黄河流域常规水电和可逆式机组建设。持续提高应急备用和调峰电源比重，深化虚拟同步机应用，推动新能源发电向以电力电量并重的供应主体转变。规划引领青海储能基地建设，积极发展光热电站，加快"光伏+储能、光伏+光热、风光水储、源网荷储"基地建设。图 15-2 为青海中控德令哈 50MW 光热电站。

图 15-2　青海中控德令哈 50MW 光热电站（图片来源：国网青海电力微信公众号）

3. 打造以扩大内消为动力的绿电制造产业生态区

以绿电制造为主题打造清洁用能产业生态"四个地"（世界级盐湖产业基地、国家清洁能源产业高地、国际生态旅游目的地、绿色有机农畜产品输出地），规划建设以 100% 绿电为支撑的世界级盐湖产业基地、铝合金硅铁高载能企业、锂电池新兴产业等大型负荷集聚中心，构建相应比例的用户侧可调节、可中断负荷资源池。打造青海平北国家级零碳技术集聚园区和先行示范园区，构建基于"坚强智能电网+风光水储一体化基地+绿电溯源认证"的全绿电供应体系。高质量推进全电景区、乡村电气化、新能源汽车、三江源清洁取暖等替代项目，依托绿电共享服务社会清洁低碳转型。图 15-3 为青海海西格尔木电化学共享储能电站。

图 15-3　青海海西格尔木电化学共享储能电站（图片来源：国网青海电力微信公众号）

4. 打造以全网绿电为目标的零碳电力系统先行区

优化煤电功能定位，推动火电灵活性改造，加快存量煤电"三改联动"，推进碳捕集、利用与封存技术应用，实现煤电碳排放清零。致力构建高比例清洁低碳能源体系。深化零碳电力系统价格与市场机制、电力市场与碳市场协同发展等重大问题研究，支撑政府决策。协调推动建立全省统一碳交易平台，积极参与全国绿色电力交易，将青海建设成为全国重要的碳汇输出基地。

三、地区级新型电力系统构建

（一）藏中新型电力系统构建

西藏是国家重要的清洁能源基地，水、风、光资源禀赋，2021 年 6 月，习近平总书记来藏考察提出加快建设国家清洁能源基地。截至 2023 年 10 月，西藏清洁能源装机规模达到 530 万 kW，装机规模、发电量占比分别达到 93%、99%，新能源装机、发电量占比分别达到 38%、20%，基本形成水、风、光为主的清洁电力供应体系。图 15-4 为藏中羊八井地热电站。

图 15-4　藏中羊八井地热电站（图片来源：国网西藏电力微信公众号）

藏中充分利用西藏水、光等清洁资源优势，围绕"省内清洁可靠保供＋省外大规模清洁外送"，在电源侧打造构网型储能示范应用场景，在电网侧推进骨干输电网与偏远地区微电网协调发展，在用能侧实现电—热—氧等高效综合用能场景，打造100%清洁能源系统示范。藏中新型电力系统构建思路如图15-5所示。

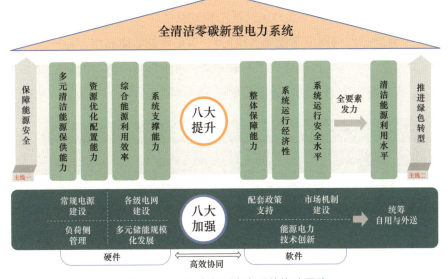

图 15-5　藏中新型电力系统构建思路

（二）南疆新型电力系统构建

新疆是国家战略屏障、向西开放的出口，也是重要的能源资源储备基地。

截至 2023 年 10 月，南疆新能源装机规模达到 1315 万 kW，占比达到 73.3%，是最大负荷的 1.38 倍，新能源发电量占用电量比重 33%。图 15-6 为 750kV 伊犁—库车输电塔群。

图 15-6　750kV 伊犁—库车输电塔群（图片来源：国家电网公司微信公众号）

南疆以打造本地清洁低碳能源电力可靠供应为目标，围绕"保内供、强外送"，围绕打造清洁低碳的电力保供基地和多能互补的综合能源外送基地"两大基地"，持续加大构网型新能源（储能）、煤电清洁低碳利用、电—氢互动、源荷高效互动示范，全力打造成"刚柔并济、内供外送双驱"的新型电力系统示范区。南疆新型电力系统构建思路如图 15-7 所示。

"刚柔并济、内供外送双驱"新型电力系统示范区			
提升系统调节能力	优化资源配置平台	供需双侧灵活互动	加快示范工程建设
□ 实施储能、火电灵活性改造 □ 建成全国首个构网型储能	□ 应用微电网运行与控制技术 □ 开工 750kV 环塔东部、南部工程	□ 建成全球规模最大的新能源制氢一体化示范项目 □ 实施电采暖、机井负荷柔性控制示范项目	□ 构网型新能源、储能技术 □ 煤电清洁低碳利用 □ 源荷互动 □ 电氢互动

图 15-7　南疆新型电力系统构建思路

（三）张家口新型电力系统构建

张家口是全国唯一的国家级可再生能源示范区，京津冀地区重要的清洁能源基地。截至 2023 年 10 月，张家口新能源装机规模达 2789 万 kW，装机规模、发电量占比分别达到 82%、66%，初步形成风、光、火、储协同发展的低碳电力供应体系。图 15−8 为张北柔性直流电网试验示范工程中都换流站。

图 15−8　张北柔性直流电网试验示范工程中都换流站

聚焦超高比例新能源消纳及安全送出需求，围绕"坝上大规模新能源汇集输送＋坝下高比例新能源就地利用"，重点实施新能源＋储能＋分布式调相机、构网型新能源机组控制、数据中心可控负荷消纳等工程，全力打造"新能源大规模汇集输送与源网荷储协同高效利用"的新型电力系统示范区。张家口新型电力系统构建思路如图 15−9 所示。

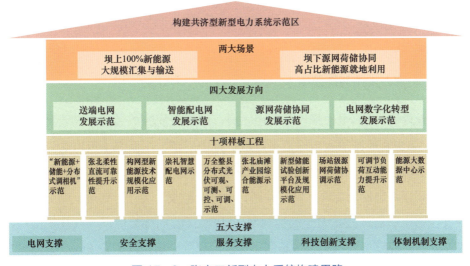

图 15−9　张家口新型电力系统构建思路

第二节　南方电网新型电力系统构建

南方电网公司贯彻党中央和国家重大决策部署，深化数字电网支撑能力建设，在全面建设安全、可靠、绿色、高效、智能现代电网的基础上，把握能源电力跨越式发展重大战略机遇，全力构建新型电力系统，在确保电网安全稳定运行、电力可靠供应的基础上，推进"双碳"目标实现。

一、电力系统现状

南方电网公司推进新能源为主体的新型电力系统建设，对支持南方五省区及港澳地区实现"双碳"目标，具有重要意义，有力保障南方区域能源供应安全。

随着负荷需求持续上升，南方电网"十四五""十五五"期间电力供应形势逐步趋紧，高峰时段存在电力缺口。新能源大规模并网挤占传统电源发电空间，由于高峰时段风电置信容量较低、光伏置信容量受各省负荷特性影响较大，特别是极端天气情况下，新能源出力受限、不定性强，因此用电高峰时期难以有效发挥顶峰作用，难以参与电力平衡，电力系统安全可靠运行难以保障。

二、建设内容

（一）大力支持新能源接入

建设内容：① 全力推动新能源发展，推动新能源成为南方区域第一大电源。② 加快新能源接入电网建设，重点推进广东、广西海上风电，云南大滇中地区新能源，贵州黔西、黔西北地区新能源等配套工程建设。③ 完善新能源接入流程，制定新能源入网、并网、调试、验收、运行、计量、结算等管理制度，强化新能源接入的全流程制度化管理。④ 加强新能源并网技术监督，组织开展新能源型式试验、现场测试等涉网相关专项技术监督工作，大力提升新能源涉网安全性能，确保大规模新能源安全并网。

（二）统筹做好电力供应

建设内容：① 推动多能互补电源体系建设，积极推动澜沧江、金沙江流域中上游水电开发建设，积极稳妥发展核电，适量布局调峰气电，严控新增煤电装机规模，合理布局应急备用及调峰煤电，因地制宜、统筹推进"风光水火储"一体化能源基地建设。② 积极引入区外电力，推动西藏清洁能源基地送电粤港澳大湾区、北方清洁能源基地送电南方区域项目实施；推进中老、中缅等联网工程建设，进一步提升跨区域的资源调配能力。③ 加快提升系统调节能力，加快推进抽水蓄能建设，推动按照新增新能源的20%配置新型储能，推动火电灵活性改造及具备调节能力的水电扩容，具备改造条件煤电机组最小技术出力达到20%～40%。图15-10为南宁抽水蓄能电站俯瞰图。

图 15-10　南宁抽水蓄能电站俯瞰图（图片来源：《中国电力报》）

（三）确保电网安全稳定

建设内容：① 建设坚强可靠主网架，研究适应高比例新能源接入的同步电网规模，适时通过柔性直流互联技术构建2到4个分区电网，提升跨分区电网电力交换支援能力，进一步提升新能源大规模接入后电网安全稳定运行水平。② 建设新型电力系统智能调度体系，制定南方电网新能源调度运行管理提升方案，建设南方区域气象信息应用决策支持系统、新能源运行数据管理分析平台和综合信息平台，完成"云边融合"智能调度运行平台示范应用，建设网、省、地新一代新能源功率预测系统、系统调节能力监控系统、大电网频率稳定在线智能分析系统等。③ 加强新型电力系统物联网管控平台网络安全防护，开展电动汽车充电平台、智能家居后台等公共物联网管控平台远程控制风险评估，增强技术、管理方面风险防控措施，推动制定、落实网络安全等政策法规。

（四）推动能源消费转型

建设内容：① 全力服务需求侧绿色低碳转型，配合国家坚决遏制高耗能、高排放项目盲目发展，打造多能互补综合能源服务示范项目，着力提升能源使用效率。② 深化开展电能替代业务，在粤港澳大湾区、海南自贸港等重点区域推广港口岸电、空港陆电、油机改电技术，在交通领域推进以电代油，在工业、建筑等领域持续提高电加热设备的应用比例。③ 推进需求侧响应能力建设，深入挖掘弹性负荷、虚拟电厂等灵活调节资源，推动政府建立健全电力需求响应机制，引导非生产性空调负荷、工业负荷、充电设施、用户侧储能等柔性负荷主动参与需求响应。

（五）完善市场机制建设

建设内容：① 建立健全南方区域统一电力市场，按计划完成南方区域统一电力市场建设，推动制定适应高比例新能源市场主体参与的中长期、现货电能量市场交易机制，推动开展绿色电能交易，建立电能量市场与碳市场的衔接机制。② 深化南方区域电力辅助服务市场建设，完善调频、调峰、备用等市场品种，制定适应抽水蓄能、新型储能、虚拟电厂等新兴市场主体参与的交易机制。③ 推动建立源网荷储利益合理分配机制，研究优化电力市场价格机制、储能价格机制、输配电价机制，推动建立健全峰谷电价、尖峰电价、可中断负荷电价等需求侧管理电价机制，积极推动相关政策落地。

（六）加强科技支撑能力

建设内容：① 深入开展新型电力系统基础理论研究，深入研究新型电力系统构建理论、源网荷储协调规划理论、系统运行控制理论、经济运行理论及政策，研究数字电网推动构建新型电力系统的体系架构，重点研究新型电力系统建模仿真、稳定机理、运行控制及优化调度理论。② 加快关键技术及装备研发应用与示范，深入研究大规模新能源并网消纳技术，重点开展全时间尺度电力电量平衡方法研究，完成网、省及重点城市虚拟电厂平台部署及应用，重点开展新能源精细化建模与测试、频率电压控制、大电网谐波谐振机理及防治等技术，重点开展柔性直流海上换流平台、直流配用电装备、先进储能设备研制，推进可变速抽水蓄能机组国产化规模化应用。③ 探索建立新型电力系统产业联盟，促进形成国际一流的新型电力系统相关装备、运营、服务产业链，充分发挥平台型企业优势，打造原创技术策源地、现代产业链链长。

（七）加快数字电网建设

建设内容：① 提升数字技术平台支撑能力，开展南方电网公有云建设运营，完成南方能源数据中心建设，开展数字电网承载新型电力系统先行示范区建设，推进数字电网标准与管控体系建设，持续完善全域物联网平台采集终端建设，提升新型电力系统边缘感知能力。② 提升数字电网运营能力，在统一电网管理平台建设基础上，推动电网规划、建设、运维、物资、调度、营销等多专业高效协同，并基于大数据、人工智能技术，支撑开展电源、电网规划、工程建设选址选线等业务，支撑新型电力系统运行管理及控制。

第十六章　福建新型电力系统构建

电网承担了资源聚合和优化配置的重任，是新型电力系统建设的关键环节。为加快新型电力系统省级示范区建设，将福建的资源优势转化为发展优势，本章将介绍国网福建电力"三大三先"省级高质量发展示范电网建设思路，即打造东南清洁能源大枢纽、高能级配电网大平台、闽电数智大生态，全力实现清洁发展水平领先、安全稳定水平领先、效率效益水平领先，并加速推进五大发展格局、五大规划布局，推动福建新型电力系统省级示范区建设落地。

第一节　"三大三先"建设理念

一、福建新型电力系统发展基础

（一）政策环境得天独厚

1. 思想底蕴深厚

习近平总书记在闽工作期间，注重电网本质安全、坚持保护生态环境和发展清洁能源并重、亲自协调解决电力改革发展重大问题，在不同阶段、从不同视角就电力发展战略布局等作出一系列重要论述和指示批示。这些思想与"四个革命、一个合作"能源安全新战略一脉相承、一以贯之，有力指导和推动了福建电力事业的蓬勃发展，是把握未来发展主动权的战略部署，为进一步推动能源高质量发展积淀了思想厚度。

2. 政策红利集聚

生态文明试验区、数字经济创新发展试验区等多项国家战略落地福建，加之福厦泉国家自主创新示范区、国家级海上风电研究与试验检测基地等发展政策和区位规划叠加，使福建成为中国优惠政策最多、最集中的省份之一，为福建建设新型电力系统提供了深厚的政策土壤和充沛的活力、动力。

（二）区位优势不可替代

1. 多个区域协同发展的交汇点

福建东临宝岛台湾、西通华中腹地、南接粤港澳、北连长三角，目前已建成浙福特高压、闽粤电力联网工程，闽赣电力联网方案初步形成，为东南清洁能源外送提供充分支撑。

2. 东部沿海唯一电力"外送型"省份

与福建接壤的浙江、广东、江西均为受端省份，均无法满足区域内的用能需求，且3个省份的火电占比均高于福建省，与低碳循环、绿色发展的定位仍有差距。作为东南沿海唯一电力"外送型"省份，福建每年可向华东送电超过150亿kWh，远景向华东、华中、华南等区域年外送电量可达1400亿kWh，助力周边省份减排1.1亿t二氧化碳，在自身清洁能源产业快速发展的同时，也极大程度带动周边省份安全保供、清洁发展能力的提升。图16-1所示为浙北—福州特高压交流输变电工程。

图 16-1　浙北—福州特高压交流输变电工程

（三）清洁能源禀赋优越

1. 海上风能资源富裕充足

福建地处东南沿海风带，台湾海峡"狭管效应"显著，风能资源富集，据测算，海上风电理论蕴藏量超 1.2 亿 kW，发电利用小时数可达近 4000h，年发电量可达 4908 亿 kWh。图 16-2 为福建平潭海上分散式风电项目。

图 16-2　福建平潭海上分散式风电项目

2. 沿海核电厂址资源优势明显

福建现已开发宁德福鼎、福州福清、漳州云霄、宁德霞浦等 4 个核电厂址。截至 2022 年底，全省核电装机 1101 万 kW、排名全国第 2，占总发电装机比重 14.6%、排名全国第 1，预计经济技术可行的装机容量达 3300 万 kW，年发电量最大可达 2500 亿 kWh，发展空间广阔。

（四）低碳产业发展迅猛

1. 产业链条强健有力

福建形成了涵盖装备技术研发、设备制造、建设安装、运行维护为一体的海上风电全产业链体系，国家级海上风电研究与试验检测基地开工建设，全球单机容量最大 18MW 直驱海上风电机组在福州下线；拥有全球最大的动力电池制造商宁德时代，建成电化学储能技术国家工程研究中心；厦门新材料产业规模、技术水平"双领先"，厦门钨业钨冶炼产能全球第一。图 16-3 为福建福清首个国家级海上风电研究与试验检测基地项目规划鸟瞰图。

图 16-3　福建福清首个国家级海上风电研究与试验检测基地项目规划鸟瞰图

2. 产业创新发展力量雄厚

福建集中了厦门大学、中国科学院福建物质结构研究所等在新能源材料领域具有国际影响的优势科研力量，建有能源与环境光催化国家重点实验室等 10 多个国家级与省部共建平台，攻克了锂电池用铝塑膜、燃料电池用柔性碳纸/膜的国产化技术，将有力赋能新型电力系统技术迭代革新。

（五）能源转型基础牢固

1. 电源结构不断优化

福建具有电源品类齐全、占比合理的"教科书式"电源结构，近年来装机和发电量规模持续扩大、清洁低碳程度不断提高，目前已形成清洁能源占据半壁江山、全品类电源协同发展的总体格局。清洁能源装机占比超过六成，达到 60.3%，清洁能源发电量占比 54.5%，均位列华东第 1，实现清洁能源连续多年保持全额消纳。

2. 电气化水平位居前列

电能占终端能源消费比重 32.6%，位列全国第 5，超过韩国、法国等发达国家水平。打出电烤烟（见图 16-4）、电炒茶、电制盏等特色品牌，助力福建成为东部沿海电力绿色发展最好省份。

图 16-4　福建南平烟叶种植户通过电烤烟房进行烟叶烤制

二、"三大愿景"助推能源电力高质量发展

从福建省自身能源禀赋和区位优势出发，聚焦主网、配电网、数字化和智能化三大发力点，国网福建电力提出打造东南清洁能源大枢纽、高能级配电网大平台、闽电数智大生态的目标愿景。福建"三大三先"省级高质量发展示范电网建设思路如图 16-5 所示。

图 16-5　福建"三大三先"省级高质量发展示范电网建设思路

（一）东南清洁能源大枢纽

东南清洁能源大枢纽是立足福建资源禀赋和区位优势的"三大"目标愿景

之一，是通过多年实践探索、深刻思考论证出的福建主干电网未来形态，是以更宏大的格局服务东部沿海新型能源体系建设的福建实践。

构建东南清洁能源大枢纽，是促进资源优势转换为发展优势的重要引擎。福建清洁资源禀赋优越，东南清洁能源大枢纽的构建能够服务和适应海上风电、核电等大规模清洁能源基地的开发利用，拉动清洁能源高端装备制造、运维等产业链的发展和延伸，打造经济社会高质量发展新引擎。

构建东南清洁能源大枢纽，是服务更大范围，实现"双碳"目标的重要平台。东南清洁能源大枢纽的构建能够将清洁电力输送至浙江、江西等清洁资源条件受制约的地区，满足清洁电力大规模优化配置的需求，实现就地就近提高沿海和中部地区清洁能源占比，有力支援东部沿海全局"双碳"目标实现，推动更大范围的能源结构转型。

构建东南清洁能源大枢纽，是加强重要负荷中心区域电力支撑的重要保证。福建毗邻东部经济发达地区，靠近负荷中心，可近距离辐射长三角、粤港澳、华中腹地、宝岛台湾，输电距离在 1000km 以内，通过"电从身边来"更加灵活地实现"就地就近平衡，跨区平衡互济"，有效补齐沿海负荷中心能源供应不足的短板，保障区域能源安全、可靠、清洁供应。

（二）高能级配电网大平台

高能级配电网大平台是以"供电高可靠、源荷高聚合、信息高融合、服务高品质"为特征的高能级能量配置枢纽和能源服务平台，通过构建清洁转型和优秀服务的坚强末梢网络，实现分布式光伏、新能源汽车、柔性负荷等海量新兴源荷即插即用、灵活互动，满足终端用户个性化用能服务需求，有力支撑绿色生产和消费方式加快形成。高能级配电网大平台是面向配电网发展新场景提出的"三大"目标愿景之一，是以中国式现代化为指引、以智慧化赋能为路径的福建配电网未来形态，是以更精益的思路服务新型能源体系构建的福建样板。

构建高能级配电网大平台，是满足人民美好生活需要的重要保障。福建山海差异显著，城乡发展不平衡，通过构建高能级配电网大平台，能够提高配电网供电保障能力，提升城乡供电服务可及性和均等性，推动共同富裕，增进民生福祉，为人民日益增长的美好生活需要提供可靠保障。

构建高能级配电网大平台，是顺应发展方式绿色转型的重要载体。"整县光伏"政策驱动分布式光伏规模化开发，保守测算福建屋顶光伏开发潜力超过2500万kW；交通领域电气化驱动电动汽车规模化发展，预计远景福建电动汽车保有量可超过330万辆。高能级配电网大平台的构建能够承载高比例分布式新能源高效开发利用，服务终端用能低碳转型，有力支撑绿色生产和消费方式加快形成。

构建高能级配电网大平台，是响应服务生态泛化升级的重要媒介。海量分布式资源和多形态新型负荷广泛接入，多元主体多边自主交易需求快速膨胀，高能级配电网平台将成为大规模多元主体交流、交易信息传递的媒介，适应多元要素、多种能源的广泛深度互动需要，满足个性化用能服务需求，服务新业务、新业态、新模式蓬勃发展。高能级配电网大平台建设思路如图16-6所示。

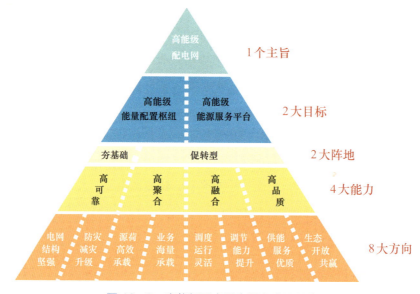

图16-6　高能级配电网大平台建设思路

（三）闽电数智大生态

闽电数智是以数字化和智能化技术赋能电网升级、企业运营、价值创造，推动全业务、全环节转型，满足客户用能需求，服务政府和行业治理。闽电数智大生态是顺应能源技术与数字技术融合创新趋势提出的"三大"目标愿景之一，是落实数字中国、推进能源数字化、智能化发展等战略部署，建设具有广泛互联、数据驱动、精益敏捷、开放多元特征的福建数字电网未来形态，以更数智的手段服务能源高质量发展的福建典范。

构建闽电数智大生态，是落实数字中国战略、保障国计民生的重要基石。福建是数字中国建设的思想源头和实践起点，电网连接能源生产和消费，是关系国家能源安全和国计民生的重要基础设施，是数字中国建设"2522"❶整体框架的重要组成，通过构建闽电数智大生态，践行新发展理念，强化数字技术在能源电力领域的融合创新应用，为国家数字发展提供有力支撑。

构建闽电数智大生态，是推动新型能源体系建设、加快能源绿色、清洁、低碳转型的重要载体。新形势下，随着电力系统"双高""双峰"特征凸显，台风等极端天气频发，新能源间歇性、随机性、波动性等"不确定性"因素影响日益突出，福建风电最大日波动达 60%~70%，持续低风、低光天数最长可达 11 天。闽电数智大生态的构建能够以数字化技术延伸拓展能源网络潜能，增强电网气候弹性、安全韧性、调节柔性，推动能源系统广域互济调节、新能源供给消纳和安全稳定运行，以数智化电网助力能源转型。

构建闽电数智大生态，是促进数字能源生态构建的重要引擎。提升数字化发展水平能够充分激活数字技术和数据要素潜能，加快推进全业务、全环节数字化转型，以产业化协同、生态化协作、平台化运营驱动能源产业链供应链共同发展，不断培育新业务、新业态、新模式，服务电网高质量发展、服务客户多元用能、服务能源行业数智化升级、服务政府科学治理。闽电数智大生态建设思路如图 16-7 所示。

---

❶ "2522"即夯实数字基础设施和数据资源体系"两大基础"，推进数字技术与经济、政治、文化、社会、生态文明建设"五位一体"深度融合，强化数字技术创新体系和数字安全屏障"两大能力"，优化数字化发展国内国际"两个环境"。

图 16-7　闽电数智大生态建设思路

三、"三先目标"助力打造新型电力系统发展的福建样板

新型电力系统是清洁低碳、安全高效的现代能源体系的重要组成部分，电网是新型电力系统的关键环节。结合新型电力系统的评价体系，并基于福建省的实际情况，国网福建电力提出通过加快建设高质量发展示范电网，助力新型电力系统建设的发展路径。

（一）清洁发展水平领先

在供应侧，一方面支撑实现高比例清洁能源，服务海上风电、核电、光伏等清洁能源开发利用，支撑实现清洁能源装机占比 2030 年达 70%、2045 年超 80%，2030 年发电量占比达 66%、2045 年超 85%；另一方面促进清洁电力高水平消纳，清洁电力整体消纳率 2030 年不低于 98%、2045 年不低于 97%。在消费侧，推动实现终端高效率用能，稳步提升电能占终端能源占比，预计 2030 年达 40%（高于全国目标 5 个百分点）、2045 年力争达 60%左右；促进单位 GDP 能耗 2030 年下降至现状水平的 68%、2045 年进一步下降至 32%。

（二）安全稳定水平领先

提升安全充裕水平，一方面强化电网安全保障能力，围绕"主网垮不掉、配网不停电"，主干电网 2030 年达到抵御 50 年一遇灾害的设防标准，2045 年可支撑 3 个千万千瓦级海上风电基地高效送出；城乡户均年停电时间 2030 年、2045 年分别低于 3、2h。另一方面强化系统灵活调节能力，推动灵活调节电源装机占比 2030 年超过 35%、2045 年不低于 30%；2030 年、2045 年分别支撑占最大负荷 10%、15% 的可调控负荷资源互动。提升灵活智能水平，逐步实现全景观测感知、全面精准可控，加快提高自主优化决策和故障快速自愈能力。

（三）效率效益水平领先

推动经济高效发展，一方面促进形成推进新型电力系统良好发展的体制机制与配套政策，推进中长期电力市场、现货市场、辅助服务市场机制的健全完善，强化绿证市场、碳市场、电力市场的有序衔接。另一方面，发挥新型电力系统建设对清洁能源行业上下游的引领带动作用，推动新业务、新模式、新业态蓬勃发展。推动供需协同发展，建强源网荷储协同互动平台，基于逐步完善的市场、价格等机制，吸引社会各界广泛参与、充分竞争、主动响应、多向互动。

四、"五格局、五布局"推动"三大三先"高质量落地落实

2024～2030 年是新型电力系统建设"三步走"的加速转型期，是实现碳达峰目标的关键窗口期，为福建省加快建设省级新型电力系统示范区提供了良好契机。为了进一步推动"三大三先"省级高质量发展示范电网落地落实，福建示范区前瞻谋划福建省能源电力五大发展格局，进而部署省级示范区五大规划布局，形成"三大三先"谋全局，"五格局"把方向，"五布局"促落地的工作主线。"三大三先"谋全局、"五格局"把方向、"五布局"促落地总蓝图如图 16-8 所示。

（一）能源电力供应

1. 构建"海风为主、核电为基、抽蓄调节"的能源电力供应格局

依托台湾海峡丰富的海上风电资源和核电、抽水蓄能厂址资源优势，初步实现由自平衡向清洁能源外送基地定位转型，打造"海风为主、核电为基、抽蓄调节"能源电力供应格局。至 2030 年，清洁电源占比提高至 68%，电源结构多元指数达 90%。福建能源电力供应格局指标水平如表 16-1 所示。

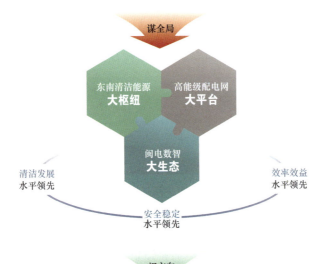

图 16-8 "三大三先"谋全局、"五格局"把方向、"五布局"促落地总蓝图

表 16-1　　　　　　　　　福建能源电力供应格局指标水平

一级指标	二级指标	三级指标	2030 年指标值（%）
清洁发展	清洁低碳	清洁电源占比	68
		电源结构多元指数	90

2. 形成"千万级海风、千万级核电、千万级抽蓄"的清洁能源基地布局

（1）推动千万级海上风电开发。积极引导政府合理安排海上风电开发时序，推进闽南和闽东北地区海上风电开发，初步形成南北两端海上风电基地基本格局。

（2）推动千万级核电开发，积极稳妥推进漳州云霄核电、宁德霞浦核电并网，形成宁德、福州、漳州三个沿海核电基地群，支持开展核能综合利用示范，积极推动快堆、模块化小型堆等先进堆型示范工程。

（3）推动配套千万级抽水蓄能。推进在建及已核准抽水蓄能电站项目建设，有序推动储能与可再生能源协同发展。

（二）能源电力网络

1. 构建"海陆一体、四方互联、多元组网"的电力网络格局

充分发挥电网的平台和纽带作用，支撑新能源规模化开发、高比例消纳和新型负荷广泛接入，构建清洁能源广域输送和深度利用的电力网络体系，构建"海陆一体、四方互联、多元组网"的电力网络格局。截至 2030 年，新能源消纳水平达 98%，跨区支援水平由 10%提升至 15%，就近平衡指数由 84%提升至 88%。福建能源电力网络格局指标水平如表 16-2 所示。

表 16-2　　　　　　　　　福建能源电力网络格局指标水平

一级指标	二级指标	三级指标	2030 年指标值（%）
清洁发展	清洁低碳	清洁电源消纳率	98
		就近平衡指数	88
安全稳定	安全充裕	跨区支援水平	15

2. 形成"省内南北互济、跨省四方支援、区域灵活平衡"的能源电力配置枢纽布局

（1）推动海陆电网一体化建设。推动海上与陆域主网架一体化布局，推动建

成"四纵三横"的坚强主网架,省内南北电力调配能力提升到1100万kW以上,为大规模清洁电源接入提供坚实基础;推动大规模海上风电接入交流电网与直流组网混联方案前期论证,布局闽南、闽东北两个"海电登陆"汇集送出通道。

(2)加快省际联网前期研究。深化跨省联网方案及过渡期安全稳定和供电充裕性的系统论证,构建跨大区异步联网安全稳定防控体系,重点推动闽赣联网工程落地,推动闽浙特高压第二通道建设,研判福建与台湾电力联网时机及可行性。福建省能源配置大枢纽规划布局如图16-9所示。

(3)一、二次协同加快推进"全标准全感知"配电网架建设。深化应用典型供电模式破解低压"最后一公里"供电痛点,实现高可靠供电;因地制宜融合新型源荷要素构建配电网新形态网格,形成配微协同、分区自治的能量配置枢纽和能源服务平台,满足不低于25%渗透率的分布式电源友好接入。福建省高能级配电网新型网格如图16-10所示。

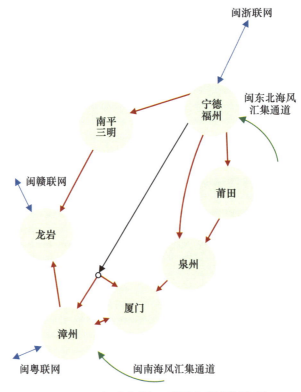

图16-9 福建省能源配置大枢纽规划布局

图 16-10　福建省高能级配电网新型网格

（三）能源电力保障

1. 构建"预警精确、电源充裕、电网坚韧"的能源电力保障格局

以保安全、保稳定、保供应为核心目标，加强对供应安全、非常规安全问题的防控，打造"预警精确、电源充裕、电网坚韧"的能源电力保障格局。截至 2030 年，系统稳定运行能力维持 100%，电能优质供应指数由 99.940%提升至 99.985%，极端事件防御水平由 60%提升至 80%。福建能源电力保障格局指标水平如表 16-3 所示。

表 16-3　　　　　　　　福建能源电力保障格局指标水平

一级指标	二级指标	三级指标	2030 年指标值（%）
安全稳定	安全充裕	系统稳定运行能力	100
		电能优质供应指数	99.985
		极端事件防御水平	80

2. 形成"全要素预警保障、全品类电源保供、全灾种电网保底"的安全可靠供电保障布局

（1）提升全要素预警保障能力。建立汇聚气象、经济、政策信息的能源—电力耦合系统供需预测预警体系，形成系统性强、准确性高、时效性优的供需风险辨识能力；建立供需风险联动管控机制，强化内部、外部各专业协调，"一险一策"筑牢安全保供防线。

（2）夯实全品类电源保供基础。保障煤电等支撑性电源装机具备合理裕度，重点推动福建南部保供煤电建设，确保重点城市具备条件的退役机组转为应急备用电源，配合开展核电扩建、新建工程论证，推动新型调节模式应用，形成全品类电源协同保供体系。

（3）加强全灾种电网保底实力。保证骨干网架结构具备必要的灵活性和冗余度，明确中长期运行工况多变性和随机性下的系统安全特性及稳定边界；完善电网防灾差异化设计技术规范，推进"雷打不动、风雨无忧"配电网建设，重点推动重点城市坚强局部电网建设。福建能源电力保障布局如图 16–11 所示。

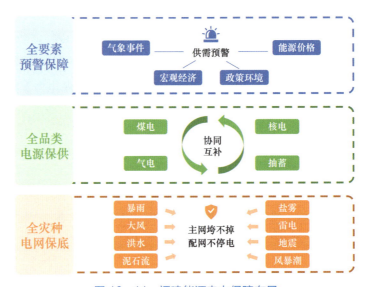

图 16–11　福建能源电力保障布局

（四）能源电力产业

1. 构建"风光引领、储能精进、用能升级"的能源电力产业格局

贯彻国家和省政府关于发展战略新兴产业的部署，充分发挥电网企业的产

业链"链长"作用，引领上下游企业充分合作，打造"风光引领、储能精进、用能升级"的能源电力产业格局，形成推动绿色经济高质量发展的产业新动能。截至 2030 年，行业引领贡献度由 1.5 提升至 2.2，终端电气化指数由 33%提升至 40%。福建能源电力产业格局指标水平如表 16-4 所示。

表 16-4　　　　　　　　　　福建能源电力产业格局指标水平

一级指标	二级指标	三级指标	2030 年指标值
清洁发展	清洁低碳	终端电气化指数	40%
效率效益	经济高效	行业引领贡献度	2.2

2. 形成"千万级风光产能、亿级储能产能、千亿级行业产值"的清洁能源产业发展布局

（1）引领清洁能源高端装备产业不断突破。建强国家级海上风电检测平台，助力突破 20＋MW 大型海上风电机组研制技术；完善多类型光伏发电涉网标准体系，助力海上光伏、分布式光伏产业健康发展。

（2）推动多类型储能产业健康持续发展。支撑政府做好多类型储能规划和应用，完善储能技术标准，强化储能涉网性能，推动储能电池产能、产值达到亿千瓦时级、亿级。引导光储充一体等新业态健康发展，前瞻储备变速抽水蓄能等先进技术，推动大容量、长周期、构网型储能技术发展。

（3）助力新型用能市场开拓和业态创新。提出计及水陆空电气化交通、氢碳电化学化工等领域前沿技术的福建终端电气化率提升路径，推动电动车、电动船、电冶金、电化工等产业经济发展，产值超亿级。积极探索虚拟电厂、碳管理、电力金融等新业态，确立电网企业在其中的主导地位。

（五）能源电力治理

1. 构建"政府引导、市场主导、企业主体"的能源电力治理格局

围绕国家关于健全与现代化强国相适应的能源电力治理体系的目标要求，推动有为政府与有效市场更好结合，强化企业主体地位，合理疏导能源电力转型成本，形成"政府引导、市场主导、企业主体"的能源电力治理格局，发挥

对福建省能源电力转型的引领和保障作用。截至 2030 年，新型电力系统配套政策健全度由 59%提升至 83%，市场机制完善度由 27%提升至 74%。福建能源电力治理格局指标水平如表 16－5 所示。

表 16－5　　　　　　　　福建能源电力治理格局指标水平

一级指标	二级指标	三级指标	2030 年
效率效益	经济高效	市场机制完善指数	74%
		配套政策健全指数	83%

2. 形成"稳健型政策法规、活跃型电力市场、均衡型成本疏导"的能源电力治理体系布局

（1）支撑完善适应能源电力转型新形势、新问题的稳健型政策法规体系。契合福建省情，统筹编制碳达峰、电力发展、产业升级等规划方案，确保转型步调兼顾绿色发展和安全稳定；加大规划执行和关键指标、关键环节管控力度，提升政策部署落实质效；夯实能源电力基本服务供给保障，凝聚行业合力守牢稳定底线，筑牢高质量发展基石。

（2）推动构建资源配置能力更强的活跃型能源电力市场。加快完善中长期和现货市场、辅助服务和容量市场基本规则，提升市场对微电网、虚拟电厂、新型储能等新兴主体的兼容性，持续健全福建省电力市场功能，积极融入全国统一电力市场布局，充分激发多元市场主体活力动力。同时，加快推进电力市场与其他能源市场、碳配额等各类衍生品市场的协同联动，进一步盘活多元要素资源，提升全局优化效能。

（3）助力健全多边界条件兼顾的均衡型转型成本疏导机制。加快理顺能源转型各环节成本构成要素和传导链路，以"权责利关系均衡"为原则、兼顾各个市场主体发展实际情况，推动构建以市场价格为核心、多种路径并存的转型成本疏导机制，实现转型成本全员承担、发展成果全员共享。福建能源电力治理体系布局如图 16－12 所示。

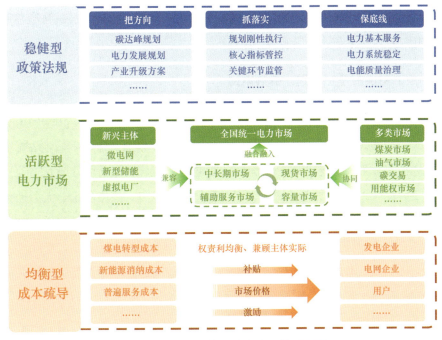

图 16-12　福建能源电力治理体系布局

第二节　东南清洁能源大枢纽建设实践

一、东南清洁能源大枢纽的建设路径

（一）推动建设"四方互联"电力枢纽

（1）加强与长三角、粤港澳联络，适时建设闽浙特高压第二通道形成闽浙特高压环网，论证闽粤联网规模提升需求，强化闽东北、闽南大规模清洁电源集群的优化配置通道。

（2）加快推动与华中腹地互济，研究闽赣电力联网方案，实现东南沿海海上风电与华中多类型电力资源的优化配置，推动华中与华东两大区域电网互联互补。

（3）通过推动闽台电力互通，深化与金门、马祖电力联网方案，开展与台湾本岛联网研究，推动两岸能源电力融合发展。

（4）深化电网安全稳定研究，保障福建与多区域交直流混联联网形态下的清洁电力省内省际安全可靠送出消纳。

（二）加快构建坚强送、受端电网

（1）加快建成"四纵三横"的目标网架，以南北特高压通道（见图16-13）为基石，以500kV沿海双廊串联沿海大型电源集群和主要负荷中心，适配电力需求发展及新增大型电源并网，优化局部电网结构与输电断面建设。

（2）优化新增大型电源输电方案，深化海上风电、核电基地、大型抽水蓄能电站输电规划，形成分层分区合理、适配主网架结构的电源集群送出方案。

（3）加快建强受端主干电网，优化网架结构及分层分区方案，受端主干网架形成双（多）电源供电的环网、桥式结构等高可靠性形态，进一步提升供电安全保障能力。

（4）加快巩固抵御极端灾害能力，研究极端气象等场景下的电网安全保障能力提升措施，提升主干网架结构适应极端天气电力流变化的能力，打造电力安全保供的坚强堡垒。

（5）优化支撑保障电源布局，在重要城市及重要负荷中心周边220kV受端电网合理保留清洁高效煤电或燃气电源，避免重要负荷中心周边主力电源退役造成供电保障能力降低、电网改造量大、新增站址走廊等社会资源占用多等问题。图16-14为福建1000kV长泰变电站。

图16-13 1000kV福州—厦门南北特高压交流工程

图 16－14　福建 1000kV 长泰变电站

二、东南清洁能源大枢纽的建设实践

（一）闽粤电力联网工程

（1）工程概况。闽粤电力联网工程是华东电网与南方电网的首个电力联络通道，采用背靠背直流联网，交流电压等级 500kV，直流电压等级±100kV，新建线路 303km，额定容量 200 万 kW，总投资 32 亿元，是国家明确的基础设施补短板重点输变电工程、国家"十四五"重点能源工程、国家电网公司与南方电网公司深化合作的标志性工程。"十四五"期间，可获互补余缺的送电效益 50 万～160 万 kW、错峰效益 240 万～310 万 kW。闽粤联网工程于 2022 年底顺利投产。

（2）技术特点。闽粤联网采用常规直流背靠背联网，具有技术成熟、损耗小、成本低的优点。由于两端交流电网较坚强，无需采用可控性更高的柔性直流技术。

（3）示范效益。闽粤联网工程的投运，开创了国家电网与南方电网的第一个电力互联通道。经济效益方面：闽粤联网支援了粤港澳大湾区的能源电力可靠供应，实现华东电网与南方电网余缺互补，按两省煤电基准价价差 5.98 分/kWh 测算，联网送电年利用小时数每 700h，预估可提增效益约 0.8 亿元。提供电网余缺互补和调峰互济，按两省共节约电源装机 100 万 kW，折合电源建设成本约 40 亿元。技术和社会效益方面：闽粤电力联网工程是落实能源安全新战略的生动实践，是加强两省能源产业合作、构建海上风电消纳大平台的重要示范，也是打造跨省跨区电网防灾互济的坚强纽带。图 16－15 为福建漳州闽粤电力联网工程云霄换流站。图 16－16 为闽粤电力联网线路工程。

图 16－15　福建漳州闽粤电力联网工程云霄换流站

图 16－16　闽粤电力联网线路工程

（二）中远海风电新型输电技术送出示范工程

（1）工程概况。长乐外海风电集群 210 万 kW，拟采用一个 ±500kV 柔性直流输电系统送出，海上输电距离约 80km。闽南海上风电基地示范项目一期 160 万 kW，拟采用 ±400kV 柔性直流或 500kV、20Hz 柔性低频输电系统送出，海上输电距离约 100km。

（2）技术特点。长乐外海风电柔直送出工程，拟打造国家电网经营区首个 ±500kV 海上风电柔性直流送出示范工程，也是世界范围内电压等级最高、容量最大的海上风电柔性直流送出工程。闽南海上风电基地柔性低频送出工程，拟打造首个海上大容量低频输电示范项目。

（3）示范效益。充分利用福建海上风电资源优势，研究和试点大容量柔性直流输电、柔性低频输电等新型输电技术，攻克中远海风电送出成本高、容量小、建设运维难等难题，为中远海大规模海上风电高效送出打造福建样板。图 16-17 为长乐海上风电基地。

图 16-17　长乐海上风电基地

（三）闽台电力联网

（1）工程概况。厦门—金门（厦金）、连江—马祖（连马）、福建—台湾（闽台）电力联网的前瞻研究工作已开展，其中厦金联网、连马联网已完成福建侧可行性研究和部分配套输变电项目建设（见图 16-18）。

（2）技术特点。厦金联网拟采用背靠背柔性直流联网，本期规模 2×10 万 kW。连马联网拟采用背靠背柔性直流联网，本期规模 2×5 万 kW。闽台联网方案初步考虑端对端柔性直流联网，或经台湾海峡海上风电基地形成多端柔性直流/柔性低频联网。

（3）示范效益。① 为台湾提供清洁、可靠的电力供应，提升两岸互信和交流合作。② 显著提升金门、马祖等离岛供电能力和可靠性，解决当地小机组弱电网供电可靠性低的问题，同时提升对周边丰富新能源电力的承载能力。

图 16-18　厦金联网福建侧迎宾 220kV 变电站

（四）闽南海上风电基地送出

（1）工程概况。闽南海上风电基地示范工程是国家"十四五"可再生能源发展规划提出的五大海上风电基地之一，位于闽南外海浅滩，可开发容量约 5000 万 kW，预计年利用小时数 3800h。全部开发后，预计年发电量 1900 亿 kWh，是福建全省目前年用电量的 2/3 左右。

（2）技术特点。闽南海上风电基地规模大，位置位于福建电网南部末端，陆上输电走廊资源稀缺，电网接纳和送出条件较困难。为此，需要深化论证交直协同、分层分区的海上风电送出方案，创新特高压电网外送、大容量柔性直流直送远端负荷中心、闽台多端柔性直流/低频联网送出等送出方式。闽南海上风电基地及其外送大通道是东南沿海清洁能源枢纽的重要组成部分。

（3）示范效益。打造海上风电大基地经末端电网分层分区协调外送的新型电力系统新形态，形成新能源大规模、大范围优化配置示范样板，为东南沿海经济社会发展提供有力的清洁电力支撑，为闽台电力联网提供契机和纽带。

第三节　高能级配电网大平台建设实践

一、高能级配电网大平台的建设路径

（一）构建强简有序、高聚合能力的配电网架

（1）建设坚强的配电网架结构，强化配电网可观、可测、可控能力，打造高能级能量配置枢纽。要建强配电网物理网架，实现配电系统在复杂外部环境下的高可靠供电。

（2）以网格化目标网架为引领，以高水平配电装备为基础，构建标准清晰、强简有序的坚强配电网架，打造防御极端灾害的保底配电网，全面提升配电网本质安全水平。

（3）升级配电网二次系统，实现配电网对多元源荷要素的高聚合承载。统一分布式源荷接入技术标准及交互标准，推进最小化采集和边缘计算技术应用，提升配电网全景感知能力，建设安全可靠、高速智能的多模态通信网络，打造"实时汇聚、数据透明"的配电网多元新要素数据聚合存储交互体系，支撑多元源荷即插即用、高效聚合。

（二）打造高能级配电网能源服务平台

（1）强化配电网调度运行灵活能力，构建适应新型商业模式的体制机制，打造高能级能源服务平台。

（2）优化调度体系，实现物理与信息系统高融合协控。以全要素、全息感知的智慧物联体系为基础，以"大云物移智链"等先进数字技术为手段，构建省—地—配—台四级联动机制，建立源网荷储协同控制体系，加强多维度系统调节能力建设与聚合能力建设，促进多层级分散源、荷、储资源优化配置，实现配电网分层分级平衡。

（3）完善平台机制，满足多元交易主体高品质服务需求。构建配电网统一开放平台，建立配电网多元主体参与多类型能源交易的商业模式，规范多元主体在市场化运行机制下的交易运行业务流程，打造统一资源管理、能源交易、智慧运营、商业拓展、生态构建的开放化服务能力，为多元主体提供多层次、高质量、个性化的优质用能服务。

二、高能级配电网大平台的典型示范

（一）厦门城市级高能级配电网建设示范

1. 示范背景

厦门地区网架总体供电能力充足、网架结构较为完善，但本地电源较为薄弱，外来电占比接近 70%，是我国东南沿海典型受端电网。近年来，厦门多元源荷发展迅速，整县光伏加速推进，受电主体丰富多元，"政府主导、电力主动、社会参与"的模式加速形成，基本具备高能级配电网建设要素。立足厦门源网荷储资源形态丰富、柔性负荷调节资源潜力大的禀赋特征，打造厦门城市级高能级配电网建设示范。

2. 示范技术

（1）攻关基于高可靠性、高承载城市配电网网架建设技术，打造"结构坚强韧性、运行柔性灵活、设备优质可靠"的高供电可靠性配电网。

（2）攻关服务源荷高聚合的需求侧响应体系构建技术，提升资源聚合调控的能力和供需双向互动能力，支撑分布式电源、电动汽车、储能等多元源荷应接尽接、即插即用。

（3）攻关基于边缘计算的"源网荷储"协同控制技术，构建"省—地—配—台"分层级源网荷储协同优化调度体系，支撑配电网透明可观可测、状态在线分析、业务智能决策。

3. 重点示范工程

（1）厦门虚拟电厂平台示范工程。建设内容：建设云端、云云、云边不同类型的可调资源池，在厦门市全域开展虚拟电厂平台"云端""云边""云云"资源接入（见图 16－19）。以市场为导向，广泛接入分布式电源、柔性负荷、储能等多类型资源，并通过提升资源聚合调控的能力和供需双向互动能力，满足负荷高峰的用电需求。平台采用中台化部署，对下可通过获取业务中台、技术中台、数据中台等平台应用的各类数据，开展虚拟机组精细化应用管理，支持可调节负荷分层分类分区聚合控制。同时利用物联管理平台和企业级实时量测中心，依托区块链技术，探索计量安全和结算安全技术，实现交易的可信任、可溯源和数据的安全、高效接入，模型的统一共享及应用的实时互动。

图 16－19　福建首个虚拟电厂平台在厦门上线

（2）"省—地—配—台"分层级源网荷储协同优化调度体系建设示范。建设内容：采用省调集中分析决策、地配调协同控制模式，实现各类分布式资源灵活、高效协调参与调控运行。针对事故状态下的切荷问题，通过对馈线、母线及变电站的可压负荷量实时计算和动态校验，统筹主网、配电网系统可拉路资源，建设源网荷储分层协同风险防控和源网荷储功率自动控制功能。利用 5G 通信技术的低延时、高带宽等接入特性实现分布式光伏、储能、可控负荷等设备参与电网运行的控制调节。推动台区边缘自治的规模化应用，实现低压故障主动研判、重过载消除、电能质量治理、交直流互联支撑等，支撑上级供电单元能量调度。

（二）适应多类型供电区域的微电网（群）示范

1. 示范背景

福建地形为西北高山、东南沿海，同时海岸曲折、水系丰富，电网末端场景丰富，具备因地制宜开展城市、农村、山区、工业园区、沿海等不同区域和类型的电网示范工程的条件。高比例分布式电源、多元新型负荷大量接入配电网，新能源就近消纳需求增大，偏远海岛、山区的供电网架薄弱现状与保供电需求提升之间矛盾凸显，同时在用电侧，渔业、船舶产业对清洁高效用能的需求增大，现有配电网难以应对上述挑战。

2. 示范技术

（1）攻关基于边端协同的物联感知技术及柔性直流互联技术，实现台区组能量管理、多样负荷接入。

（2）攻关基于融合终端的台区功率互联互济策略，实现台区组功率互济、电能治理。

（3）攻关微电网并/离网运行模式的灵活切换技术，实现微电网"自平衡、自管理、自调节"，以及在短时离网条件下新能源稳定高效供电。

（4）攻关含多种分布式电源与储能的协调控制与能量管理技术，实现微网经济运行和供电可靠性提升。

3. 重点示范工程

（1）西洋岛低碳弱联型微电网示范工程。

1）工程背景。西洋岛位于宁德霞浦县东南海域，是海岛乡政府所在地，面积 8.18km²，供电户数 2189 户，常住人口约 5000 人，主要产业为渔业和旅游业。近年来，随着区域经济的发展，岛屿用电负荷不断增加。而西洋岛地处偏远，仅由一条 10kV 海缆供电，难以适应负荷发展需求，供电能力及供电可靠性有待进一步提升。

2）项目内容。构建西洋岛风光储充智能弱联络型微电网示范工程（见图 16-20）：① 补强配电网架，投运福建宁德霞浦县 35kV 下浒变电站 10kV 海岛Ⅱ回线路改造等工程；② 提升海岛长时离网运行能力，开展海缆功率优化调度、风储精准协同、孤岛带载组网、配微分层控制、柔性负荷调控等 5 大关键技术研究；③ 开展通信新技术应用，针对西洋岛微网终端，在运营商 5G 信号覆盖强、光缆敷设难的区域，采用 5G 硬切片方式接入 5G 电力虚拟专网。

图 16-20　西洋岛风光储充智能弱联络型微电网示范工程

（2）台山岛零碳离网型微电网示范工程。

1）工程背景。台山岛位于福鼎市秦屿镇东部，是福建境内距离大陆最远、公海最近的岛屿。台山岛由西台、东台、南屿、香炉屿、白礁、雨伞礁等 15 个岛屿和 22 个岛礁组成，总面积 3.57km²。岛上除居民外，另有部队、军港驻扎，主要产业为渔业和旅游业。目前，台山岛主要依靠柴油发电机及 0.4kV 低压线路供电，未与公网并网。台山岛属于大电网延伸困难地区，一次网架基础薄弱，发电机组机况欠佳，供电可靠性差。

2）项目内容。构建福鼎台山岛风光柴储离网型微电网，打造岛上交直流混合低压电网，满足台山岛上多种负荷及电源发展接入需要。对台山岛现有低压线路及电力设备进行改造升级，同步建设风电机组 300kW、分布式光伏 200kW、储能系统 300kW/600kWh，建立适用于我国孤岛微电网电力生产调度的监管控一体化系统方案，实现军民微电网间系统运行模式的平滑切换和交流故障时的协同响应。

（3）泉州石狮沙堤村（城区）建设台区组交直流混合微电网示范工程。

1）工程背景。石狮沙堤村位于永宁镇海滨，太阳能资源丰富，年利用小时数超过 1300h。爱国乡贤出资为整村 2000 余户居民建设屋顶分布式光伏，至 2022 年 8 月，沙堤村已有 244 户分布式光伏并网，容量 945.9kWp。沙堤村共有公用配电变压器 17 台，总容量 8480kVA，多个台区光伏装机渗透率已超过 60%，存在光伏发电倒送、电能质量等问题，影响配电网的安全稳定运行。

2）项目内容。建设一套 3×630kW 集中式柔性直流互联站，将沙堤村 11、13、14 号三个台区进行柔性直流互联。在柔性直流系统直流侧母线接入 630kW/709kWh 储能系统、3×60kW 充电桩、20kWp 车棚光伏等直流负荷，实现多样化负荷接入管理。同步智能化升级三个台区，以能量管理系统为边缘计算核心，智能融合终端协同控制，实现台区组微电网全息感知和自律协同运行，打造低压供电—用电资源协同新模式。图 16-21 为泉州石狮市沙堤村交直流混合智能微电网示范工程。

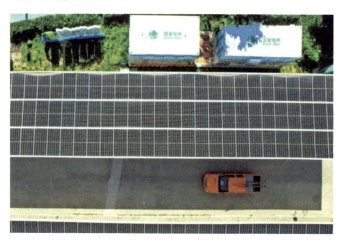

图 16-21　泉州石狮市沙堤村交直流混合智能微电网示范工程

第四节　闽电数智大生态建设实践

一、闽电数智大生态建设路径

（一）健强数字化基础设施建设

（1）推动采集设施新布局，加快推进电网采集感知边界向电源侧、用户侧和储能侧延伸，统一新型源荷储感知终端接入标准、数据模型等，实现源—网—荷—储—充等能源全环节的互联互通、动态感知。

（2）提升通信网络新能力，以"十万兆到总部、万兆到市县、千兆到站所"为目标，构建"云网融合"新型互联网络，打造低时延、低抖动、高带宽的高质量网络基础环境。

（3）构建数字基础新平台，构建"数据＋平台＋生态"的发展模式，推动能源数据共享应用，对内构建源网荷储协同控制平台、新型电力负荷管理系统等新业务平台，对外拓展新能源云、智慧车联网平台、智慧能源服务平台等新应用价值，提升新型电力系统的生产、配置和消费协调互动水平。

（4）赋能平台应用新格局，坚持"薄前台、大中台、强后台"数字化应用架构，打造坚强可靠"算力""数力"和"智力"基础，以微服务、微应用的模块化方式，促进新业务敏捷构建、快速迭代，实现客户、电网、能源等核心业务能力提升及应用生态构建。

（二）构建数字能源生态服务体系

（1）服务公司运营管理质效提升，以数据驱动规划、建设、运行、营销等全过程业务协同、流程贯通和资源融合，构建高标准、高质量、高效率的智慧运营管理模式，推动源网荷储协同互动、核心资源科学调配、企业运营智能决策，服务公司高质量发展。

（2）服务客户多元用能，创新构建"互联网＋"现代客户服务模式，激发"数字闽江"、综合能效服务、"车—桩—网"协同互动等新业态，建立新一代电力交易平台，形成需求侧响应交易和绿电交易等新场景，满足客户绿色用能需求。

（3）服务能源行业数智化升级，以平台对接、云计算服务统筹聚合各类主体，构建能源数据服务体系，拓展能源产业链供应链辐射范围，有序推动能源数据分类分级管理与共享应用，大力发展能源工业云网、新能源云、"电 e 金服"等平台新服务，带动能源行业上下游发展。

（4）服务科学治理，挖掘电力数据与经济、社会、民生的紧密互联关系，加强政企协同，创新电力看经济、"双碳"、环保等大数据产品，承建省级"双碳"管理平台，服务政府经济研判、行业监管、碳排监测等，推动技术优势转化为治理效能，助力政府治理体系和治理能力现代化。

二、闽电数智大生态的典型示范

（一）构建"三化两全"现代配网调控服务体系

1. 实践内容

国网福建电力构建主配网联动的中低压一体化调度，推动配电网调度集群化、网络化、智能化、全网络、全场景、全功能（简称"三化两全"）建设，强化应急集群调度实用化，营配调业务全场景网络化办理，实现一流数字配电网供电调控服务全覆盖（见图 16-22）。

（1）集群化调度。建设 4 个区域联络站，实行"配网调控中心＋区域联络站"双场所值班制度，针对区域性重大抗灾或保供电活动，定期开展调度权转移。

（2）网络化调度。实行"全业务掌上可视"，管理人员 App 查询检修计划和故障处理进度，现场操作人员 App 处理抢修工单和工作票。

图 16-22　数字配电网供电调控系统

（3）智能化调度。将"三遥"、故障指示，用电信息统一接入调度系统，通过故障全研判全流程，实现全类型的故障感知。

（4）全网络调度。将低压网络纳入集中管控，调度范畴从 10kV 下穿到 0.4kV，下穿到每个用户的电能表，实现调度到户。

（5）全场景调度。综合展示厦门配电网和地理信息图，接入配电网计划检修、故障抢修、资源位置等各类数据，将传统的电气接线图调度转向全场景调度跨越。

2. 实践成果

构建"三化两全"现代配电网调控服务体系，打通供电服务最后环节，实现"调度到户、服务到户"，支撑电力用户"不停电、少停电、快复电"，全面提升供电调度服务能力。

（二）构建"阳光业扩"智慧办电服务

1. 实践内容

"阳光业扩"智慧办电服务主要包括一键生成供电方案和数字化验收两方面内容，一方面大大提升了方案编制效率和透明度；另一方面，可实现验收智能化、可视化、标准化。

（1）"一键生成"供电方案，加强供电能力可视化，集成营配调数据资源，提升了配电网资源可观可测以及供电服务能力。通过输入用电位置和电源点，应用智能路径算法进行推演计算，实现"一键生成"供电方案，并自动估算工程造价。

（2）数字化验收方面，通过"数字化验收"线上模块，实现项目负责人、验收专家、客户的验收全过程实时录入、数字签名，自动形成验收报告，并将项目验收过程中存在的安全隐患在营销系统建立"健康体验"档案信息，为用电检查专业后期管理提供参考依据，实现全生命周期管理。

2. 实践成果

构建"阳光业扩"智慧办电服务（见图 16-23），一方面对内提高工作效率和工作质量，供电方案编制从最初的 13 个工作日下降至现场答复，并实现从设计施工质量、设备隐患、验收通过率等进行多维度分析统计；另一方面对外客户可以在专人的指导下查询电网资源数据，提高客户感知度。

图 16-23 积极推进"阳光业扩"智慧办电服务

（三）智慧车联网赋能电动汽车运营

1. 实践内容

通过系列电动汽车数据应用服务主题建设，推动充电桩数据与电力数据高效共享，实现数据资产价值发挥，落实"共享、开放、安全"原则，加快数字新基建建设，推进数据资源整合与开放共享，助力绿色出行推广与"电动福建"建设。

（1）助力政府绿色出行精准施政。通过对电动汽车产业发展环境、电动汽车行业特点及市场竞争格局三个方面的分析，全方位剖析新能源汽车发展态势，反映电动汽车及其充电市场的真实情况，解析福建电动汽车充电桩产业，在电动汽车产业需求、建设与运营、产业链、新技术等方面为政府精准施政提供支撑。

（2）实现充电桩精益管理。基于新能源汽车充电记录及充电桩设备运行数据信息，构建充电桩运营指标体系，从充电桩建设、充电桩充电效率及异常充电三个方面建立充电桩运营监测体系，有效指导充电桩布局优化及精益运营。

2. 实践成果

充分挖掘电动汽车数据价值，有效激活国网福建电力数据资产，深度剖析电动汽车行业发展态势，实现充电桩精益运营监测，了解用户使用情况及用户行为模式，助力政府精准施政及国网福建电力能源结构转型与绿色发展，辅助国网福建电力电动汽车精准运营，实现客户、公司、车企（桩生产厂商）数据之间有效联动，服务用户电动汽车消费能力。图16-24为工作人员对嵩口古镇充电桩进行安全检查。

图16-24 工作人员对嵩口古镇充电桩进行安全检查

（四）福州长乐滨海核心区数字孪生电网应用

1. 实践内容

在福州长乐滨海核心区开展数字孪生电网建设应用（见图16-25），以解决基层实际应用痛点为导向，通过对物理实体电网的虚拟映射，融合人、设备、业务等元素，辅助输电、变电、配电生产运行以及重要客户智慧保电等业务的可视化开展，可靠保障"数字中国"峰会等日常重要活动。

（1）提升重要场馆智慧应急保电能力。对数字峰会场馆馈线、开关室等进行全景监控，实现开关量、电气量、环境量等各种数据的实时展示及数据异常告警提示，基于数字孪生电网在峰会前开展应急演练，加载应急预案。

（2）强化故障隐患及缺陷识别防御能力。开展机器人和摄像头联合巡视，就地标注隐患及缺陷，在数字孪生电网中相应位置弹出告警隐患及缺陷图片，为检修计划制定提供依据。站内视频监控与设备状态信息联动，自动引导异常设备周边的摄像头推送实时监控画面。

图 16-25　福州长乐滨海数字孪生全景展示

（3）提高运检监控人机智慧协同水平。开展异常工况联动任务应用，在电气量或典型实践参数异常告警时，能够同步启用机器人开展现场巡检，相关数据及时反馈在数字孪生电网中，辅助后台监控人员快速发现问题并进行有效处理。

（4）加强作业现场行为风险实时管控。对现场人员的位置、行为进行捕捉、定位，结合 AI 识别算法，对作业现场未佩戴安全帽、未穿工作服、跨越围栏等行为进行智能识别；构建虚拟电子围栏，通过不同位置摄像头视频图像拼接，引导现场视频监控开展位置追踪。

2. 实践成果

在对变、配、用电各环节设备状态全面感知和精准掌控的基础上，借助可视化、全景化、智能化技术为各环节增值赋能，实现设备全景状态实时在线监控、运检监控人机智慧协同、故障隐患及缺陷主动识别防御、重要场馆智慧应急保电、告警视频智能联动、作业人员视频接力追踪，助力可视化运维，提升设备隐患故障定位能力和检修效率。

参 考 文 献

[1] 中华人民共和国中央人民政府. 习近平主持召开中央财经委员会第九次会议 [EB/OL]. （2021－03－25）［2023－07－12］. http://www.gov.cn/xinwen/2021－03/15/content_5593154. htm.

[2] 辛保安. 新型电力系统与新型能源体系 [M]. 北京：中国电力出版社，2023.

[3] 《新型电力系统发展蓝皮书》编写组. 新型电力系统发展蓝皮书 [M]. 北京：中国电力出版社，2023.

[4] 辛保安. 新型电力系统构建方法论研究 [J]. 新型电力系统，2023，1（1）：1－18.

[5] 高世楫，俞敏. 中国提出"双碳"目标的历史背景，重大意义和变革路径 [J]. 新经济导刊，2021（02）：5.

[6] 舒印彪，张丽芳，张运洲，等. 我国电力碳达峰、碳中和路径研究 [J]. 中国工程科学，2021，23（08）：1－14.

[7] 国家电网有限公司. 构建以新能源为主体的新型电力系统行动方案（2021—2030 年）[R]. 北京：国家电网有限公司，2021.

[8] 江涵，高艺. 德国能源转型中电力系统平衡机制探讨 [J]. 中国电力企业管理，2023（13）：90－93.

[9] 阮前途. 打造"三大三先"示范电网 助力福建省新型电力系统建设 [J]. 发展研究，2023，40（06）：6－13.

[10] 阮前途. 面向省级新型电力系统的发展评价方法及目标形态研究 [J]. 新型电力系统，2024，2（01）：26－35.

[11] 中华人民共和国中央人民政府. 习近平主持召开中央全面深化改革委员会第二次会议强调：建设更高水平开放型经济新体制推动能耗双控逐步转向碳排放双控 [EB/OL]. （2023－07－11）［2023－07－12］. https://www.gov.cn/yaowen/liebiao/202307/content_6891167.htm.

［12］ 张智刚，康重庆. 碳中和目标下构建新型电力系统的挑战与展望［J］. 中国电机工程学报，2022，42（08）：2806－2819.

［13］ 阮前途. 以党的二十大精神为指引　建设新型电力系统省级示范区［J］. 中国电力企业管理，2023（07）：82－83.

［14］ 刘丹青. 以"三大三先"为路径目标构建具有福建特色的新型电力系统——专访国网福建省电力有限公司董事长、党委书记阮前途［J］. 中国电力企业管理，2023（25）：33－37.

［15］ 本刊编辑部. 聚力向"新"　逐"绿"前行——国网福建省电力有限公司建设新型电力系统调查［J］. 中国电力企业管理，2023（25）：32.

［16］ 国网浙江省电力有限公司. 新型电力系统省级示范区研究与实践［M］. 北京：中国电力出版社，2023.

［17］ 中国南方电网有限责任公司. 南方电网公司建设新型电力系统行动方案（2021—2030年）白皮书［R］. 广州：中国南方电网有限责任公司，2021.

［18］ 张智刚.《电力系统安全稳定导则》《电力系统技术导则》条文释义与学习辅导［M］. 中国电力出版社，2020.

［19］ 高圣溥. 面向电力系统规划的风光出力序列生成和场景缩减方法［D］. 重庆：重庆大学，2021.

［20］ 孟天星，张厚升. 基于差分自回归滑动平均模型的风电场短期风速预测［J］. 科学技术与工程，2013，13（33）：9813－9818.

［21］ 郑小霞，缪唯杰. 基于马尔科夫法和序贯蒙特卡洛抽样的风电场可靠性评估［J］. 上海电力学院学报，2019，35（02）：181－186.

［22］ 张建华，王昕伟，蒋程，等. 基于蒙特卡罗方法的风电场有功出力的概率性评估［J］. 电力系统保护与控制，2014，42（03）：82－87.

［23］ 马洲俊，程浩忠，陈楷，等. 中压配电网典型网络结构研究［J］. 现代电力，2013，30（03）：7－12.

［24］ 林韩，陈彬，等. 配电网供电模型构建研究及应用［M］. 北京：中国电力出版社，2016.

［25］ 钟士元，熊宁，张成昊，等. 配电网网架结构与配电自动化终端协同规划方法［J］. 电力建设，2020，41（03）：23－30.

［26］ 王金丽，韦春元，刘志虹，等. 智能配电网自愈控制技术发展与展望［J］. 供用电，

2019, 36（7）：13-19.

[27] 阮前途，谢伟，张征，等. 钻石型配电网升级改造研究与实践[J]. 中国电力，2020，53（06）：1-7+63.

[28] 谢义苗，熊颖杰，赖永萍，等. 城市配电网高可靠性网架设计方案[J]. 供用电，2019，36（12）：55-61.

[29] 刘洪，李其哲，徐晶，等. 网孔型中压配电网组网形态、核心特征与研究展望[J]. 电力系统自动化，2023，47（16）：181-191.

[30] 胡鹏飞，朱乃璇，江道灼，等. 柔性互联智能配电网关键技术研究进展与展望[J]. 电力系统自动化，2021，45（08）：2-12.

[31] 仇书山，毛承雄，马春艳，等. 基于能源路由器的配电网与综合能源微网群协同运行优化[J]. 高电压技术，2022，48（12）：5024-5036.

[32] 吴悦华. 有源配电网分布式故障自愈方案与系统开发[D]. 济南：山东大学，2019.

[33] 王鲍雅琼，陈皓. 含分布式电源的配电网保护改进方案综述[J]. 电力系统保护与控制，2017，45（12）：146-154.

[34] 牛耕，孔力，周龙，等. 含分布式电源的配电网的供电恢复技术研究综述[J]. 电工电能新技术，2017，36（09）：51-62.

[35] 谢人超，廉晓飞，贾庆民，等. 移动边缘计算卸载技术综述[J]. 通信学报，2018，39（11）：138-155.

[36] 蔡跃洲. 技术经济方法体系的拓展与完善——基于学科发展历史视角的分析[J]. 数量经济技术经济研究，2011，11（13）：138-147.

[37] 梁骞，刘应明，何瑶，等. 综合管廊技术经济评价体系及方法[J]，城乡建设，2017，19：7-11.

[38] 李允博. 光传送网（OTN）技术的原理与测试[M]. 北京：人民邮电出版社，2013.

[39] 孙学康. SDH技术[M]. 北京：人民邮电出版社，2009.

[40] 王健. 光传送网（OTN）技术[M]. 设备及工程应用. 北京：人民邮电出版社，2016.

[41] 张友国. 中国降碳政策体系的转型升级[J]. 天津社会科学，2022，（03）：90-99.

[42] 李建林，梁策，张则栋，等. 新型电力系统下储能政策及商业模式分析[J]. 高压电器，2023，59（07）：104-116.

[43] 杨昆，张琳，董博，等. 新型电力系统调节能力提升及政策研究[J]. 中国电力企业

管理，2022，（34）：39－42.

[44] 曾鸣，王雨晴. 我国新一代电力系统建设政策建议[J]. 中国电力企业管理，2019（10）：54－57.

[45] 许鸿伟，汪鹏，任松彦，等. 基于 CGE 模型的电力低碳转型速度调控策略研究——以粤港澳大湾区为例 [J]. 气候变化研究进展，2022，18（01）：81－96.

[46] 王立杰，高志远. 基于 CGE 模型的煤炭价格上涨对我国宏观经济的影响 [J]. 生态经济，2015，31（03）：66－69＋146.

[47] 董长贵，周润民，李佳颖. 补贴政策对中国光伏装机市场的影响——基于面板数据回归的实证分析 [J]. 资源科学，2021，43（06）：1065－1076.

[48] 吕力，冀然，刘莉. 基于双重差分模型的双积分政策影响异质性研究 [J]. 时代汽车，2023（23）：10－12.

[49] 邵帅，李嘉豪. "低碳城市" 试点政策是否促进绿色技术进步？——基于渐进双重差分模型的考察 [J]. 北京理工大学学报（社会科学版），2022，24（04）：151－162.

[50] 刘天斌，赵杭，汪辰，等. 基于 PMC 指数模型的电力政策量化及其在负荷预测中的应用 [J]. 智能科学与技术学报，2021，3（02）：202－210.

[51] 陈强，李佳弥，敦帅. 基于政策一致性指数模型的科技评价政策量化研究 [J]. 中国科技论坛，2023，（06）：41－50.

[52] 陈永国，王天尊，洪帅，等. 基于 PMC 指数模型的河北省新能源汽车政策文本量化评价 [J]. 上海节能，2023（07）：937－946.

[53] 邬龙. 基于 PMC 指数的新能源发电促进政策内容量化评价研究 [J]. 生产力研究，2021，（12）：17－21.

[54] ESTRADA M A R.Policy modeling：definition，classification and evaluation [J]. Journal of Policy Modeling，2011，33（4）：523－536.

[55] 张宁，庞军，王琦瑶，等. 基于 CGE 模型的可再生能源绿证交易机制模拟及其经济影响 [J]. 中国人口·资源与环境，2023，33（02）：51－62.

[56] 马骏，许永欣，孙茂洋. 基于 CGE 模型的碳减排政策的模拟分析 [J]. 环境工程，2017，35（05）：162－166.

[57] 闫庆友，雷恺杰，尹洁婷. 基于 CGE 模型的中国电力市场改革政策模拟分析 [J]. 经济研究导刊，2017（23）：12－16.

［58］张友国.电价波动的产业结构效应——基于 CGE 模型的分析［J］.华北电力大学学报
（社会科学版），2006，（04）：36－41.

［59］侯瑜.燃煤发电上网电价市场化改革的影响及影响路径分析［J］.中国物价，2023，
（04）：62－65.

［60］姜旭，侯娇，卢新海.低碳试点政策对城市土地绿色利用的影响——基于双重差分模
型的实证研究［J］.中国土地科学，2023，37（03）：80－89.

［61］郑丽琳，姚永络.碳交易市场、能源利用与碳减排效应——基于双重差分模型的实证
研究［J］.大连大学学报，2022，43（04）：93－103.

［62］逯进，赵亚楠，苏妍.“文明城市”评选与环境污染治理：一项准自然实验［J］.财经
研究，2020，46（04）：109－124.

［63］姚鹏，张泽邦，孙久文，等.城市品牌促进了城市发展吗？——基于“全国文明城市”
的准自然实验研究［J］.财经研究，2021，47（01）：32－46.

［64］CHETTY R，LOONEY A，KROFT K.Salience and taxation：theory and evidence［J］.
American Economic Review，2009，99（04）：1145－77.

［65］北极星储能网.细数我国各省调峰调频电力辅助服务市场异同［EB/OL］.
（2019－06－25）.https://mp.weixin.qq.com/s/q1r2EhIGle0JscpqeLTsFA.

［66］央视网.适应建设新型电力系统需要加快推动电力辅助服务市场建设［EB/OL］.
（2023－07－31）.http://news.cnhubei.com/content/2023－07/31/ content_16317611.html.

［67］国家能源局.国家能源局 2023 年三季度网上新闻发布会文字实录［EB/OL］.
（2023－07－31）.http://www.nea.gov.cn/2023－07/31/c_1310734825.htm.

［68］安信证券.2023 上半年全国电力辅助服务市场规模增长市场主体多元化发展［EB/OL］.
（2023－08－02）.https://www.jfinfo.com/articles_categories/4029160.

［69］AGORA INDUSTRY，AGORA Energiewende.氢的平准化成本［EB/OL］.
（2023－07－31）［2023－08－03］.https://mp.weixin.qq.com/s/3f4－CtZatNglSYXBiSnf9A.

［70］电网设备选型.五大发电央企投资布局一览［EB/OL］.（2023－05－15）［2023－05－15］.
https://mp.weixin.qq.com/s/Wn6hU4unF1Q6KuYIgA5yfg.

［71］赵宇新.发电集团在新赛道上抢抓资源加快转型的危与机［EB/OL］.［2022－05－06］.
https://mp.weixin.qq.com/s/kqe2ie1yYDdGnF6aYiEYaA.

［72］国家能源局.做好分布式在内的光伏发电全面入市准备［EB/OL］.［2023－07－20］.

https://mp.weixin.qq.com/s/VoU4y3FhfSiHqguGaZg19A.

［73］电力新基建. 中国电力版图（2022 版）.［EB/OL］.［2023－02－20］. https://mp.weixin. qq.com/s/yykhhwHGaaK0oQYQs5xgyg.

［74］北极星售电网. 电改又一重磅文件落地！3 大关键词看中央深改委第二次会议.［EB/OL］.［2023－07－12］. https://mp.weixin.qq.com/s/ml8zZPDkmuCWFu9b5xfnfA.

［75］封红丽. 综合能源服务政策解读与趋势分析［EB/OL］.［2023－06－18］. https://mp. weixin.qq.com/s/sZkN0R8LxwS6H3kahpmCqQ.